編輯大意

一、本書內容係供五年制專科學校中國地理教學之用。

二、本書全一冊，每週二小時，可供一學年之用。

三、本書對於自然環境，均有啟發性的說明，以便與人文環境作連絡教學之用。每冊並附有各種圖表及彩色風景名勝圖片。

四、本書對於每一地區均把握其重點，作扼要的說明。

五、本書區域地理從南部地方開始，自近而遠，由南而北，分區敘述，藉以瞭解人地間相互關係。

六、本書於必要時，對於我國大陸人口、物產、工商、交通等現狀或其他最新相關地理資料，亦參酌情況在課文內說明或附加註釋及有關圖表，以為補充資料，藉供參考。最後並有作業數則，以問答為主，教師亦可變更加以活用。

網路書店位址　http://www.sanmin.com.tw

© 中　國　地　理

著作人　任德庚
發行人　劉振強
著作財產權人　三民書局股份有限公司
臺北市復興北路三八六號
發行所　三民書局股份有限公司
地址／臺北市復興北路三八六號
電話／二五〇〇六六〇〇
郵撥／〇〇〇九九九八——五號
印刷所　三民書局股份有限公司
門市部　復北店／臺北市復興北路三八六號
重南店／臺北市重慶南路一段六十一號
初版一刷　中華民國六十二年八月
修訂二版一刷　中華民國七十二年八月
修訂三版一刷　中華民國七十五年八月
修訂四版一刷　中華民國七十八年八月
修訂四版八刷　中華民國九十年八月
編　號　S 66003
基本定價　拾元貳角
行政院新聞局登記證局版臺業字第〇二〇〇號

ISBN　957-14-0722-4　（平裝）

中 國 地 理

任 德 庚 著

經歷：國立臺灣師範大學教授

三 民 書 局 印 行

中國地理目次

第四篇　中部地方

第五篇　北部地方

附圖目錄

台北市中正紀念堂

廣東省黃花崗七十二烈士墓

廣西省陽朔山水

昆明滇池

貴州省苗族少女

雲南石林

江西省廬山五老峯

湖南省洞庭湖畔

浙江省西湖風荷

安徽省黃山雲海

蘇州虎丘

南京市鼓樓

四川長江三峽

廣西省靈渠

湖北省漢陽古琴臺

湖北省襄陽古隆中

浙江省舟山群島

廣州市中山紀念堂

海南島海角天涯

福建省武夷山

黄浦江畔的上海市

南京市玄武湖

貴州省黃菓樹瀑布

西沙群島海島夕照

河北省八達嶺附近的長城

山東省曲阜孔林

北平頤和園雪景

河南省龍門石窟

陝西省華山

東北松花江畔

只勝下一座烽火臺的陽關遺址

東北哈爾濱市的冰雕

藏北高原上班公湖中的鳥島

西藏布達拉宮

新疆省帕米爾高原

河北省定縣開元寺古塔
—塔高八十四公尺，爲中國現存最高古塔—

黃河中游的三門峽

陝西省褒斜棧道

山東濟南名勝大明湖上的水榭

河南省少林寺白衣殿古練武壁畫

吉林省松花湖楓紅秋色

黑龍江雪中珍獸駝鹿

—俗稱四不像，集牛身、馬蹄、鹿角、驢頭 於一身—

寧夏省銀川郊外海寶塔風景

蒙古草原游牧風光

新疆哈密特產芳香甜美的哈密瓜

西康省冰雪常封的貢噶山高7556公尺景象雄奇

第一篇　中國自然地理

第一章　中國的疆域

中國地理位置的優越性

中國地處亞洲大陸東部，其形略似一秋海棠葉，東濱世界最大的太平洋，西連歐亞大陸的腹部，國家發展可海可陸，而廣土眾民，文化悠久，爲世界任何民族所不及，究其原因，中國地理位置的優越性，實爲重要因素。

（一）經緯度的位置　就經度言，中國西起東經七十一度（帕米爾高原西側的噴赤河），東迄東經一百三十五度四分（黑龍江與烏蘇里江的會口處），東西經度所跨，計有六十四度多，時差四小時以上，因之有㈠長白時區、㈡中原時區、㈢隴蜀時區、㈣回藏時區、㈤崑崙時區的劃分。就緯度講，中國最南領土，在北緯四度（南沙羣島的曾母暗沙），最北位於北緯五十三度五十七分（唐努烏梁海的薩彥嶺），南北緯度達五十度，因之中國南部已入熱帶，北部則近寒帶，而大部分領土均分布在溫帶地區，對於人文影響極大，所謂南國風光與北國景色，有極顯著的不同。而氣候溫和，極利於農業發展，故自古以來，中國即爲一農業大國。

(二)海陸發展的位置　中國的緣海，有黃海、東海、南海，均和太平洋相連，海天遼濶，極利於海上發展，可惜我國歷代均未注意及此，甚至封鎖，閉關自守。今日海運、空運爲世界交通航道，中國緣海的海洋交通地位，尤爲重要，實乃世界主要航道之一段。南海諸島，散布在廣大的海面上，南海幾爲中國的內海，故南海外圍的南洋羣島，成爲中國僑民主要活動地區，即受此海洋交通優越位置的天惠。同時此種海洋，對於中國的影響極大，如每年夏季，東南季風由海洋吹向中國大陸，將大量潮濕空氣帶入，我國夏季各地多雨，即以此故。中國瀕臨海洋位置的優點甚多，如⑴大部在中低緯的位置，不患冰凍。⑵海岸多屬岩岸，富屈曲，多良港。⑶位歐、亞、美、澳航路中樞，交通便利。⑷控有廣大的大陸基礎，水產極豐。⑸海陸同時均可發展。此種優越的地理位置，實爲世界各國所不及，但如何利用或開發，以求發展，實爲一重要問題。

我國西北廣大陸疆，處亞洲大陸中心，自古以來，即爲中西交通大道，文化交流的所在，今雖形遷勢變，但科學發達，加以地下資源豐富，如石油和煤及各種金屬礦產，此等資源，均爲現代工業及交通上的基礎，故西北陸疆不僅在地理位置上及礦產資源上，均佔有極重要的地位。而蒙新高原和青康藏高原又都是廣大牧區，如能善加利用，畜牧事業將不會讓澳洲、阿根廷等國專美於前。

(三)鄰國相關的位置　我國前臨大洋，背負大陸，從海洋言，與世界各國均可來往。就陸地講，我國北面是與俄羅斯和它佔有的西伯利亞相接❶，西部則與中亞的哈薩克、吉爾吉斯和塔吉克三共和國相鄰，前者過於寒冷，後則極端乾燥，西南所鄰巴基斯坦及印度，或乾燥或炎熱，爲此二國的特色，至於中南半島各鄰國如越南、泰國等及東部的韓國，則久沐中國文化，此等國家，均與我國經濟有需求供給相互調劑的關係，中華文物，能廣被四鄰❷，即受此優越的地理環境所造成。

中國的面積和行政區域

我國土地面積，計有一千一百四十一萬八千餘方公里，約佔全球陸地面積十三分之一，佔亞洲面積四分之一，比歐洲大一百三十餘萬方公里，比美國要大四分之一，爲亞洲面積最大國家。

我國的行政區域，計分爲三十五行省❸、十四直轄市❹、海南特別行政區、及蒙古、西藏二地方。省以下分縣、省轄市、設治局及管理局，全國有二千零四十五縣，五十四省轄市，三十四設治局，八管理局，此外蒙旗部分，有盟部十四，旗一百二十八，特別旗四。

❶ 中亞及西伯利亞，原來大部爲我國領土，即東北起於圖門江口附近的土字碑，迄於帕米爾高原附近的烏茲別里山口，長約一萬餘公里。自一九九一年冬蘇聯解體後，與我相鄰之中亞部分已獨立爲哈薩克、吉爾吉斯、塔吉克三共和國。茲將帝俄及蘇聯時代直接、間接所吞併我領土，表列如下：

失地名稱	失地時間	面積（方公里）
1. 外興安嶺以北	一六八九年尼布楚條約	二四〇、〇〇〇
2. 色楞格河下游	一七二七年恰克圖條約	一〇〇、〇〇〇
3. 庫頁島	一七九〇年強佔	九九、〇〇〇
4. 江東六十四屯	一八四〇年強佔	六、〇〇〇
5. 哈薩克	一八四〇年強佔	二三二、〇〇〇

6. 布魯特	一八四〇年強佔	七五、〇〇〇
7. 黑龍江以北	一八五八年瑷琿條約	四八〇、〇〇〇
8. 烏蘇里江以東	一八六〇年天津條約	三四四、〇〇〇
9. 巴爾喀什湖東北阿爾泰、烏梁海	一八六四年塔城條約	九〇〇、〇〇〇
10. 額爾齊斯河及伊犂河下游地方	一八六四年塔城條約	四六〇、〇〇〇
11. 布哈爾	一八六八年強佔	一、〇一三、〇〇〇
12. 浩罕	一八七六年強佔	三〇三、〇〇〇
13. 伊犂河下游及扎那爾河河源地	一八八二年伊犂及一八八三年噶爾東北界約	二一、〇〇〇
14. 齋桑泊以南	一八八三年科布多及阿列克別克界約	二〇、〇〇〇
合計		五、一九二、四〇〇

❷ 我國緣邊的陸上鄰國計有韓國、俄羅斯、哈薩克、吉爾吉斯、塔吉克、阿富汗、巴基斯坦、印度、尼泊爾、錫金、不丹、緬甸、寮國、越南等十四個國家，東隔黃海及東海與日本爲鄰，南隔巴士海峽及南海與菲律賓、馬來西亞、印尼等國相望。

❸ 我國三十五行省是：(1)臺灣、(2)福建、(3)廣東、(4)廣西、(5)貴州、(6)雲南、(7)江蘇、(8)浙江、(9)安徽、(10)江西、(11)湖北、(12)湖南、(13)四川、(14)河北、(15)山東、(16)河南、(17)山西、(18)陝西、(19)甘肅、(20)遼寧、(21)安東、(22)遼北、(23)吉林、(24)松江、(25)合江、(26)黑龍江、(27)嫩江、(28)興安、(29)熱河、(30)察哈爾、(31)綏遠、(32)寧夏、(33)青海、(34)新疆、(35)西康。新疆省面積最大，而臺灣省則最小。

❹ 十四直轄市是：(1)臺北、(2)南京、(3)上海、(4)漢口、(5)重慶、(6)廣州、(7)青島、(8)天津、(9)北平、(10)西安、(11)大

連、⑿瀋陽、⒀哈爾濱、⒁高雄。

作業

一、說明中國地理位置的優越性。
二、中國的經度及緯度分布如何？各有何種功用？
三、中國瀕臨海洋的位置，有何優點？
四、說明中國和鄰國相關的位置。
五、中國的面積在世界上，居於何種地位？

第二章　中國的地形

中國版圖廣大，地形複雜

所謂江山浩浩，氣象萬千，有世界第一高的聖母峯，高達八八四八公尺，亦有低於海平面下二百八十三公尺的吐魯番地塹，此種高低差達九千公尺以上，爲世界各地所絕無僅有者，可見中國地形起伏之大。有「世界屋脊」之稱的青康藏高原，爲黃河、長江、瀾滄江、怒江、雅魯藏布江、印度河的水源地，不僅高度大，且面積廣，河流多，也是世無其比，而康滇縱谷地帶，一山一谷，排列齊整，構成山峻谷深，流急林密，這也是舉世少見的。至於蒙新高原，縱橫數千里，一望無垠，氣勢尤見恢宏。

中國地形從地圖上看，有兩條顯明的地形界線

一、北起大興安嶺，經太行山、豫西山地、鄂西山地、雲貴高原西側，直抵越南邊境，這條線以東，多爲丘陵和平原，高度大致在千公尺以下，以西則爲高原及山地，高度均在千公尺以上，很少在千公尺以下。二、西起葱嶺、帕米爾，東經崑崙山、祁連山，再沿青康藏高原及雲貴高原東側，而達越南邊境。這條線以北以東，高度均不足三千公尺，以南以西則爲三千公尺以上的新褶曲山地。

中國地形五種具備

中國地形不僅五種具備，且面積廣大，每一種地形均在百萬方公里以上，如西半壁的高大山岳（佔全國總面積的百分之三十），再加上龐大的高原（佔全國總面積百分之三十四），兩項合計幾達全國面積的三分之二。東半壁的平原，地勢在五百公尺以下，僅佔全國總面積百分之十一，丘陵地約佔總面積百分之九，兩項合計，祇佔全國五分之一，盆地佔總面積百分之十六。因此中國境內，顯得山地多而平原少，但平原是全國的精華地帶。

中國地形呈階級狀

中國地勢以西南爲最高，而東南低降，如歷石階，可分四級：

(1)第一級爲青康藏高原，平均海拔在四千公尺以上。

(2)第二級爲蒙新高原、黃土高原、雲貴高原，海拔在一、二千公尺間，中挾若干盆地，如四川盆地等，其外圍爲大興安嶺、太行山、雪峰山等爲其邊緣。

(3)第三級在第二級之東，大部爲平原，如松遼平原、黃淮平原、江淮平原、江漢平原、粵江平原，地勢最低，大部均在二百公尺以下。

(4)第四級在第三級之東，大部爲丘陵，北起長白山，中經山東半島，南至東南沿海各省，除少數高峰外，均在一千公尺以下。

中國地形區

地形常以地表的形態，而有種種不同的名稱，例如山岳、高原、盆地、丘陵、平原、臺地、地塹等，這些地形，有時可在同一地區出現，有時缺少兩三種，因此所產生的人地關係，也就有差異了，玆將中國地形分為六區：

（一）**東亞褶曲帶上的臺灣島**　臺灣位居東亞外側，太平洋西北邊緣，北望琉球羣島，南為菲律賓羣島，是東亞島弧接觸帶上的重要島嶼。臺灣島面積不大，但地形特殊，其特點有四：⑴島上地層很新，為新生代（第三紀）的沉積，是喜馬拉雅運動褶曲上升而成。⑵起伏極大，臺灣高山在三千公尺以上，計有三十餘座，但在東西兩側短短的數十公里外，即降達海平面，相對高度，差距之大，在全國各地區中，亦屬少見。橫貫公路上慈恩站附近，山峯與立霧溪谷，咫尺之間相對高度，即達數百公尺以上，高下有霄壤之別。⑶山脈多呈雁行排列，臺灣山系成弧狀，北部成東北北，西南南向，中部成北微東，南微西向，南部則成南北走向。海拔在二千公尺以上的褶曲山脈有四，自東向西，有中央山脈、雪山山脈、玉山山脈及阿里山山脈。⑷平原盆地狹小，平原分佈於西部沿海，盆地以臺北及臺中二盆地為著名，及臺東縱谷均是斷層作用而成，此外尚有由河流沖積而成的臺地，更有火山錐及熔岩臺地。

（二）**東部平原丘陵區**　本區在我國東部，地勢低平，臨海部分，多為丘陵，如長白山地、遼東、山東、東南、及嶺南等丘陵，以長白山上的白頭山為最高，高度是二七四一公尺，一般丘陵的高度，除山峯超過千公尺，多數均在數百公尺，山嶺均成震旦方向，是本區地形特色，在此丘陵內側，則為平原，或為盆地，如東北的松遼大平原、華北的黃淮平原、長江中游的南陽、兩湖、鄱陽、巢蕪等盆地、及長江三角洲、西江盆地及粵江三角洲。本區是我國最重要的生產區，也是人文最發達的地區。平原盆地的西側，則爲丘陵或是高原的邊緣，如大小興安嶺、熱河丘陵、太行山、豫西山地、雲貴高原東側山地等是。

（三）北部高原盆地區域　本區在青康藏高原及秦嶺以北，東爲大興安嶺及太行山，位於我國西北部，全區爲高原和盆地交錯分佈，高度除山峯外，一般均在一千公尺至三千公尺間，地表多爲沙礫石漠，一片荒涼，植物稀少，水草茂處，則爲游牧場所，河谷地帶，爲人文繁盛之區，全境雨量稀少，氣候乾燥，是其特色。唐努山、杭愛山、肯特山以北的地方，是北極海斜面流域。唐努、肯特帶以南，至陰山間，是亞洲內陸盆地羣的分佈地域。陰山帶與秦嶺帶間，則爲黃土高原和河谷盆地。位在本區的高原，計有蒙古高原、塞北高原、山西高原、陝甘黃土高原、鄂爾多斯高原。盆地有塔里木、吐魯番、準噶爾、科布多、烏梁海、以林、達賴及居延海三個塔拉（蒙語盆地曰塔拉）、關中盆地、山西盆地羣等。盆地中，常有河流分佈，在乾燥的地區中非常重要，故人生活動多在盆地中發展。如汾渭二河流域、河套附近、塔里木河各支流的綠洲，常有著名城市的出現。

（四）中部南部盆地高原區域　本區位於秦嶺以南，青康藏高原邊緣之東，鄂西山地及雪峯山以西，中越、中緬國境以北。全境因緯度較低，雨量豐富，年雨量最少在七百五十公厘以上，樹木終年常綠，作物年可二獲，全區地形，雖起伏很大，但仍爲我國重要生產地帶。漢中盆地是秦嶺以南大巴山以北的一個盆地。其南是四川盆地，面積得二十萬方公里，以土壤肥沃，氣候優良，農產豐富，人口密集而著名，是我國最重要的盆地。屬於本區的高原是雲貴高原，原面已久受侵蝕，切割很深，其高度在雲南西北部者，爲二千公尺至三千公尺，昆明附近則爲二千公尺左右，貴州省境則在一千公尺以上。

（五）青康藏高原區　全域在喜馬拉雅褶曲帶上，此高原在我國西南部，面積既廣，高度也大，是我國也是世界最著名的大高原，其範圍計包括西藏全部、青海、西康二省、甘肅的洮西高原、四川的松潘高原、雲南大理至騰衝連線以北的滇北山地。高原上又爲縱横交錯的山脈分隔爲許多大小不一的盆地，其間牧草遍野、湖泊亦星羅棋布。因此本區可分爲四個副區來說明：

(1)藏北湖泊高原　原面在五六千公尺左右，因高度大、氣候寒冷、地多冰雪、又多湖泊。草木均不能生長。

(2)柴達木盆地及青海湖區　柴達木平均高度在二千七百公尺左右，氣溫低而多強風，爲一鹽漬沼澤地，春夏草木茂生，是一良好牧區。青海湖面海拔三、二八八公尺，爲斷層陷落而成，是我國第一大湖(面積四、二〇〇方公里)。

(3)青康滇高原縱谷區　雅礱江、金沙江、瀾滄江、怒江等，均源於青海省而南流，將這個高原切割成爲許多的峽谷，一山一谷，相間排列，井然有序，因山河走向，都是向南縱走，故東西間的交通，極爲困難。

(4)藏南縱谷區　本區在岡底斯山與喜馬拉雅山之間，爲雅魯藏布江與印度河流灌地帶。二河以公珠湖及瑪那薩羅沃池之間爲分水嶺，海拔五千公尺，以東爲雅魯藏布江流域，在東經九十五度，始折而南流入印度境，爲布拉馬普特拉河（Brahmaputra River），與印度、恒河會合後，注入孟加拉灣（Bay of Bengal），在西藏境內，河谷海拔雖達三、四千公尺，但因南有喜馬拉雅山，北有岡底斯山，均十分高大，相形之下，仍甚低平。加以來自印度洋上的西南季風，暖熱潮濕，因之成爲本高原地區上，最適宜於人生的地帶。印度河上源的象泉河、獅泉河，皆導源於岡底斯山，在扎錫岡會合，成爲印度河，另一源流狼楚河，源出瑪那薩羅沃池，爲一草原性高原縱谷，平均海拔在三千五百公尺左右。

（六）帕米爾高原　在塔里木盆地西南，青康藏高原西北，地勢高聳，平均海拔在五千公尺以上，是亞洲中部褶曲山脈的總匯地區，有世界屋脊之稱，故氣候嚴寒，境西之噴赤河，爲我國最西的國界。

作業

一、說明中國地形的複雜特色。
二、中國地形在何處，有顯明的界線兩條?試說明之。
三、中國地形呈階級狀，有何證明?
四、臺灣島的地形具有那些特色?
五、我國東部平原及丘陵，包括那些地方?
六、我國北部、南部，有那些高原及盆地?
七、青康藏高原，可分那幾個副區?

第三章　中國的氣候(一)

影響中國氣候的因素

我國面積廣大，地形錯綜複雜，因之各地域氣候，也有顯著的不同，茲將影響中國氣候最重要的因素分述如下：

(一)緯度　我國領土南起北緯四度，北至北緯五十三度五十七分，南北緯度相差，達五十度，因之南方低緯地處，受太陽正射入射角大、日照強，故終年高溫。北方高緯，入射角小，是太陽斜射，故溫度低，因之形成我國寒、溫、熱三帶。

(二)海陸分布　我國東濱太平洋，西連歐亞大陸，故爲季風氣候，由於海陸溫差的不同，氣溫亦隨之而有差異。夏季風由低緯的海洋吹向大陸，帶來了許多水氣，形成溫暖濕潤。而冬季則風發於內陸，空氣乾燥，造成了祁寒。而雨量則東南海岸特多，愈向內陸愈少。

(三)地形　地形對於氣候的影響，可分下列三類以說明之：(1)高度可影響溫度：因高度與溫度成反比，故地勢愈高者，則溫度愈低。如高山地區的溫度，常較同緯度的平地爲低，我國青康藏大高原的崇山峻嶺(聖母峯)，恒終年積雪，形成寒漠，同緯浙江省的溫州，則終年溫和，樹木常綠。(2)高度可影響濕度：我國境內，高山緜亘，對於氣流運動影響極大。因含水氣的氣流，遇山迫升，氣溫降低，水氣凝結，易於致雨，臺灣東部山麓地帶、以及四川峨眉山山麓易雨，均是此種影響而成。(3)山脈走向的影響，可以使氣溫和雨量有很大的不同，例如秦嶺和巴山，是東西走向，多季西北寒流來時，不能長趨南下，因之漢中和四川二盆地的氣溫，常較同緯度的淮河流域及長江中下流地域爲溫暖。又如大興安嶺、陰山、賀蘭山、隴山等，夏季東南季風來時，所含水氣，常被此等山嶺阻隔，以致廣大的西北地方，受不到海洋水氣的調節，因之形成雨量稀少的乾燥地區，我國東南多雨，西北少雨，就是因此種山嶺爲其分界線所致，也是農業區和游牧區的分野主因，對於人生也發生很大的差異。

（四）**洋流**　海水成長期定向的流動者名洋流，其水溫較所經海面爲溫暖的，叫做暖流，否則爲寒流。西太平洋暖流，從臺灣北上，使閩、臺、浙、蘇一帶受其優惠，而由渤海和黃海南下的寒流，影響到華北的乾旱，沿海的多霧、沿岸島嶼的氣溫與雨量，多季反較大陸爲低，顯示洋流與我國氣候有密切關係。

（五）**氣團**　一羣大範圍內的空氣，其物理性質（如溫度、濕度等）在水平方面，大致相同者名爲氣團。氣團和洋流相同，也有寒暖的不同，如一個氣團的氣溫，和它所經過的地面溫度相比，若較地面溫暖者，名爲暖氣團，反之則稱爲冷氣團。暖氣團內空氣暖濕，易於成雲致雨，冷氣團內空氣乾燥寒冷，爲其特色，所到之處，氣溫迅速下降，天氣轉冷。

（六）**氣旋**　兩種性質不同的氣團交接，因二者在氣溫、氣壓及濕度等，均不相同，故在二氣團間，構成一條不連續帶，此帶稱爲鋒面，若從地面觀察，則似爲一帶，但在空中實爲一面。鋒面也有冷暖之分，造成前進與後退，每使天氣發生很大的變化。氣旋一稱低氣壓，在長江中下游六七月間的黃梅雨，就是因爲氣旋連續不斷的前進與後退，使一地不斷的受到暖鋒和冷鋒通過的影響，因之造成陰晴不定的天氣，所謂「細雨霏霏，連月陰雨」，是爲入梅。一旦「陰雨告終，驕陽如火」，是爲出梅。這種雨是在溫

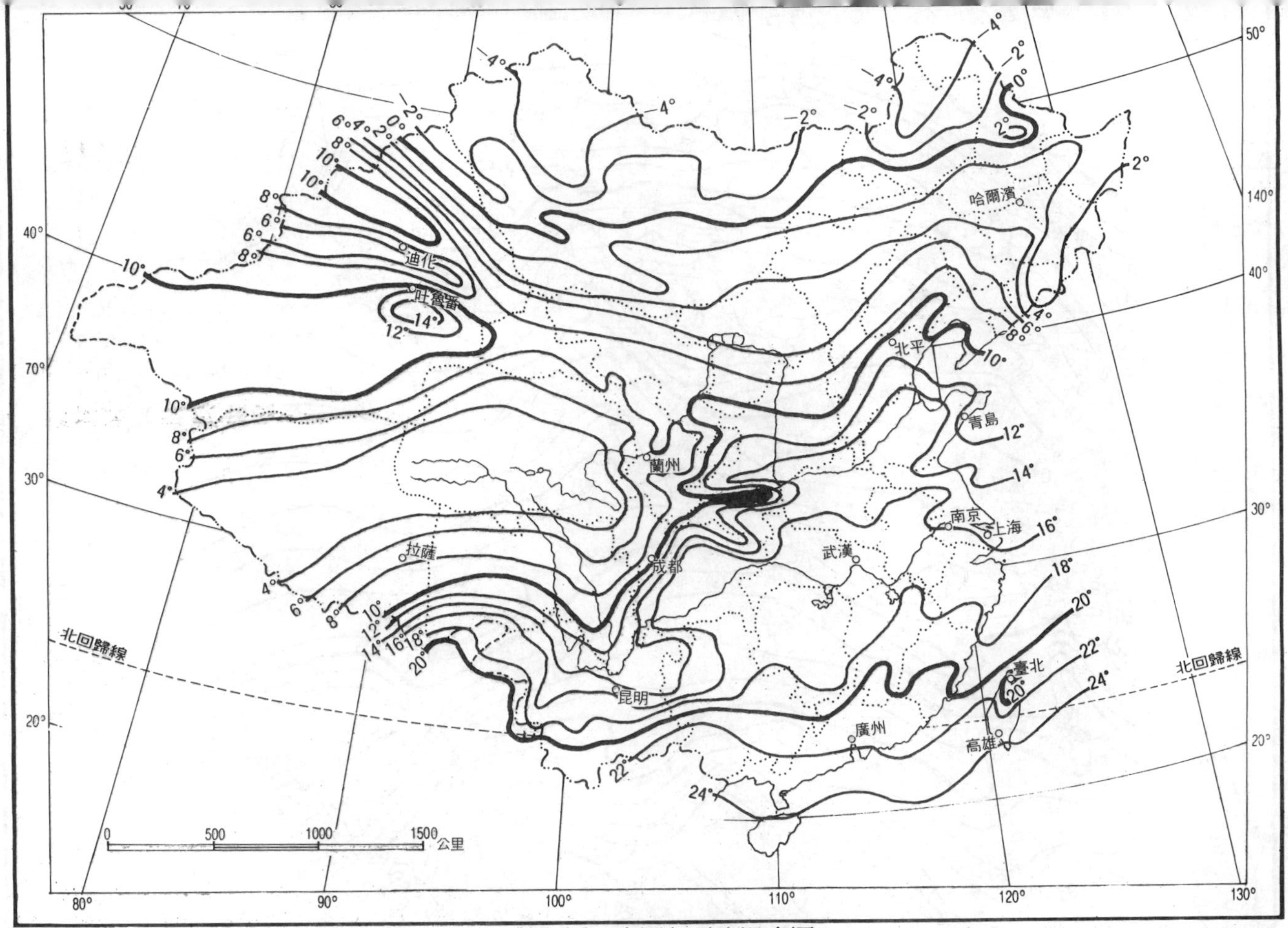

第三圖　中國年平均溫度圖

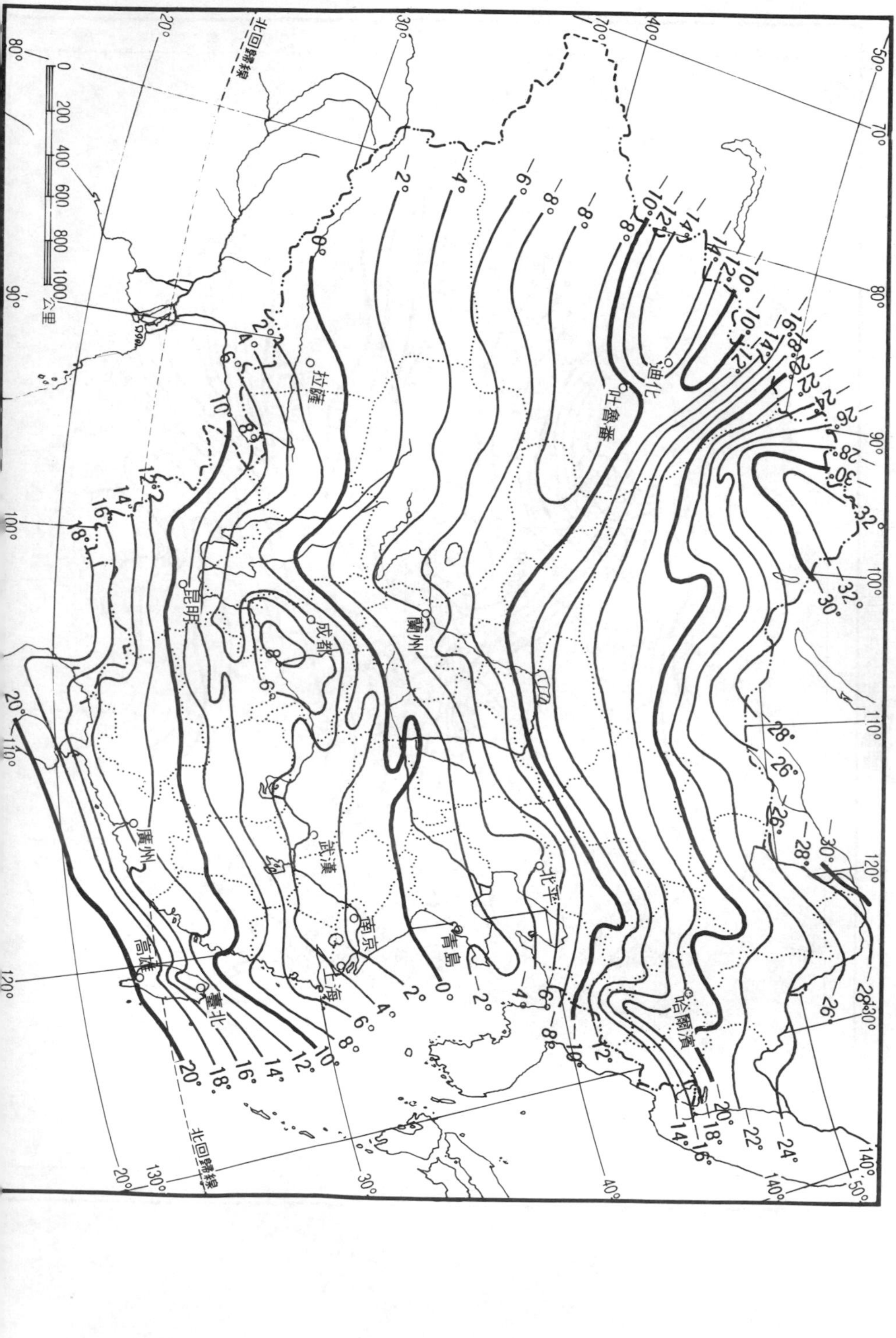
北回歸線
公里
拉薩
吐魯番
迪化
成都
蘭州
昆明
廣州
武漢
北平
南京
青島
上海
高雄
臺北
哈爾濱

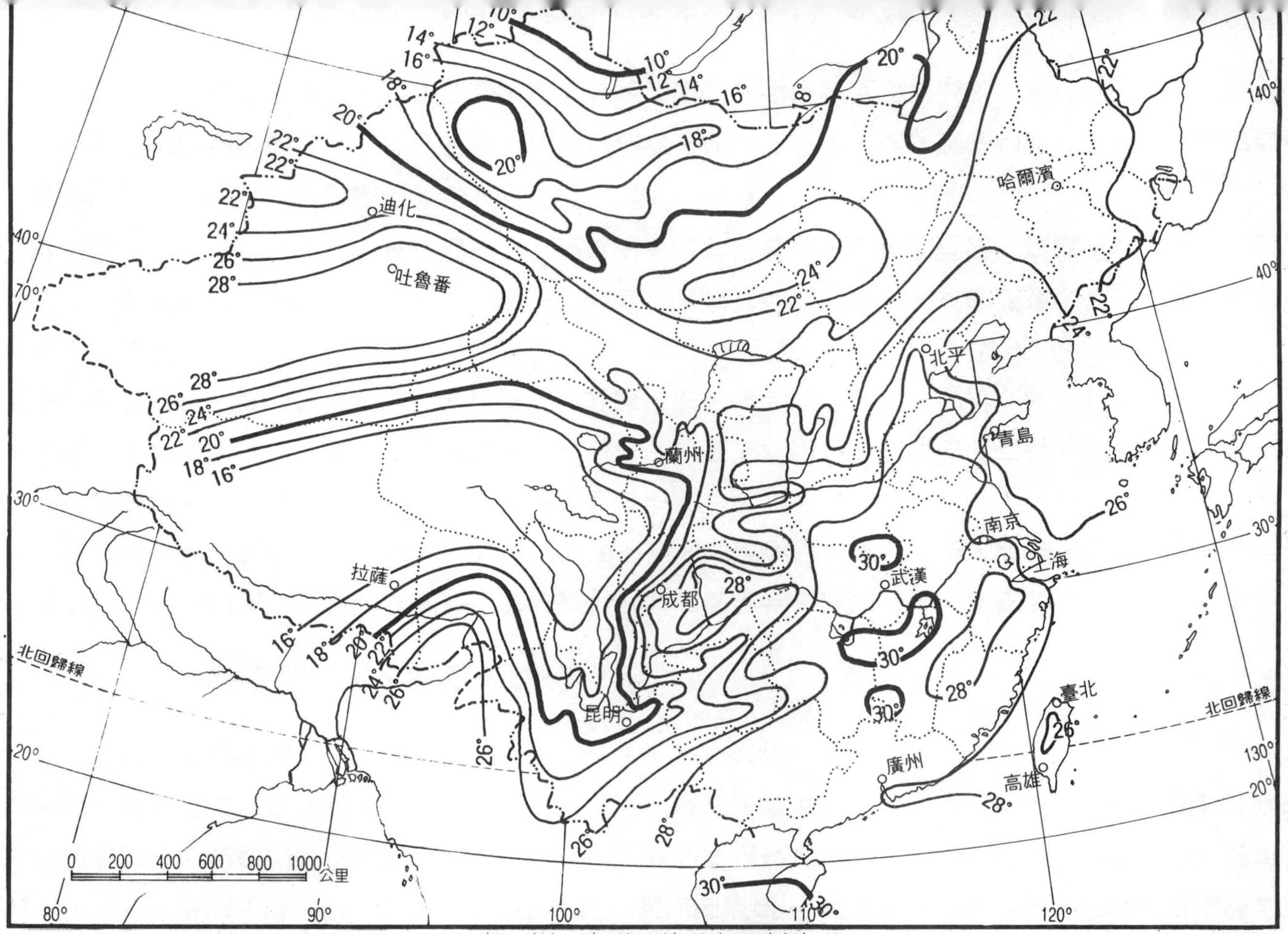

第五圖　中國七月平均溫度圖

帶產生，故爲溫帶氣旋所致。此外尙有熱帶氣旋，卽俗稱颱風，其發源地爲西太平洋的馬里亞納羣島一帶，初向西行進，然後逐漸偏爲西北，再轉北，終以東北東的方向，進入溫帶而消失，大體說來，颱風的行徑是成一條拋物線，每當颱風侵襲，拔木摧屋，狂風暴雨，終日不息，可使山河變色，人民財物損失很大，我國沿海一帶受其破壞，以臺灣爲主，閩、粤、浙等省次之。

我國的氣溫、氣壓及風向

（一）年平均溫度　我國各地全年平均溫度，大致由南向北，逐漸低減，華南地區，在攝氏二十度以上。華中地區在十五度至二十度間。華北地區，在十度至十五度間。東北南部、新疆、西藏南部，在五度至十度間。東北北部、蒙古、西藏等地，均在五度以下。

（二）一月溫度　一月是全年最冷月，代表冬季。我國一月溫度，大致由南向北，依次遞減，等溫線幾成南北平行狀態，攝氏零度等溫線，在秦嶺、淮河一帶，愈北溫度愈低，可降至零下二十餘度。此線以南，溫度愈南愈高。

（三）七月溫度　七月代表夏季，我國七月溫度，由於南北溫差不大，故等溫線分布，除青康藏大高原大部、蒙古西北及東北一角，均在攝氏二十度以上，但近海地區，受海洋調節，氣候反較涼爽，內陸地區，則愈炎熱，此乃大陸性氣候的特色。

（四）一月氣壓及風向　一月時我國大陸成低溫時，但氣壓增高，高氣壓中心在蒙古高原，此時低氣壓中心有二，一在澳洲大陸，一在阿留申羣島，從高氣壓流出的寒風向四周放散，故冬季在東北、華北、和華中一帶，均爲西北風，至於華南及臺灣，則爲東北風。

（五）七月氣壓及風向　七月時我國大陸成高溫，而氣壓降低，低氣壓中心有二，一在伊朗高原，一在蒙古，此時高氣壓中心有三，一在印度洋，二在澳洲大陸，三在夏威夷羣島，故夏季在西藏縱谷、華南、臺灣等地爲西南風，華中、華北及東北等地區，則爲東南風。

我國的雨量

（一）夏季東南季風　是我國雨量的主要來源：東南季風起自海洋，由東南向西北輸送，常挾其大量水氣而來，沛然降雨，愈向內陸，雨量愈稀少，而止於夏季季風的止界線，即爲乾燥地區和濕潤地區的分界線（卽大興安嶺、陰山、賀蘭山、隴山）。

（二）我國雨量的分布　我國各地年雨量，當以臺灣爲最高，年平均雨量在二千五百公厘以上，華南一帶則在一千五百公厘以上，華中長江流域，則在一千至一千五百公厘間，淮河流域爲七百五十公厘，華北平原及松遼平原，大約在五六百公厘左右，黃土高原則在四百公厘以下，陰山、賀蘭山以西，則降至二百公厘以下，成爲乾燥沙漠地區。

降雨的季節

我國各地雨量，普遍降於夏季，冬季最少。北回歸線以南，大致乾雨二季各半年，南嶺附近，雨季達七八個月，春季雨量多於夏季，向北則逐漸減少。長江流域有五六個月，華北一帶，祇有二三個月，陰山以南祇有一個月。我國雨量一般言之，夏半年常占總雨量百分之八十。

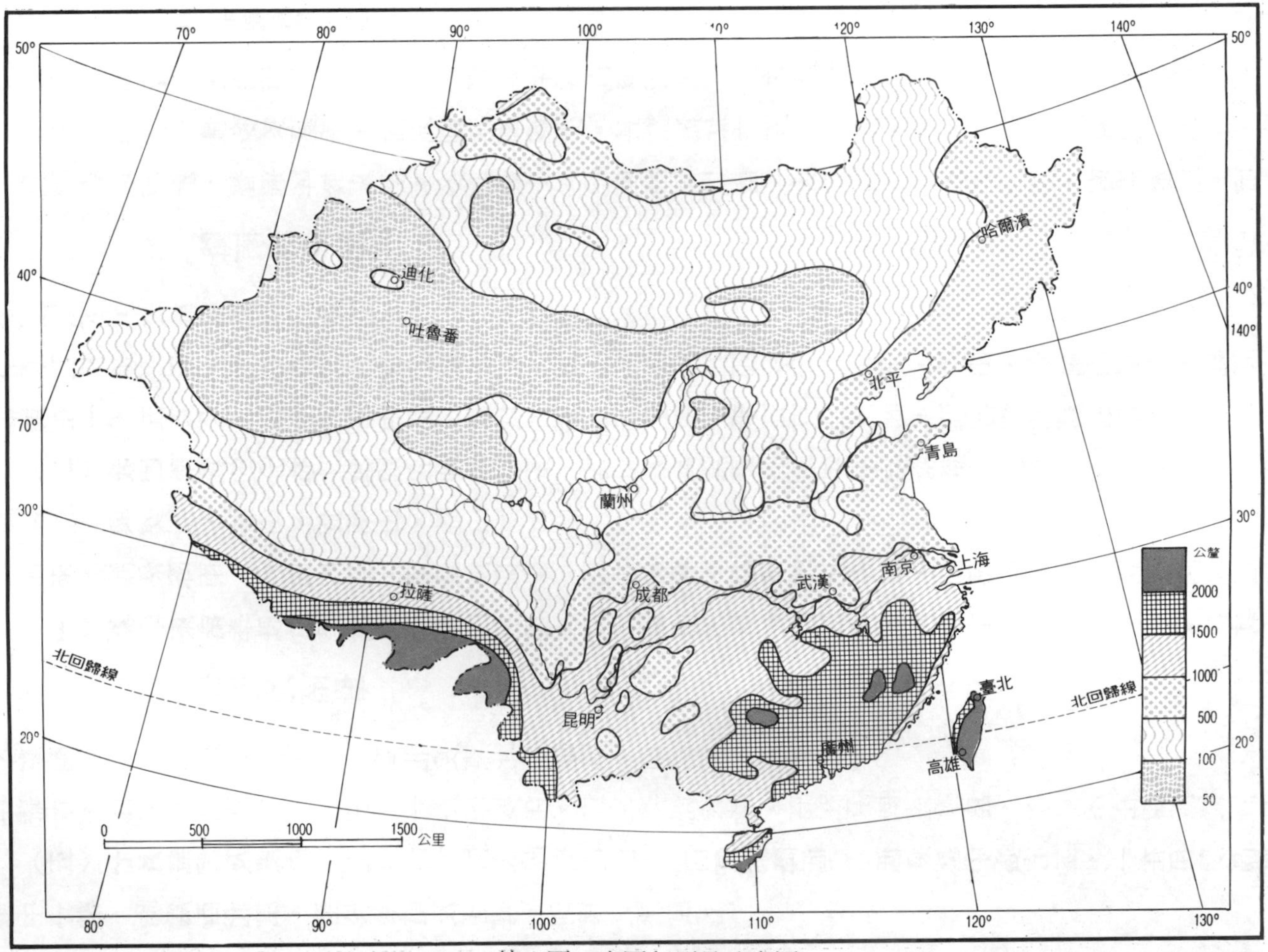

第六圖　中國年雨量分布圖

雨量變率

年雨量的多寡，影響作物之分布，雨量變率的大小，常影響作物收成的豐歉，雨量變率愈大，災荒愈重，我國雨量來源靠東南季風，如季風加強，則黃河流域之雨量，較平時爲多，卽造成水災。如季風弱，則雨量少，又成旱災。華北水旱災較其他地區爲多，主因在此。

作　業

一、影響中國氣候的因素有幾？試分述之。
二、何爲「入梅」及「出梅」？試解釋之。
三、我國一月溫度與七月溫度，有何差異？
四、我國雨量的分布，情形怎樣？

中國的氣候㈡

我國面積廣大，地形錯綜，氣候複雜，地理位置又兼具海陸之長，故氣候區域也就複雜了，細分之可能有數十區，例如臺灣一島，南北二部氣候，卽顯有不同，茲儘量簡化，將全國氣候劃成八大區域，分述如下：

（一）華南氣候區　本區包括兩廣與福建、以及臺灣、海南島、南海諸島、和浙江、江西二省的南部。區內年平均溫得攝氏二十二度，最冷月也在十度以上，罕見霜雪，夏長得八個月，年雨量在一千五百公厘以上，山地則超過二千公厘，颱風來時，雨量特多，這是我國終年高溫夏季多雨的地帶，稻米二熟至三熟，並富熱帶森林，甘蔗、香蕉、荔枝、鳳梨、及柑橘類等熱帶性的果實。

（二）華中氣候區　一稱長江河谷氣候區，本區包括四川盆地、江蘇、浙江、安徽、江西、湖南的大部，湖北省，以及河南的東南部，一月攝氏零度等溫線，和年平均七百五十公厘等雨量線的秦嶺、淮河，爲其北界，南止於華南氣候區。區內多季各月的平均溫，均在十度以下，零度以上，如一月份的重慶爲七點八度、漢口是三點九度、南京是二點一度。夏季月平均溫均在二十八度以上。高溫期和多雨期卻相配合，多春兩季，因爲常有低氣壓通過，所以比較濕潤，四月至六月，有特有的梅雨，七月至九月，是颱風到達的季節，但是僅在沿海，並不深入。本區是我國最重要的農業區，年產一稻一麥，或兩期稻作，境內河渠湖沼特多，是有名的魚米之鄉，丘陵多茶樹、油桐、蔴、及溫帶林木。稻米、小麥、大豆、棉花、蠶絲爲區內主要農產品。

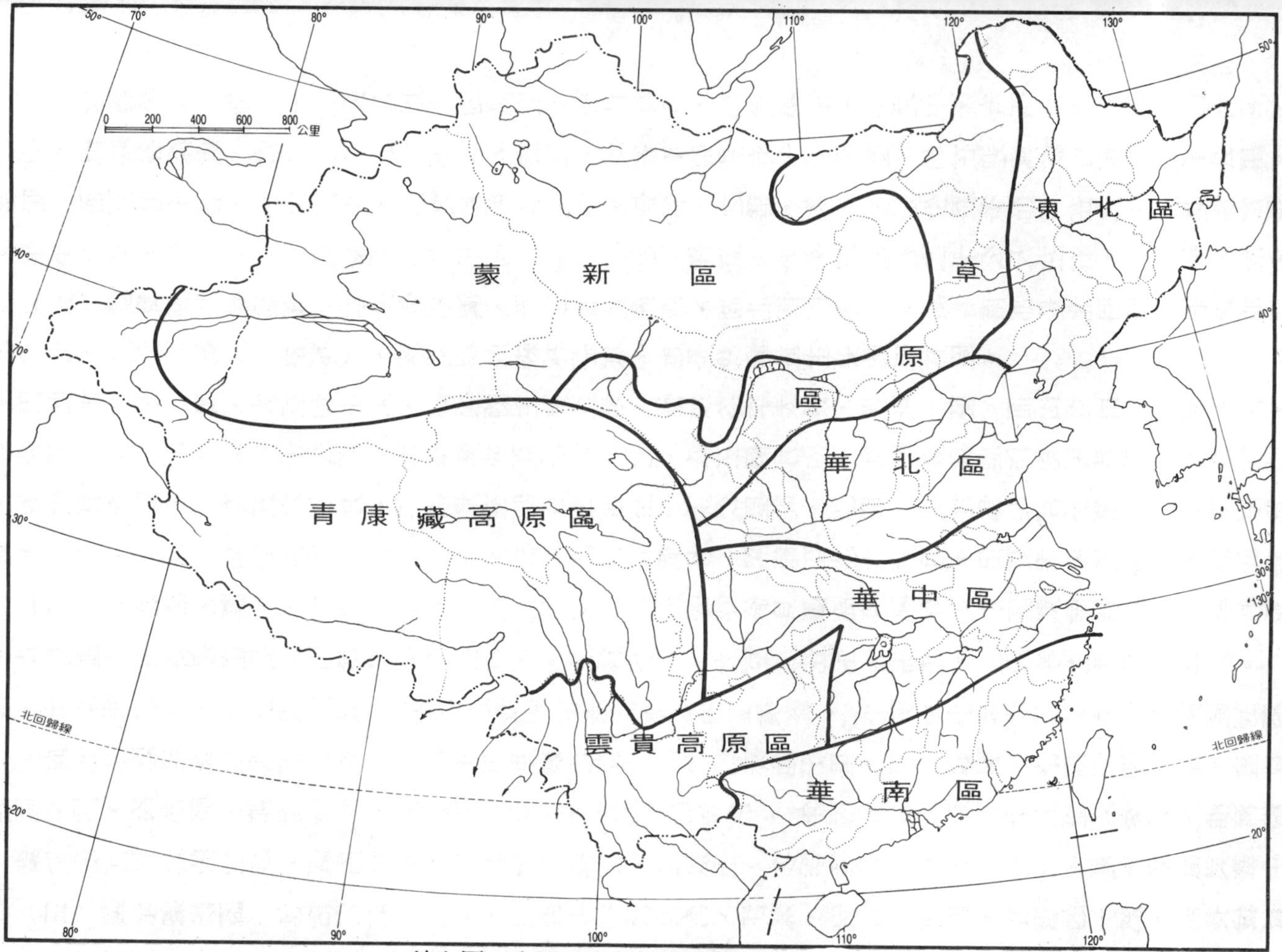

第七圖　中國八大氣候區域圖

（三）華北氣候區 包括河北、山東、山西各省及河南、江蘇、安徽、陝西、甘肅的一部，卽長城以南、秦嶺淮河以北的地域，區內年平均氣溫均在攝氏十度以上，冬季各月均在零度以下，夏季氣溫與華中氣候區相同，冷熱隨季節而變化，四季分明是本區氣候的特色。年雨量自七百五十公厘（秦嶺、淮河線上），向北遞降至長城四百公厘。本區年雨量變化極大，旱則赤地千里，田土龜裂，潦則汪洋一片，盡成澤國，水旱災之多，爲全國之冠。本區是我國古老而重要的農業區，小麥和小米代替了華中氣候區的稻米，也是區內主要農產品，因爲夏季高溫有雨，故爲高粱、大豆、花生、棉花、玉米等主要分布地區。

（四）東北氣候區 包括東北九省，但大興安嶺以西的呼倫貝爾高原除外，本區氣候特色是多季特長而嚴寒，河川冰凍，如遼河冰期爲四個月、松花江得五個月、黑龍江達六個月，但夏季氣溫頗高，因此農作物的生育季節，祇有五六個月。年雨量在四百公厘至一千公厘間，卽與安山地爲四百公厘，松遼平原爲六百公厘，長白山地得一千公厘，雨季降於夏季六、七、八三個月內，斯時實爲農作物生長最需雨水的時期，因此本區是春麥、大豆和小米、高粱的主要產地，惟以多季太長，僅祇一穫。而山地由於地形關係，氣溫特低，是針葉樹（松柏類）、落葉樹的森林區域，也是我國最主要的森林區。

（五）雲貴高原氣候區 本區包括滇、黔二省及湘西、湖北西南部份。滇省南部是北回歸線通過的地域，半年乾季，半年濕季，與臺灣南部相同，爲一特色，惟滇省地勢較高在二千公尺左右，緯度低，故多甚溫暖，而夏暑不著，年溫差小，因之昆明有「四季皆春」之稱，終年都是生長季節，在氣候上是極富優越性的。但峽谷深處，常濕熱多瘴，不適人居住。滇省年雨量有一千公厘，如在迎風坡可至二三千公厘。貴州高原地勢較低，仍有一千公尺以上的高度，雨日特多，如貴陽在一年之中，有四分之三是陰雨天氣，故俗有「天無三日晴」之諺。年雨量得一千零二十八公厘。全區是我國夏稻多麥的分布地區。

（六）草原氣候區　本區包括興安省的呼倫貝爾、蒙古東北部的克魯倫河流域、熱河省、察哈爾和綏遠二省的南部、寧夏省的東南部、甘肅省的大部、山西省北部的一小部，區內年平均溫得攝氏五度至十度，但夏溫很高，而冬溫特低，年雨量在二百至四百公厘間，降雨限於七、八兩月，雨量變率很大，這是我國典型的草原地帶，也是畜牧生產地，如有利用流水灌溉之區，也是春麥及雜糧的生產地。

（七）蒙新氣候區　本區包括蒙古的大部、新疆省、綏遠及察哈爾兩省的北部，寧夏及甘肅兩省的西北部。全域高度均在千公尺以上，本區因距海遠、地勢高，緯度也高，故氣候極爲寒冷乾燥，烈風、塵埃極多，氣溫的年較差和日較差都很大，吐魯番的日較差可達五十度，故俗有「早穿皮袍午穿紗，晚抱火爐吃西瓜」之諺。本區年雨量變率極大，且自東向西減低，一般均在二百公厘以下，過份缺雨地帶，即成沙漠。庫倫和迪化，各有二百公厘左右的雨量，尚可畜牧及少數農業，南疆的婼羌，僅有四公厘，如無山上雪水下注，當爲無人之區。本區因爲夏季高溫，凡是河谷可以灌溉的沃地，就是農業生產區。本區境內，尚有許多高大山地，如薩彥嶺、唐努山、阿爾泰山、天山等山地，上多冰河、雪地、草地，其地除富森林、礦產外，也是我國有名的山牧季移地區。

（八）青康藏高原氣候區　本區均爲海拔三四千公尺以上的高原，甚至五六千公尺，山峰在六千公尺以上的很多，氣溫極低，終年積雪不消，景象至爲荒涼。惟本區南部及東南部，因係縱谷高原，故成冰漠、凍原、草地、森林、以及可耕地帶，垂直分布，至爲明顯。巴顏喀喇山以北的柴達木盆地，則爲乾燥氣候。年雨量不到一百二十五公厘，夏季可成牧區，冬季殊爲寒冷。藏北高原：爲一乾冷荒漠，除湖沼附近，夏季可生產苔蘚之類的植物，因地勢太高，空氣稀薄，風力特強，雨量又少，故成無人之區。藏南縱谷：是雅魯藏布江河谷，高度在三千六百至四千公尺間（拉薩三千六百公尺，日喀則三千九百公尺），因北有藏北高原爲屏障，故冬季不太冷，夏很涼爽，七八月間，雨量頗豐，拉薩年雨量得一千零十六公厘，故能種植耐寒的青稞麥。此乃因由印度洋西南季風影響所致。青、康、滇縱谷高原，五月至十月爲雨季，康定年雨量得九百五十九公厘，巴安得一千一百公厘，情形與藏南縱谷同。

作業

一、華南和華中兩氣候區，各有何種特色？試說明之。
二、華北氣候區爲何水旱災特多？
三、雲貴高原的氣候特色是怎樣的？
四、試比較蒙新氣候區和青康藏高原區有何不同？

第四章　中國的河湖

第一節　中國的河川分區

河川流量的大小，常視該地區季節變化中氣候而定；乾燥地區，流量微小，濕潤地域，流量豐富，至河川流向，則視地形而定，故河川實係氣候和地形二者合作的產物。茲據流向，將我國河川分爲下述四個區域：

(一)內陸流域　凡雨雪不多，流量細小，其地又多盆地，致河川以盆地中的低地爲尾閭，積水成湖，或中途沒於沙漠中，此等河川，均稱內陸河。我國內陸流域，約佔全國總面積百分之三十九。其中主要河川，以南疆的塔里木河，雪源較豐，各支流水量也多，是我國最長的內陸河，下游注入海拔七百八十公尺的羅布泊。次爲北疆的伊犂河、瑪那斯河、布爾根河、河西走廊中的額濟納河、白亭河、疏勒河、青海的柴達木河等。這些河流對於當地的農業灌溉及人畜生活都有重要的影響。

(二)太平洋斜面流域　我國地勢西高東低，河川大多東流注入太平洋，主要河川有長江、黃河、黑龍江、粵江，此外自北而南，有遼河、鴨綠江、海河、淮河、浙江、閩江、韓江、元江、瀾滄江等，也是著名的河川，均流注於太平洋，故其流域面積特廣，約佔全國流域總面積的百分之五十。本區地多平原盆地，氣候濕潤多雨，人口稠密，物產豐富，均爲全國之冠。

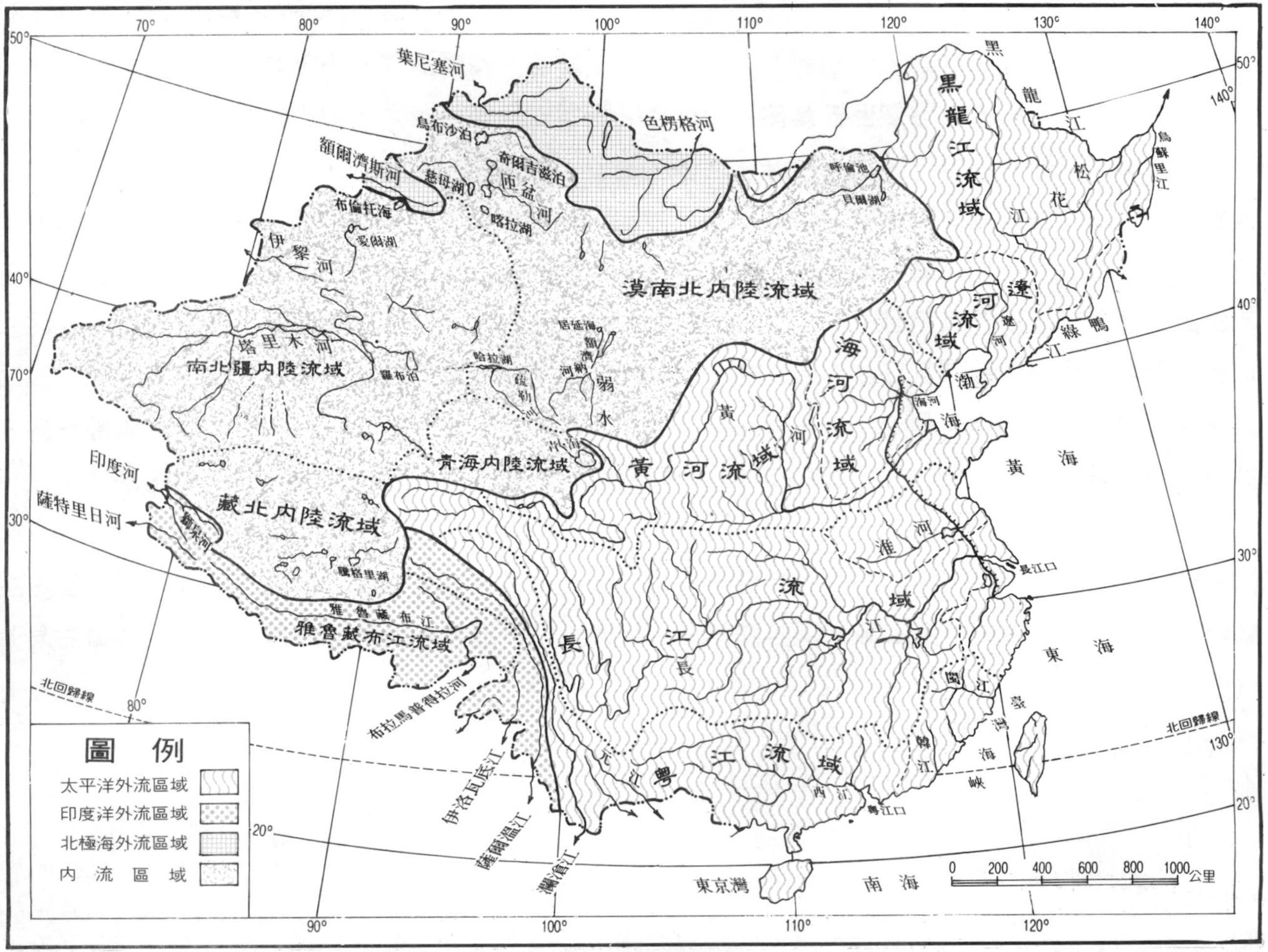
圖例
太平洋外流區域
印度洋外流區域
北極海外流區域
內流區域
漠南北內陸流域
南北疆內陸流域
青海內陸流域
藏北內陸流域
雅魯藏布江流域
黑龍江流域
遼河流域
海河流域
黃河流域
長江流域
粵江流域
葉尼塞河
色楞格河
烏布沙泊
奇爾吉斯泊
額爾濟斯河
布倫托海
伊黎河
塔里木河
羅布泊
哈拉湖
居延海
弱水
印度河
薩特里日河
雅魯藏布江
布拉馬普得拉河
伊洛瓦底江
薩爾溫江
瀾滄江
黑龍江
松花江
烏蘇里江
鴨綠江
渤海
黃海
東海
南海
長江口
粵江口
東京灣
臺灣海峽
閩江
韓江
西江
北回歸線
0 200 400 600 800 1000公里
第八圖　中國河川流域圖

（三）印度洋斜面流域　我國河川流注入印度洋者，均源於青康藏高原縱谷地區，因爲印度洋西南季風可以到達，帶來了相當多的水氣，造成雨雪二源，均極豐富，故能形成許多大河，計有怒江（一稱潞江，下游出國境後稱薩爾溫江）、恩梅開江、邁立開江（二河合流後，在緬甸稱伊洛瓦底江）、雅魯藏布江、印度河。其中印度河純爲雪源，上有三源，均在西藏境內，稱爲狼楚河、象泉河、獅泉河。上述各河，在我國境內，均爲源流或上流，地高氣寒，人文活動大受限制，故利用價值不大，其流域面積佔全國總面積的百分之六。

（四）北極海斜面流域　蒙、新北部，在地形上向北傾斜，而杭愛山、唐努烏拉山、薩彥嶺、阿爾泰山等，卻位於溫帶沙漠氣候的北側，故雨雪二源較豐，遂形成爲額爾齊斯、烏魯克穆、色楞格三河的發源地。各河川均多偏向西北流。新疆境內的額爾齊斯河，西流注入齋桑泊，再自泊中北流爲鄂畢河。唐努烏梁海境內的烏魯克穆河和貝克穆河相會後，成爲葉尼塞河的上游西源。色楞格河是蒙古境內最重要河川，這條河的支流，如鄂爾渾河、土拉河、德勒格河等，都是蒙胞賴以生存的重要地區，色楞格河北流注入貝加爾湖，續外流而成爲葉尼塞河東源。鄂畢河及葉尼塞河均注於北極海，惟在我國境內，因係源流利用價值亦小，其流域面積，僅佔全國流域總面積的百分之五。

第二節　中國的河川

（一）中國第一大川——長江　長江上有二源，一爲青海省可可稀立山南坡的楚瑪爾河，海拔五、一二〇公尺，另一源於唐古拉山中的穆魯烏蘇河，兩源會合後稱通天河，玉樹以下乃稱金沙江，經康、滇、川等省，至宜賓改稱長江，再經鄂、湘、贛、皖、蘇等省而入東海，流長凡六千三百公里，居全國第一，爲世界第四位（次於美國的密西失比、非洲的尼羅、及南美的亞馬孫三河），流域面積達二百萬方公里，沿江支流很多，其著者，在康省有雅礱江，川境有岷、沱、嘉陵、黔四江，兩湖盆地有漢水及洞庭湖水系，贛省有鄱陽水系，流量宏大，就是枯水期，九江以下萬噸巨輪仍然終年通暢，故沿江各地航運發達，是我國中部交通的大動脈。流域內人口之多，天產之富，可稱世界第一。惟長江至兩湖、鄱陽、巢湖三盆地，因地處低窪，常成爲江水泛濫地區。

（二）**黃河**　是我國第二大川，源於青海省巴顏喀喇山北麓的星宿海，東流經札陵海與鄂陵海，由此而下，歷經青、甘、寧、綏、陝、晉、豫、冀、魯等九省而注入渤海，流長計五千四百六十四公里，流域面積約一百三十萬方公里，重要支流則以山西的汾河，陝西的渭河爲主要。

黃河東流途中有兩次大彎曲，一在東經一百零二度，北緯三十三度半附近，河繞積石山而行，成一著名河曲，另一彎曲在河套，當其折而南下，在晉、陝間，造成峽谷，如壺口瀑布、龍門急流、三門峽，皆爲著名峽谷勝地。陝縣以下，進入平原河床乃寬，而從上中游侵蝕所得的泥沙，至此大量沈積，河床增高，故易泛濫改道，黃河曾經大徙七次，小徙不知其數，幾年有災害發生，人民流離失所也不知其數。

（三）**珠江**　流長二千一百九十七公里，流域面積達一百零一萬方公里，由東、北、西三江會合而成，包括滇、黔、桂、粵四省水系，因在嶺南，又近海洋，全區在副熱帶，故雨量豐富，水源充足，雖較長江、黃河爲短，但流量宏大，支流衆多，航運之富，人口之密，均超過黃河。三條支流，以西江爲最長，西江上有二源，均源於雲南霑益縣境，稱南北二盤江，二江在黔、桂邊境會流，稱紅水河，至石龍會柳江，至桂平合西來的鬱江，改稱潯江。至蒼梧合北來桂江後東入粵境，乃稱西江。越肇慶羚羊三峽東至三水合北江，東南行分數支流，斜入三角洲，但西江正幹則南流，經崖門入南海。北江源於大庾嶺南麓，全長約五百公里；東江源於贛南，西南流至東莞縣境與珠江合，長凡五百二十三公里。

(四)黑龍江 古稱黑水，因其水色暗黑，流長爲四千四百八十五公里，但在我國境內流長僅一千九百二十七公里，流域面積有五十八萬方公里，係我國第三大河。上源有二：一爲額爾古納河，一爲俄境的石勒喀河，二河在漠河縣西五十公里處相會，始稱黑龍江，爲中、俄兩國界河，至同江會松花江，至伯力會合烏蘇里江，下流入俄境，注於韃靼海峽。在黑龍江水系中，全部在我國境內者爲松花江流域，松花江源出長白山的天池，先後納嫩江、拉林河、及牡丹江之水。沿江形成經濟發達、人口稠密的肥沃平原，流長達一千七百六十公里，爲東北經濟價值最高的河流。黑龍江及松花江，冰封期甚長，冰層深厚，冰上成爲雪橇、車、馬的往來孔道。流冰期，交通斷絕。解凍後，江輪來往如梭，頗富航運灌漑之利，此爲本河川一大特色。

(五)淮河 淮河源出河南省西部山地桐柏山區，向東流經安徽，於江蘇注入洪澤湖，出湖後分兩路下泄，一過洪澤湖南岸的三河閘，再經高郵湖在三江營入長江；另一路則經洪澤湖東岸的高良澗，過蘇北灌漑總渠在扁擔港入黃海。淮河全長約一千公里，全域北以鄭州至梁山的黃河南大堤及沂蒙山與黃河流域分界，南以桐柏山、大別山及張八嶺與長江流域分界，流域面積爲十八萬七千平方公里，如包括沂、沭、泗諸河在內，則更達二十六萬一千五百平方公里。淮河本是一條東向獨流入海的河流，故水道原甚流暢，但金章宗明昌五年(西元一一九四年)卻因黃河在河南陽武決堤，河水夾泥沙而下東南流入泗水，便侵奪了淮陰以下的淮河河道，遂與淮河合流入海；黃河夾帶的泥沙不僅淤高了淮河中游的河床，也使得淮河下游入海出路遭遇到淤塞，整個淮北水系都因之被弄得紊亂不堪，淮水受到滯積就形成爲洪澤湖，並改道輾轉入於長江。故昔時黃泛時或長江水漲時，淮河兩岸往往亦隨之漫溢四流而形成水災。其後淮河經全面整治及擴大了入海入江的水道，以及完成分淮入沂的工程，已初步解決了淮河洪泛的災害。

第三節　中國的湖泊

我國的湖泊眾多，外流區的湖泊爲淡水湖，內流區多爲鹹水湖，青康藏高原和長江中下游平原是我國湖泊最多的兩個地區，長江中下游的湖泊主要有鄱陽湖、太湖、洪澤湖、洞庭湖、巢湖，這些湖泊都是淡水湖，對當地的自然環境和經濟發展都有重大的影響；青康藏高原上的湖泊主要有青海湖、納木錯湖、色林湖等，這些湖泊都是鹹水湖，不僅出產豐富的食鹽和化學工業原料如碱、石膏、鋰、硼和芒硝等，有的還產魚類。青海湖是我國第一大湖，面積四、二〇〇方公里。鄱陽湖則爲我國第一大淡水湖，面積二、九三四方公里；而原來面積四、三五〇方公里的洞庭湖則因湖泊淤積迅速，加之中共圍湖墾殖造田的錯誤政策，三十年來的惡化，終於造成了洞庭湖面積日漸縮小到二、三四三方公里，影響排洪及生態扼殺至巨，這也就是現在長江中下游經常導致水災的最大原因。

附註：大陸主要湖泊一覽表

湖泊名稱	所在地	面積 Km²	流區 內	流區 外	水質 鹹	水質 淡	備註
青海湖	青海	四、二〇〇	柴達木		√		我國第一大湖
鄱陽湖	江西	二、九三四		長江水系		√	我國最大淡水湖
洞庭湖	湖南	二、三四三		長江水系		√	
太湖	江蘇	二、三三八		長江水系		√	
呼倫池	內蒙	二、〇〇〇	√		√		
納木錯湖	西藏	一、九六一	√		√		
洪澤湖	江蘇	一、八五一		淮河水系		√	
色林湖	西藏	一、六二八	√		√		
南四湖	山東	一、二二五		運河水系		√	
札日南木湖	西藏	九九六	√		√		
博斯騰湖	新疆	九六〇	√		√		
當惹雍湖	西藏	八三五	√		√		
巢湖	安徽	七五三		長江水系		√	
布倫托湖	新疆	七三六	√		√		
高郵湖	江蘇	六五〇		淮河水系		√	
羊卓雍湖	西藏	六三八	√		√		
鄂陵湖	青海	六一〇		黃河水系	√		
哈拉湖	青海	五八八	√		√		

扎陵湖	青海	五二六		黃河水系		√
滇池	雲南	二九八		長江水系		√
洱海	雲南	二五三		元江瀾滄江水系		√
撫仙湖	雲南	二一一		珠江水系		√
岱海	綏遠	一四〇	√		√	
鏡油湖	黑龍江	九五		黑龍江水系		√

作業

一、我國內陸流域有那些重要河川？試列舉之。
二、我國流入太平洋的河川有幾？
三、試說明我國流入北極海和印度洋兩斜面的河川。
四、說明黃河及黑龍江兩流域的不同。
五、長江與粵江兩流域，水運及水利是如何的？
六、試說明過去淮河常多水災的原因。
七、我國的重要湖泊有那些？

第五章　中國的土壤

土壤是地表岩石經過長期風化的結果，岩石變成土壤的因素很多，如高溫、低溫、氣流、雨水、生物等都有影響。土壤是植物生長的要素，農業的生命線，也是人類生存的基礎，諺云「有人斯有土，有土斯有財」，可見土壤對於人生的重要。土壤的生成，通常受到土壤母質（岩石有各種性質的不同，如頁岩可風化成粘土）、地形、氣候、生物作用及時間等五大要素所左右，而氣候最爲重要。

我國土壤的發育，因受我國錯綜複雜氣候的影響，在不同的氣候區域中，進行不同的成土過程，可分爲三大類：

（一）**溫暖濕潤地區的土壤**　其分布多在秦嶺、淮河以南，由於夏長而炎熱，雨量又極豐富，土壤的氧化，和淋溶作用，均特別迅速，再加上長期的雨淋關係，土壤中易溶於水的物質，如鈣質、鹽分，多被流失，或向下滲透，所留存於地表者，均爲不溶於水的鐵鋁等物質，這些物質，多呈紅色，稱爲淋餘土。此類的成土過程，稱爲磚紅壤化作用，一般成酸性或強酸性反應。淋餘土可分爲下列三種：

⑴紅壤　分布於高溫多雨，而排水良好的地區，我國華中、華南各省的坡地及淺丘，如廣東的西南部、廣西東南部、雲南大部，及湘、贛中部，臺灣西部的臺地等，此種土壤，多植茶，或植油桐，如有水灌溉及施肥，亦可植稻、麥、豆類等主要作物。

⑵黃壤　成土母質與化學性質，均與紅壤同，惟以地勢較高，氣溫低，而濕度大，則易成黃壤，貴州

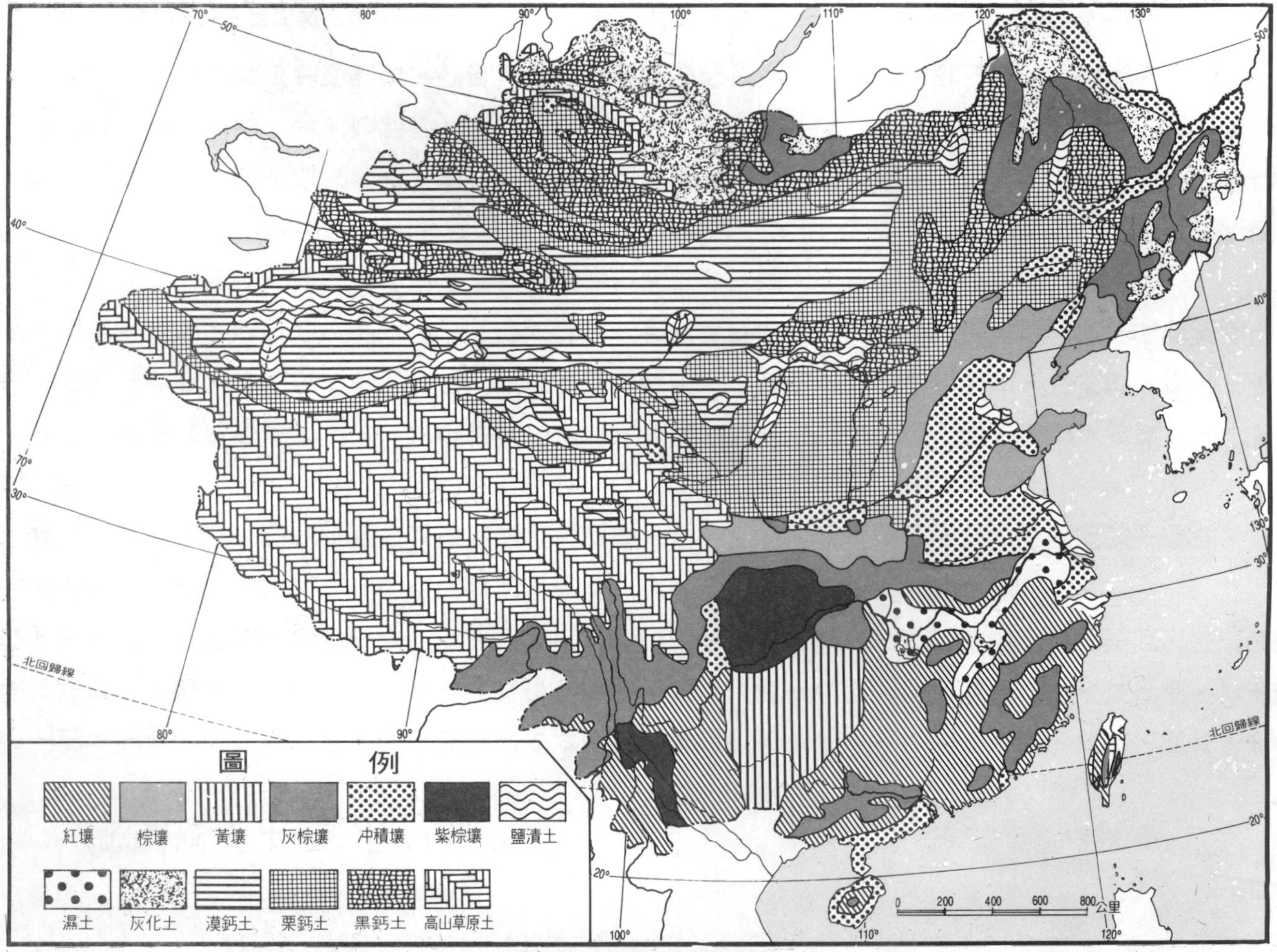
圖例
紅壤
棕壤
黃壤
灰棕壤
冲積壤
紫棕壤
鹽漬土
濕土
灰化土
漠鈣土
栗鈣土
黑鈣土
高山草原土
北回歸線
0 200 400 600 800公里

第九圖 中國土壤分布圖

高原實為中心區域，東至湘西，西到滇東，南及桂省西北境，北達川省丘陵地及上層河階上。黃壤因富水份，除栽茶、植油桐外，並能栽種其他作物，其利用價值較紅壤為高。

(3)紫色土　分布頗廣，主要分布地區在四川盆地及滇西一帶，他如貴州、兩湖、兩廣、及浙、贛等省，亦有零星的分布。其成土母質為紫色砂岩及頁岩的互層，經副熱帶濕潤氣候風化後，成為紫色土。紫色與紅色相近，故常有人稱四川盆地為紅盆地者。紫色土肥力較厚，在灌溉用水便利處，多植稻，餘植小麥、豆類、及玉黍等作物。

(二) 涼冷濕潤地區的土壤　我國的灰化土，多分布在長白丘陵、大小興安嶺及蒙新北部等地為主，因這一帶地區氣溫低，土中所含氧化物甚多，雨量多於蒸發，於是氧化物散失，土質疏鬆，其色與灰相似，故名灰化土。含有豐富的腐植質，一般呈酸性反應，利於森林及草類的生長。此外尚有一種灰棕壤，多分布在北緯三十三度以南的山地上，因多季溫度低，且有適當雨量，頗宜於灰化作用的進行，如秦嶺、巴山、淮陽山地、鄂西山地、東南湘贛丘陵，以及臺灣、海南二島的山地，均係灰棕壤分布的地區。

(三) 乾燥地區的土壤　我國西北地區，氣候乾燥，雨量稀少，不足淋溶土壤中的鈣質及鹽份，以致土層中積有炭酸鈣含量極豐，此種由鈣化作用所成的土壤，總稱為鈣質土，多分布在北緯三十三度以北，一般呈鹼性反應，又可分為下述三類：

(1)漠鈣土　這是沙漠地區中的土壤，其表土多呈灰白色或灰黃色，呈強鹼性反應，分布地區為蒙古、戈壁、鄂爾多斯高原、寧夏西部、河西走廊，及南、北疆兩盆地。區內大部石礫裸露，或是沙丘，可耕地必須引水灌溉。

(2)黃土　分布在我國西北黃土高原，以及東北的西側地區，陰山以南，隴、青以東，南達江淮平原，這是地理上通稱的黃土，從土壤學講，則爲淡色鈣層土，是半乾旱區鈣化作用所成的土壤，表土粉砂，顆粒細勻，含鈣量很高，通體呈鹼性反應，土地肥沃，只要有充足水份，卽成沃野，極宜植物生長。此類土壤發育於多嚴寒、夏燥熱，年雨量少者不足二百公厘，多者超過五、六百公厘，但雨季祇有一至三個月不等，惟土質疏鬆，易於滲漏，洪水湍流，侵蝕最盛，汾、渭谷地及淮、黃、海三河下游平原，均是其冲積而成，卽所謂次生黃土。而乾旱少雨，又成農作大害，是本區土壤利用中最嚴重的問題。

(3)黑鈣土　土色暗黑，通稱黑土，表層每呈頁狀，含腐植質在百分之三以上，這種土壤多發育於多寒冷，夏炎熱，年雨量在四百公厘左右，土壤沃性深厚。其分布則環繞於黃土高原之北、東、西三面，大部爲塞外草原地帶，如從綏省河套平原北面起，循長城而東，至察省中部，折而東北、沿熱河山地，直至松遼平原，成一斷續狹長地帶，此外蒙、新山地的南北坡，北蒙草原，以及甘、青、川三省交界附近，如松潘草地，均分布於三千公尺以上的山地，通稱高山黑鈣土，亦有其分布。

我國土壤，大致以秦嶺、淮河爲界，以南爲淋餘土，以北爲鈣層土，此界線是我國自然地理上的分界線，同時也是我國人文地理上的境界線。因自然環境南北有異，人文條件當然懸殊。除上述三大類型土壤外，在各處湖泊附近之低地，常有由搬運及沈積作用所成的冲積土，一稱湖積土，土質特別疏鬆，地勢低平，灌溉便利，地極肥沃，故均成爲重要的農業區域。又在沿海及內陸濕地，多鹽漬土，因含極強之鹼性，土色灰白，不適耕作，但卻可成爲產鹽地區。我國鹽漬土分布，沿海以江蘇東部爲主，這是鹽漬冲積土；內陸以塔里木盆地邊緣及柴達木盆地爲主，這是鹽漬漠鈣土。鹽漬土未經改良，絕少農業價值，開渠排水，才能沖淡脫鹽，始可從事農作。

作業

一、土壤的生成，通常受到那幾種因素而產生的？
二、我國淋餘土可分爲那三種？試概述之。
三、何爲灰化土，其在中國的分布怎樣？
四、鈣質土分布在我國那些地區？試說明之。

第六章　中國的海洋、島嶼和海岸

我國的海洋

我國是濱海國，臨海的省區，有安東、遼寧、河北、山東、江蘇、浙江、福建、臺灣、廣東九個省及海南特別行政區，而臺灣省的東岸，又濱世界面積最大的太平洋，故海與洋兼而有之，茲將我國海洋概況分述於下：

(一) 太平洋　太平洋的面積有一億六千五百餘萬方公里，比大西洋要大一倍，平均深度約四千公尺，我國瀕臨太平洋部份，祇有臺灣島東岸。北赤道洋流，由菲律賓羣島東方海中北上，在巴士海峽分爲幹支二流，幹流一直北上，越琉球羣島後，而至日本羣島，日人稱爲黑潮。支流由巴士海峽進入臺灣海峽，沿臺灣西岸北上。

(二) 黃海　北起鴨綠江口，南迄長江口，面積約五十五萬方公里，深度自五十公尺至二百公尺間，因受黃河帶來了大量黃色泥土，海水成爲淡黃色，故名黃海。並有附屬海灣，即渤海，面積約九萬方公里，係遼東、山東兩半島環抱而成，兩半島之間的距離，只有一百三十公里，稱爲渤海海峽，中間還有許多島嶼，稱爲廟島羣島，亦稱長山八島。遼寧省的南部，河北省，以及山東省的北部，都是瀕臨渤海的。

(三) 東海　因位於我國東部而得名，自長江口以南，迄臺灣海峽、澎湖羣島以北，東以日本的九州島及琉球羣島等與太平洋爲界，面積達七十萬方公里，海深大部在二百公尺以內，臺灣海峽之深度較淺，平均深度在八十公尺，沿岸島嶼甚多，是我國漁業及航運的基地。

(四) 南海　臺灣海峽澎湖群島以南，曾母暗沙以北，都是我國南海諸島分佈的範圍，亦卽中南半島以東，菲律賓群島以西，婆羅洲以北的廣大海面，面積達二百萬方公里。在臺灣和粵省及海南島的沿岸附近，海深在二百公尺以內，愈南深度愈大，最深處可達二千公尺。南海除具緣海性質外，並兼有地中海形態，現爲太平洋、印度洋間的交通上重要海域。

黃海、東海及南海，都是位於我國邊緣（海洋學上稱爲大陸棚），故稱爲緣海。最近東海陸棚發現世界著名的石油。

我國的海岸

我國的海岸線，可分爲大陸和島嶼兩部分：大陸海岸線，北起鴨綠江口，南止中越國界上的北崙河口，長約一萬一千一百公里，包括安東、遼寧、河北、山東、江蘇、浙江、福建、廣東等省濱海地帶。至島嶼海岸線，約有九千六百九十公里之長，卽臺灣、海南二島以及澎湖群島，和沿海岸的島嶼之長，故全國海岸線，合計總長有二萬零七百公里。

我國大陸海岸，又可分爲岩岸與沙岸二種，大致以浙省甬江口爲分界線，線北除山東、遼東二半島外，多爲沙岸；線南多爲岩岸，其成因由於陸上山丘下沉作用所致，故又名沉降海岸，此等山丘下沉入海後，山峰露出海面者，則成爲島嶼，高山浮出海面，則變爲突出的半島和岬角，深谷沉沒海中，則成爲深

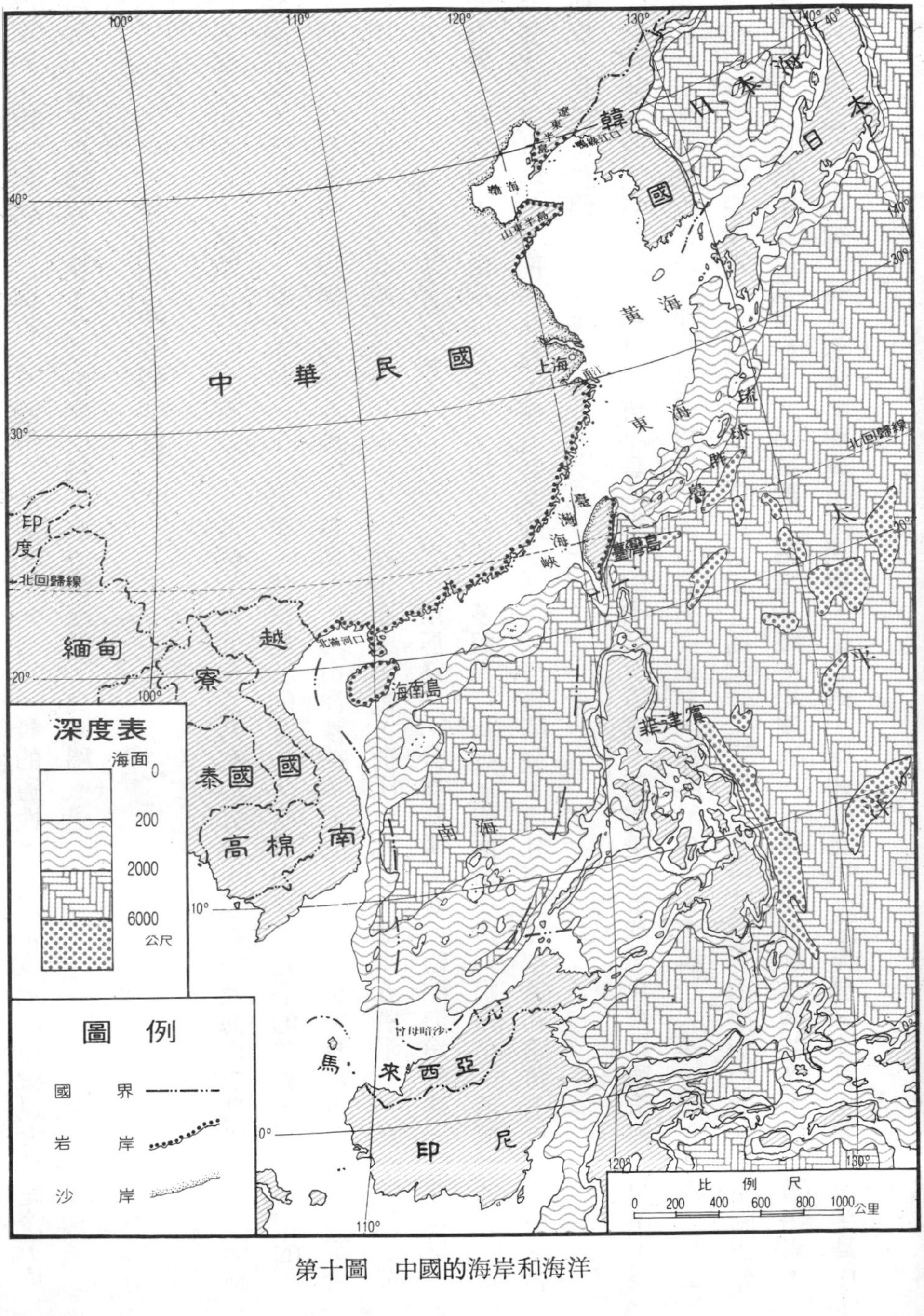

第十圖　中國的海岸和海洋

陷的海灣，因之形成海岸曲折，多港灣和島嶼，這是岩岸一般的通性。沙岸是陸上河流搬運大量泥沙，填充淺海，日久即造成沙岸，大致海岸淤淺平直，沙灘多，良港稀。

我國的島嶼和半島

我國沿海島嶼，總數在三千六百以上，島嶼的總面積爲八萬方公里，以臺灣及海南二島爲最大，面積均超過三萬方公里以上，餘均不足一千方公里。我國島嶼的分布，常因海岸的地形的差異，而有疏密的不同。河北、江蘇等省的海岸，地多沙灘，所有島嶼，均由泥沙冲積而成，爲數極少，景色也很單調。至於岩岸附近的島嶼，則因丘陵沈降作用而成，因此遼寧、山東、浙江、福建、廣東五省沿岸，島嶼總數佔百分之九十以上，而浙江省島嶼特多，超過半數。南海諸島，分布範圍極廣，距離海岸較遠，既非岩岸，而是另外一種作用，即由珊瑚礁構成，地勢甚低，多與海平接近，而面積一般均很微小，環繞於島旁的暗礁特多，此爲其特色。南海諸島不僅有豐富的海洋資源可資開發，而且在中外交通和國防上也都居於重要的地位，是值得我們重視的地區。

我國半島著名者有三：一是遼東半島，爲千山山脈所構成，西北是遼東灣，東南則臨黃海，最南端爲老鐵山，可俯視渤海海峽，半島均爲岩岸，尤以臨黃海沿岸，島嶼最多，大東溝、大連、旅順等爲半島上優良港口。二是山東半島，在地質構造上，山東半島與遼東半島，本爲一體，因渤海海峽斷層下降而分離，山東半島以勞山丘陵爲骨幹，北起掖縣，南迄日照，均屬岩岸，因之港灣和島嶼甚多，良港著名者，有龍口、煙臺、威海衞、青島等港。海灣以萊州灣、榮成灣、膠州灣爲主。三是雷州半島，爲三大半島中最小者，西瀕東京灣，東爲南海，南以瓊州海峽與海南島相望，北以吳州、遂溪緊連廣東省，大部均爲沙岸，以廣州灣中之湛江市港口最爲優良。

作業

一、說明我國面臨的大洋和海的分布。
二、我國海岸的分布情況如何？
三、我國的島嶼情形怎樣？
四、我國三大半島何名？試述其概。

第二篇　中國人文地理

第一章　中國的人口

人民是構成國家的基本要素，一國人口的多寡，分布的疏密，與該國的生產建設，經濟資源的發展，民族力量的強弱，均有密切的關係。人口少，則農、林、漁、礦、工、商等事業，無從發展，因開發需人。人口多，則生產常不足以供消費，而造成貧窮、落後等現象，故人口數量的多寡，和分布的疏密，是地理學上一重要問題。

我國人口數字，根據民國三十六年調查，是四億六千八百多萬，近據相關資料估計，目前中國大陸人口已達十一億之多，加上臺灣二千萬，港澳六百五十萬，蒙古二百萬，實爲世界人口最多的國家。

人口分布，疏密不均，不僅中國有很大的差異，世界各國均有此現象，爲何有此現象？必需要探求其地理環境。例如在自然環境方面：有地形、氣候、海岸、島嶼等。在人文環境方面：如產業、交通、聚落、文化等。均與人口分布有密切的關係，茲將其實況敍述如下：

自然環境對於人口分布的關係

(一) 地形　平原、丘陵地區人口多，山地、高原人口少。若單從平原講，則水利發達的地區人口多，而常有水旱災的地區人口就少，如黃淮平原人口密度，遠較江淮平原爲疏，黃河三角洲的人口，亦較長江三角洲爲小。

(二) 氣候　對於人口分佈影響最大的，當以溫度和雨量二項，最爲重要。溫度變化大的地區人口少，反之則多。雨量多的地區人口多，沙漠地區，雨量特少，幾成無人之區，可爲明證。

(三) 海岸　沙岸地區，因爲鹽漬土，雖爲平地，但難耕作，故人口稀少。而岩岸地區，多爲丘陵，耕地雖不大，尚可從事海上活動，人類活動領域較大，故人口較沙岸地區爲多，例如閩、粵岩岸地區，和長江以北的沙岸地區，其人口分布，適成對比，可爲明證。

(四) 島嶼　島嶼四週盡爲海洋，亦屬人類活動的領域，故人口稠密，如臺灣省人口的密度，每方公里達四百人以上，爲全國各省之冠。

人文環境對於人口分布的關係

(一) 產業　產業每因土地利用的不同，而人口分布的疏密，也受到影響，例如畜牧區，常需廣大的面積，始能生產，故我國蒙、新地區人口稀少。農業地域卻與之相反，我國農業爲集約農業，故我國人口大部均集中於農業地域上。至於工商業發達的地方，則土地利用，更爲經濟，故人口分布至爲稠密。臺北、上海、天津，可爲實例。

(二) 交通　交通便利地方，人口稠密，反之則稀，例如長江流域以河運爲主，故人口稠密地區，概沿長江本支流分布而成帶狀，東北人口多沿鐵路線伸展，亦成帶狀分布，華北平原，以陸運爲主，人口分布多成塊狀。

（三）**聚落**　都市是人口集中要地，全國十四院轄市，每方公里的人口密度，除哈爾濱外，均在千人以上。

（四）**文化**　文化古老地區人口密，開發較遲的地方人口稀，例如黃淮平原和松遼平原的人口分布，爲一明證。

我國人口分布上的疏密地域

（一）**分布界線**　從中國地圖上，由黑龍江、璦琿起，到雲南騰衝爲止，作一直線，將中國分爲東南和西北兩部，東南部的面積，約佔全國總面積三分之一，西北部則約佔三分之二，但是人口分布，則東南部佔全國百分之九十以上，而西北部則不足百分之十。

（二）**稀疏地域**　在西北部稀疏地域上，人口密度，均在一人以下，但後套、西套、河西走廊、天山南北麓、塔里木盆地西南隅、雅魯藏布江東端、柴達木盆地的東南隅，每方公里的人口密度，則增至五十人以下。

（三）**稠密地域**　我國東南部人口稠密，但又因自然環境和人文因素的不同，而分布亦不均勻，其中人口最密集的地域有八：1.黃淮平原（包括膠濟鐵路沿線及黃河以西，至汾、渭兩河盆地）。2.長江三角洲及寧紹平原。3.大湖盆地周圍（包括鄱陽、洞庭二湖盆地一帶及武漢三鎮附近）。4.四川盆地（其中以重慶附近及成都平原爲最密）。5.東南丘陵沿海地區（因地形關係，溫州、福州、廈門、汕頭，是人口密

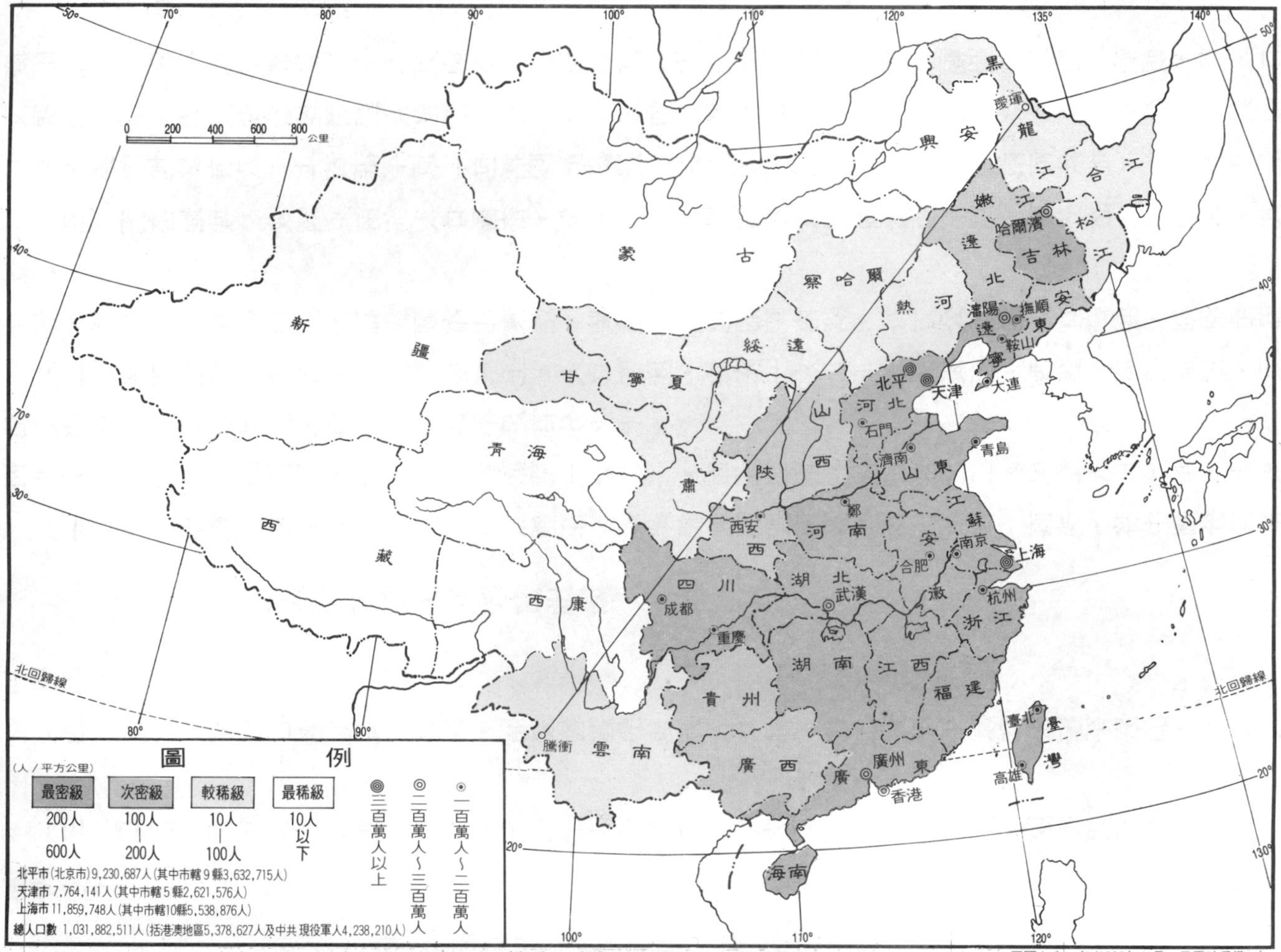

第十一圖　中國人口分布圖

民國七十一年(1982年七月一日零時爲準。)

集中心）。6.珠江三角洲，密集中心均在沿河一帶。7.臺灣西南側海岸平原及臺北盆地。8.遼東半島。這些地區人口密度，大部分均在五百人左右，其他則在二百五十人以上。而自由中國臺灣地區人口亦達二千萬之數，密度已在五百五十人以上，僅次於孟加拉，居世界第二位。

我國人口的移動

人口稠密地區的居民，常因謀生困難，而不得不向土地富饒，人口稀疏地區移動，如我國北方，魯、冀、晉、豫、陝等省人民，或向東北移民，或向漠南移民。至於粵、閩二省，因山多田少，食糧常感不足，故多向海外謀生，其中以南洋因距二省近，氣候也相似，故成爲我國主要移出地區，對於南洋的開發貢獻很大，我國僑民外移，始於何時，因歷史久遠，已不可考，大致由於經濟及戰禍的關係，而不得不離鄉背井，現在旅居海外僑民，大約在二千九百三十萬左右[1]，其外移路線，則大概有下列幾條：

一、由閩、粵二省經南海，至南洋各地，甚至遠達澳、美、歐、非各洲，其中以僑居南洋各國者爲最多。

二、由廣西、雲南邊境，從陸路進入中南半島各國，其中以進入越南僑居者，人數較多。

三、由冀、魯兩省，經東北入西伯利亞，亦可至韓國，或由海路入韓、日等國。也有從閩、浙、臺、粵等省，從海道至日本，其中以臺籍占多數。

四、由新疆越帕米爾高原，經中亞而西至土耳其，或由西藏越喜馬拉雅山，而進入印度，此兩線原爲歷史上通商要道，近代並不常用。但民國三十八年政府撤退大陸前後曾有不少邊疆同胞循上線移出。

五、近年因國人求學、經商，而僑居海外各國者，人數亦不少，這些僑胞，不限省籍，亦未遵循一定路線，大致以僑居美、加兩國爲最多。而移往中南美洲及澳、紐各地者亦不少。

華僑對祖國的貢獻可從　國父孫中山先生所說「華僑爲革命之母」此語得之。抗日戰時華僑對於政府亦多捐獻，至於促進中外民間友誼，與住居地區的開發都是功不可沒，但二次大戰以後不少新興的國家，如馬來西亞及菲、韓、印尼等國，由於狹隘的民族主義作祟，多採行排華政策，使得我國海外的華僑社會也蒙上一些陰影，實在是值得注意的課題。

❶ 華僑人口之總數據七十六年六月資料顯示爲二九、三二五、二八九人。其分布，以亞洲居第一位，計二千六百二十萬人，約佔華僑人口總數百分之九十，其中以香港、泰國、印尼、馬來西亞、新加坡爲最多，緬甸、菲律賓次之。美洲則以美國居多，人數約在二百萬以上，其次則有加拿大、巴西、秘魯、巴拿馬等。歐洲地區約爲五十三萬之多，其中英、法兩國人數亦均達二十萬人以上。大洋洲爲三十二萬五千人，非洲則爲全球華僑人口最少之地區，約七萬三千人。

作業

一、說明自然環境對於人口分布的關係。
二、略述人文環境對於人口分布有何關係。
三、說明人口在我國分布上爲何有疏密的不同。
四、我國僑民外移，大致走那幾條路線？試概述之。

第二章　中國的聚落

人民集居於一定的地域，稱爲聚落，聚落有大有小，煙村八九家，自成一聚落，而通都大邑，人口數百萬，也是一聚落。

聚落可分爲村落和都市兩大類，但二者間也無從嚴密區分，通常認爲村落，是居民生活單純，多從事於農牧、林、礦、漁等事業，直接取之於土地的第一級產業爲主者，就是人口多，也稱爲村落。都市則居民多從事工商、交通、公務及人事等第二三級產業爲主，且人口流動性大，職業變化多，具有此種特色者，人口雖不多，也稱爲都市。

一個聚落的形成，必然會發生許多問題，例如聚落的位置，常會與自然環境和人文條件發生種種關係，茲分述如下：

自然環境和聚落的關係

(一) 地形與聚落

(1)丘陵山地與聚落的關係　山頂聚落，如四川的儀隴縣，是位在山頂上，係過去的防禦聚落。山腹聚落，如江西廬山的牯嶺。山麓聚落，如新疆塔里木盆地南端的于闐，位於崑崙山北麓。其成因則爲防禦、氣候、取水等幾種。

(2)河谷平原與聚落的關係　河谷平原上，每多城市，山西汾河，及陝西渭河兩岸，猶多著名城鎮。

(3)平原與聚落的關係　平原因交通便利，農業最爲適宜，是聚落產生最好的條件，我國聚落大部分布於此，如松遼平原、黃淮平原、江漢平原、長江三角洲、粵江河谷平原、臺灣的嘉南平原等，其上大小城鎮村落，星羅棋布。而交通最便利的村落，卽可發展成爲大都市。

(二) 水與聚落

人類生活，不能一日無水，因此水源每成聚落先決條件。我國華中、華南，到處有水，用水不成問題，但一過秦嶺、淮河以北，所謂黃土高原，以及塞北高原等處，水卽成問題，因是等地區，地下水位甚低，而雨量又少，飲水卽發生困難，故聚落產生，常以井爲中心。到了蒙新高原，有井始有站，可見井水之重要。

水對於農作物及動物的生長，也是極重要的，農作物必仰賴水的灌溉，我國西北半壁，有水灌溉之地，聚落密集，例如後套、西套、民生渠一帶，聚落之多，彷彿江南。至於天山南北麓、河西走廊、大漠南北一帶，常利用高山融雪，引水成渠，以爲灌溉，也產生了許多綠洲，聚落散布，鷄犬相聞。

海岸、河川、湖泊，或臨海洋，或爲通道，均爲交通的要道，居民常賴以爲生，且水產豐富。如海岸有良好港口，常成爲大都市，多數則爲漁村，或是鹽戶。河川如長江沿岸，常有許多城鎮產生，而二個河川會合點，則爲重要聚落，如漢口、重慶，就是最顯明的例證。至於湖泊四周，尤利於聚落產生，如太湖周圍，有吳江、吳縣、南潯、吳興、長興等。

人文條件與聚落

(一)交通與聚落 各種物產的進出集散，生活上互通有無，均賴交通，故交通常能決定聚落的大小。交通可分水運、陸運、空運三種：⑴水運以河運及海運爲主，華中、華南，河川縱橫，水量豐富，水運自然繁盛，其中尤以長江航運，有黃金航線的稱號，故上海推爲全國第一大商埠，武漢三鎭，則爲內陸第一大商埠。往昔南北航運，多由運河，揚州是全國聞名的大城，但自海運大開，揚州遂呈衰落，此爲聚落與水運關係的最好例證。⑵陸運以鐵路公路爲主，故在其起站、終站、接合站、分歧站，常成聚落，而且發展迅速，尤其是有水陸空三者配合，更容易發展爲大城市，如臺灣高雄是。⑶空運是新興事業，目前因空運而發展成爲聚落者不多，將來航空事業發達，可能有無數新興的聚落產生，此乃意料中事。

(二)產業與聚落 產業與聚落的關係至爲重要，如耕地附近的農村，水面接近的漁村、礦產地區的村鎭、工廠中心的城鎭、交通線上的大小聚落，以及林場、牧場、鹽場等村落，幾無一不與產業有關。

(三)宗敎與聚落 我國宗教性聚落不多，各地寺廟附近，雖成聚落，但與宗教關係不大，只有西北一帶的回族，青康藏高原的藏族，以淸眞寺，或喇嘛廟爲中心的聚落。在宗教聚落中，當以西北邊疆一帶爲代表，雖有種族不同、生活習慣之異，但仍多聚集一起，如疏勒、溫宿、吐魯番等地，至於因血統關係，合居一處者，則到處可見，如張家莊、王家村、李家集、趙家鎭等。

(四)政治和聚落 國都、省會、縣治、邊疆或海防要地，均可成爲聚落，此等地區，常以交通便利，控馭全國，或一省、或一地區，如北平、西安、洛陽、南京，均爲著名古都。有時創設新聚落，如臺灣的中興新村，是省府所在地，不過新設聚落，需有適當時日建設，始可成爲都市。

(五)遊樂和聚落 遊樂與聚落，凡是名勝、古跡、溫泉、浴場等天然環境，氣候良好，風景佳麗，以及交通便利，都可成爲聚落發達的要件。山區可成避暑所在，海邊爲遊樂休閒之地，如梨山是橫貫公路著名勝地，雲岡石窟是晉北著名古跡，北投爲臺北近郊有名溫泉，福隆是有名的海水浴場，他如日月潭、野柳、墾丁，均因特殊地形而成爲重要觀光遊覽勝地。

都市

都市的種類很多，有政治性都市，如國都、省會、縣治是。有防禦性都市，如軍港、要塞是。有文化性都市，如文化城北平，以及拉薩（雖爲宗教性，亦屬文化性）。有遊樂性都市，如牯嶺是。有工業性都市，如鞍山。有礦業性都市，如撫順、本溪是。有商業性都市，如上海、天津是。這些都市，雖各有一主要機能，但均有其他多方面的職能。

我國往昔都市，都是各地的政治、軍事、經濟和文化的中心，爲便於防守，均建有城，城內或城關則爲市集，通常名爲城市。近代因工商業發展，都市擴充，舊有城垣，不能容納，城外新市區不斷產生，或臨車站，或傍碼頭，其規模日宏，加之近代科學武器，日漸進步，城垣幾成廢物，有礙發展，於是許多城市，已將城垣拆除，建爲道路，此乃我國都市演變中一大特色。

作業

一、地形和聚落的關係如何？
二、交通對於聚落的影響如何？
三、宗教、政治、遊樂和聚落有何關係？
四、都市可分爲那幾種？試舉實例以證明之。

第三章　中國的水利

水是一種重要資源，人類的飲料，家庭日常的洗濯，農田的灌溉，作物的發育，動力的產生與冷卻，船隻的航行，均必須靠水來維持，其來源有二，一是地面水，即世界任何地面，雨量下降，就有流水，通常稱爲河川或湖泊。二是潛水，亦稱地下水，因儲藏在地層深處，故必須掘井得泉。因之對於水的利用，各地顯得不一致。

我國大禹治水，周代溝洫，吳的邗溝，西門豹的引漳溉鄴，秦代的鄭國渠，河套的秦渠，李冰父子灌縣的都江堰，史祿的靈渠，都是炳耀千秋的水利事業，或爲防洪洩洪，或爲交通，或爲灌溉，都是說明我國水利事業，是世界各國最早者，今僅就農業上講，我國水利事業的概況，敍述如下：

我國面積廣大，南北所跨緯度，幾達五十度，已有寒、溫、熱三帶的不同，加以地形的高低，距海的遠近，和季風的到達與否，構成各地雨量的多寡，自不能一致，差別極大，乃造成濕潤和乾燥兩大地區的類別，濕潤地區卽季風盛吹地帶，又有雨量變率的大小，雨量集中率的不同，也有造成爲水患之區的現象。茲爲說明我國境內農業生產的需要，故將全國水利設施分爲下列六區以說明之。（水利自以蓄洪灌溉實爲最要，但因各地環境不同，其水利設施亦有差別。）

（一）蓄洪灌溉區　以臺灣南部爲主，域內乾雨季各有半年，乾季時，氣溫高，而蒸發量大，曾文、鹽水、八掌、朴子等溪，幾成乾涸狀態，農作物受旱威脅極大。但一至雨季，往往傾盆大雨，河水暴漲，造成氾濫，爲患亦大。故本區必須從事防洪、蓄洪，過去完成的珊瑚潭、阿公店二蓄水庫，頗有成效，珊瑚潭上游所建的曾文水庫不僅防洪蓄洪，並可從事灌溉、發電、遊覽等多元性水利建設。

(二) 防洪池塘渠水灌溉區　華中、華南、及臺灣北部均屬之，區內無顯明的乾季，但夏季氣溫特高，蒸發量很大，雨量常有不敷水稻生長需要，可是季風盛行時，則多驟雨，地勢低窪，如兩湖、鄱陽、巢蕪三盆地，以及廣州附近，常成爲水災地區。故本區應從事多元性水利建設，既能防洪，又可灌溉，且可輸電，更能發揮航運及遊覽事業的發展。如臺灣的石門水庫，可爲顯著實例。將來長江三峽水利工程計畫完成後，則長江中下游可永不發生水災，而高處亦可灌溉，輸電系統極大，對於國計民生，裨益實大。

本區現有灌溉方法有二：

(1)池塘灌溉　長江流域及華南地帶，凡地勢較高處，多用池塘灌溉，池塘可儲過剩雨水，又可養殖魚蝦，旱時灌溉，冬季挖掘泥土覆田，實施保土工作，我國池塘分布最密，當推臺灣省的桃園臺地。

(2)渠水灌溉　以長江三角洲及成都平原爲主，長江三角洲自唐、宋以來，建有江南海塘及江浙海塘(錢塘)，以擋禦海潮，內有太湖、運河，其間無數水道，分布如網，到處可以通航，田美物阜，江南好風光，當以此爲代表。成都平原，本爲水患頻仍的地區，自秦代李冰父子，在灌縣建有都江堰，並於離堆處導江鑿石，分爲內、外二江，以減水勢，又建大渠九條，而分水流，其間更建無數支渠，以爲灌溉，遂成富庶之地，故諸葛亮稱「益州沃野，天府之區」。

(三) 防洪井泉灌溉區　本區包有淮、黃、海三河流域，即黃土高原與黃土平原，通稱華北地區。因接近乾燥地帶，雨量由南向北遞減，乾季特長，降雨多在夏季，然雨量變率太大，雨量集中率也大，因之水旱災特多，三河下流段，常成水災區，洩洪、減洪、疏洪、攔洪，自古以來，卽加以利用，惟三河上流段，則爲黃土高原，各河所挾沙泥太多，雖築堤、築壩、攔洪、攔沙，僅爲暫時權宜之計，故效用不著。本區防洪工作，是主要水利工程目標，應謀根治對策，始能見效。本區現有灌溉方法有二：

(1)渠水灌溉　以渭惠渠、涇惠渠、洛惠渠爲著名，均在陝西省境內，古爲「鄭白之沃」的所在地❶。

(2)井泉灌溉　井分大小二種，大井多分布在太行山麓及其他山麓地帶上，是利用地層深處潛水的深井。小井是淺井，均分布在平原上，都可用以灌溉農田。

(四)灌溉水力開發區　以雲貴高原爲主，本區乾季雨季各占半年。農田多分布於河谷兩岸及小盆地上，俗稱壩子，高處因無水利設施，不利耕作，但高原上雨量充沛，各河川均坡陡流急，落差很大，水力蘊藏極豐，如能作多元性的水利設施，則水電旅遊均可發展，高地亦可部分灌溉。

(五)草原灌溉區　以溫帶草原氣候區爲主，由於區內乾季長，雨量少，雨季又短，不利耕作，僅可利用黃河及桑乾河，可築水庫，以資灌溉，其他地區祇可發展井泉灌溉。現有灌溉的方法有二：一是渠水灌溉，以民生灌溉渠最爲著名。二是水車輪灌溉，以隴西高原黃河兩岸爲中心，多藉水車輪汲水以灌溉農田。

(六)沙漠灌溉區　以沙漠氣候區爲主，其灌溉方法有二：一是渠水灌溉：如後套八幹渠，其中永濟、通濟、豐濟、義和、長濟五渠，各長百公里，可灌田五十萬畝，塔布、剛目、沙河三渠較短，亦各長三、四十公里，可灌田十餘萬畝，除上述八幹渠外，更有無數支渠，錯雜其間，也可灌田四、五十萬畝，所謂渠到，農民咸集、村落相望。西套寧夏附近，尚有秦渠、漢渠、唐渠、宋渠、明渠、清渠等，亦灌

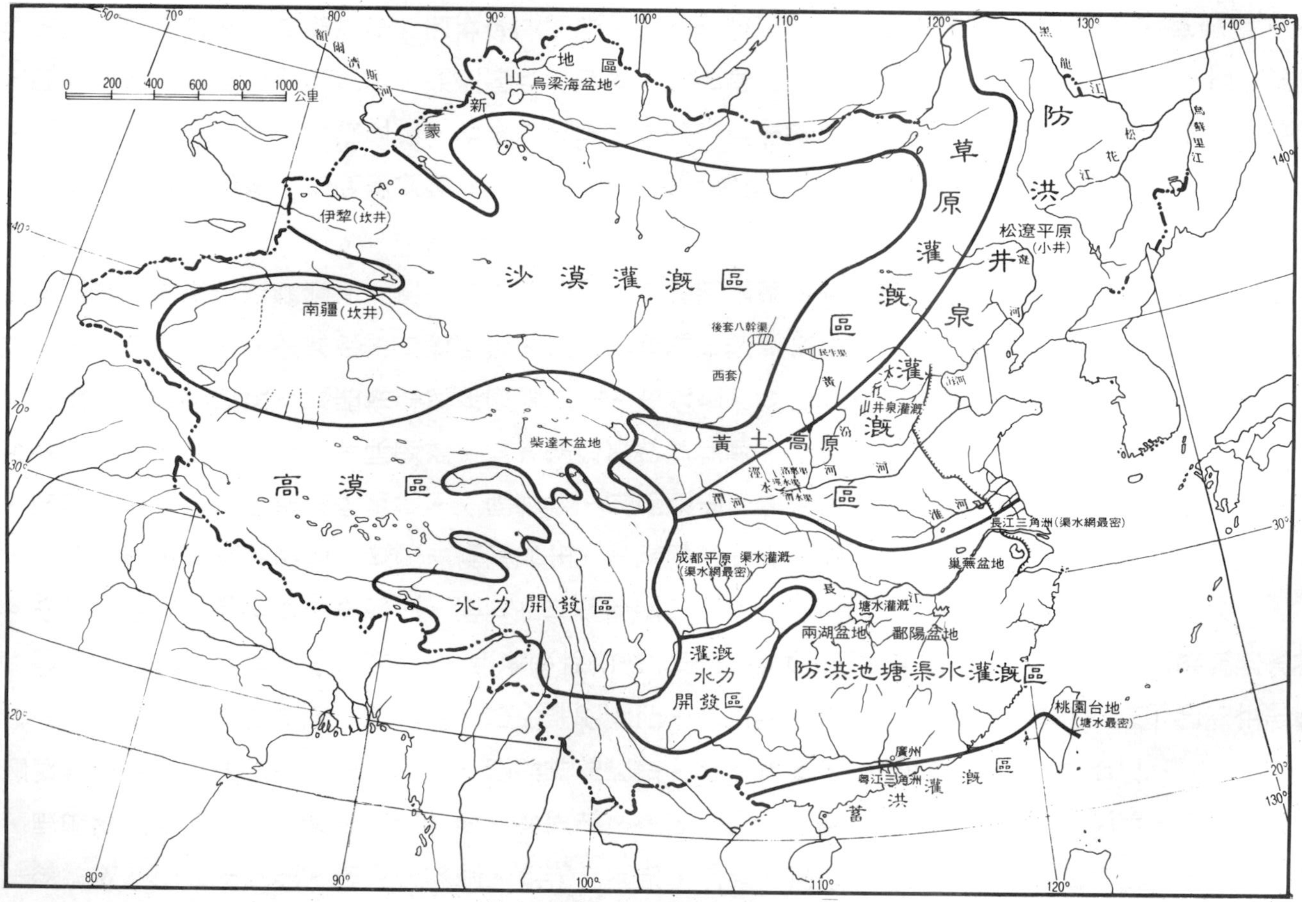

第十二圖　中國的水利區域圖

田甚夥，這是利用黃河水來灌溉的一種，此外還有一種利用高山雪水來灌溉，如祁連山麓的河西走廊、天山南北麓、以及崑崙山北麓，都是引山水成渠，灌溉農田，成爲綠洲。二是坎井灌溉：以吐魯番盆地最爲發達，因此區河川既少，蒸發量又大，但地下每多潛水，故居民常築暗渠，通常長達七八公里，暗渠上每隔十至二十公尺，挖一直井，以達地面，是謂坎井，引水灌溉田地。伊犂一帶，坎井灌溉，亦頗有名。

❶ 鄭係戰國時之水利專家鄭國，爲首先引涇水入洛，築渠分水，以助灌溉者，所謂鄭國渠是，而白則指漢武帝時之白公，係引涇水入渭以助灌田者，卽白公渠是也，此關中之地所以富沃之主要原因也。

作業

一、水爲何成一種重要資源？我國有那些著名水利事業？
二、臺灣的南部有那些水庫是蓄洪灌溉？
三、長江流域及華南地帶，爲何多池塘和渠水灌溉？
四、華北地區有那二種灌溉方法？
五、沙漠地區的灌溉方法是怎樣的？

第四章　中國的交通

人類的活動，不論是經濟，或是政治軍事的，均有賴於交通，始可促其發展，例如各地原料的輸入、成品的輸出、文化的交流、工商業的振興、國防的建設、民族的團結。所謂貨暢其流，物盡其用，人盡其才，而交通實貫穿之，故交通是國家的命脈，富強的基礎。

現代的交通，當以空運爲首要，因爲空運的地理條件，比較簡單，不受任何地形的約束，祇需有適當的場地，以及配合實際需要的各種航空設備，飛機就可起飛和降落，不管海濶山高，都可凌空來往。空運最能爭取時效，縮短距離，較海運和陸運都要迅速，爲現代國家最重要的交通工具，（例如由臺北至花蓮，空運祇需半小時，而從臺北至蘇澳，再經蘇花公路至花蓮，則需一整天行程，所花費用，僅多一倍）我國空運尙待努力，不過在未來交通建設中，應佔第一位，對於國家政令推行，經濟發展，文化交流，都具有舉足輕重的地位。

現代的交通，除空運外，陸上以鐵路[1]及公路爲主，水上（包括海洋、河川、湖泊）以輪船爲重要，可是我國境內，因開發較晚，仍有不少地區使用舊式的交通工具。

我國面積既廣，地形錯綜，氣候又極複雜，各地的交通情形，和交通工具，以及交通發達，亦不盡相同，故將全國分爲二區敍述如下：

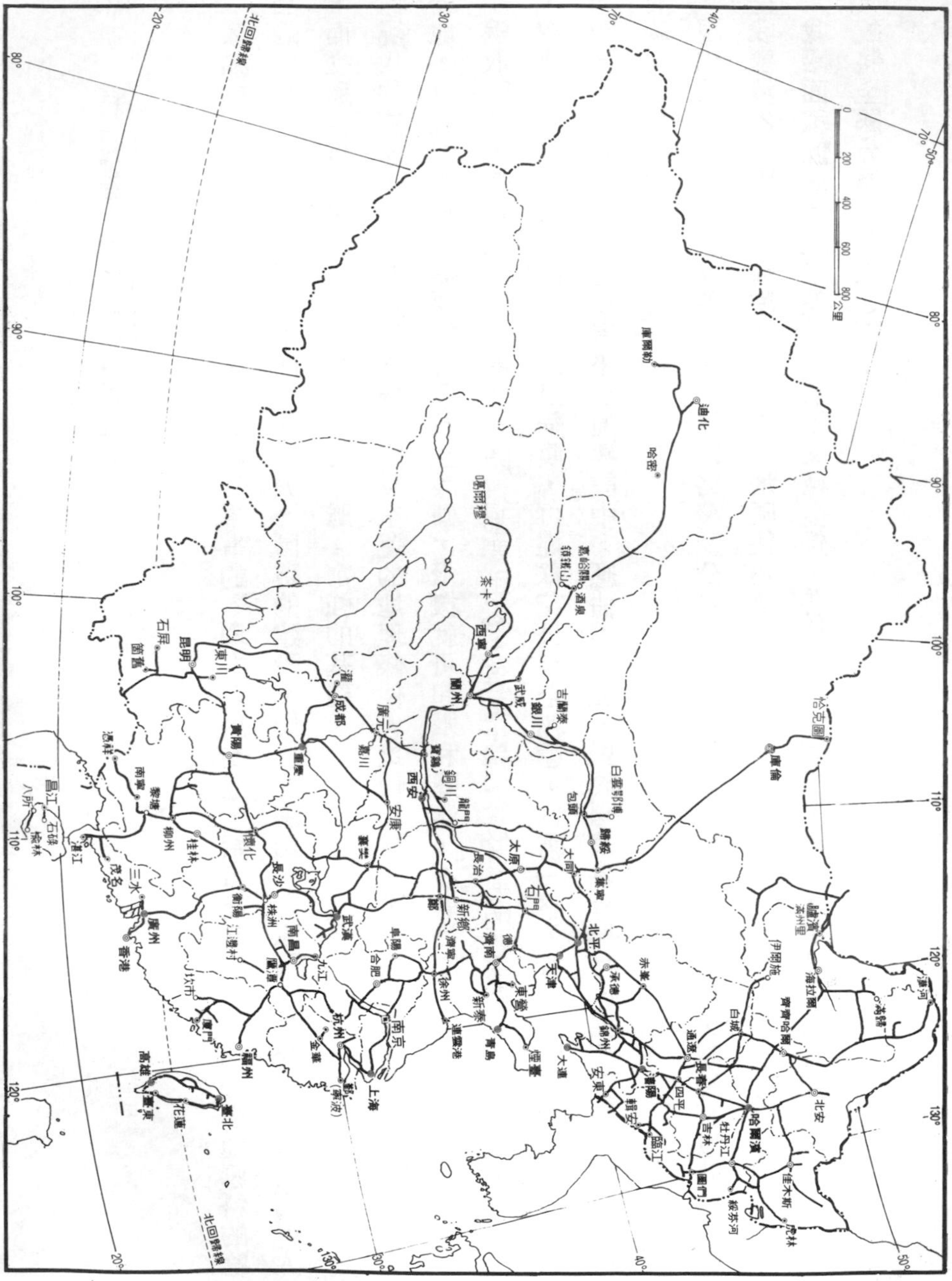

第十三圖　中國重要鐵路分布圖

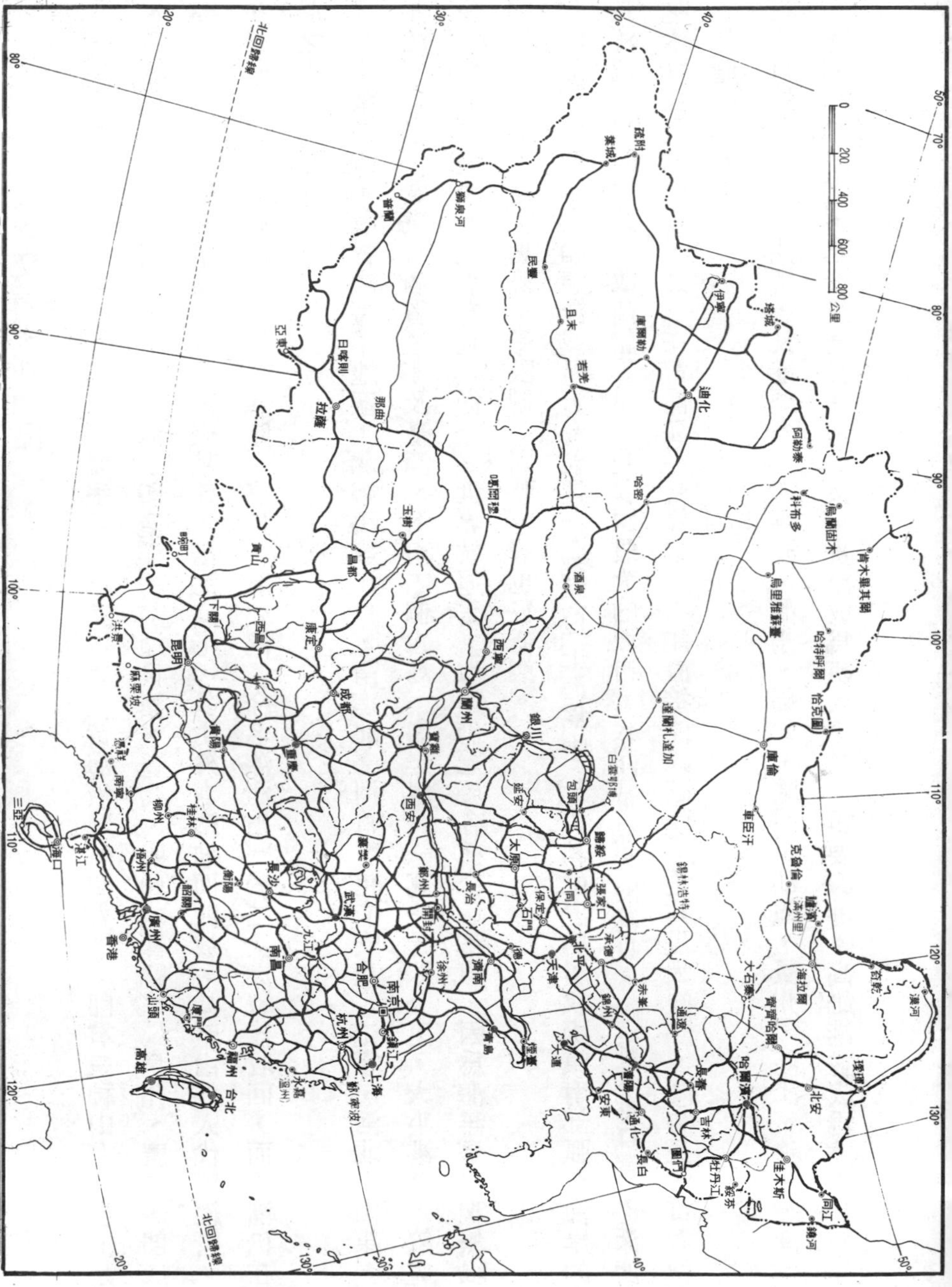

第十四圖　中國重要公路分布圖

我國交通便利地區

（一）海洋航運區　我國海運，發展很早，自秦以來，黃海沿岸航海人民，即有三神山在海上，是最初關於日本的傳說，漢唐以來，對南海及印度洋的交通日繁，登州、明州（鄞縣）、泉州、廣州，即成爲重要商港。惟近代航海事業，我國落後甚遠，沿海海港，多由外力壓迫而開放，甚至由外人代庖經營。如青島在第一次大戰後收回，大連、基隆、高雄、廣州灣（今名湛江市）於二次大戰後收回，而香港仍在英國統治之下。

我國東南瀕海，故我國海岸地區，北起鴨綠江口，南迄北崙河口，包有安東、遼寧、河北、山東、江蘇、浙江、福建、廣東八個省區，及臺灣、海南二個大島，海岸線長一萬一千餘公里，大小港灣百餘處，對於海洋航運的發展，至爲有利。從今日世界航運言，海運仍冠於各種交通路線，因爲海洋是廣濶無垠，天然的交通大道，運輸量既不受限制，同時運費也很低廉。

我國海洋航運，不論遠洋或是近海航運，都是以上海爲中心，其位置約居我國東南部弧形海岸的中央，長江流域爲其腹地，故商船雲集，是我國最大的城市，吞吐量最大的港口。唯就其港口言，深度不够，吃水九公尺的輪隻，必須在黃浦江中心停泊，不能直接停靠碼頭，是其最大缺點，同時長江口有神灘阻礙，也是一大影響。

長江口以南，海岸曲折，良港頗多，如寧波、溫州、福州、廈門、汕頭、廣州、湛江、欽州等港，臺灣的基隆和高雄二港，自從成爲復興基地後，現已成爲西太平洋的重要海港。高雄港並成爲遠東貨櫃運輸的集散中心。

長江口北岸重要的海港，有大連、營口、葫蘆島、秦皇島、塘沽、天津、煙臺、青島、連雲港。其中以天津港歷史最爲悠久，人口也最多。東北、華北、塞北一帶，均爲其商圈範圍，唯位在海河下流，港口淤淺，大船不能進出，冬季又冰封，爲其缺點。大連和青島二海港，不僅水深港濶，且有鐵路深入腹地，是著名的優良港口。

（二）華中華南水陸交通發達區　在本區內，有長江及珠江兩大水系，是我國水位變化較小的河川，也是航運最發達的河流，我國河川通航里程，不足四萬公里，而二河川就有二萬餘公里。如以運輸量計，其比值更高。

長江是我國第一大川，也是我國中部交通的大動脈，自四川宜賓以下，直至長江口，終年有小輪來往，宜昌漢口間，可通千噸輪船，漢口至長江口，可通萬噸巨輪，沿江內港特多，如重慶、萬縣、宜昌、沙市、常德、長沙、岳陽、漢口、九江、安慶、蕪湖、南京、鎭江等，每一內港，均成附近水運網的中心，而民船又四通八達。

長江支流很多，且均有航運之利，其中較著名大支流，在川境者，有岷江、沱江、嘉陵江及黔江（亦稱烏江）。在鄂省有漢水，湘省有湘、資、沅、澧四江，贛省有贛江，皖省有青弋江，蘇境有黃浦江，均有小輪及民船通行。

珠江水運，僅次於長江，是由東、北、西三江匯合而成，西江源遠流長，故航運以西江爲最發達，廣州、梧州間，可通大輪，梧州以上，北至桂林，西達南寧、柳州均有小輪民船通航，東江自龍川以下，北江由英德以下，均可通行小輪及民船。

華中、華南一帶，因水運發達，加之河川均由西向東流，故鐵路東西建築者不多，祇有京滬（南京至上海）、及浙贛（由浙江杭州起，西經衢州而至江西南昌爲止，其延長線則至湖南的株州，和粵漢鐵路相交於此）、湘桂黔（由湖南衡陽起，西南經桂林、柳州，再折而西行，至池河，再折而北行至貴州省爲止）、湘黔、黔滇等五鐵路。至於南北向的縱貫鐵路則有津浦、平漢、粵漢、焦枝、柳川黔、柳湛等線。

(三)華北東北陸運發達區　華北、東北二地區，河川雖有不少，但均鮮舟楫之利，黃河雖爲我國第二大川，航運祇限於一部。海河及淮河二流域，又因河床淤淺，也祇能行駛小輪及民船。黑龍江、松花江、遼河是東北三大河流，雖有航行之利，但結冰期太長，因此水運方面，不能與華中、華南區相比。所以本區交通以陸運爲主。東北鐵路成網狀分布，華北次之，是我國鐵路交通最發達地區，鐵路未及地帶，貨物集散，仍賴騾、馬、大車，爲其運送的交通工具，和華南、華中的民船，顯有不同，此爲我國「南船北馬」的特色。

我國交通欠便地區

(一)東南丘陵　本區因在我國東南，包括福建全省，浙江省大部，廣東韓江流域一帶，全域由西而東，成一斜坡地形，河川均獨流出海，短促而深切，灘多復水急，因此民船航行，祇能限於河川下游。陸路交通，因丘陵山地與河川成直交，往返較爲困難，鐵路、公路不多，僅有鷹厦鐵路自江西鷹潭越武夷山，沿閩江及九龍江谷地，分別通達福州及廈門。就全域講，本區交通尚是欠便地區，也是構成我國方言特多的地方。

（二）西南陸運區　本區包括雲南、貴州二省，境內山高谷深，陸運既不便利，水運尤感困難，鐵路在雲南境內以滇越鐵路（由昆明至河口）爲主，另有成昆鐵路（由昆明經西昌至成都），敍昆（由昆明通曲靖）及滇緬（由昆明通安寧）二鐵路，則僅有一段。至於貴州部份以貴陽爲中心，則有川黔、黔貴、湘黔、貴昆四鐵路分別通達重慶、柳州、桂林、株州及昆明。公路爲境內主要交通線，除滇緬、中印、川滇、川黔滇等公路外，其餘廣大地區，仍保持往昔陸運狀態，即賴人力與騾馬，但運輸量有限。

（三）獸力運輸區　本區在我國西北部，包括青康藏大高原、天山南北兩大盆地、長城以北的漠南北高原，域內除少數地區有鐵路、公路外，皆靠獸類運輸，青康藏高原多使用耐寒的犛牛，漠南北及天山南北，多使用駱駝及馬，惟青海盆地、柴達木盆地及湟中等地，因高度較低，又鄰甘、新、康、藏之間，爲役使駱駝和犛牛的交錯地帶，這是交通地理上的漸移地區。

❶ 大陸鐵路總長約爲五萬一千公里，主要鐵路幹線如下：

中國大陸主要鐵路概況表（表內路線名稱及地名均爲大陸現行通用名稱，非我交通部所審定，僅供參考。）

鐵路名稱	起訖地點	備註
京哈線	北京—瀋陽—哈爾濱	由原北寧、中長路北段、南段組成
哈大線	哈爾濱—大連	
京通線	北京—通遼（在我遼北，今爲內蒙）	爲溝通華北—東北的第二條幹線

京承線	北京—承德	
京滬線	北京—天津—上海	由原平津、津浦、滬寧三線組成
京廣線	北京—武漢—廣州	由原平漢、粵漢兩線組成
京包線	北京—包頭	原平綏鐵路
京原線	北京—太原	原平晉鐵路
瀋大線	瀋陽—大連	原中長鐵路南段部分
四齊線	四平—齊齊哈爾	
濱洲線	哈爾濱—滿洲里（臚濱）	原中長鐵路
濱綏線	哈爾濱—綏芬河	
同蒲線	大同—孟塬	
石太線	石家莊—太原	原正太鐵路
太焦線	太原—焦作	
焦枝線	焦作—枝城（原枝江）	
枝柳線	枝城—柳州	
集二線	集寧—二連浩特	綏蒙鐵路
隴海線	連雲港—蘭州	
包蘭線	包頭—蘭州	
蘭新線	蘭州—烏魯木齊（原廸化）	
蘭青線	蘭州—西寧	
青藏線	西寧—噶爾木	尚未入西藏境
南疆線	吐魯番—庫爾勒	
寶成線	寶鷄—成都	此線全程電氣化

成渝線	成都—重慶	
成昆線	成都—昆明	
昆河線	昆明—河口	原滇越鐵路
川黔線	重慶—貴陽	
襄渝線	襄陽—重慶	
貴昆線	貴陽—昆明	
黔桂線	貴陽—柳州	
湘黔線	株州—貴陽	
湘桂線	衡陽—友誼關（原鎮南關）	
黎湛線	黎塘—湛江	
鷹厦線	鷹潭—厦門	
寧蕪線	南京—蕪湖	原京贛鐵路
蕪貴線	蕪湖—貴溪	
浙贛線	杭州—株州	
向九線	向塘—九江	原南潯鐵路
滬杭線	上海—杭州	
杭甬線	杭州—寧波	原滬杭甬鐵路
來福線	來舟—福州	鷹厦路支線
淮南線	淮南市—裕溪口	
漢丹線	漢口—丹江	
陽安線	陽平關—安康	襄渝、寶成二線間的聯絡線
通讓線	通遼—讓湖路（安達以西）	與京通線聯成南北幹線

哈佳線	哈爾濱—佳木斯
長圖線	長春—圖們
瀋丹線	瀋陽—丹東（原安東市）

作業

一、說明現代的交通，為何以空運為最重要。
二、我國海洋航運的情形怎樣？
三、華北、東北陸運為何特別發達？
四、我國交通欠便地區，有那些區域？

第五章　中國的農業

我國以農立國，農民人數，常佔全國人數百分之八十以上，農產品佔國家總收入的極大部分，農產量也居世界極重要地位。可是由於我國人口衆多，消費量極大，而農民耕地面積不大，故農民生活水準低，購買力小，是我國經濟不易發展的主要原因。如何提高農民的經濟收益和生活水準，這實在是一個值得探討的主題。

農業發展與地理環境的關係

(一)**就地形言**　高度太大，固不適於農業，崎嶇陡峻的斜坡，也難以使農業有所發展，沙漠、草原地帶，更無從對農業有何影響。我國山地和高原的面積，約佔三分之二，盆地和丘陵，尚未計算在內，故耕地面積不大。

(二)**從氣候講**　我國南北所跨緯度近五十度，因之南北氣溫相差極大，大致氣溫是愈北則愈冷，故農作物生長期，亦隨之而愈北愈短，即回歸線以南地區，全年爲生長季節，長城以南，則在二百日以上，東北北部及蒙古北部，祇有七十五日。三穫、二穫、一穫作物由此而決定。至於我國雨量，多集中於夏季，此時適逢農業生長季節，七百五十公厘的等雨量線，遂成爲水田和旱田的分界線，即由秦嶺淮河線以南水稻爲主，以北雜糧爲主。

㈢**從土壤說** 我國秦嶺淮河以南，多淋餘土，其中以紅壤、幼紅壤分布最廣，宜植稻米、甘薯、玉米及茶。秦嶺淮河以北，多鈣質土，可植小麥、高粱、小米、大豆、棉花等作物。

上述三項，是地理環境中自然因素，對於農業上的影響都很大，為了提高農民生活水準，對於自然因素如何加以克服，或是改變原來情形，必需使用人為智慧，如用新的技術來經營，新的方法和經驗來開展農業，像珊瑚潭、石門水庫等水利工程，不僅防洪，且可引渠溉田，化荒土為沃壤，增加國民收益。他如有計畫的選種、栽培、施肥、引用新品種，提高單位面積產量，促成農業機械化，都是人為的重要原動力，對於農業也有莫大的影響。

我國主要農作物及其分布

㈠**稻米** 稻米生長期內，性喜高溫多雨，黏土、植土最適宜，秦嶺淮河以南是其主要分布區，但長江流域，年產一次稻米，而南部各省（臺、粵、桂、閩等省）因生長季節長，稻米年可收獲二次，其分界線，則在攝氏年均溫二十度以上的地帶。我國稻米地區廣大，產量冠於世界。俗有南人食米，因此我國南方人民以米為主食。

㈡**小麥** 性能耐寒耐旱，大部晚秋播種，生長期內祇需有適當的雨量，成熟時，氣溫必需在攝氏二十度以上，並且要乾燥。長城以南，秦嶺淮河以北是我國主要產區，長江以北，產量也很多，至於長城以北，隴山以西及東北松遼平原一帶，則為春麥區域，是春季播種，夏秋間收穫。

㈢**小米與高粱** 是夏季作物，性耐乾旱、喜高溫、抗力極強，分布於淮河以北、黃河以東的山西

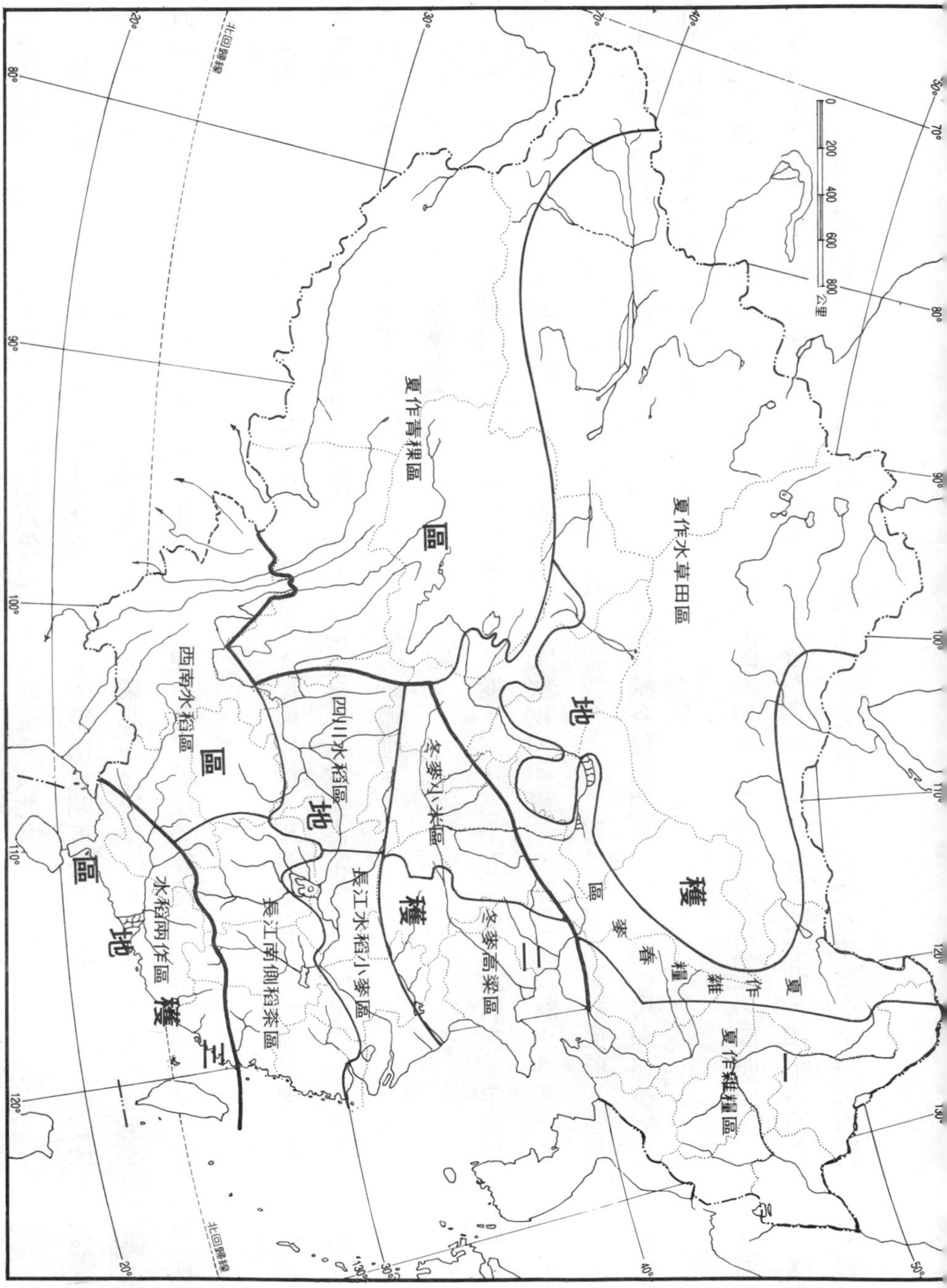

第十五圖　中國農業區域圖

高原及黃淮大平原，是其主要產地，約佔百分之六十，餘產於東北區。

（四）玉米　一稱玉蜀黍，也是夏季作物，喜高溫，年雨量四百公厘左右就够，夏雨區域，也適宜生長，土壤貧瘠的山坡地，均可栽培，其分布成帶狀，由東北的松遼平原邊緣起，斜向西南至雲南西側，作一直線，則沿線兩側皆爲玉米主要產地，北方以冀、豫、魯、松江等省爲多，南方則以滇、黔、川三省爲主。

（五）大豆　一名黃豆，也是夏季作物，喜高溫，能耐乾燥，雨量以結莢時最爲重要，俗有「乾花濕莢」之稱，我國大豆產區，以東北的松嫩平原及遼河流域、黃淮平原爲主，江淮平原次之。大豆用途極廣，不僅可供食用，且可爲工業原料，我國是世界最大的產地。

上述五種是食用上主要農作物，玆再述經濟上作物：

（一）棉花　在生長期內，氣溫不得低於攝氏十八度，宜在二十五度以上爲適宜。年雨量不足五百公厘者，必須灌溉，成熟期喜乾燥，否則花鈴脫落，則成歉收，沖積土、湖積土及鹼土地帶，均可成長。我國主要產地，爲黃淮大平原，長江河谷平原。其次則爲汾、渭二河谷平原、漢水流域、四川盆地、遼東灣沿岸地帶，魯棉品質最佳，此外甘肅的河西走廊及新疆各盆地的綠洲近年棉作增加亦多。大陸棉花年產量目前已逾四一九萬噸，爲世界第一。

（二）茶　茶爲常綠灌木，產在攝氏十六度左右的地域，雨量在千公厘以上，同時空氣多濕潤，而日光又極充足，易於排水的丘陵地上，最爲適宜。大致分布在長江以南各丘陵地帶，如皖南的屯溪茶、贛省的修水茶、湖南的安化茶、浙江的龍井茶及平水茶、福建的武夷茶、臺灣的凍頂茶、四川的名山茶、雲南的普洱茶、湖北的羊樓洞茶，都是著名的產茶地域。茶產地有一個特色，就是少成帶狀分布，而多成集團，上述著名產茶地，均成此一型態。我國是世界最大產茶國，僅大陸部份年產量即達四十九萬噸❶。

（三）菸葉　菸葉對於氣候適應性最強，氣溫方面，這要沒有霜雪，雨量需充足，否則葉要攝取土壤中多量的鹽分，影響菸葉不易燃燒，故排水良好，為最重要條件。我國植菸面積甚廣，以河南、山東兩省產量最多，山東及臺灣最有名（品質佳），他如貴州、湖南、河南、安徽、廣東、福建、甘肅以及東北等省，均為著名產菸地區。

（四）甘蔗與甜菜　均為製糖原料，甘蔗製糖，甘量均優於甜菜。甘蔗性喜高溫多雨的平原地帶上，不能見到霜雪，是熱帶性作物。我國產蔗，多集中於臺灣、廣東、福建、四川、廣西等省。臺灣西南部平原，是我國蔗糖業最發達的地區，因為製糖各種新設備，最為完善，故產糖量亦最多。甜菜為溫帶作物，我國產地以東北、華北和西北較寒地區為主，黑龍江、遼寧、吉林、山東等省為重點生產區，但產糖量不多❷。

（五）蠶絲與麻　蠶絲與麻，均為製衣原料，是我國文明的代表，歷史久遠。栽桑育蠶、繅絲，是我國農民重要活動。長江三角洲中的太湖流域、珠江三角洲及四川盆地，為著名產絲區域，品質優良，冠於全球。大陸蠶絲年產量約在四十萬噸左右，故我國迄今為止，仍居世界上蠶絲生產及外銷之第一位。山東及遼東二半島，則產柞蠶絲，色質稍遜，近年以人造纖維發達，絲業頗受打擊。

（六）桐油　桐為喬木，性喜高溫濕潤，分布在長江南北的丘陵地上，桐子可榨油，性能不透水，並有防腐作用，在工業用途上，極為廣大。我國產桐地方，以四川產量為最多，大部在川東，集散地有三，即合川、重慶、萬縣。其次為湖南的湘西和黔東一帶，以洪江及常德為集散地，最後集於漢口。其他如湖北、陝西、廣西、浙江等省，亦有桐油出產。抗戰前後，是我國對外主要貿易品。

❶ 民國七十七年大陸外銷茶葉為十七萬四千多噸，臺灣外銷茶葉則有七千九百多噸。兩者的差異是大陸茶目前仍停留在喉韻方面的茶葉生產，而臺灣茶葉如凍頂烏龍，則在品質和香味各方面都有過人之處。

❷ 民國七十七年大陸甜菜總產量為七九七萬噸。

作業

一、說明我國農業發展與地理環境有何關係。
二、我國稻米和小麥的分布情形若何？
三、我國棉花生長的條件和分布是怎樣？
四、我國茶葉、桐油的分布狀況如何？

第六章　中國的林業

森林是國家重要資源之一，為近代各國所重視，直接可作為建築材料、交通事業、器具、造紙等用，間接可美化環境、調節氣候、涵養水源、防止砂土流失、保護堤防及農田，故森林的多寡，對國計民生亦有很大的關係。

我國面積雖廣，但由於高山、草原、沙漠所佔的地域很大，如高山的高度太大，草原和沙漠氣候太乾燥，均不能生長森林、河谷平原、盆地，因農業發展，林材濫伐，故林地今僅存於丘陵地帶。今後必須加以保護，並積極振興人造林，如土地坡度在十五度以上地帶，就劃為宜林區，依此準則，我國宜林面積，當可得全國總面積三分之一。惟分布零散。茲將全國林地分布，分為下述六區：

(一) 東北林區　是我國天然林最富的地區，分布於長白丘陵及大小興安嶺一帶。長白丘陵以落葉闊葉樹為最多，針葉樹次之，合成混合林，是天然林，林木密集，有「窩集」之名，大小興安嶺則係針葉林與落葉闊葉林為主，林相已與西伯利亞同，區內因水陸交通便利，採伐甚易。而分為鴨綠江、松花江、圖們江、牡丹江、拉林河及大小興安嶺等採林區。以材積論，幾佔全國總材積三分之二。

(二) 西南林區　本區包有康、滇、川、黔、桂等五省，而以川、滇、康三省的蓄材量，最為豐富，如川省的渠江、岷江、青衣江，川康界上的大渡河，康、滇二省境內的雅礱江、金沙江、瀾滄江、怒江，滇省的元江、盤江等，黔境的烏江，桂境的柳江、鬱江、及榕江等流域的山谷地區內，惟因地勢有高低不

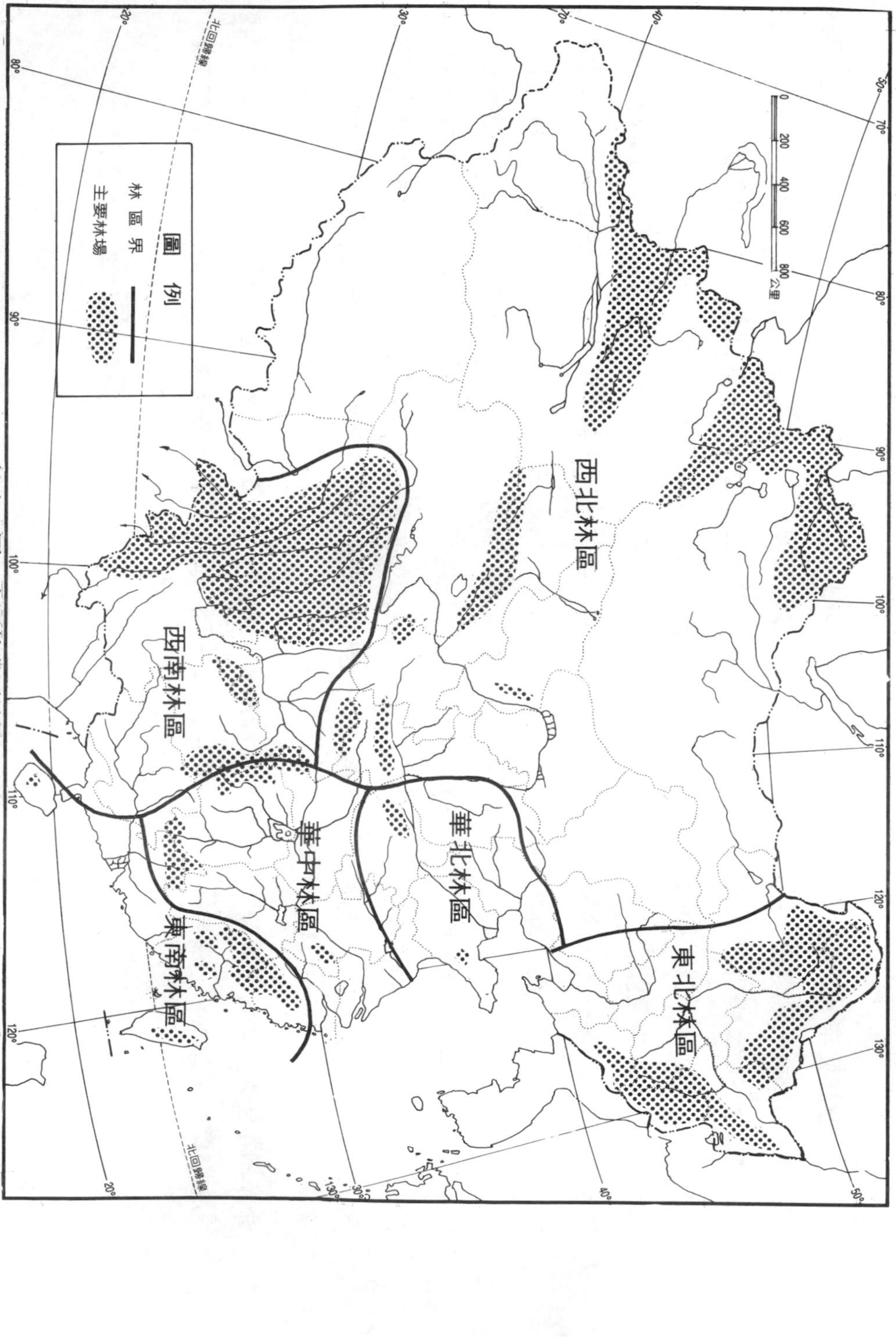

第十六圖　中國林業區域圖

同，故林相常成垂直變化，針葉林和闊葉林均有分布，滇緬邊境，更有柚木的天然林，區內材積量占全國材積量四分之一以上。是僅次於東北林區。

（三）東南林區　本區包有臺灣、海南兩大島及東南沿海丘陵地帶上。臺灣及海南平地的天然林，已斬伐殆盡，但村落附近，尚多椰子、檳榔、木棉、相思樹、榕樹、木麻黃等，呈熱帶林景觀，但臺灣山地，則成垂直分布，有副熱帶、溫帶、寒帶等林，多數均爲常綠闊葉林，次爲竹林，林野以閩江流域爲最廣，沙溪、富屯溪，及建溪是主要產地，以杉木、竹林爲主，甌江、漳江、汀江等流域次之。材積則以臺灣爲最多，本區材積雖僅佔全國百分之五，但由於交通方便，森林集中，採伐容易，並且接近人口稠密地區，木材消費量也大。本區針葉林分布，多在臺灣二千公尺左右的山地，面積雖不大，而材積量可得臺灣島材積量的半數。

（四）西北林區　本區面積很廣，但森林分布多在山地，如大巴山、秦嶺、祁連山、天山、阿爾泰山、杭愛山、陰山、以及洮河、白水河、大通河、黃河等上流河谷地區上，多爲冷杉、雲杉、鐵杉、及落葉松等爲主，材積量佔全國百分之三。由於本區地廣人稀，交通不便利，採伐困難，故多未能開發利用。

（五）華中林區　本區因農業發達，即使淺丘地帶，亦多爲茶園、柑橘、苧麻、油桐等作物栽培地區，僅湘、資、沅、贛上流及皖南丘陵地帶，有森林及竹林的分布，木材主爲杉和松柏，和森林有關係的油桐，是本區重要產物，以湘西的沅江和澧江上流爲主，稱爲洪油，品質極佳，常德、漢口乃成木材和桐油的集散中心。本區因林野面積不大，故材積量僅佔全國百分之一。年採伐量雖不少，但不足供長江中下流眾多人口所需，故尚需從其他地區輸入大量木材，以爲調節。

（六）華北林區　華北一帶，因森林的濫伐，天然林很少存在，殘餘者亦以落葉濶葉林爲主，僅見於豫西山地及山東丘陵上，面積最小，材積更少。本區水旱災特多，森林缺少，當是原因之一，但太行東麓，和山東丘陵北側，可能成爲落葉樹果實地帶。如桃、棗、杏、柿、栗、梨、蘋果、葡萄等，因距離平原近、人口密、交通便，附近種植此種果實，已有經驗，如果加以開發，一定可以實現。黃土高原及各河谷上流，亦可用人工造林，不僅可增加美觀環境，也減少水患，故本區應積極興造人造林，以增加富源。

茲附錄我國各林區的森林面積及材積的估計：

林區類別	森林面積（市畝）	森林材積（立方市尺）	占全國總材積之百分比
東北林區	四五七、七三九、〇〇〇	一〇〇、七〇六、一三九、〇〇〇	六六・四四%
西南林區	九四、四六四、〇〇〇	四二、四五四、〇一七、〇〇〇	二六・六二%
東南林區	一四四、三六三、〇〇〇	七、二六七、六三五、〇〇〇	四・八三%
西北林區	一七、九四〇、〇〇〇	四、七五四、六六九、〇〇〇	三・〇七%
華中林區	三五、三六二、〇〇〇	一、五九五、一一三、〇〇〇	一・〇三%
華北林區	五、九八七、〇〇〇	五、二一九、〇〇〇	〇・〇一%
總計	七五五、八五五、〇〇〇	一五六、七八二、七九二、〇〇〇	一〇〇・〇〇%

作業

一、森林爲何是國家重要資源之一？
二、東北林區的重要性如何？
三、我國西南林區，包括那些地方？林相的情形怎樣？
四、東南林區以何處材積最富？
五、我國西北和華北兩林區情況若何？

第七章　中國的畜牧業與漁業

我國的畜牧

我國西北半壁，多爲高原高山地區，氣候極端乾燥，或極寒冷，年雨量均在四百公厘以下，無法從事農業，與東南半壁，顯然有別。我國農牧分界線，大致自大興安嶺起，沿長城，經隴山，再沿青康藏高原的東側邊緣，南達中緬邊境。此線以東爲農業區域，以西即爲畜牧地域。在農業區域內，雖然也飼養馬、騾、驢、牛、羊、猪等，但均屬農家的副業。畜牧地域內的生活，古人有「韋韝毳幕，以禦風雨，羶肉酪漿，以充飢渴」的描敍，所以說人民的衣食住行，完全依賴家畜，故居民生活方式和農業地區，有很大的不同。域內的家畜，以緜羊最多，山羊次之，再次爲黃牛和馬，而駱駝和犛牛，則爲主要的馱獸，也是居民們主要財富，由於性質和經營方式的不同，可分成下列三區：

（一）**高原盆地游牧區**　分布於蒙古高原、鄂爾多斯高原，綏、察二省的陰山以北地域，寧夏省境賀蘭山以西的地方，和新省北部的準噶爾盆地，其中以蒙古高原的游牧爲最著名，夏季來臨，蒙人即將牛羊羣驅至牧草繁茂的水邊放牧，季節性的蒙古包聚落，隨之產生，剪取羊毛，編織毛氈，一切社交活動，均於此時發生。待牧草食盡後，再移轉至他處有水草的地方。至冬季，蒙人又各自驅其牛羊，散居於山麓的避風處，或是向陽處，以避寒冬，草原因雪覆蓋，畜羣徬徨雪原覓食，每年至少餓斃二三成，而蒙人則在蒙古包內，渡其蟄居生活。本區地域廣大，草原遼濶，故發展畜牧業的潛力很大。

（二）山牧季移區　以青康藏高原及蒙新山地爲主。因地形關係，成垂直游牧，當春暖草長時，蒙藏同胞驅牛羊上山，水草盛處，牧戶羣集，住蒙古包撐牛毛帳，或住石造庇藏所，朝日初上，牛羊紛出，漫山塞谷，不可指數，一到秋風起時，即驅牛羊下移，遷徙時，全部人畜分爲三隊，第一隊爲婦女，第二隊爲帳房傢俱，第三隊爲牛羊，且行且食。此種山牧季移與歐洲阿爾卑斯山地頗多相似。不過青康藏高原，有一種特產家畜亦即犛牛，此牛銳角高蹄，長毛遍體，色呈深黑，貌像極醜，但力能負重，善登山涉水，爲本區中最重要的馱獸。但因本區不僅多風雪，且高寒、乾旱，自然災害頻仍，故影響畜牧發展很大。

（三）農牧並宜區　在高原盆地游牧區中，

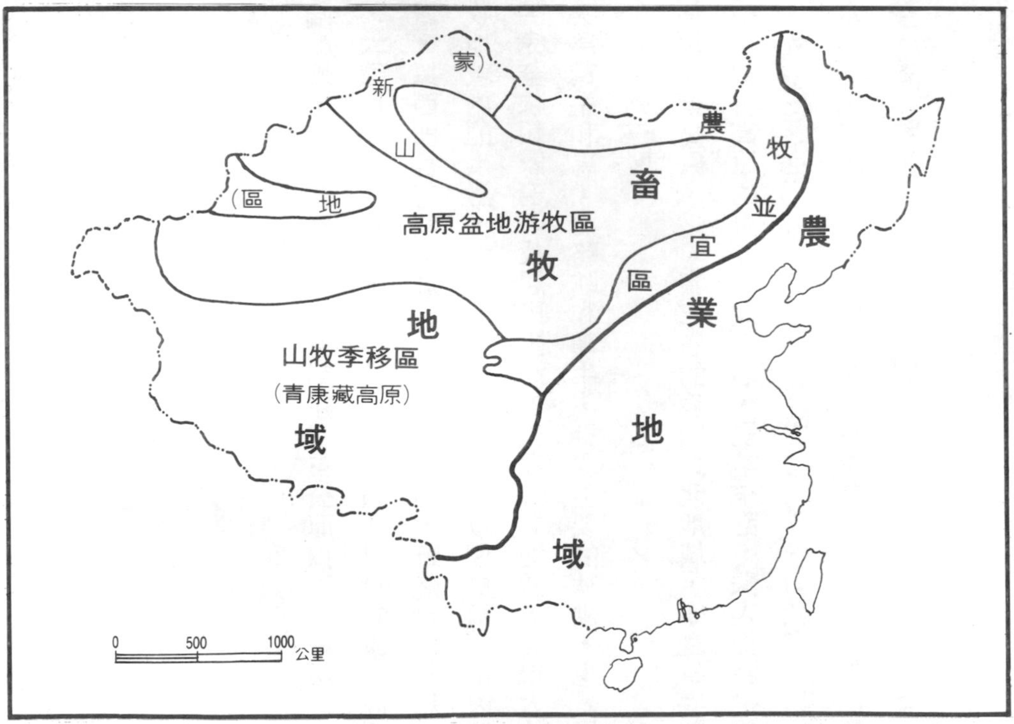

第十七圖　中國畜牧地域圖

有一部分利用河水，或是高山上的雪水，引渠溉田，而成爲綠州，如南疆、河西走廊、河套及隴西高原，均可從事農業，但是水利難以發展的地方，則仍爲牧區，故爲農牧並宜地區。

我國的漁業

地理上所講的漁業，不是淡水漁業，而是海洋漁業。淡水漁業，多在河川湖泊，因面積小，故產量亦少，海洋漁業，面積廣大，故產量多，我國海岸線，長達一萬一千餘公里，包有沿海九省，重要港灣不止百餘，大小島嶼有三千五百餘，漁場面積，達一百三十五萬平方公里。渤海、黃海、東海、南海等，都是在陸棚上，底棲漁類均棲息在水深二百公尺以上的陸棚，又當寒暖流交會處，岬角、海峽及海岸地帶，爲魚類迴游孔道，故水產資源極爲豐富。茲分爲沿海漁業及遠洋漁業二種，分述如下：

（一）沿海漁業　渤海、黃海、東海、南海陸棚面積很大，是底棲魚類分布地帶，山東、遼東二半島及錢塘江口以南的海岸，多爲岩岸，到處都是岬角、海灣、島嶼、暗礁，以及水溫和寒暖流，極適合於海藻和浮游生物的生長，因飼料充分，魚類羣集。黃渤二海間，以長山八島及海洋島爲中心，黃海、東海間，以舟山羣島爲中心，東海、南海間，則以臺灣海峽的澎湖羣島爲中心，因之大連、青島、上海、寧波、高雄、馬公，乃成爲我國重要漁港。而高雄漁港更兼遠洋漁業的中心。所產魚類以黃魚、墨魚、帶魚、鯧魚等爲最多，其他尚有蝦、蟹、蠔、蛤、海蜇、海參等爲主。

（二）遠洋漁業　臺灣東面的太平洋，以及南海西面的印度洋，甚至大西洋，皆爲我國遠洋漁業活動地區，遠洋漁業以臺灣爲最發達，高雄爲漁船基地的中心，太平洋中三毛亞、南非的開普頓、以及新加坡附近，皆爲我遠洋漁船直接活動的場所，漁獲物可就地銷售。以鮪、鯖、鰹及旗魚等爲爲最多。而鮪魚之產量近年且居世界第二位，平均每年達十一萬噸。

作業

一、我國西北高原盆地區，游牧方式怎樣？
二、何謂山牧季移？我國何處有此情形？
三、我國沿海漁業情況若何？
四、我國遠洋漁業以何處最發達？以那些魚類爲最多？

第八章 中國的礦產

埋藏於地下的資源叫做礦產，爲國家發展工業重要的條件。我國礦產種類繁多而豐富，惟以分布地區遼濶，勘測工作不够，故對於各種礦藏儲量，未能完全作精確的估計，目前所知者，居世界儲量第一位的計有鎢、錫、銻、鋅、鉬、鋰、鈦、釩、汞及稀土金屬等十種，他如銅、鈷、金、錳等金屬礦產儲量亦極可觀。玆將已知各種重要礦產分布及儲量，略述如下：

（一）**煤** 煤爲現代工業的基礎，有煙煤、無煙煤、褐煤、泥煤等四種，爲古代植物受炭化作用而成。我國煤礦總儲量，已探明者約在八千四百億公噸以上，僅次於美、俄，而居世界第三位。但據晚近報導資料顯示，我國已探明與預估未探明之煤儲量，兩者相加，且可達三萬五千億噸，則儲量躍爲世界第一非不可能。全國煤儲量，當以山西爲最多，約二千多億噸，且煤質優良，可以煉焦製鐵，煤區極廣，煤層厚度，常在六七公尺以上，其儲量佔全國百分之三十。而綏遠、新疆、河南、河北、陝西、湖南、安徽等省儲量亦豐。東北煤儲量雖不能與山西相比，但因接近鐵礦，水陸交通運輸便利，又努力大量開採，故產量冠於全國❶。河北、河南、山東、山西、湖南、江西、四川、安徽等省，產量亦不少，也是接近交通便利的地方。目前大陸主要煤礦區，年產一千萬公噸以上者，計有河北開灤礦區，山東兗州礦區，山西大同礦區，東北之撫順、阜新、鶴崗、鷄西礦區，河南平頂山礦區，安徽淮南礦區，貴州六盤水礦區。至於臺灣的煤礦，則產在北部，年產量約在二百萬噸左右。他如新疆、雲南，儲量雖不少，但因交通不

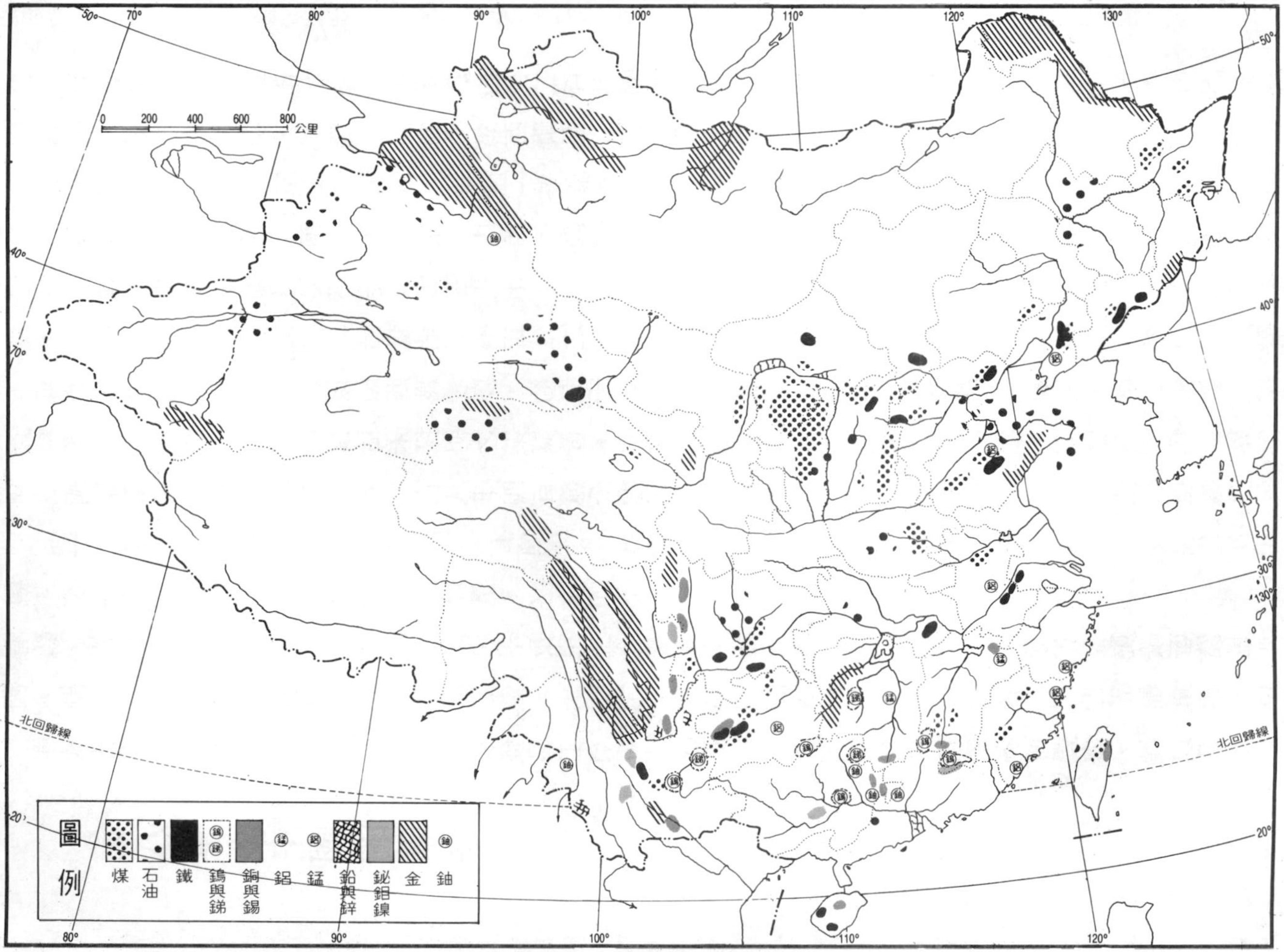

第十八圖　中國礦產分布圖

便，殊少開採。

（二）石油　石油與煤同爲現代工業化最重要的動力，現代交通工具，如飛機、汽車、輪船、軍艦等，都以石油爲燃料，故爲國防上重要資源，因之世界各強國對於石油礦的爭奪，非常激烈。我國大陸石油蘊藏量已證實的，約在三百億至六百億噸左右，而最高蘊藏量則估計達二千億噸，其中陸地占三分之二，海域占三分之一，年產量則在一億三千七百萬噸左右❷，而一九八五年大陸的石油輸出量亦有三千餘萬噸，就現所知，我國所發現石油地區，計有陝北、四川、甘肅、新疆天山南北麓、甘、青界上祁連山南北麓，及熱河、吉林、黑龍江、山東、河北、湖北，其中部分早經開採而產量不多，惟大陸淪失後，有幾處重要油田經發現後陸續加以開採，是卽①安達油田：此油田一稱大慶油田，係民國四十八年在東北嫩江省安達嶺附近鑽得，爲目前大陸最大油區，年產五千萬噸原油，惜油中含臘質較多。②博興油田：位於山東省境的黃河三角洲上，此油田一稱勝利油田，範圍延續至渤海灣，面積廣大，爲大陸第二大油田，年產原油約三千萬噸。③遼河油田：位於遼寧省境內，此油田爲大陸第三大油田，民國七十六年其原油產量已達一千一百四十萬噸，近年來此區內並有新的大型田油發現，蘊量尤富，如遼東灣海域發現的油田儲量達一‧四億噸，瀋陽油田的蘊藏量亦達二億噸，故遼河油田產量將逐年增加之遠景，實可預期。④華北油田：又稱任丘油田，民國六十八年其原油年產量曾達一千七百萬噸，爲大陸第四大油田。⑤中原油田：位於河南省，爲民國六十九年始開發之新油田，目前年產量已超過七百萬噸。⑥大港油田：位於天津西南，鄰近塘沽新港，爲民國五十六年開發，目前年產原油約四百萬噸。此外尚有新疆的克拉瑪依油田、吉林的吉林油田、甘肅的玉門油田，四川的南充油田、湖北潛江、沙市附近的江漢油田等，都是足資開發的地區，近年大陸渤海灣內及珠江口外的淺海油源及南海油田[3]，以及江蘇油田[4]，正在試探中。臺灣西側亦有油井數十，雖石油產量極小，可是天然氣特多，天然氣也是動力上重要燃料，且可發展工業。

(三) 鐵　我國產鐵，幾乎各省皆有，而以東北遼寧為最多，全國鐵儲量，約有四六七億六千萬噸，遼寧鐵礦約占全國總儲量百分之七十以上。鞍山、本溪、通化等處，為主要煉鐵成鋼的重要地區。其次為綏遠包頭以北之白雲鄂博，湖北黃石之鐵山，大冶之象鼻山，甘肅祁連山北麓之鐵境山等，其蘊藏量均在數億乃至十億噸，而海南島的田獨、石祿二鐵礦，儲量約達五億公噸，是南部地方最大的鐵礦，戰時被日人盜去很多。安徽的繁昌和當塗二鐵礦，因距長江近，亦有開採，四川則以綦江鐵礦為重要，貴州及湖南也有鐵分布，但為數不多。察哈爾的龍宣鐵礦，儲量在一億噸左右，此外，河北、山西、山東、安徽、江西、雲南等省，鐵儲量亦由千萬噸至數千萬噸不等。他如福建的安溪，西康的瀘沽，儲藏量雖不多，但亦為我國南方重要鐵礦。

(四) 鎢與銻　鎢與銻均為稀有金屬礦產，我國是世界上最主要的鎢、銻生產國家，鎢礦大部集中在南嶺兩側，即江西的南部，湖南的東南部，廣東的西北部，廣西的東北部，其中以江西的大庾及湖南的郴縣為最有名，鎢的總儲量，約為五二〇萬噸，其主要用途，是與鐵冶鑄合金，稱為鎢鋼，又可抽之成絲(電燈鎢絲)，為國防工業所必需，我國冶煉工業不發達，故鎢砂全部輸出，年產量約一萬三千公噸以上，無論藏量與產量均居世界第一位。我國除南嶺兩側外，雲南、新疆、河北等省，亦有少量鎢礦[5]。銻礦也是我國在世界上占第一位的礦產，礦區分布，則有湖南、廣東、廣西、雲南、貴州、四川、江西、安徽、浙江等省，而以湖南新化錫礦山為最知名。湖南銻儲量二百二十萬公噸，占全國總儲量百分之五十以上；年產量二萬公噸，占世界總產量百分之七十。銻與鐵合金，稱爲銻鋼，是國防工業上重要原料。

（五）銅與錫　銅與錫的分布，均以我國西南各省爲主，我國銅礦分布頗廣，但儲量不多，全國總儲量約二千萬公噸以上。江西的德興，雲南的會澤和巧家，貴州的大定、水城，西康的會理、越嶲，四川的彭縣、名山均爲銅礦帶上分布地，此外湖北、山西、遼寧、吉林、新疆、西藏，亦有銅礦的發現。銅爲工業上用途最廣的金屬，和電氣事業關係最深，但年產量僅十五萬公噸。錫爲重要礦產之一，產區以雲南箇舊爲主，廣西的賀縣、鐘山次之，湘南的江華、臨武、贛南的崇義、南康又次之，海南島的那大更次之。我國年產錫約二萬公噸左右，占世界總產量約九分之一。

（六）錳　我國錳礦儲量約在三千萬公噸左右，分布於兩廣及湘、贛、黔各省者，質量均優，遼寧、河北次之，其他各地錳礦，質量均不足道。年產量約三十萬公噸左右。以湖南的湘潭產量最多，廣東的欽縣儲量最豐，江西的樂平礦質最優，錳礦也是製鋼原料，爲工業上所必需。

（七）鋁　我國鋁礦的分布，範圍極廣，北起遼寧，南至臺灣、海南島，均有此種原料，凡是含有明礬石（Alumina）及鐵礬土（Bauxite）的地方，就可治煉分解。我國此種礦藏，可分爲下列五區：㈠黔中區：以修文、貴定一帶爲中心，鋁礦層厚達十公尺，含鋁百分之七十。㈡滇中區：以昆明、安寧附近爲主。㈢魯中區：以淄川、博山一帶爲中心。㈣遼寧南部的遼陽、復縣。㈤閩粵沿海區：如福建的福鼎、漳浦。此外浙江的平陽、安徽的廬江，則以明礬石爲主產。我國鋁礦分布雖廣，儲量爲世界第五位，但多未利用，如廣西的平原估計儲量數億噸，至爲可惜，查鋁爲輕金屬，是製飛機重要原料，近代已成爲家常日用的商品，目前煉鋁設備，只有高雄鋁廠，是全國最大規模的，所用原料則由外來供給。

（八）鉛與鋅　鉛鋅常伴生，且鋅多於鉛，以湖南常寧的水口山爲最著，儲量約十萬公噸，大陸目前年產鉛及鋅十二萬公噸。此外雲南會澤、班洪、黔省水城、西康會理均有出產。

（九）鉍、鉬、鎳等礦　鉍鉬兩礦常與鎢礦共生，故南嶺產鎢地帶，均附帶產鉍鉬，但桂境賓陽以產鉍爲主。鎳礦以鎳鐵礦爲主要礦石，是製鎳原料，產於雲南墨江、牟定及西康會理、天全等縣。近年甘肅金川一帶更發現世界第二位特大型硫化鎳礦，儲量僅次於加拿大。

（十）金　金礦產地分布很廣，東北區是我國最大產金地域，年產金五萬餘兩，占全國三分之一，以黑龍江沿岸漠河及黑河爲中心，其次爲圖們江流域的延吉、和龍等金礦次之。蒙新地區的色楞格河流域及阿爾泰山，康省金沙江，均因產金而著名。四川西北松潘區，金礦分布最爲遼濶，湖南的沅江流域，自芷江以迄桃源，均有金礦的分布，而以沅陵、會同爲最富，河北的興隆、遵化，山東的招遠、沂水，甘肅的永登，都是著名產金地，而臺灣的金瓜石，原礦則估計尚蘊藏有三千萬公噸可資開採。

（十一）鈾　鈾是發展核能的基本原料，我國鈾礦分布於青海、新疆、遼寧、綏遠、廣西、江西等省，新疆阿爾泰山南麓北塔山及廣西萌渚嶺南麓的鍾山、富川、恭城、賀縣一帶，均爲鈾之產地。而江西的撫州鈾礦分布面積更達三百平方公里，蘊藏量之豐，尤爲大陸各省之最，估計可持續開採百年以上，實爲難得。

總之，我國礦產資源，種類繁多，不勝列舉，最富礦藏，當推鎢、銻，稱霸世界，其次爲煤、鐵、鈾、錫、鹽、耐火土類，不僅自給，且可外銷。惟石油稍嫌不足，對於國力，不無影響。

❶ 民國七十六年大陸煤產量爲九億二千萬噸。

❷ 民國六十八年大陸石油產量爲一億六千萬噸，此後即逐年下降，至民國七十三年仍未超過一億一千五百萬噸，七十七年則已擁有年產原油一億三千七百萬噸的生產能力，主因是產量最多的大慶油田開發已逾二十年，生產量正逐年降低，產量的增長主要靠遼河、勝利及大港等油田。大陸目前石油開採重點估計有青海的冷湖油田、四川南充油田、新疆克拉瑪依油田及廣東南海油田，海底石油開採也正在渤海水域進行。但開發石油需要龐大資金，先進技術設備，以及經驗豐富的人才，但不幸中共在這三方面都同樣缺乏。

❸ 大陸海域石油之探勘開發，受資金之限制，進展較慢，迄今投入生產者，只有渤海之埕北油田及南海北部灣之潿10－3油田。故民國七十五年上述海域所產之石油僅三七・五萬噸，爲大陸石油總產量的百分之三，比重並不爲高。

❹ 江蘇油田之受人矚目，乃因其蘊藏量，據報導有七十億噸之多，將來一旦開發，其遠景尤足令人注意。

❺ 民國六十八年初中共宣稱在福建清流縣，發現一特大鎢礦藏量居全國第二位，品質之佳，則居第一位。

作　業

一、說明我國煤礦分布的情況。

二、石油有何重要性？我國石油的分布怎樣？

三、我國產鐵有那些地區？

四、試說明我國鎢、銻、銅、錫、鋁等礦分布的概況。

第九章　中國的工業

工業是近代立國的基礎，工業發達則其國強盛，否則即是落後，工業通常分爲重工業和輕工業二種，像鋼鐵工業、機械工業、礦冶工業、造船工業、汽車工業、電氣工業、石油工業等，都是重工業，其產品是一切工業的基礎，故有基本工業之稱。輕工業多爲消費性的各種生活必需品。如農產加工業、食品工業、紡織工業、造紙工業、製糖工業、水泥工業等，我國工業，過去均爲手工業，頗稱發達，新式工業，自十九世紀中葉以後，開始建設，惟發展頗緩，第一次大戰期間，始有進展，目前仍以輕工業爲發達。

工業發達與地理環境

（一）**動力**　動力爲現代工業的基本要素，因之水力、煤、石油、天然氣、地熱、原子能，乃成爲發展工業上必備的要件。世界上任何工業都市，至少須有上述的一項。

（二）**原料**　就地取材，可以降低工業成品價格，故工廠多設於原料產地，或其附近，如鞍山的鋼鐵業，上海、天津的紡織業，臺灣的製糖業，就是很顯明的例證。

（三）**技工**　技術工人造就需時，熟練的技術，是工業發展上的要件之一，非技術工人則工資低，我國工業每設於都市附近，就是由於勞工多而低廉，及技術工人的易得。

（四）**交通**　原料輸入、成品運出，均賴交通，運費廉，成本低，水陸空交通便利的地方，工業最易發展。

（五）市場　工業生產的對象，卽爲市場的消費，因之工廠多接近市場，例如麵包業、印刷業等是。

（六）資本　資本是工業發展的先決條件，資本充足，工業經營的規模才大，同時可使成本降低，成品方能在市場上競爭。

其他：工業的地理位置，周圍的地理環境，特殊的氣候狀況，用水的供給，均爲工業上發展的要件，此外利用工廠的廢物，而發展某種特殊工業，或是一種附屬工業，如臺灣的蔗滓工業。

我國的工業區

我國重要的工業區，可分下列五區：

（一）東北區　煤鐵儲量既富，石油蘊藏量亦豐，輕金屬工業原料也多，而農、林、漁、牧的工業原料，又極饒足，居民的生活程度不高，工資低廉，這是東北區工業發展上最有利的條件，加之鴨綠江下游的水豐、松花江的小豐滿、鏡泊湖等水力發電廠，再加以鐵路便利，故東北區工業都市，連綿不絕，如南自大連市起，經大石橋、營口、海城、鞍山、遼陽、本溪、撫順、瀋陽、開原、四平、長春、哈爾濱，以及安東、通化、吉林、牡丹江等，都是著名的工業城市，而鞍山、本溪則以鋼鐵工業最爲著名，瀋陽和大連，則爲工業中心都市。本區各種金屬、機械、鋼鐵、電器、汽車、化學、紡織、食品等工業，均極發達。

（二）華北區　華北區因河北、山東、山西、河南各省，多煤礦分布，故對工業發展頗爲有利，例如北寧鐵路上的北平、天津、唐山，因有開灤煤礦，故紡織、玻璃、水泥、鋼鐵、機械、食品等工業，均頗發達。膠濟鐵路上的青島、濰縣、濟南，因有淄川、博山等煤礦，故棉紡織、製粉、榨油（花生油）等工業，亦相當繁盛。平漢鐵路上的清苑、石門、新鄉、鄭州，因有井陘、六河溝及焦作三煤礦，沿途是棉花大產地，故以棉織工業最爲著名。區內以天津、太原、青島三地，是本區中近代工業的中心都市。

（三）華中區　分布於長江流域各口岸都市，如長江上游的重慶市，中游的漢口市，下游的上海市，爲本區的三個工業中心都市。重慶附近，因抗戰期間，內地各工廠紛紛遷來，紡織、食品、鋼鐵等工業，均頗繁榮，由於嘉陵江沿岸煤源豐富，綦江產鐵，附近各種原料甚多，加之水陸交通稱便，惟勝利後，已不如昔。武漢三鎮是我國內陸最大城市，鋼鐵工業，久負盛名，紡織及日用品工業，亦頗知名。上海因腹地大，貿易廣，是我國最大商港，輕工業最發達，而紡織業最爲著名，他如麵粉、印刷、化學、食品等工業，亦非常發達。重工業如兵工廠、造船、機械等工業也有，惟缺少大規模的鋼鐵工廠。附近的無錫，有小上海之稱，則以棉織及麵粉二工業爲著名。

（四）華南區　本區煤鐵礦產資源貧乏，故重工業未有發展，輕工業以紡織、食品、橡膠、陶瓷等較爲著名，多集中於廣州市。

（五）臺灣區　本區煤產雖不太豐，但水力資源充足，石油產量不多，而天然氣則稱饒，動力資源開發頗有成效，惟鐵礦缺少，新建，之大鋼鐵廠，目前年產量在六百萬噸左右，其他重工業如造船、煉油、鋁廠、機械等均頗興盛，而輕工業最爲發達，其中尤以電子工業、紡織工業及塑膠品加工業三者最爲有名，他如水泥、肥料、化學、電器、罐頭（洋菇、鳳梨）、製糖、製紙、玻璃等工業亦頗有名。臺北、基隆、高雄三地實爲本區近代工業中心都市。臺北以紡織、電器工業最著，基隆以造船最有名，高雄以造船、煉鋼、煉油、製鋁、水泥等爲著，其他分散於各地。

作業

一、工業可分爲那二大類？試分別說明之。
二、工業發展與地理環境有何關係？
三、略述我國東北區與華北區的工業狀況。
四、華中工業區的狀況是如何的？
五、臺灣工業區的情形怎樣？

第十章　中國的貿易

人類活動的地區，由於自然環境的影響，而各有不同，如緯度有南北，地形有高低，氣候的不齊，距海的遠近，土壤有差異，地質的殊異，生物的類別等。因之人類需要的衣食住行各種資源，在地球上實無法取得平均，故熱帶寒帶地區，常需溫帶地區物資，溫帶地區有時也需熱帶寒帶物資，以爲調劑，近代工業發展後，此種需要量大爲增加，而國與國間的商業行爲，稱爲貿易，因此貿易乃人類經濟生活的必然手段，貿易數字的大小，可以看出國民購買力的大小，生活程度的高低。

我國人口雖多，但過去對外貿易額不大，在世界貿易總額中，僅佔百分之一點二。主要原因，我國是農業國家，輸出自以農產品或原料爲主，其次是我國近百餘年來，內亂外患的破壞，產業不能振興，故人民的購買力低，輸入多爲工業品，故我國對外貿易，歷年都有巨額入超，雖有僑匯彌補，但差額仍大，造成國家經濟的困境。不過從民國三十八年，政府遷臺以後，臺灣便成爲我國復興基地，各種建設日有進步，對外貿易亦在繼續不斷增加中，因爲水陸空交通的便利以及電力資源的充足，加之僑資外資的投資，故臺灣的工、農、林、漁等業，無不突飛猛進，三十多年來的貿易數字都呈直線上升，可說已奠定了經濟繁榮的基礎，改變了我國的貿易地位，即以民國七十七年進出口的貿易總值而言，計達一、一〇二億美元，出口值估爲六〇五億美元，在全世界貿易國家中則排名第十一，僅次於美、日、英、德等工業化國家，而高居開發中國家出口值之第一位，進出口總值之全世界排名則位列十七，在亞洲僅次於日、韓、港。民國七十八年前三月的海關統計則更顯示我國的對外貿易出超已突破一百四十九億美元，這種對外貿易的持續出超也正顯示了我國現在已不僅是貿易大國，甚至還可說是貿易立國。目前的外匯存底則超過七百二十億美元，國民平均所得亦高達六千八百美元，人民生活水準之提高，已不亞於歐美國家。

我國對外貿易，爲時很早，遠在漢代卽有「絲路」，大都以陸運爲主，不過爲數很微，影響很小，鴉片戰爭後，我國開五口通商（上海、寧波、厦門、福州、廣州），因此沿海地區的經濟，隨着海運的發達而迅速發展，故目前我國重要大城市，均在沿海地帶，就是這個原因。

早期大陸對外主要輸出品 自十九世紀中葉「一八六八年」以來，茶葉佔第一位，其次是生絲、綢緞，再次爲豆類、棉花、煙草、毛類等，十九世紀末，則生絲躍主第一位，豆類、棉花次之，蛋類、茶葉、綢緞又次之。我國向有「絲茶之國」的稱號，但一進入二十世紀以後，茶被奪於錫蘭和印度，絲則受壓於日本。然因東北農業開發，大豆與豆餅的輸出，代替生絲居於領導地位，而對外貿易，則以桐油居第一位，棉織品、猪鬃次之，棉紗、鎢、銻等礦砂又次之。

早期大陸對外主要輸入品 在十九世紀中葉，棉貨居首位，呢絨、棉花、棉紗次之，煤、糖、米又次之，九一八事變前，則以棉織品輸入爲最多，糖、米、棉花次之，抗戰以後，則以棉花、棉紗居首位，油脂及石油等次之，再次是機械器具，斯時半爲工業設備及原料，已漸向工業化的趨勢。

我國對外主要貿易國家 在抗戰前，以美、日、英、德等國爲主，大致東北、北部二地方和臺灣的貿易，以接近日本，故對日貿易最盛，中部南部二地方，以對美、英、日、德、香港貿易爲最多。蒙古、新疆二地區，以對俄貿易爲主，貿易額不大。戰後中德貿易額特少，民國三十八年政府遷至臺灣，對美貿易數額也特別提高，其次則爲日、韓、菲等國。近年來對外貿易國家更達一百四十餘國。

我國主要商港　在九一八前，上海是我國最大貿易港，大連、天津、廣州次之，青島、九龍、哈爾濱、漢口、汕頭、安東又次之，至抗戰勝利後，上海港仍居首位，而九龍、天津、廣州等港次之，汕頭、秦皇島、基隆、高雄、青島等港又次之。

臺灣輸出品　早期以農產品及農產加工品爲主，但近年來已有顯著的改變而以工業產品爲主❶，茲將其演變特徵，敍述如下：農產品以糖米二項爲最重要輸出，而糖常佔對外貿易第一位（如民國五十四年），但民國六十年，已列入第六位。茶與樟腦，是臺灣早期重要農產品，現日趨式微，而現在則爲毛猪、猪肉、水產品、稻米、木材、香蕉、鳳梨、洋菇、蘆筍、蔬菜及各種水菓所替代。但多年農產品貿易卻是逆差❷，而各種工業亦由早期的集中於自行車、紡織品、橡膠、木材及紙製品，目標爲應付國內需求，改向對外輸出，近年其成品輸出品目則日漸繁多，如各種紡織品、電氣機械、金屬製成品、傢俱、食品罐頭、石油及其煉製品、運輸工具、橡膠製品、塑膠及其製品、水泥、紙及紙漿、合板等，其中電機及電器、紡織、鞋類等十項，尤爲突出，爲臺灣帶來大幅貿易盈餘，而成爲新興工業化國家，眞是一項令人驚異的事實❸。

臺灣輸入品　近年臺灣輸入品則以資本設備爲主要，如各種機器工具、舟車零件、電氣製造器材等。農工原料類，則以原油及燃料油、化學原料、礦砂、原料棉、羊毛、玉米、黃豆、小麥及麵粉、木材、人造纖維、非鐵金屬、科學儀器、染料顏料、西藥、木材等爲主。

臺灣對外主要貿易國家或地方　輸出國家：以美國、日本、香港、加拿大、新加坡、沙烏地、西德、英國、荷蘭、澳洲、法國、義大利、馬來西亞、泰國等為主要，輸入國家以日本、美國、沙烏地、西德、澳洲、科威特、菲律賓、加拿大、馬來西亞、印尼、香港等為重要。但我國出口市場的過於集中於美國地區，在保護主義日益興盛的今天，難免不會不受到該國經濟波動的影響，所以如何提升產品品質，分散貿易地區，開創對外貿易的新境界，實在是值得我們深思的一大問題❹。

❶ 以民國七十八年三月份出口結構為例，計工業產品五十一億七千四百七萬美元，占出口總額百分之九四點一，則農業出口之比例可知。

❷ 據財政部海關調查分析，我國七十五年第一季出口農產品值五億六千萬美元，進口值為九億一千萬美元，即可見其逐年貿易逆差之一般。

❸ 我國之十大出口產品均為工業品，依次為①電機及電器②成衣③紡織品④鞋類⑤玩具、遊戲品、漁獵用具及運動用品⑥製材⑦金屬製品⑧機械⑨運輸工具⑩塑膠製品。再以民國七十七年我國的出口情形而言，其十一項主要貨品的出口金額更高達六十億五百八十七萬美元，依金額大小次序如下：①電子產品（一三、〇一八百萬美元）②成衣（四、〇六一百萬美元）③鞋類（三、八八九百萬美元）④紗、布類（三、七三二百萬美元）⑤金屬製品（三、四八九百萬美元）⑥玩具（三、三三三百萬美元）⑦機械（三、一八八百萬美元）⑧塑膠製品（二、九六〇百萬美元）⑨運輸工具（二、五二〇百萬美元）⑩合板（二、一一三百萬美元）充分顯示我國出口的暢旺。

❹ 臺灣出口商品居一九八四年出口值第一位之鞋類製品有七〇%銷美，第二位之針織成衣亦有五五%銷美，而此兩項商品出口值即佔臺灣當年出口總值之一一%，顯見市場主要皆集中在美國，近三年來出口總值在美國更佔四五%以上。此項市場過份之依賴情形，在受到對手國保護主義日興及經濟波動時，自不無重大影響，所以是非常值得注意的問題。一九八八年臺灣對美出超更高達一〇四億美元，成為美國主要入超來源國家。

作業

一、說明我國過去對外貿易的情形。
二、我國對外輸出品以那些爲主?
三、臺灣對外貿易，在輸出方面，有那些變化?
四、我國對外貿易國家有那些?試說明之。

第三篇　南部地方

第一章　中國的地理區域

地理區的意義

凡把一地區的自然環境，如地形、氣候、河川、土壤、天然植物等，以及人文上各種現象，如各種產業、交通、聚落、人口、生活方式等，相互類似的地方，加以劃分在一區域內，稱之為「地理區」。

地理區與行政區不同

地理區的劃分，是具有區域性的特殊性質，富有地理上的特定意義，而行政區的劃分，大部是習慣相沿，歷史意義比較深長。故地理區與行政區在意義上，顯有不同。因之在一地理區內，常可包括若干行政區，如黃淮平原地理區，即包括河北省，及山東、河南、江蘇、安徽四省的一部。而一行政區內，亦可包括若干地理區，如甘肅為一行政區，該省東西二部，地理環境完全不同，因此而分為河西走廊、隴西高原及晉陝甘高原（隴東）三個地理區。

地理區劃分的標準

地理區的劃分，是研討地理學的捷徑。中國地理區的劃分，過去學者意見頗有紛歧，近年已趨一致。其劃分方法，大致以氣候、地形、地質構造、行政區劃、習慣相沿的劃分法，以及其他人文現象等資料，作爲劃分的準則，而氣候、地形、及人文三項則爲主要條件。茲舉例說明如下：

（一）氣候　氣候是影響地理環境最大者，如我國水稻一作帶和兩作帶的分界線，爲年平均溫攝氏二十度等溫線。水稻分佈的界線，則爲七百五十公厘的年平均等雨量線。年平均雨量線在四百公厘時，爲農業區域，不足時則爲畜牧區域。而年平均雨量在二百公厘以下時，則爲沙丘荒漠地方。

（二）地形　地形常成爲氣候上的界線，如大興安嶺、陰山、賀蘭山、隴山等，是我國農牧主要分界線。秦嶺是我國南方與北方主要的分界線。而氣候類似的地域，每因地形的差異或阻隔，而各自成爲一個地理區，或幾個地理區，如華中型氣候的長江流域，卻可分爲長江三角洲、巢蕪盆地、鄱陽盆地、兩湖盆地等地理區。

（三）人文　凡氣候、地形類似地區，又因人文現象的不同，也可劃分爲若干區。

我國的地理區

依照上述劃分標準，將全國劃分爲六大地方，二十八個大地理區，茲表列如下：

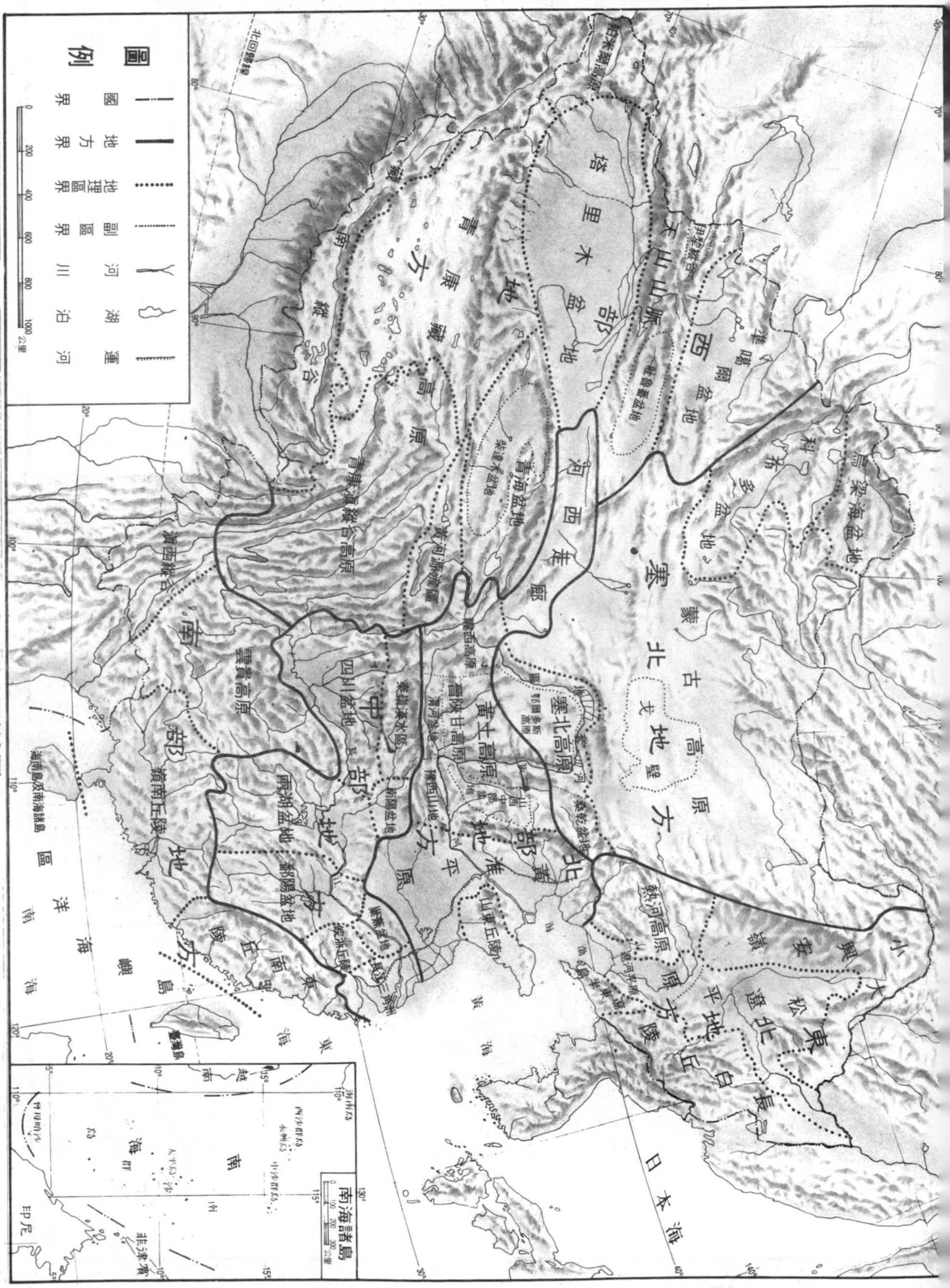

第十九圖　中國地理區域圖

類別／地理區	面積（方公里）	人口	人口密度（人／每平方公里）
南部地方	一、一六八、九三四	九八、一四九、一〇五	八四
一、島嶼海洋區	七〇、四一七	一五、二七六、二九五	二一〇
1. 臺灣島	三五、九六一	一九、七一五、八一五	五三八
2. 海南島與南海諸島	三四、四五六	二、三一三、六七四	六七
二、東南丘陵	二〇〇、五六六	二五、六二〇、三二八	一二八
三、嶺南丘陵	三四六、三七八	三五、一二六、七八〇	一〇一
四、雲貴高原	三九四、五四八	一九、五〇四、〇四一	四九
五、滇西縱谷	一五七、〇二五	二、六二一、六六一	一六
中部地方	一、一五七、三七七	一六九、五九一、七六二	一四七
六、長江三角洲	八二、四六五	三六、三六二、六三六	四四一
七、巢蕪盆地	四四、六二四	九、九〇六、七二五	二二二
八、皖浙丘陵	五二、〇九〇	四、六八三、四〇四	九〇
九、鄱陽盆地	一八五、三八七	一五、九四七、六二九	八六
十、兩湖盆地	三〇八、六八二	四二、七五八、九九七	一三八

十一、四川盆地	三一四、一八一	四九、八三七、九五一	一五六
十二、秦嶺漢水區（漢中盆地）	一三〇、五一〇	五、四九一、二七一	四九
十三、南陽盆地	三九、四三八	四、六〇三、一四九	一一八
北部地方	一、一九四、三三四	一三八、五一七、一六四	一一六
十四、山東丘陵	九五、一六九	二四、四九八、七二三	二五七
十五、黃淮平原	四〇二、九〇九	八六、六九四、六三七	二一六
十六、黃土高原	五四〇、一九一	二六、五五四、七三〇	四七
1. 晉陝甘高原	一九六、一一二	九、五六五、六七三	四四
2. 豫西山地	二九、九三一	二、八四一、七六九	九四
3. 山西中部盆地	三六、四七〇	三、八四五、一〇七	一〇五
4. 渭河盆地	五三、七七九	六、二五六、一九〇	一一六
5. 隴西高原	二二三、八九九	四、〇四五、九九一	一九
十七、河西走廊	一五六、〇六五	七六九、〇七四	五
東北地方	一、二〇四、二九六	四〇、六九〇、九八二	三四
十八、遼東半島	四四、八三三	六、七九三、四八五	一五一

十九、長白丘陵	二七一、四八八	九、六一一、八一〇	三五
二十、大小興安嶺	一九四、九七八	二六八、四二六	一・三
二十一、松遼平原	四四八、二六一	二一、二三四、七七六	四六
二十二、熱河丘陵	二四四、七三六	二、七八二、四八五	一一
塞北地方	二、六三三、六五六	六、九五九、一九八	二・六
二十三、塞北高原	二八三、九九六		
1. 桑乾盆地	五七、八四四	三、〇五九、二三一	五三
2. 河套地區	一〇六、〇五二	二、〇四二、七一一	一九
3. 鄂爾多斯高原	一二〇、〇〇〇		
二十四、蒙古高原	二、三四九、七六〇	一、八五七、二五五	〇・八
西部地方	四、〇九六、六〇四	八、一六五、六五八	二
二十五、塔里木盆地	九二〇、〇〇〇	二、七八二、二二九	三・三
三十六、準噶爾盆地	三八〇、五〇〇	四八一、〇六二	一・三
二十七、天山山脈			
1. 吐魯番盆地	四一一、四三一	一四〇、三九二	〇・九
2. 伊犁縱谷		三二六、三六八	〇・八

二十八、青康藏大高原	二、三八四、六七三	四、四二六、六〇七	一・八
總計	一一、四五五、二〇一	四六〇、五〇九、一二四	四一
備考	本表所列人口，除臺灣省是民國七十七年之統計數字外，其餘各地人口數字，均是民國三十六年時的統計數字，以備參考（事實上民國七十八年大陸總人口已增加達十一億之數）。		

作業

一、地理區的意義何在？
二、試說明地理區與行政區有何不同。
三、地理區劃分的標準是怎樣的？
四、我國六大地理區，試繪一地圖表出。

第二章　南部地方概論

面積、人口

南部地方範圍，包括臺灣、海南二大島、東南丘陵、嶺南丘陵、雲貴高原、滇西縱谷，總面積有一百十六萬八千方公里，約佔全國總面積十分之一，目前人口約在二億以上。南部地方，平原很少，大部為丘陵山地，或是高原縱谷。故人口的分佈，多集中在海岸平原和河谷平原上，其中人口分佈最密的地區有三：①是臺灣西部的平原及盆地上，②是東南沿海海岸平原及河谷平原交會點上，③是珠江三角洲，以上三地帶人口密度，每平方公里，有的超過五百人以上，有的在四百人以上，南部地方因人口稠密，遂造成我國僑民的主要外移地區，但滇西縱谷及雲貴高原，因地勢太高，交通不便，土地利用，亦大受限制。

地理位置的優越性

南部地方的地理位置，至為優越，第一：東南兩面均臨海洋，臺灣海峽及南海，又位居東南亞與東北亞的中點，故為歐亞航線往來的要區。第二：北面與長江流域相接，長江流域實為我國人文上最發達地區，兩者之間，雖有仙霞嶺、杉嶺、梅嶺、褶嶺、越城嶺等分水嶺相隔，但自古以來，官道卽沿此嶺道而溝通，近代自粵漢、浙贛、湘桂黔等鐵路通車後，長江流域的廣大地區，乃成南部海港的腹地，更增加南部地方的繁榮。

南部地方的西南邊境，與印度、緬甸、寮國及越南四國交界，國境界線長達二千五百公里，加以地形複雜，高山深谷密林，交通困難，人烟又稀，然這一地區，距離印度洋及南海，均不太遠，且資源豐富，將來如能建設鐵路、公路，克服交通阻礙，前途發展還是有很大希望的。

地形與人地關係

南部地方的自然環境及人文現象，有下列幾個特色，茲分別說明如下：

（一）海岸線曲折、良港多、島嶼也多　我國海岸，自錢塘江以南，多爲岩岸，因之良港特多，島嶼則星羅棋布，海岸線曲折異常，故東南丘陵及嶺南丘陵的人民，多富冒險犯難的精神，航海捕魚是其重要活動，僑胞遍居世界各地，是其活動成果。

（二）山地廣大、平原狹小　滇西縱谷和臺灣山地，均屬新褶曲地形，造成無數的高山深谷，和無數的陡坡急流，而雲貴高原和東南、嶺南兩丘陵，面積也很廣大，平原顯得特別小，最大平原是珠江三角洲，不足兩萬方公里。

（三）陸道困難、水運較便　南部地方除有鐵路、公路通達之地，稱爲便捷，而以滇西縱谷及雲貴高原陸道，最爲困難，因山道崎嶇，運輸多賴人力背負，或是獸力馱載。內陸水運則以珠江，最爲便利，航運之盛，僅次於長江。東南丘陵上各河川，因流短水急，僅下游有一部航運之利，至於滇西縱谷的國際河川，因係上游，鮮有航利。

（四）名山勝景特多　普陀、天目、仙霞、武夷、阿里山、太魯閣、梨山、羅浮、勾漏、點蒼等山，有爲佛教聖地，或爲林泉清新，景色壯觀，名勝古蹟極多，至於臺灣的墾丁，廣西的桂林、陽朔，貴州的修文，雲南的路南、文山、蒙自等，均以石灰岩峯林，著稱於世。而金沙、瀾滄、怒江三大峽谷，雄偉奇特，更是別具一格。

氣候與物產

南部地方爲北回歸線所通過，以南屬於熱帶季風氣候，包括海南島、臺灣南部，以及嶺南丘陵的南部，其氣候的特色，是氣溫高，每年乾雨季各半，爲甘蔗、椰子、鳳梨、橡膠主要栽培地帶，北回歸線以北，爲副熱帶氣候，臺灣北部和東南、嶺南二丘陵，氣候的特點，是雨季長，而乾季不顯著，除高度較大，冬季鮮見霜雪，年可二穫或三穫，是柑橘、香蕉、菠羅、荔枝、龍眼、文旦等熱帶或副熱帶性果實栽培地區。至於雲貴高原及滇西縱谷，則屬於副熱帶冬季乾旱氣候，每年乾雨季各半，壩子和河谷平原，可植水稻，坡子地或高原，則多植玉米。

天然資源

南部地方的天然資源有三：㈠森林——多柚木、樟木、檜木、杉木、以及沈香等珍貴木材，滇西縱谷，儲量最富，滇南多常綠濶葉林木，臺灣儲量雖不及滇西，但產量最多，因採伐較便。㈡礦產——臺灣的天然氣（natural gas）、石油，浙南平陽的礬石，廣東欽縣、防城的錳，貴州的汞（水銀），雲南的銅、錫均極知名，南部地方因在地質時代，多白堊紀花崗岩體的侵入，分布很廣，故爲鎢、銻、錫、銅、鉛、鋅、鉬、鉍、汞等金屬礦產的重要產地，且多成帶狀分布。㈢水力——本區以滇西三大峽谷，最為著名，其地山高谷深，水勢湍急，水力儲藏量極為豐富，約佔全國五分之一。雲貴高原為我國南部一大水源地，夏季雨量又多，故南盤江、元江、烏江各上游，均以水力豐多著稱，西江、北江、東江，亦有相當豐饒的水力，閩、浙各省，也有不少的水力儲量，惜均未能利用，只有臺灣已開發了二百二十三萬九千瓩的水力。

交通與都市

南部地方因氣候、地形自然環境的影響，凡是產業發達、交通便利的地方，也就是人口密集的所在，產生都市的地方，其特色可分為下列四項：

(一)海運與海港　本區海岸曲折，多良港，為海運發達區，著名的海港，浙有寧波、永

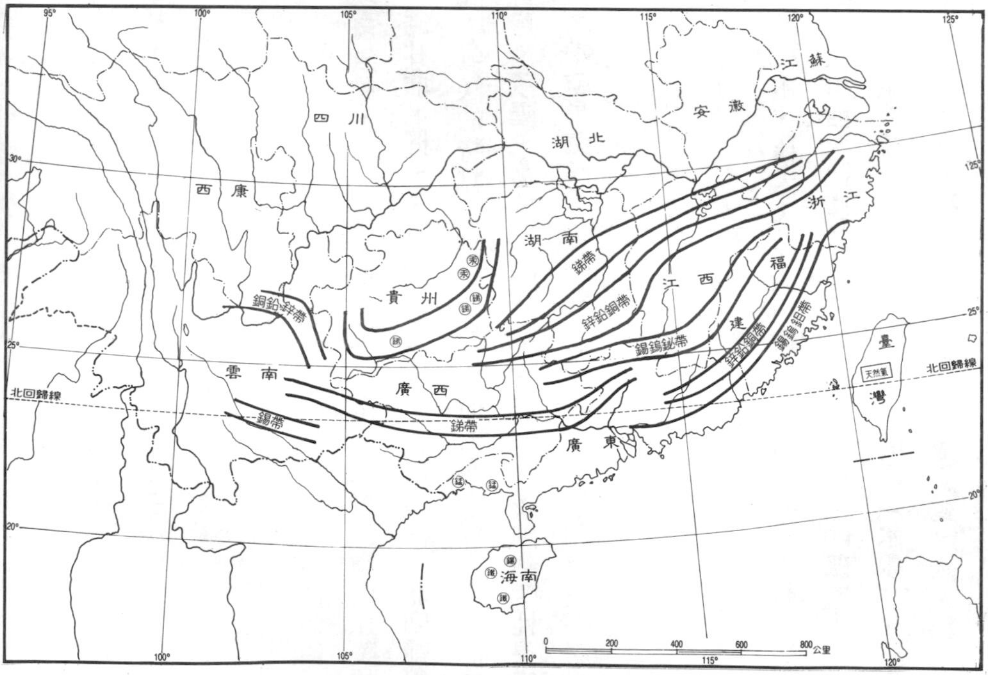

第二十圖　中國南部金屬礦物分布圖

嘉，閩有福州、厦門，臺灣有基隆、高雄，廣東有汕頭、廣州、九龍、湛江，海南有海口。

（二）河運與河港　多在河流中下游，以粵江流域為主要，西江有梧州、南寧，黔江有桂平，柳江有柳州，桂江有桂林，北江有曲江，東江有惠陽，韓江有潮安，漳江有龍溪，閩江有南平，甌江有麗水，都是著名的河港。

（三）陸道要衝都市　多分布於滇、黔二省境內，均為高地都市，其產生的地點，多在陸路的交接處，如遵義、貴陽、畢節、昆明、大理、曲靖、保山。

（四）邊陲交通與邊境都市　邊陲交通發達處，因為國際交通要衝，又是邊防重鎮，故常成為都市，如桂、越邊境有鎮南關、靖西，滇、越邊境有河口，滇、緬邊境有車里、畹町、龍陵、騰衝等。

作業

一、南部地方包括那些地區，那幾區人口多？那幾區人口少？試說明其原因。
二、南部地方的地理位置，有何優越性？
三、南部地方地形上有那些特色？
四、南部地方氣候對於農業上，有何影響？
五、南部地方有那些天然資源？
六、南部地方的交通情形如何？試簡述之。

第三章　臺　灣

第一節　臺灣的自然環境

臺灣的地理位置及面積

臺灣是我國最大的島省，有屬島十四，外加澎湖羣島六十四個島嶼，合計有八十六個島嶼，近年政府更宣佈釣魚臺列嶼劃入本省，故臺灣的地理位置，北起北緯二十五度五十六分（宜蘭縣的黃尾嶼北端），南迄北緯二十一度四十五分（鵝鑾鼻南方十四公里的七星岩），極西爲澎湖羣島的花嶼，位於東經一百十九度十八分，極東爲宜蘭縣的赤尾嶼東端，位於東經一百二十四度三十四分。

臺灣本島由北端富貴角起，南迄鵝鑾鼻，計長三九四公里，至於東西寬度，由東側成功至西側新社，寬一四四公里，故島形狹長，呈紡錘狀，其方位略成南北向。

臺灣本島的面積，爲三五七六〇平方公里，合屬島及澎湖羣島計之，總共面積有三六〇〇〇平方公里。

臺灣是我國唯一面臨太平洋的省區，西與福建省隔臺灣海峽相望，海峽北窄南寬，最狹處僅有一百三十公里，最寬處則有二百六十公里，平均寬度在二百公里左右。

臺灣地位的重要性

可從下列三點來說明其重要性：

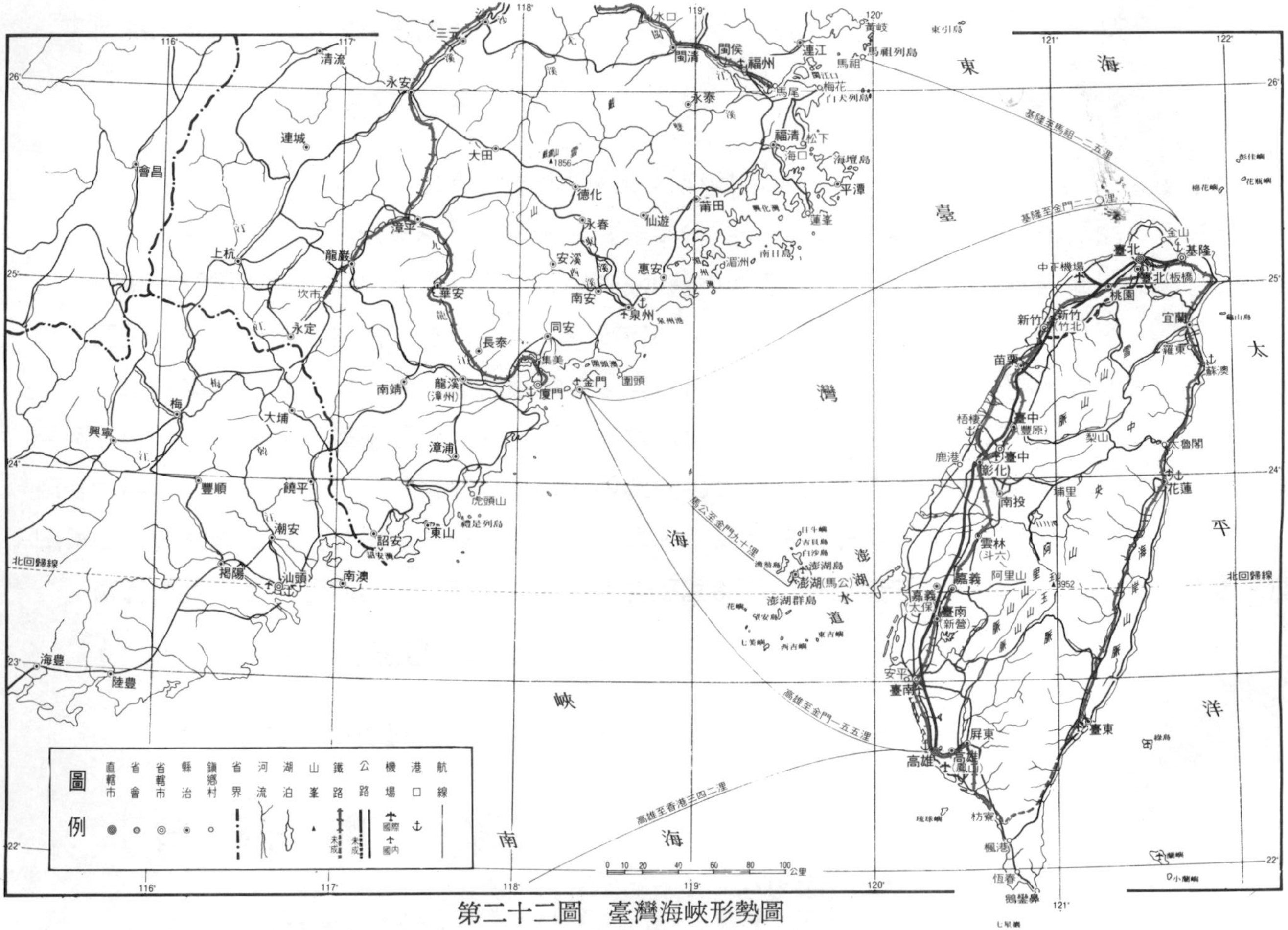

第二十二圖　臺灣海峽形勢圖

（一）控制臺灣海峽　臺灣海峽是歐亞航線孔道，也是東南亞和東北亞之間的航空及海運的中點站，地位極爲優越，以臺灣島作基地，極易控制海峽。

（二）居島弧鎖鍊地位　東亞外側，有阿留申、千島、日本、琉球及菲律賓等一羣島弧所組成，南北連亙，勢若長蛇，形成花綵列島，宛如亞洲大陸外側與太平洋間的天然防線，是爲島弧鎖鍊，而臺灣卻居其中央，故地位重要。

（三）扼亞洲大陸和太平洋的要衝　是亞洲大陸的前衞，西太平洋的橋頭堡，極具軍事價值。

臺灣的氣候

支配臺灣氣候的要素有五：

（一）緯度　臺灣在緯度上，是由北緯二十五度至二十二度間，而嘉義、瑞穗間，適爲北回歸線通過處，以南爲熱帶氣候，以北則爲副熱帶氣候。

（二）海陸分佈　臺灣在亞洲大陸與太平洋間，既受海洋影響，復具大陸性質，因之氣溫變化很大。

（三）季風　多季東北季風盛行，造成臺灣東北部陰雨時日較長，夏季西南季風盛行，形成西南部雨季。

（四）洋流　太平洋赤道暖流，主流經臺灣東部北上，支流則穿過臺灣海峽，對於臺灣的氣溫和雨量，影響不小。

（五）地形　臺灣中央山脈，南北縱走，高山峻嶺，常達三千公尺以上，對氣流有阻隔作用，產生迎風坡多雨，背風坡則少雨。

由於上述原因，臺灣氣候遂具有三大特色：

（一）高溫　臺灣一年四季，夏季最長，年溫在攝氏二十度以上者（平原），至少有八九個月，南部則在十個月以上，冬季甚短，冬季平均溫，亦在攝氏十四五度左右，因之植物四季成長，草木常青，百花怒放。

（二）多雨　臺灣的雨，有季風雨、熱雷雨，及颱風雨等，季風雨在北部，盛行於冬季，熱雷雨則盛行於夏季。

（三）颱風　颱風是熱帶氣旋，每年多在夏秋間侵襲臺灣，來時強風豪雨，常常造成嚴重天災。

臺灣的面積雖不大，但氣候的類型，亦相當複雜，茲簡分爲下述三型：

（一）臺灣北部型　本區以雪山、立霧溪，及大安溪爲其南界，氣候上的特色，是四季均有雨量、無明顯的乾季，冬季東北季風盛行時，霧雨特多，基隆有雨港之稱，夏季因有熱雷雨及颱風關係，雨量特豐。

（二）臺灣南部型　本區以玉山、秀姑巒溪、朴子溪爲其北界，卽以北回歸線爲其止境。氣候上最大特色，是多溫特別高，乾雨二季非常顯著，是全國氣溫較差最小的地區，年溫差在攝氏十度以下。夏秋間雨量特多。冬春時爲乾季。

（三）臺灣中部型　上述二者的中間地域，其氣候特色，是西部平原，夏雨雖多，但冬季乾旱，需賴灌溉，西側臨海及澎湖羣島，爲臺省雨量最少地區，中部雪山、玉山間，因有許多三千公尺以上的高峯，

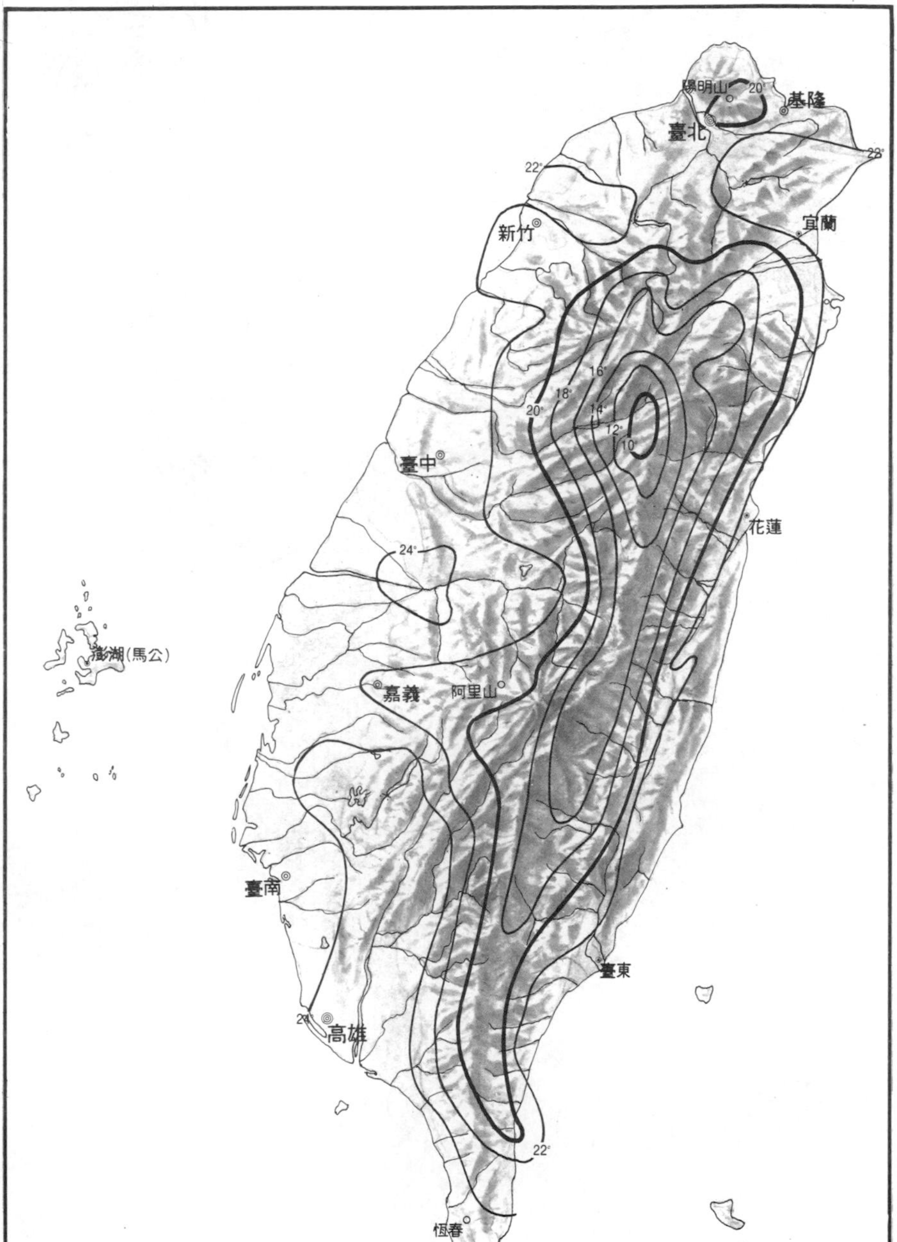

第二十三圖　臺灣年平均等溫線分布圖

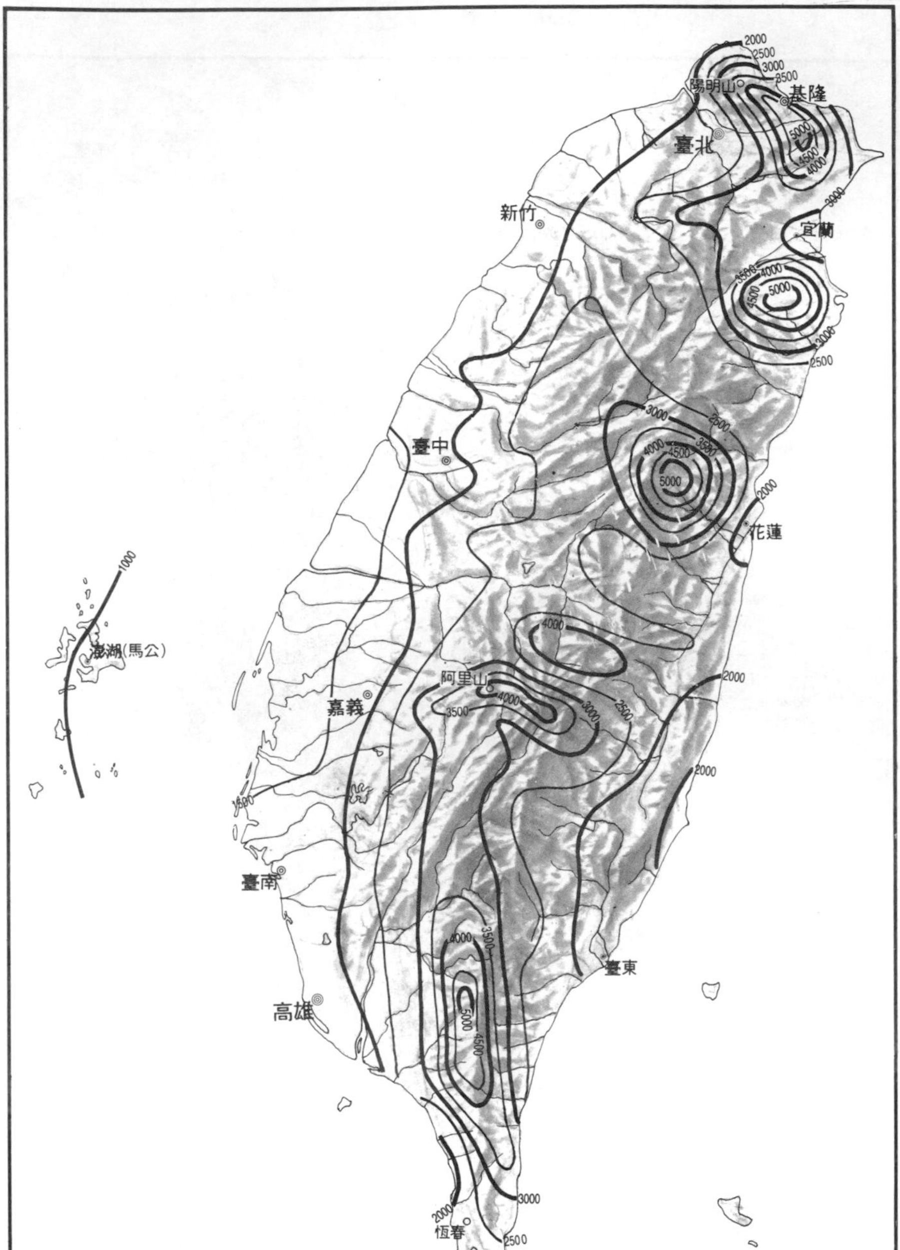

第二十四圖　臺灣年平均雨量分布圖

多季氣溫極低，常爲冰雪覆被，這是本省平地所難得見的北國景色。東側則雨量豐多。

臺灣的地形

臺灣係亞洲大陸東部外側的新褶曲山地，是琉球弧及菲律賓弧交接之處，地殼極不穩定，故地震、溫泉、火山都多，平原和盆地，大都偏在西側，茲就臺灣地形的特色，列舉如下：

（一）高山多　臺灣的山地，面積特廣，約佔全省面積五分之三，以中央山脈爲主幹，呈南北走向，北起蘇澳，南迄恒春，形若屋脊，將臺灣分割成東西不對稱的兩半部，西部寬廣而東部狹，也是臺省東西兩岸河流的分水嶺。中央山脈西側玉山山脈，主峯高三千九百九十七公尺，是本省和我國東南部的最高峯。雪山山脈是北部和中部的分水嶺，自東北斜向西南，主峯高三千九百三十一公尺，爲本省第二高峯，雪山附近，羣峯聳峙，是山彙所在。玉山之西爲阿里山脈，高度陡降，仍在一、二千公尺間，再西降爲山麓臺地，或降爲平原。中央山脈東側，有臺東海岸山脈，高度不足一千公尺，兩山間形成一條縱谷。

（二）平原盆地狹小　臺灣的平原和盆地，面積均不大，卻是本省人文最發達的地方。嘉南平原是本省最大的平原，面積四千五百方公里，人口和物產最多，是臺灣經濟上最重要地區。其次是屏東平原，在本省南部，面積一千二百方公里，熱帶景觀最濃厚。再次爲宜蘭平原，在本省東北部，呈三角形，面積三百二十方公里。盆地以臺中盆地爲最大，面積三百八十方公里。臺北盆地，僅有二百方公里，此二盆地，均因斷層陷落而造成。此外有臺東縱谷平原，在臺東海岸山脈與中央山脈間，東西寬度不足六公里，南北長約一百五十公里，是花蓮溪和卑南大溪的沖積地。

（三）丘陵臺地　臺灣的丘陵臺地，分布於臺灣山地與平原盆地間，中以桃園、新竹、苗栗三縣境爲最廣，臺地表土，均爲紅壤，下有礫層，是第四紀洪積古山麓的沖積扇，因河川切割而分成許多丘陵和臺地。臺北市附近的大屯火山羣，也是丘陵地，是火山作用而成。

（四）河川受地形支配　臺灣重要的河川，有淡水河、大安、大甲、大肚、濁水、曾文、高屏、蘭陽、花蓮、卑南大溪等，均源於臺灣山地，河流均短小，因坡陡流急，落差很大，下降平地途中，每橫切山脈，成爲大小不等的峽谷，雨季時，山洪暴發，急流洶湧，常造成嚴重災害，乾季時，河床裸露，水流細小，甚至乾涸。如能多築堤防、水庫，不但可減少水患，且可發展灌溉和水電工業。

（五）海岸平直，良港少　臺灣山脈多與海岸平行，而非直交，故東西兩面海岸，均很平直，缺少彎曲，不過東部瀕太平洋海岸，是斷崖絕壁，成爲高大陡直的岩岸，天然良港缺少。西部是平直的沙岸，水淺沙洲多，故亦少良港。祇有高雄和基隆，是臺灣南北的二個優良港口。花蓮港是東部的海港，近年已闢爲國際港，然由於港小，腹地不大，故繁榮不及高雄和基隆。近年在臺中縣梧棲興建完成的第四國際港，定名爲臺中港，爲一兼顧工商業及漁港的綜合港。

作業

一、試繪一臺灣島嶼圖。
二、臺灣地理位置有何重要性？
三、支配臺灣氣候的要素有幾？試說明之。
四、臺灣氣候上三大特色和三大類型，試概述之。
五、臺灣地形上有那些特色？試概述之。

第二節　臺灣的人文狀況

臺灣的資源，因各地氣候及地形的差異，除天然的蘊藏，以及人類的經營，不僅有垂直，且有水平的分布，茲分別說明如下：

高山地區的資源

臺灣山地面積極廣，幾佔全省面積五分之三，故本區域蘊藏資源，也非常重要。

（一）森林　臺灣林野面積，得二百二十七萬公頃。各種林木的分布，成垂直形，因之有熱帶、溫帶、寒帶等林木的不同，肖楠、紅檜、香杉、扁柏、油杉，稱五大珍木。阿里山、太平山、八仙山是過去採伐的三大林場，現改植柳杉，是人造林。大雪山、棲蘭山、巒大山，是現在採伐的三大林場，臺灣森林經數十年大量砍伐，已所存無幾，目前首要林務當爲加強造林，開發森林遊樂區，以培養森林資源，保持自然生態。

（二）水力　臺灣山高谷深，雨量豐多，坡陡流急，蘊藏着豐富的水力，估計全島水力可發電四百萬瓩，其中濁水溪最大，大甲溪次之，高屏溪、立霧溪又次之，日月潭的大觀、鉅工，以及埔里以上的萬大、霧社等發電廠，就是利用濁水溪的水力。天輪、谷關、青山、德基等發電廠，是利用大甲溪的水力，他如瀧澗、銅門、初英等發電廠，是利用木瓜溪的水力，石門水庫發電廠，曾文水庫發電廠，都是利用水力而發電，而預計於七十六年夏完成的翡翠水庫，年平均發電量也可達二億二千萬瓩，幾爲石門水庫發電量的二分之一，這些都是臺灣的重要水力資源。

（三）山地果園　臺灣山地在一、二千公尺間，自橫貫公路及其支線開通後，以梨山、福壽山、環山、松岡爲中心，大量培植寒溫帶果實，栽植各種梨樹、蘋果、水蜜桃、及枇杷等，而以梨爲最普遍。當高度降低不足千公尺時，以氣溫高、陽光足、雨量適宜、風力弱的山麓或山坡地，則爲蕉園，以南投、埔里、集集、能高，及臺中的大屯、東勢等山地，均爲產香蕉的地帶。

丘陵臺地的資源

（一）農業　臺灣因山地廣大，平原小，故丘陵和臺地上的土地利用，非常進步。如臺北附近的大屯火山，是丘陵地，梯田、茶園、果園（以椪柑爲主）分布其間，林口和桃園二臺地，以茶園爲主，自石門水庫完成，加之桃園大圳開通，本區已成爲重要產米區，區內埤數在八千以上（埤是人工池塘，可以儲水灌溉及養魚），至於水利不良的地方，一律植茶。大肚、八卦兩丘陵，則以種植甘藷、陸稻爲主，山坡則植葡萄、李子等，八卦西麓的員林椪柑，與新埔最爲有名，嘉南平原東側及東部臺地上，則以龍眼、芒果、菠蘿、柑橘、荔枝等爲著名，洋菇、草菇、蘆筍，則爲新興農業，遍及各處。

（二）礦業　臺灣礦產種類很多，但儲量不多：金屬礦產，主要分布於臺灣北部，山金以金瓜石爲最有名，但銅產較多，沙金產於基隆河及立霧溪谷中，中央山脈及臺東海岸山脈，均有金銅等礦的發現。非金屬礦產，以煤、石油及天然氣爲主，大部分布於臺灣山系西側。煤田多在臺灣北部，石油及天然氣產地

第二十五圖　臺灣經濟資源分布圖

中心，均在苗栗縣境。大理石及白雲石，則多產在花蓮中央山脈一帶，大理石可供建材、工藝品及家具日用品等加工之原料，目前年產原石約爲三十五萬噸—五十萬噸，對東部地方繁榮頗有助益。

平原及盆地的農產

臺灣平原及盆地，是主要的農產地，稻米遍於各平原，年可植稻二次，除供給全省應用外，尚有一部剩餘，可供外銷，甘蔗是重要經濟作物，產地多在濁水溪以南，由臺糖公司專業經營，是我國最大糖產區，民國七十四年外銷爲二十萬噸，是一項重要外匯收入。也是我國熱帶栽培業唯一發達的地區，區內熱帶果實，也相當有名，如臺南縣境的麻豆文旦，玉井芒果，屏東木瓜，高、屏二縣的香蕉，嘉義的龍眼、柑橘，而臺南和臺東的鳳梨，都有大量的生產，也可製成罐頭外銷。

海產漁業和鹽業

臺灣漁業可分養殖和捕撈兩種❶，前者分布於嘉南平原西側沿海岸地帶，魚塭四布，以養殖虱目魚及鰻魚❷爲主，次爲蝦、蟹，再次爲揷蚵等。後者可分近海與遠洋兩種：近海有漁場三：一是東部魚場，以蘇澳、花蓮、成功（新港）一帶爲中心，盛產暖流性廻游魚類。二是西部魚場，以澎湖羣島馬公、將軍澳爲中心，產底棲魚類。三是南部魚場，在臺灣至菲律賓海域，亦產廻游魚類，冬季時鯨羣避寒，恒春南大坂埒設有捕鯨場，惟魚獲量不多。遠洋漁業進步最快，遠洋漁場，遠達印度洋、太平洋與非洲海岸，其中以鮪釣漁業爲著名❸。高雄和基隆是二大漁港基地。

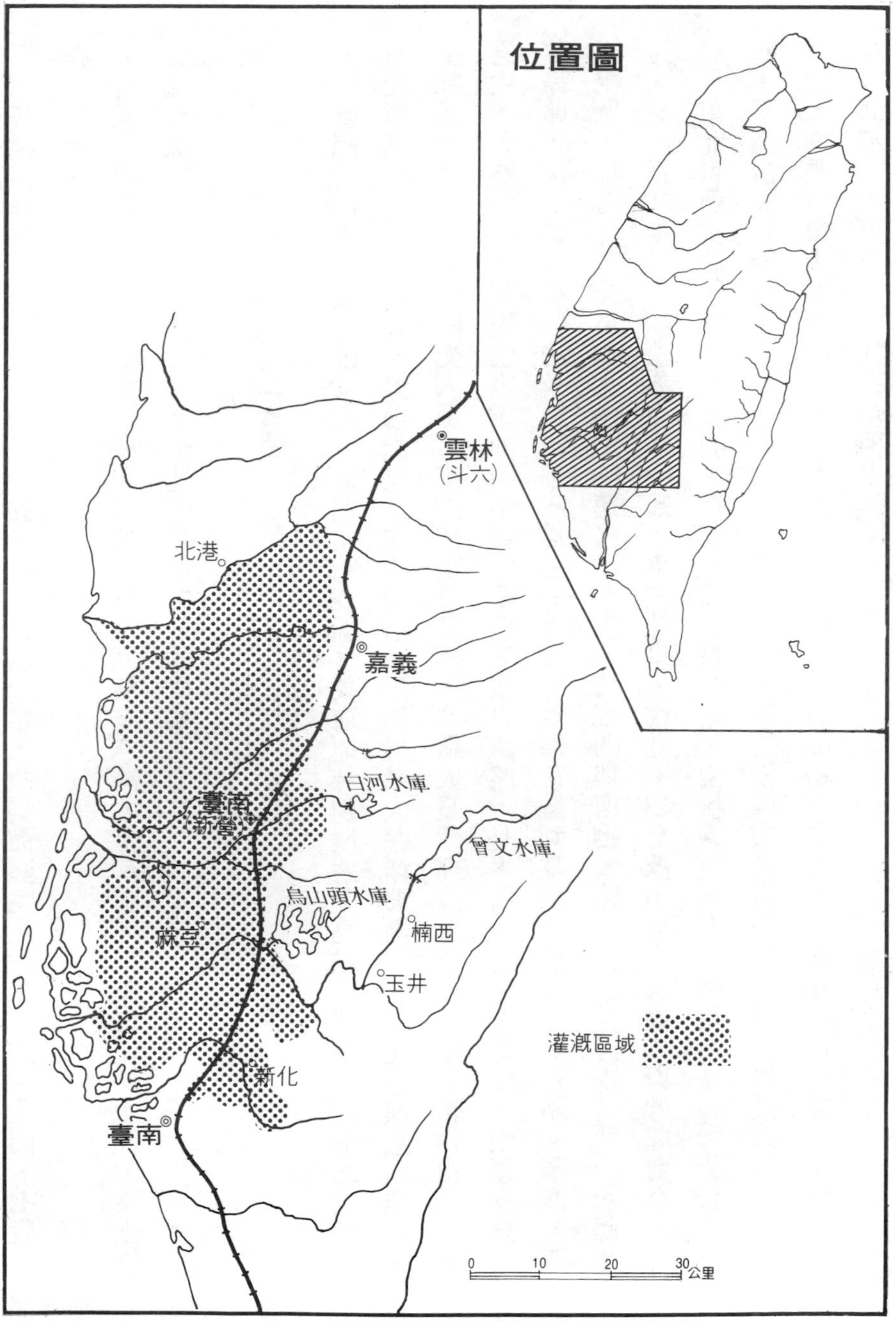

第二十六圖　臺灣曾文水庫及嘉南平原灌溉區

臺灣西岸自鹿港以南，因日照強，乾季長達半年，故爲海鹽主產地，布袋、北門、七股、烏樹林、臺南，是臺灣五大鹽場。

臺灣西部海岸，爲離水海岸，海埔新生地面積有六萬六千公頃，經築堤、排水及改良土壤，從事墾耕及養殖漁業，成績頗佳，這是土地利用最有效的成果。

臺灣的交通

臺灣的海上交通，因當世界海運航線要衝，故海運特別發達，高雄、基隆乃成南北二大港埠，近更開放花蓮港及建設臺中港，以爲調劑。空中交通，則因居西太平洋要衝，當東北亞與東南亞之交會，國際航空線連繫特多，國際觀光人士，來臺遊覽者日眾，乃造成臺灣經濟上益趨繁榮。臺灣陸上交通，則以鐵路爲主，公路爲輔。基隆至高雄的中山高速公路和縱貫鐵路，是本省交通主要幹線，配以支線、糖業、森林等鐵路，加上錯綜如網的公路，都成爲它的支線，東部花蓮到臺東，也有一條鐵路。蘇澳、花蓮間，因斷崖絕壁，現有蘇花公路和北迴鐵路連絡，臺東、枋寮間稱南迴公路。橫貫公路幹線，西起臺中，東至花蓮，梨山爲其中點，副線亦由臺中起，東經埔里、霧社，越合歡山至大禹嶺，與幹線會合。支線則由梨山起，東北可通宜蘭，其中點大同，則與北段橫貫公路，由桃園復興鄉來者相通，這條公路，貫通中央山脈，不僅構成東西交通的捷徑，同時可連絡北部，對於沿線山地資源的開發，以及政治、軍事、文化等各方面，均具有很大的價值。此外南部尚有一條新建設的橫貫公路，是西起臺南玉井，東經甲仙，越關山埡口、海端，而至臺東。其功用與上述同。

臺灣的對外貿易

臺灣對外貿易，從輸出方面說，農產品有米、茶、香蕉、鳳梨、柑橘及新鮮蔬菜等爲主，農產加工品，則以蔗糖爲最要，其他有鳳梨、洋菇、蘆筍，及各種蔬果罐頭等爲多。民國七十四年對外輸出工業產品，則以電子產品與電氣機械器材爲第一，年輸出總值達六十七億六千六百萬美元，其次以紡織品爲第二，年輸出總值達五十六億四千六百萬美元，其他則有玩具、鞋類、塑膠、水泥、夾板、玻璃、化學製品、金屬、機械及造船等爲大宗，至於輸出地區，則以美、日、香港、西德、沙烏地、澳洲、新加坡、英國等國爲主。輸入品則以農工原料及設備、電器材料、原油、紙漿、木材、羊毛、棉花、黃豆、奶粉、小麥、玉米、船舶、車輛、廢鐵等爲最多，大部來自美、日等國。

都市

臺灣經濟最繁榮的地區，是在西部平原盆地，主要交通線和海港，也是在西側，因此西部都市多。

㈠臺北市　居臺北盆地中心，是臺灣陸空交通的中心，也是與國際航空交通的唯一要站。是院轄市，人口二百六十七萬，如連附近衛星城鎮人口計，至少在三百萬以上，也是全臺第一大都市，民國三十八年後，爲中央政府暫駐地稱爲行都。市內外交通及工商事業，均極發達，而中央研究院、故宮博物院、中央圖書館等及市內許多著名大學，乃構成遠東文化的中心。

㈡臺中市　位臺中盆地內，是縱貫鐵路和公路大站，臺灣省政府疏遷在南投縣境的中興新村，然以密邇臺中，近年大甲溪上谷關、青山、達見分別建設電廠，在梧棲新建的臺中港也已營運，故市內工商事業及各種建設，日臻繁榮。

㈢嘉義市　位於嘉南平原北側，北回歸線在市南穿過，地當阿里山出入要口，故製木材業特別發達。

㈣臺南市　是明鄭氏古都，及早期政治經濟中心，因之市內名勝古蹟甚多，如延平郡王祠、孔子廟等，爲一遊覽觀光都會。

㈤高雄市　是臺省最大商港及漁港，也是世界十大港埠及五大貨櫃中心之一，是縱貫鐵路和高速公路的一端，市內有加工出口區、煉油廠、鋼鐵廠、造船廠、鋁廠、水泥廠、塑膠等工廠，規模均極宏大，工商交通各業，也特別發達，人口一百三十五萬，爲全臺工業中心。

㈥基隆市　是本省北部大商港，居縱貫鐵路之起點，其地以陰雨特多，故有雨港之稱。

❶ 民國七十七年臺灣之漁業產量爲三六九、四三三公噸。其中遠洋漁業爲一八六、四一九公噸，近海漁業爲六八、七二〇公噸。

❷ 臺灣鰻魚出口，九七%是輸往日本，民國七十七年計出口鰻魚三萬三千一百餘公噸，佔總輸入量八〇%居各國各地區之冠，大陸次之，輸日量爲七千一百餘公噸。

❸ 此外在阿根廷外公海魷魚之捕獲量亦多，民國七十四年之產量即達十萬公噸以上。

作業

一、試說明臺灣高山地區的資源。

二、試述臺灣的漁業和魚場的分布。

三、臺灣的交通情形怎樣？
四、臺灣的對外貿易，近年來輸出與輸入，試略述之。
五、臺灣的都市，爲何多集中在西部平原？試舉實例證明。

第四章　海南島與南海諸島

海南島舊名瓊崖，因島上有瓊州及崖縣而得名，地在雷州半島之南，中隔寬約三十公里的瓊州海峽，故名海南。海峽水深約二、三十公尺。環島海岸線約一千五百公里。海南島本與雷州半島相連，後因地殼發生變化，乃成島嶼，面積三萬四千餘方公里，略小於臺灣，是我國第二大島。海南島有豐富的礦產和熱帶作物，也有眾多的海洋資源和旅遊的勝景，故發展潛力很大。

海南島的地形

海南島呈橢圓形，因久經侵蝕，故大部成波狀丘陵，黎母嶺突起於島之中央，島上河流，均源於此，向四方成放射狀，黎母嶺高一四三七公尺，其東南五指山，是島上最高峯，得一八七九公尺，因五峯聳立如指故名，較臺灣的阿里山二二七四公尺，尙低三百九十五公尺，除五指山及黎母嶺外，島上高峯不多，因此河川流速緩慢，水量頗豐，以南渡江、昌江、萬全河等爲主，均有航運和灌溉的利益。河谷下游多成三角洲，沿海多成狹長海岸平原，平原在本島東北部爲最大，卻與臺灣相反。海南島的海岸，平直而少灣，沙濱多，良港亦少，南部山脈迫近海岸，常成岬角，而以楡林、三亞二港爲重要。

海南島的氣候

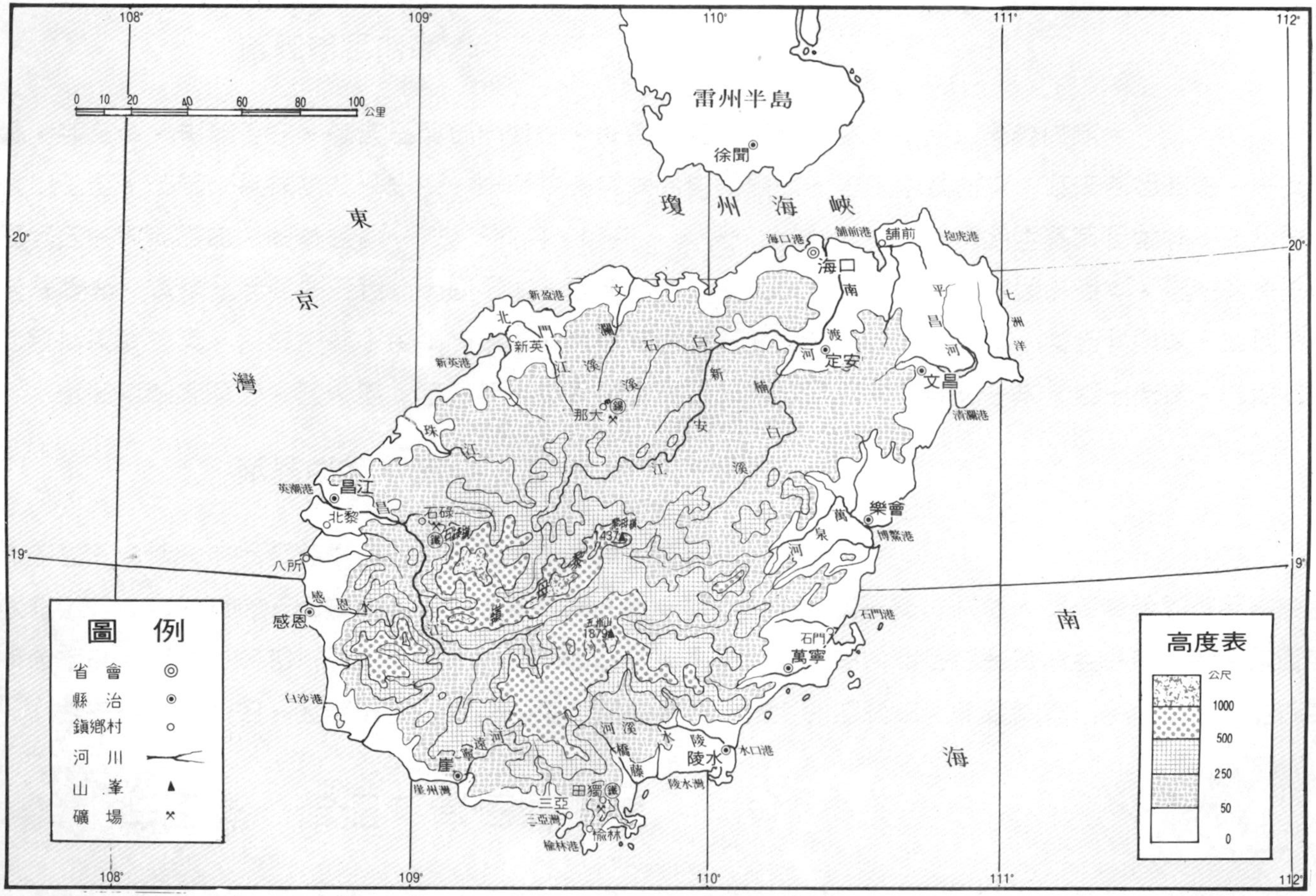

第二十七圖　海南島地形圖

本島全部在北回歸線以南，屬熱帶季風氣候區，四時如夏，樹木常青，除中部高地外，最冷月份亦在攝氏二十度以上，尤以南部爲熱，年平均溫常在攝氏二十五度以上。冬季東北季風盛行，降雨甚少，成爲乾季。夏季爲西南季風，不僅溫度高，雨量也多，此時期並有颱風，因此海南島是一極顯著乾濕二季的季風區。年溫差極小，年雨量一千至一千六百公厘，由東向西逐漸減少。

海南島的資源

（一）農業　海南島的耕地，佔總面積百分之七，故全境荒蕪地很多，耕地多集中在海岸平原及河谷平原，農產品以稻米爲主，河川附近，灌溉便利，可栽水稻二次，但產量有限，不敷消費，尚需輸入。其他如蠶絲、椰子、甘藷、甘蔗、玉黍、花生、烟草、橡膠❶、咖啡❷、可可、紅茶❸、荔枝、香蕉、柑橘等均有生產，而橡膠則是我國惟一生產的地區，種膠面積達五百萬畝以上，故前途希望很大。

（二）林業　海南島地多丘陵，緯度既低，年溫又高，雨量豐富，故極適於林木的生長，中南部的天然林，迄今仍相當完整，未曾開發，以昌江、藤橋溪、陵水溪三流域爲主，我國市場上視爲珍木的沈香、伽楠，爲島上特產。

（三）礦產　海南島的礦產，已發現者有五十多種，其中以鐵礦最著名，石碌鐵礦位於昌江之東的石碌嶺，有南北二礦床，以赤鐵礦爲主，儲量約五億噸，含鐵量百分之六十三。就今所知，當爲我國南部儲量最大，經濟價值最高的鐵礦。田獨鐵礦則位於楡林港北方，儲量八百萬公噸，是磁鐵礦，含鐵量百分之六十四。兩礦距離海岸均近，故採礦便利，惟缺煤不足以煉鐵，故均由楡林港輸出。此外海南島本身及其附近海域更蘊藏有豐富的石油及天然氣，據估計其儲量亦達十億噸❹。儋縣的那大，以產錫著名。其他具有開採價值的礦藏尚有金、銀、銅、鈷、鋁、鎳、鎢、錳、鈦、汞、鈾、獨居石、花崗石、紅、藍寶石等三十多種，礦源堪稱豐富。

（四）水力　海南島雨量豐富，因此境內各河流的水力蘊藏，也相當豐饒，各河川均源於黎母嶺及五指山，分流入海，可以開發的水力，有南渡江、昌江、樂羅溪、寧遠河、藤橋溪、陵水溪、萬全河等，可得電力七十萬瓩，也可作防洪及灌溉之用，對於海南島的農工商業，當有很大幫助。

（五）漁鹽業　海南島四面臨海，南海又是一大漁場，盛產金鎗魚、馬鮫魚、帶魚、鯧魚、對蝦、海參等，居民以海為田者，不下五萬人，大小漁船有四、五千艘，海口、清瀾、陵水、榆林、三亞、北黎等為其主要漁港。海南島的海岸地帶，潮差很大，因日照很強，故含鹽分高，晒鹽是一項重要產業，年產原鹽約三十萬噸。三亞附近產鹽最多，每年內銷廣東也很多，是海南島最重要的輸出品。

海南島的居民、交通和都市

海南島的居民，以漢人佔絕大多數，此外還有黎人和苗人散居其間。本島自秦漢以來，雖早設為瓊崖郡，但因孤懸海外，唐、宋時代，仍為流放地區，元、明以後，乃有大批移民，從廣東渡海而來，分布沿海各縣，以東北平原為最多，黎人多居住在內地丘陵，是漢人移入以前的土著。海南島有許多地名，與黎人有關，如黎母嶺、昌化縣的北黎、樂會縣的黎城、陵水縣的黎庵及扶黎，其分布多在島之中南部。海南島的交通，陸上以鐵路及公路為主，鐵路是由石碌嶺鐵礦起，西至北黎，然後沿海岸南下，經感恩、崖

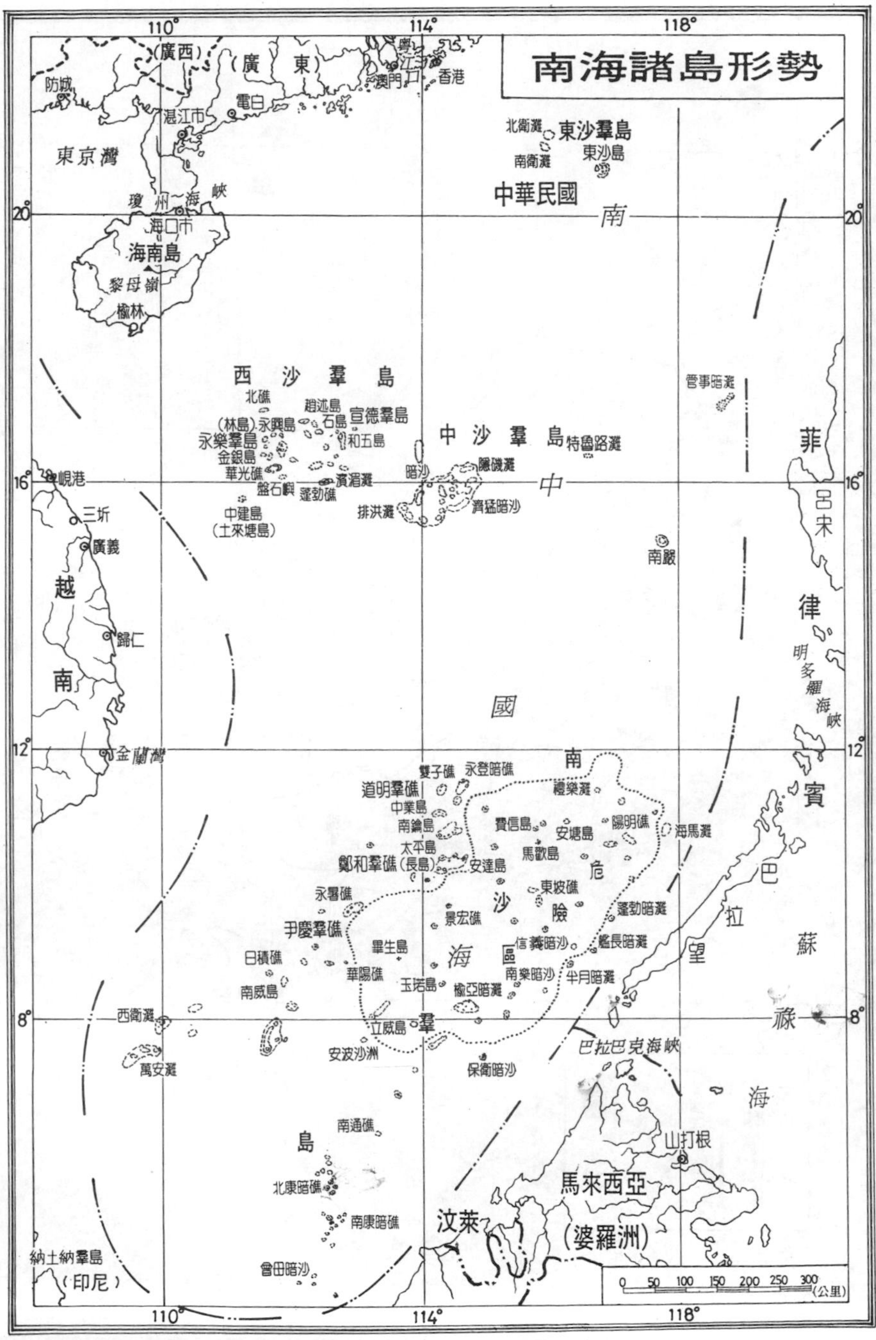

第二十八圖　海南島與南海諸島

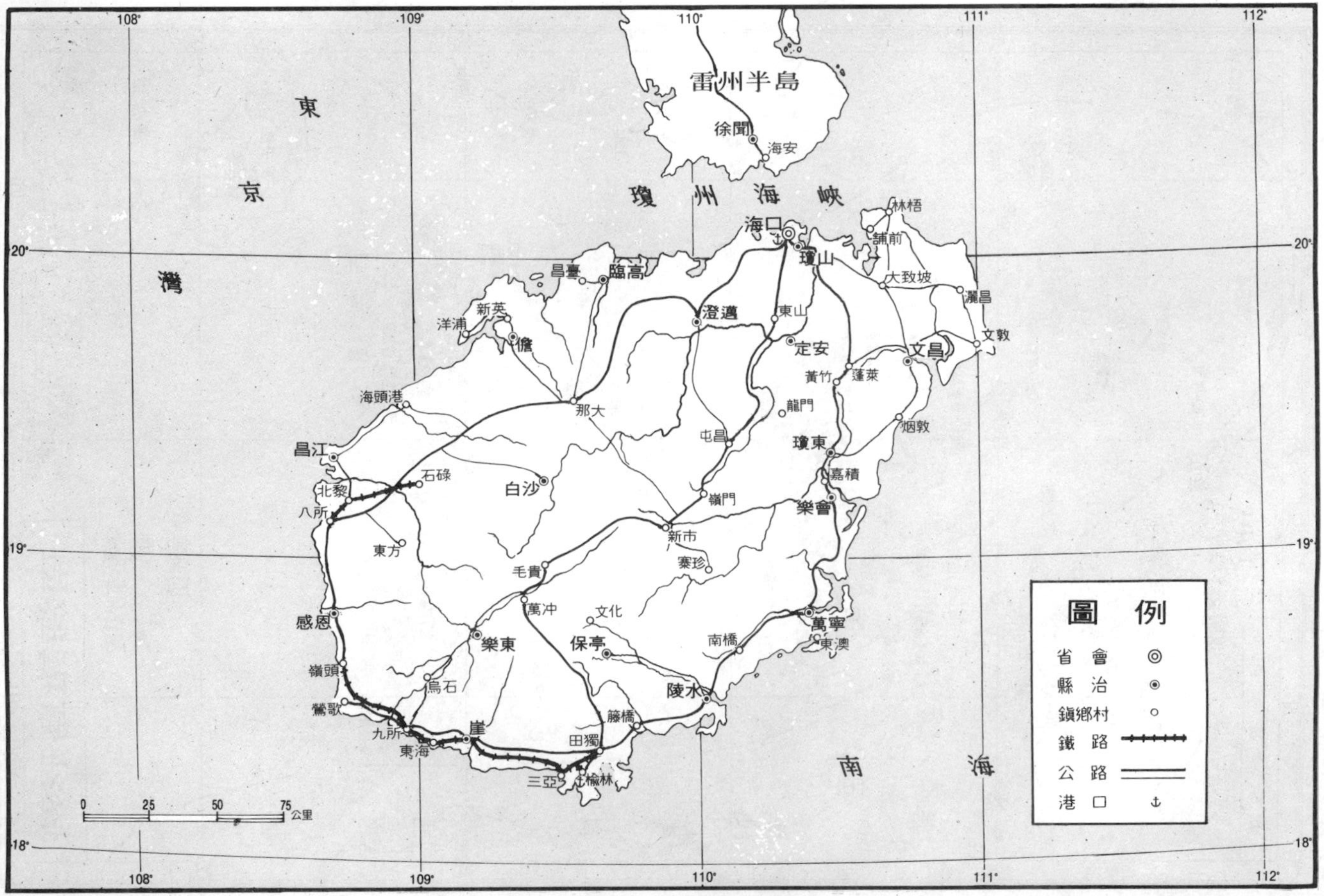

第二十九圖　海南島交通圖

縣，而東至榆林港爲止，是運輸鐵礦的主要交通線，公路則有環島公路。海上交通，則以海口、榆林爲中心，以至香港、廣州二航線爲主，至雷州半島帆船爲最多。

㈠海口市　北濱瓊州海峽，爲南渡江流域貨物的吞吐口，地居東京灣與南海之間，當航路要衝，北與雷州半島的海安，相距不過三十公里，爲海南島至大陸的捷徑，原爲瓊山縣一個小市鎭，今其繁榮已超過縣治，而爲海南行政中心和商港。海口的古蹟名勝有二蘇祠❺及海瑞墓等。

㈡清瀾與文昌　清瀾港是文昌縣境一個天然良港，灣濶水深，將來可以取代海口的地位，其西北十公里文昌，是海南島人口最密的一縣，海南出國僑民，也以文昌爲最多。

㈢榆林港及三亞　榆林港是我國在海南島最南的軍港，港寬水深，可容大型船艦進出停泊，並可避風，因臨山面海，腹地太小，不易發展爲商港，而是一天然軍港。三亞港在榆林港西，是海南島南部的避暑勝地，又是海運及空運的中心，也是一重要漁港兼製鹽中心。

南海諸島

分布在北緯四度至二十一度，東經一〇九度至一一八度間，是由東沙、西沙、中沙、南沙四羣島及中沙羣島東南的黃岩島所組成，計經我國政府命名公佈者計有一百五十多個島礁，大部都是無人島嶼，分散在廣大的南海中，羣島多爲珊瑚礁構成，其中大部分爲危險地帶，南沙羣島南端的曾母暗沙，是我國疆土最南地域，位北緯四度。南海諸島，其行政上與海南島，均屬於海南特別行政區。

（一）東沙羣島　位置最北，在汕頭南方一百四十海里，當香港與馬尼拉及南洋羣島航路衝途，其主要島嶼有東沙島、北衞灘、南衞灘，均富鳥糞層，設有燈塔及氣象測候站，地位重要。

(二) 西沙羣島　在海南島東南方，約一百五十海里，北宋時代即已稱作「千里長沙」、「萬里石塘」，該羣島又分宣德、道乾、永樂三個島羣，扼來往南洋要途。宣德羣島中的永興島，面積近二平方公里，爲南海諸島中面積最大的島嶼，並以盛產鳥糞聞名於世。

(三) 中沙羣島　在西沙羣島東南，據南海中心，爲一羣隱伏水面下珊瑚礁所組成，其頂部亦有高距海面約數尺者。

(四) 南沙羣島　舊名團沙羣島，在四島羣中，所佔面積最大，位置最南，島數最多，其中以太平島最大❻，上設燈塔及氣象站。

南海諸島，面積雖小，但其重要性有五：

1. 南海是熱帶氣旋（颱風）發源地，設置氣象站，可以測知颱風動向，對於航海及飛航均有極大幫助。2. 爲歐、亞、澳航運孔道，也是我國往來東南亞各國之紐帶及南方海空防守上的軍事要地。3. 各島均有鳥糞層，而以西沙羣島爲最多，可作改良紅壤最好的天然肥料。4. 南海諸島爲珊瑚礁構成，又位在熱帶地區，極適合魚類生長，故水產豐富，是我國理想的漁業基地，尤其是鮪魚的主要廻游地區。5. 南海諸島海底蘊藏豐富的石油❼及錳、銅、鎳、鈷、鈦、錫、鑽石等礦藏，實爲我國南方海洋的一大資源。此外，東沙島盛產的海人草，可製驅蛔蟲劑，西沙羣島的麒麟菜，則可提取瓊脂。而一般的海菜、海龜、玳瑁、大龍蝦、梅花參等則皆爲南海諸島的珍貴名產。晚近南海周邊諸國如越南、菲律賓、馬來西亞、印尼等國，均因垂涎於我南海諸島的資源，乘我國家動亂無暇南顧之際，先後出兵占有此中少數鄰近之島礁，實爲我國家人民所不可忽視者❽。

❶橡膠：一稱樹膠，爲熱帶植物，性喜高溫多雨，民國前二年，樂會人何麟書由南洋移來數千株，植於定安縣的落河溝。民國四年，試行出膠，品質甚優。故萬寧、樂會、安定、儋縣亦推廣種植，爲數甚多，原料運銷香港，是製造汽車車胎、水陸電線、及飛機等近代工業的重要原料。

❷咖啡：也是熱帶性植物，海南島的沿海山坡，均有生產，抗戰前由僑興、瓊安等公司經營。

❸海南島五指山的紅茶享譽歐洲，年銷五千七百噸。

❹海南島本土及鶯歌海盆地、北部灣盆地、瓊中盆地所蘊藏之石油，經專家之論證爲一百五十四億噸，可採量爲九至十二億噸；天然氣方面，美國阿克公司在鶯歌海盆地所開第一口井即日噴天然氣三〇萬立方公尺，第二口井則更達日噴一八三萬立方公尺，估計此氣田蘊氣量達一、〇四〇億立方公尺。

❺二蘇祠爲紀念古代流放至海南島的唐宰相蘇孝德及宋詩人蘇東坡之建築。

❻事實上一九七一年爲菲律賓所侵佔的中業島亦堪稱此中之大島。

❼據西方石油問題專家估計，中國東南海域石油蘊藏量超過英國北海油田，最低爲三百億桶，最高爲一千五百億桶。

❽中共近年已將海南設省，列爲經濟開發區，並將南海諸島劃入其管轄範圍內。

作業

一、試繪一海南島及南海諸島的地圖。
二、說明海南島的地形。
三、海南島的乾季和濕季，各在何時？
四、海南島有那些重要資源？
五、海口與榆林，位於何處，有何優點及缺點？
六、南海諸島有何重要性？

第五章　東南丘陵

東南丘陵北以北緯三十度的附近四明山、會稽山，與江浙平原爲界，西以仙霞嶺、武夷山，與鄱陽盆地爲鄰，南以大望山、蓮花山與嶺南丘陵相接，東南瀕臨東海、臺灣海峽及南海，在行政區域上，是包有錢塘江以東的浙東、福建全省，和廣東的韓江流域，因位於我國的東南，大部是丘陵地帶，故名東南丘陵。

東南丘陵的地理位置

東南丘陵是位於我國東南弧形海岸的凸出地區上，當歐亞航線衝途，又面臨世界航線的良好地理位置。陸上鄰接江浙平原、皖浙丘陵、鄱陽盆地、嶺南丘陵，區內丘陵起伏，交通欠便，但此種面海背山的形勢，在國防上，則可據險易守，抗戰期中，本區大部未被敵騎所乘，即由於此種環境而成。

東南丘陵的地形

本區地形可分下列二點來說明：

（一）**震旦向的丘陵**　東南丘陵諸山地，均成東北、西南走向，自北而南，計有四明、會稽、天台、括蒼、仙霞、洞宮、天堂、戴雲、武夷、蓮花、大望等山，會稽、四明等山脈向東，陷落海中，構成舟山羣島。仙霞、武夷等山❶，因西側爲鄱陽盆地，其間有很多隘口，是浙贛和閩贛間重要孔道，今多爲鐵路或公路所必經的要道。東側因丘陵重疊、河川侵蝕與切割，其高度由西而東，成階級狀下降，沿海則港灣島嶼很多。

（二）河川均獨流入海　東南丘陵各河川，均源於西部山地，丘陵與丘陵間，河川各成系統，彼此不相連繫，流向常與丘陵走向呈交切狀，上游橫谷所在，水勢湍急，落差很大，險灘特多（如閩江上游富屯溪，南平至邵武段，有「一灘高一丈，邵武在天上」之諺），民船、木筏，雖可深入，但載量少，速度緩，故交通欠便，陸道險阻，交通更難，因此本區方言，是我國最多之處，就是由於此種地形的關係。河川著名者有浦陽江、曹娥江、甬江則注入杭州灣。靈江、甌江、飛雲江、閩江、晉江、九龍江，注入東海及臺灣海峽，而韓江則注入南海。河川出口處，常爲河谷平原和海岸平原相會處，大城如鄞縣、永嘉、福州、厦門、汕頭等城市，就分布在此地帶上，成爲點狀分布，內陸地帶，僅沿河谷有狹長如帶的平原，是人口密集所在，也是農業生產地，較大城市，如麗水、南平、長汀、梅縣等，則爲河畔城市。

東南丘陵的氣候

全區屬副熱帶季風氣候，全域可分爲華南與華中二型，由福州向西南斜向，以年平均攝氏二十度的等溫線爲劃分，以南屬華南型，水稻年可二穫，雨季可達七個月。以北爲華中型，雨季可至八或九個月，本區雨量以西部山地爲最多，近海處最少，年平均在一千至一千五百公厘，夏秋颱風期內，雨量最豐，沿海常有災害。本區從永嘉以南，幾乎全年均爲生長季節，永嘉舊名溫州，即以溫暖季節長而得名，故霜雪少見。

東南丘陵的資源

（一）**農業**　本區以攝氏二十度等溫線爲分界，以南稻米年可二穫，以北稻作祇可一穫，在一穫區內，山坡地則遍植甘藷玉米，丘陵地上，則以茶爲主，茶是本區最著名經濟作物，有名的如平水綠茶、溫州紅茶，而閩省武夷茶最知名，曾稱霸世界市場。在二穫區內，除山坡地種植甘藷外，甘蔗分布地也廣，以閩江流域以南與韓江流域一帶爲最多。汀江流域產烟草很著名，至於果實方面，南北亦有差異，北部以耐寒性的柑橘著名，如黃岩蜜橘，溫州黃柑，福州橘紅等是，南部如厦門文旦、潮汕蜜橘、興化龍眼、蕉嶺香蕉，其他如佛手、荔枝、檸檬、橄欖、菠蘿，也是有名的果實，均有不少的生產。

（二）**森林**　本區因山嶺重疊，且又溫暖多雨，故林野面積特廣，以杉木爲主，武夷山卽爲杉嶺之一部，閩江上源富屯溪及建溪沿岸附近山地特多，甌江、漳江、汀江等上游地域，亦產杉木很多，溫州、福州、厦門、汕頭爲杉材集散港，除杉材外，尙有樟木甚多，用以製箱及器具，非常有名，漆樹產於閩江流域，此外淺丘地區，盛產各種竹類，促成造紙業的發達，上杭、連城、尤溪是閩省三大造紙中心，爲我國舊時最重要的印書用紙。副產品筍乾，是著名外銷品。

（三）**礦產**　本區地下資源，以鐵礦爲重要，分布閩南戴雲山麓兩側，如安溪、永春、德化、大田，博平嶺兩側，有華安、上杭等處，其中以安溪的潘田鐵礦最多，華安次之，含鐵量在百分之五十以上，儲量總計在一億公噸左右，在我國南部，居有重要地位。其次是鋁礦，自浙江平陽以南，福鼎、漳浦、金門、平和等縣，均有鋁礬土，可資煉鋁，平陽的礬山及湖笞，儲量卽達三億三千萬噸，可製明礬一千七百萬噸，是我國最大礬礦。此外三明市的鎢、重晶、藍寶石蘊藏量亦居全大陸的重要地位❷。其他如錫、鋅、煤等礦，均有分布，惟儲量不豐。

(四) **水力**　本區雨量豐多，雨季又長，谷深坡陡流急，故水力極富，如能開發建設電廠，可得二百萬瓩的電力。

(五) **漁業**　東南沿海，水產特豐，自舟山羣島至潮汕一帶，均盛產底棲魚類，而舟山羣島是我國最大漁場。其他如石浦、海門、松門、玉環、東沖、平海、厦門、南澳、達豪，都是重要漁港，漁獲物以黃魚、墨魚、帶魚爲主，沿海居民，以海爲田，從事航業者特多，奠定海外移民基礎。

東南丘陵的交通與都市

本區交通，沿海部份，不論水陸，素稱便利，而內陸則山嶺連綿，河流急湍，頗爲艱難，除通航河川外，都有翻山越嶺的困擾。鐵路祇有西北隅浙贛鐵路上，有通厦門的鷹厦鐵路及其支線南平至福州的一段，是沿著閩江河谷而建設的，爲連絡鄱陽盆地和東南丘陵的主要交通線。

本區都市的分布，多數是在河口，或河流的中上游會合地，如靈江流域的臨海，甌江流域的麗水及永嘉，閩江流域的南平及福州，晉江流域的晉江，九龍江流域的龍溪（漳州），韓江流域的潮安和汕頭。厦門雖是海港，卻是在九龍江口外，故都市的分布，與河流關係，頗爲密切。上述各都市，當以下列三都市最爲重要：

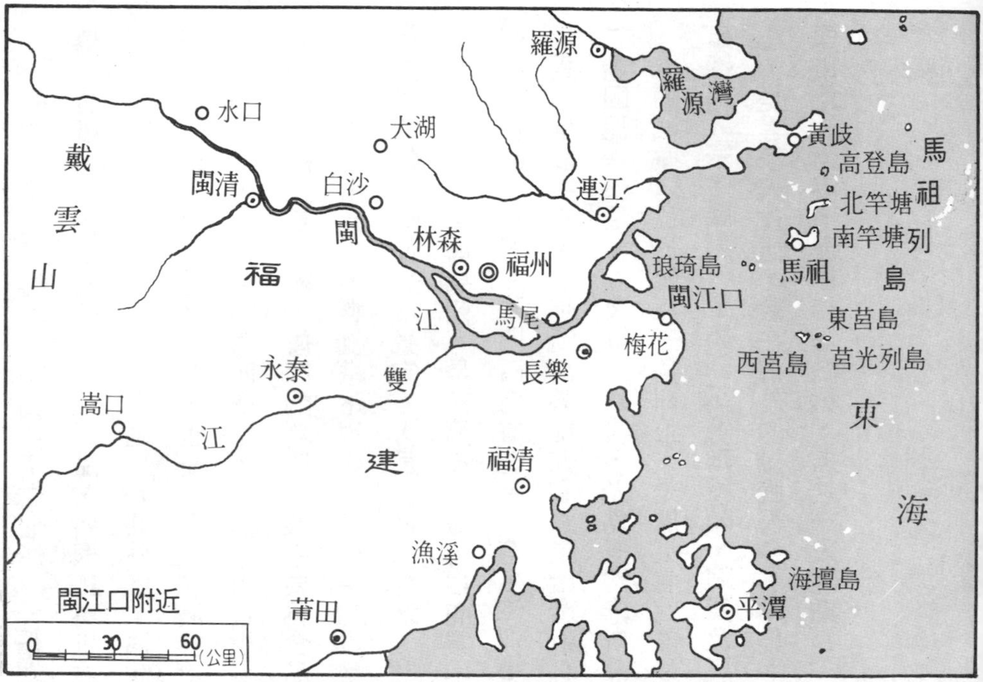

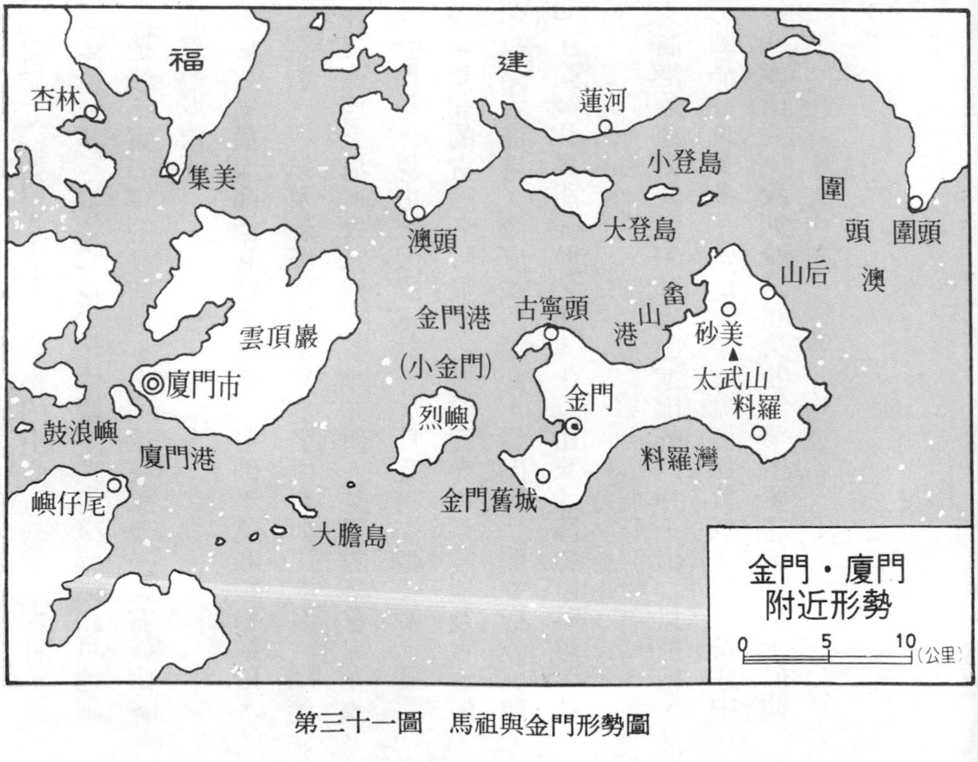

第三十一圖　馬祖與金門形勢圖

㈠福州　別名榕城，在閩江下游北岸，是福建省政治、經濟、工業、文化的中心，茶葉、木材、漆器、竹紙、福橘是對外重要輸出品，新興工業則有造紙、化學、紡織、機械工業等。有來福鐵路可達閩西、公路西北通南平，下游馬尾，是其外港，爲我國造船業與海軍的發軔地。市內溫泉眾多，並有鼓山、西湖、三山、雙塔等名勝❸，也是一個正在發展中的旅遊城市。

㈡厦門市　在厦門島西南岸，九龍江出口處，是福建省最大商港和經濟特區，可供十萬噸輪船進出，年吞吐量約三百萬噸，厦門的新興工業主要爲食品、製酒、機械及紡織，湖里爲有名之新興工業區。閩僑出入國境均由此港，鷹厦鐵路的終點，經由此鐵路並可直達上海，故與內陸交通亦便。厦門的南普陀寺❹與對岸的鼓浪嶼都是風景宜人，爲旅遊的勝地。其東金門島，現由強大國軍駐守，爲東南海疆要區。厦門東北有晉江，舊稱泉州，是我國東南海上古商業中心。泉州的古蹟名勝很多，有開元寺、洛陽橋及古老的回教寺院清淨寺等。厦門西南有龍溪，舊名漳洲❺，也是古商港，鷹厦鐵路通此，爲閩南水陸交通及九龍江貨物集散中心，也是閩南製糖業和水果出產中心❻，臺灣住民祖先及閩僑，大部由泉、漳二邑外移，此二港因泥沙淤積，以及港口水淺，乃爲厦門港所奪。

㈢汕頭　位於韓江三角洲上，是廣東省東部最大商港兼經濟特區，和僑胞進出的門戶，出口以蔗糖、柑橘爲大宗，雕刻、金屬細工、抽紗品、陶瓷及篾竹製品等也很多。韓江上游支流梅江流域，以梅縣爲中心，是客家人住居，散在海外的僑胞很多，均集中於汕頭出入，故汕頭工商業的繁榮，要超過厦門，但汕頭市爲一河港，泥沙容易淤積，這是一大缺點。

人口移出最多的僑鄉

本區因丘陵起伏，平原狹小，農田有限，人口過多，所產食糧不足自給，故不得不向外移，因內陸發展較爲困難，而海上航行便利，居民從事漁航，自古卽有此種經驗，閩南、粵東，是我國最主要的僑鄉，東南亞各國是主要外移地域。

❶ 武夷山爲我國東南著名風景區，碧水丹山三十六峯，素有「奇秀甲東南」之稱，自唐以來卽成爲遊覽勝迹，山上至今還存有不少古建築物，遊山者尚可泛舟九曲溪、參觀武夷道觀、紫陽書院等。

❷ 三明市位武夷山與戴雲山之間，在福州東北，有鷹厦鐵路相通，是福建新興城市，木材及礦產均極豐富，已發現礦產有六十六種，人口二百十九萬，但市區僅二十一萬人。

❸ ①鼓山位福州東南郊，臨江近海，以山頂有形似鼓面的巨岩而得名，海拔一、四〇四公尺，山上有我國東南第一之千年古剎湧泉寺，主殿天王殿前有宋代的陶塔，上雕佛像一、〇三八尊，天王殿後有大雄殿，建築輝煌。寺中的藏經閣以存有珍貴的大藏經及明、清的經書版本二萬多册，聞名於世，日本的遣唐使空海卽在此登陸。②福州北方的屏山與市中心的烏山及于山並稱福州三山，屏山上有古寺及唐時所建八角七層的白塔，宋代以降摩崖刻石共有百餘處可見，烏山又稱道山，山上有二百餘處摩崖題刻，李陽冰所寫的「般若臺」尤爲有名。在東部也有八角七層的寶塔，稱爲烏塔，與白塔合稱雙塔。

❹ 南普陀寺始建於唐代，寺中的藏經殿收藏有十數萬卷珍貴的經書和佛像。

❺ 公元六八八年唐將陳元光於此置州設縣，對開發漳洲有功，世稱「開漳聖王」。

❻ 漳洲一年四季均有水果出產，如枇杷、楊梅、桃、李、芒果、荔枝、香蕉、橄欖、金棗、柿、柚等，此外水仙花、片子癀和八寶印泥更是漳洲的三大特產。

作業

一、試繪一東南丘陵地域分布圖。
二、東南丘陵地形上，有那二種特色？試說明之。
三、東南丘陵的氣候和農業，有何關係及影響？
四、東南丘陵稱我國的僑鄉，原因何在？
五、說明福州、厦門、汕頭各地的重要性及其特色。

第六章　嶺南丘陵㈠——自然環境

嶺南丘陵

因在五嶺（大庾、騎田、萌渚、都龐、越城）以南。東以大望山、蓮花山，和東南丘陵爲界，西以紅水河、西陽江，與雲貴高原相接，包括廣東、廣西二省的大部，全域除珠江及其三角洲外，均是丘陵地，故稱嶺南丘陵。

嶺南丘陵的地理位置

本區北始北緯二十六度以北，南迄北緯二十度附近，北回歸線橫貫中央，緯度上的位置，與臺灣相似。在經度方面：是由東經一〇七度起，至東經一一六度附近爲止，其地理位置上特色有二：

（一）南部地方的門戶位置　北沿北江越梅嶺（大庾嶺），可通鄱陽盆地，越褶嶺（騎田嶺）入兩湖盆地，而北沿桂江沿越城嶺，也可通達兩湖盆地，現有粵漢及湘桂兩鐵路以爲連繫，西以西江可與滇、黔相通，故全境水陸交通，彙於珠江三角洲，使廣州成爲本區的門戶。至於本區中的湛江市和欽州，雖有鐵路可通廣西，也可對外交通，祇能說是本區中一部。

（二）東亞航運上要區　本區面臨南海，不僅是歐亞航線的要區，就是亞美、亞澳、以及東南亞航運上，都是起點或是終點的要區，而香港與廣州，實爲其樞紐，也是我國人民向海外進出的先趨之地。

嶺南丘陵的氣候

本區在北回歸線以南，屬熱帶季風氣候區，故粵桂兩省西江流域以南地帶，一年內乾濕季節，極爲分明，而且愈西，此種特性，尤爲顯著。西江流域以北，卽屬副熱帶季風氣候的華南型，愈北雨季愈長，五嶺附近，雨季從二月起，可延至九、十月間。故本區夏季特長而降雨多，冬季溫和而乾燥，月平均溫在攝氏二十度以上，霜雪終年少見。沿海地帶，在夏秋期間，有颱風來襲，常會造成嚴重災害。

嶺南丘陵的地形

自地形言，可分爲三區來說明：

(一) 廣東丘陵和珠江三角洲

甲、廣東丘陵　是指湘、桂、黔交界以東的五嶺和九連山，及其南側的丘陵，五嶺及九連山，高度約在一千公尺左右，南行則逐漸減低，直至珠江三角洲，丘陵高度不大，約在四百公尺，坡度緩降，河谷寬廣，丘陵間有局部盆地，及河谷平原，具有準平原地形，東、北、西三江，各成獨立水系，落差不大，因之各河流均有航運之利。

乙、珠江三角洲　是東、北、西三江沖積而成的平原，面積一萬八千方公里，是我國南部地方最大的平原，且在北回歸線以南，植物四季生長，又珠江入海分流特別發達，成蛛網狀，水利良佳，土質肥沃，故爲我國南部地方最重要的農業生產地帶。

（二）**廣西盆地**　本區西北緊接雲貴高原，高度較大，高峯有時可達二千公尺以上，如黔、桂界上南側的元寶山，高度達二千零五十公尺（柳江北側融縣附近）。西南有十萬大山，東南爲雲開大山，在地勢上成一盆地形狀，因黔、柳、鬱、桂等江本支流的縱橫侵蝕，到處形成丘陵地形，中北部山脈多爲石灰岩，其露出地表，因受雨水溶蝕，常造成地下伏流，天然洞穴，以及無數的奇峯怪石，通稱石林，益以洞幽水明，山雖不高，但景色秀奇，使人留連忘返，欣賞不盡，桂林、陽朔一帶，尤多此種奇特地形，成爲全國最著名的風景區。

（三）**兩廣南側斜坡**　嶺南丘陵的水系，幾乎大部都是屬於粵江水系，但在兩廣丘陵南側斜坡，則有漠陽江、鑒江、九州江、廉江、欽江、漁洪江等小河川，均不屬於粵江水系，故本區是以雲霧山、雲開大山、勾漏山、十萬大山等南側斜坡，直至海岸地區，包括雷州半島。全域面臨南海及東京灣，沿海港灣甚多，著名的有欽州灣、英羅灣、廣州灣。

粵江流域的水系

珠江，上源有東、北、西三江，是我國四大川之一，華南第一條大河，茲分述之：

（一）**東江**　上源有二，一爲定南水、一爲尋鄔江，均源於贛南九連山中，至河源，北有新豐水來會，夏季可通小輪。下經惠陽、博羅、石龍，然後分成數流，形成一三角洲，而注入珠江。

（二）**北江**　上源亦有二，均源於五嶺，一名湞水，一名武水，至曲江合流，南行至英德後，有翁江、連州江來會，一出清遠峽，河流就入廣濶的平原。清遠至曲江間，灘峽極多，中以英德的湞陽峽、清

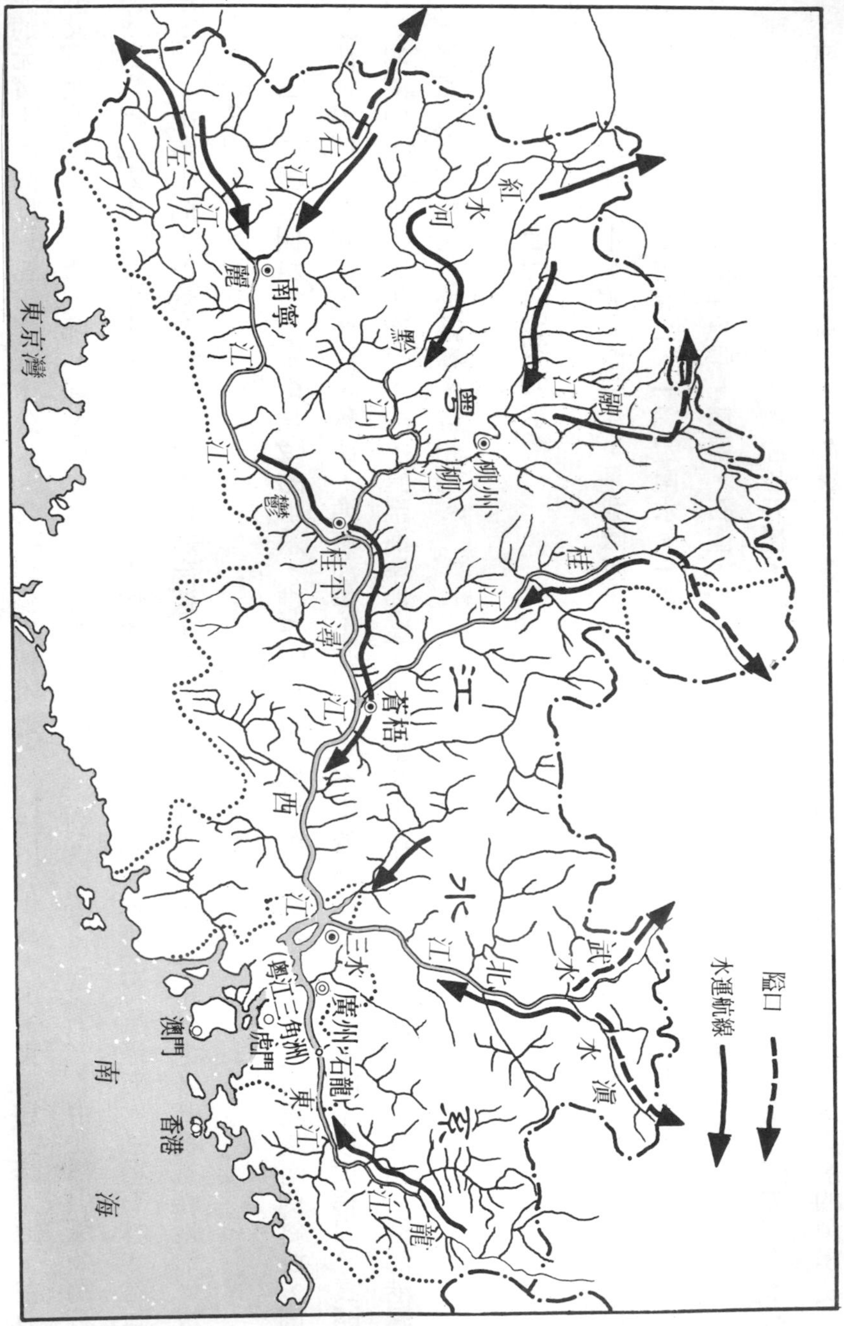

第三十三圖　嶺南丘陵粵江水系圖

遠的飛來峽，最爲著名，粵漢鐵路卽沿此段而行，並循武水、褶嶺而入湘境，這是嶺南與長江流域間重要通道線，由曲江沿湞水，越大庾嶺，卽入贛境，這是歷史上著名的使節道路線。

（三）西江　這是粵江流域源遠流長的一條主要河川，支流很多，玆將其重要者列述如下：

(1)西江本流　源於雲貴高原東部，稱南、北二盤江，在黔、桂界上會合，折而東流，改名紅水河，至石龍附近，柳江自北來會，至桂平，鬱江自西來會，東至梧州，桂江由北來合流，以下乃稱西江，東至三水，與北江會，虎門附近，東江來會，三水、廣州、虎門以南，卽爲珠江三角洲。

(2)鬱江　上源有二，北名右江，南稱左江，二源支流極多，在南寧西端石埠，二源會合後，而名鬱江，曲折東北流，至桂平，注入西江本流，而稱潯江。

(3)柳江　源於黔南獨山境內，東流稱都江，至黔、桂邊境，乃折而南流，至柳城，會西北來的龍江。南至石龍附近，注於西江本流。

(4)桂江　上源稱灕江或灕水，與湘江上源，均源於廣西省境東北興安縣海陽山，秦始皇欲略取百粵，乃命史祿用人工開築湘水，使通灕水，稱爲靈渠❶，長約三十公里，成爲長江流域和粵江流域重要交通孔道，現富灌溉之利，湘桂黔鐵路卽沿此河谷而過。灕江自桂林至陽朔一段，長約八十二公里，沿途山水秀麗，風景如畫，爲旅遊勝地。

❶　靈渠位廣西興安縣內，故又稱興安運河，爲秦始皇二十八年—三十三年史祿所開，此渠爲中國最早之運河，與萬里長城、都江堰合稱秦代三大著名工程，靈渠將湘江上游的海洋河與灕江上游的六峒河連通，使長江水系與珠江水系相連，在古代對開發嶺南之功甚大。

作業

一、試繪一嶺南丘陵地圖。
二、嶺南丘陵地理位置上有何重要性？
三、嶺南丘陵地形上可分那三區來說明？
四、說明粵江流域的水系。
五、廣西盆地成爲全國著名的風景區，原因何在？

嶺南丘陵㈡——人文景觀

嶺南丘陵的資源

本區的農業，就環境言，與東南丘陵的南部和臺灣頗多相同，如緯度、氣候、丘陵等均相似，但本區則有較大的平原，故其生產力也就較大了。

（一）**農產**　珠江三角洲及東、北、西三江的河谷平原，以及南部的沿海平原，是稻米的主要產區，年可二穫，尤以三角洲生產最爲豐饒，但此區人口衆多，尚需進口以爲補充。丘陵地區，則以種植甘藷、玉黍、茶葉爲主，落花生也是一項重要生產。種桑養蠶，是珠江三角洲特產，每年飼蠶可達七八次，南海、順德、新會是其主產地，廣州是絲的出口市場，廣西則產於桂林、柳州、桂平等地，多爲柞蠶，產量不多。經濟作物最重要的是甘蔗，以珠江三角洲爲中心，東江流域的惠陽，廣西南寧附近的左、右兩江流域，均普遍種植，故廣州、順德、惠陽、南寧製糖業頗爲發達，而廣東之蔗糖產量尤具大陸之第一位。果品種類極多，其著名者，如增城的掛綠荔子、新會的甜橙、沙田的柚子、玉林的桂圓，而香蕉、鳳梨等則極多。

（二）**林產**　嶺南丘陵多山，全年高溫多雨，故林木生長迅速，惟粵境人口多，林木消費量大，故大部砍伐一空，只有羅浮山尚有森林。廣西境內森林尚相當完整，以杉木爲主，桂南盛產紫檀、黑檀等名貴林產，龍州附近盛產肉桂、桂皮、豆蔻、八角、茴香等名貴藥材。廣西境內產桐油頗多，產於昭平、陽朔、桂林一帶的叫撫河油，產於容縣、南寧、柳州一帶的叫大河油，均集中於蒼梧出口。粵境北江流域，竹林密布，桂境尤多，因此廣州成爲我國整根竹及竹篾的重要輸出地，嶺南山地復多籐，故籐竹製品爲特產品。

（三）礦產 本區富有各種金屬礦產，其已知者有下列：

(1)鐵 以粵境的紫金、雲浮、英德等地爲主，而紫金的寶山嶂最爲著名。桂境以中渡最著名，他如黔江的武宣、桂平，以及賀縣均產鐵，惜多未開採，至爲可惜。

(2)金屬礦產 以鎢、錳、錫、鈾最著。鎢礦分布範圍甚廣，北爲五嶺南側各縣，如樂昌、始興、翁源、英德等地，南則沿海地區，有電白、陽江、恩平、寶安、惠陽等處，成帶狀分布。錳礦產區有二，一爲廣東境內的欽縣、防城、合浦等地。二爲廣西柳江本支流的馬平、武宣、桂平、來賓等處。本區是全國最重要的產錳地帶，錳儲量則爲全國第一。錫以桂東的賀縣、鍾山、富川爲主產地，此地區並爲鈾礦所在地，這是一項很重要的礦產。他如銻、鉍、鉬等礦，常與錫、鎢、鉍、鉬帶上，爲共生礦物，本區也有生產，惟數量不多。

(3)煤礦 產於粵北曲江、乳源一帶，近粵漢鐵路，是一項重要礦產，桂境則以富、賀、鍾區內的西灣煤礦爲重要。

(4)石油 茂名、電白有油頁岩，已有石油開採。此外珠江口外近年亦曾由美商石油公司探得石油油源，正計畫開採中。

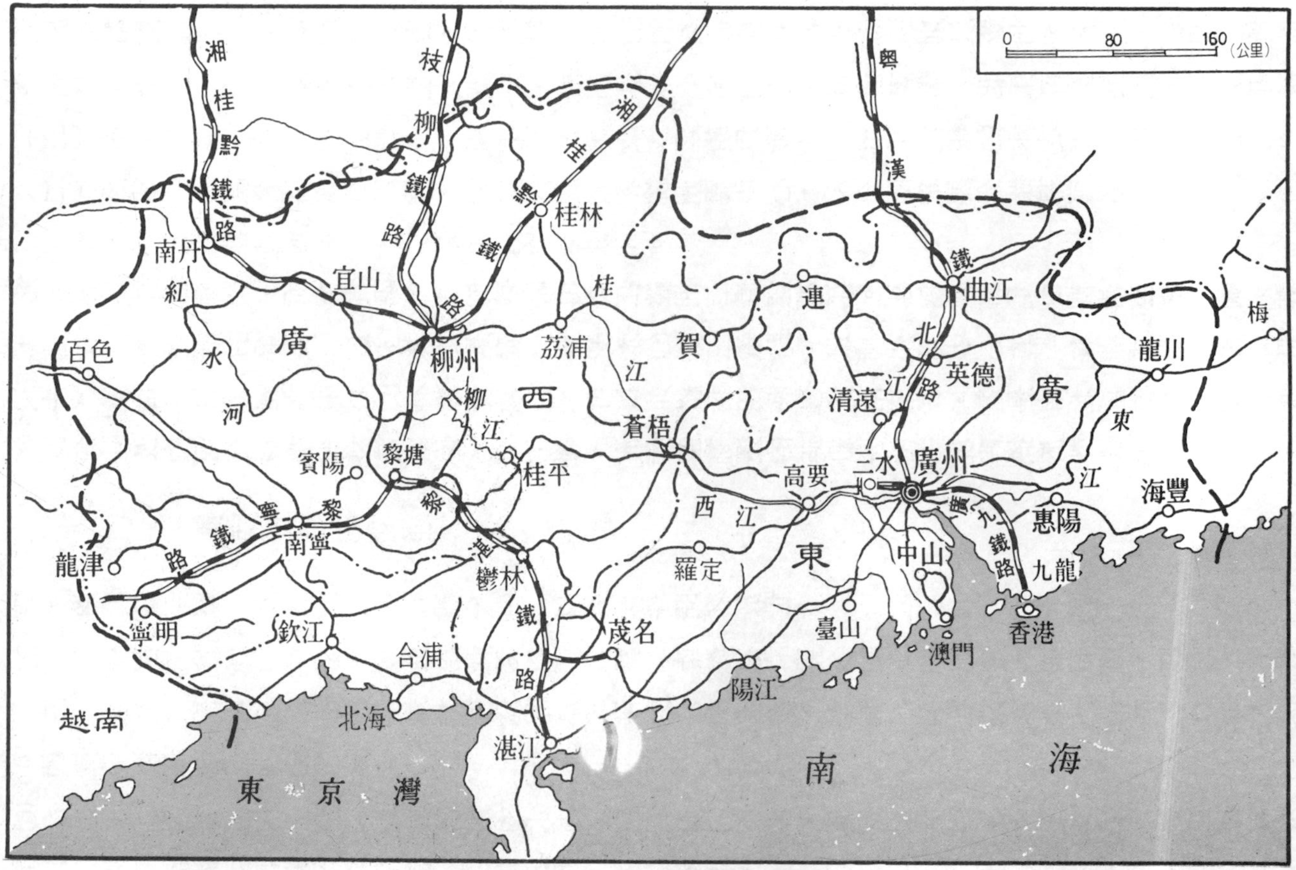

第三十四圖　嶺南丘陵鐵路公路圖

(5)鹽　廣東沿海產日曬鹽及煎鹽，多供食用，並銷廣西。

(6)水力　區內各河川上游，均有豐富的水力，已利用的不多，僅廣東境內的東江支流新豐江建有水庫和北江的支流滃江建有水力電廠。

(四)**水產**　嶺南丘陵沿海海岸地帶為岩岸，港灣島嶼甚多，是良好的漁業基地，沿海二百公尺深度以內的大陸棚都是良好的漁場，故漁場範圍極廣，整個南海都有豐多的魚類廻游，如石斑、紅魚、大蝦、魷魚等，漁獲量至豐。此外北海、合浦一帶，以產珍珠聞名於世。

嶺南丘陵的交通

本區海陸及內河交通都很發達，惟一可惜者，海陸空聯運的樞紐香港，現尚操於外人手中。

(一)**鐵路**　以廣州為中心的有粵漢鐵路，可以連絡長江和粵江兩流域，這是南北重要交通線。廣九鐵路，是廣州至香港的重要通道。其次是廣州至三水的廣三鐵路。以柳州為中心的，有湘桂黔鐵路，是由衡陽起，經桂林、柳州，而至貴陽，枝柳鐵路由枝江經湘西直達柳江。桂越鐵路是由柳州至鎭南關，其間並有二支線，一是由黎塘通湛江，二是由南寧至欽州。

(二)**公路**　本區公路亦很發達，大致以廣州和柳州為中心，和全國重要公路都可通車。

(三)**內河水運**　本區雨量豐多，雨季又長，故水運頗為發達，粵江流域的本支流，構成全區的水運網，廣州是其中心，大江輪終年可往來廣州、梧州外，小輪則東江可通惠陽，北江可至英德，西江可通南寧。至於民船則可深入各支流的上游，構成錯綜如網的交通線。對外海運則以廣州、湛江、欽州三地為中

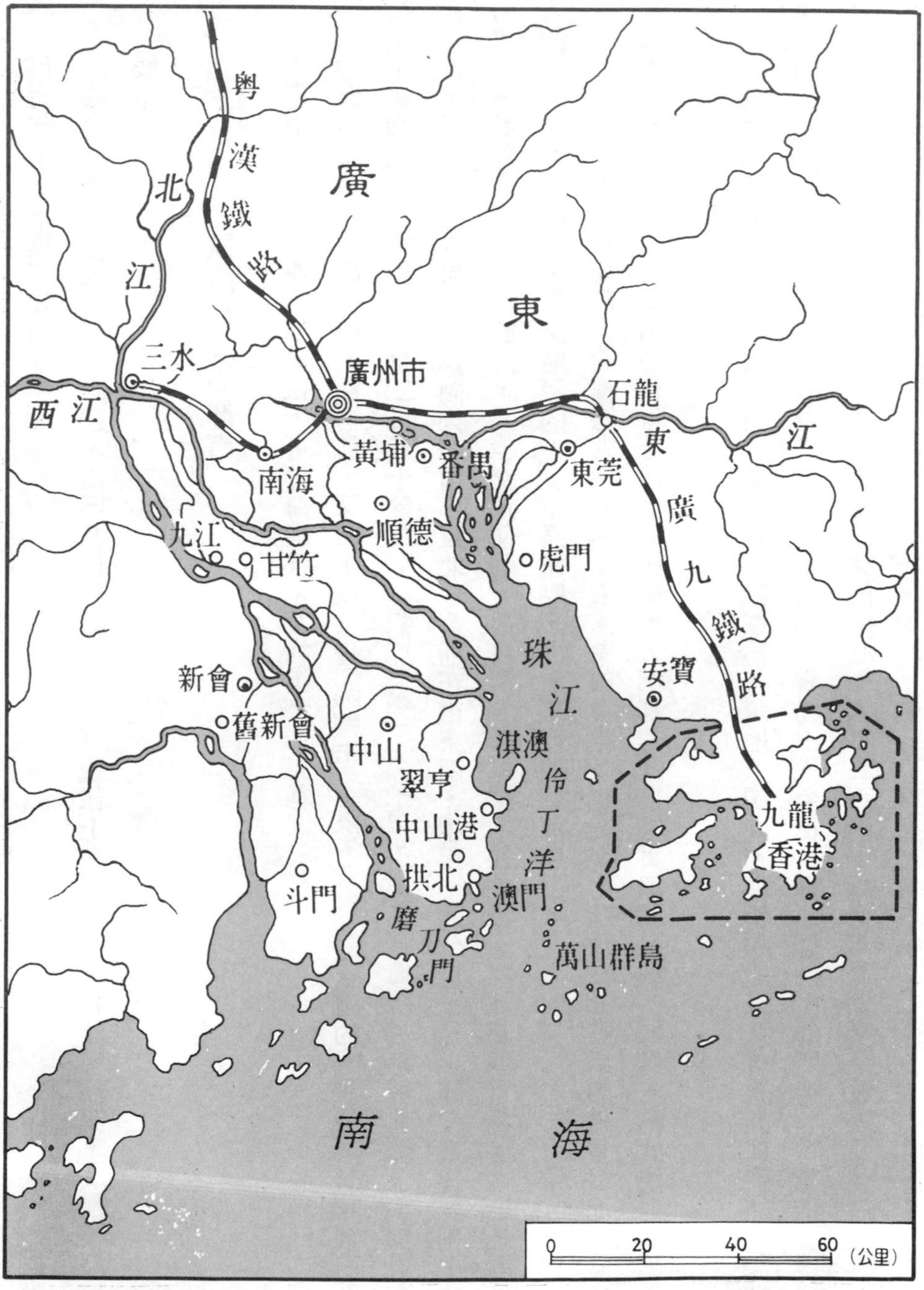

第三十五圖 粵江口形勢圖

心，但香港實為上述三地的外港。

（四）**航空**　本區航空以廣州、南寧及桂林為中心，可通往上海、北平、長沙、昆明、成都、海口等各大城市。

嶺南丘陵的都市

均集中於水陸交通彙集所在，可分海港都市及河港都市二種。

㈠廣州市　位粵江下游，簡稱穗，又名羊城，為院轄市，廣東省會，華南的一等港，是我國南部經濟、工業和文化的中心，人口二百五十餘萬，是嶺南第一大城市，市區在粵江三角洲北側，小部份在南岸，江上築有海珠大橋。黃花岡則在市郊東北。黃埔在市東南，相距十六公里，是　國父實業計劃中的南方大港。廣州市因地理位置好，水陸交通便利，故自漢、唐以來，就是我國對外國際貿易港，也是華僑出入的門戶，附近的深圳為新開發的以工業為重點，而兼農商的經濟特區。

㈡港九　香港與九龍，簡稱港九，是本區最重要的海港，也是嶺南丘陵貨物進出的總集散地。港九雖為鴉片戰後英佔我國之割讓地及租借地，但居民幾大部都是國人，實與我國城市無異。港九所以能繁榮，實由於下列幾點因素：

1.是深水港，大輪可自由進出，整個粵江流域為其腹地，廣九、粵漢等鐵路又伸入長江流域，腹地更為深遠。2.當東南亞海空航線的要道。3.是自由港，貨物出入免稅。4.華僑進出的門戶。5.處鐵幕邊緣，僑資集中，故港九近年來，已成為遠東工商業的中心，人口五百四十萬。6.旅遊事業發達。

㈢湛江　位於雷州半島東岸，舊稱廣州灣，港口島嶼羅列，港埠水深十公尺以上，是我國西南各省的出海港，形勢優良，湘桂鐵路有支線通此，公路則東通電白、陽江，南達海康、徐聞，北經遂溪、廉江而與桂境公路連絡，腹地既廣，故工商事業漸臻繁榮。

㈣欽州　位於東京灣北側欽州灣內，是廣東省西部最大城市，通越南的要道，國防上重鎮，　國父實業計劃中的二等港，有鐵路公路北通南寧，　是桂省西南出海的捷徑，　外港龍門。附近以產蔗、香蕉、魚鹽、錳礦爲著名。

㈤曲江　舊稱韶關，爲北江上游重鎮，粵漢鐵路上大站，由此東北經梅嶺可入江西，西北經褶嶺可到湖南，故在交通地理位置上極爲重要，是聯絡華南和華中必經的要道。

㈥桂林　是廣西省會。位桂林上游，在靈渠西南，當湘桂鐵路與滬桂國道衝途，市瀕桂江西岸，風景秀麗，獨秀峯與七星岩等尤爲著名，　有桂林陽朔山水甲天下之諺　。桂林西北郊的蘆笛岩爲有名的石灰岩洞，洞內鐘乳奇石極多，也是旅遊的勝地。

㈦梧州　位於桂江入西江會流處，西江大小輪船轉運中心，水路聯運樞紐，商業繁榮，是廣西最大商埠。

㈧柳州　又稱柳江，位於廣西全境中央，柳江三面環繞，景色清新，湘桂、桂黔、枝柳三鐵路在此交會，廣西公路又以此爲中心，因水陸交通便利，故柳州工商業頗爲發達，有機械、冶金、木材加工、造紙、紡織、食品加工等。而貴州南部貨物亦多集散於此，尤以木材爲有名，世稱柳（州）木（唐柳宗元曾謫居於此，所記山水林木之勝，頗爲後人所頌稱）。名勝古蹟有柳侯祠、魚峰山、都樂巖等。

㈨南寧　是鬱江上游重要河港，有鐵路北通柳州，西南經鎮南關可達越南，東南通粵省欽州，爲桂省西南部最大城市，也是國防上要城。附近農業發達，稻米、蔗糖固多，而桐油、檀木、茴香及熱帶藥物等特產物尤多，工商繁榮不亞梧州、柳州。主要工業有製糖、機械、冶鍊、化工、絹紡、造紙等。

作業

一、試說明嶺南丘陵的農業。
二、嶺南丘陵的礦產分布如何？
三、嶺南丘陵的交通情形怎樣？
四、廣州、港九、湛江市，各位於何處？有何重要性？

第七章　雲貴高原

雲貴高原的地理位置

雲貴高原北起北緯二十九度，南止於北緯二十一度，全域包有湖北省西南部的恩施高原，貴州全部，廣西省西部，以及元江流域以東的雲南高原。北回歸線橫貫南部，其緯度與東南丘陵相似，全區以鄰接西北的青康藏高原及西部的滇西縱谷爲最高，其他如北面的四川盆地，東面的兩湖盆地，東南的嶺南丘陵，南面與越南、寮國接境的地區，均較本區爲低，因此本區河川成三方面分流。

雲貴高原的地形

本區的岩石，是由石灰岩與紅色砂岩爲主，高原因受長江、粵江、元江三水系的河川侵蝕作用，而形成分割高原。石灰岩有溶蝕作用，故石灰岩洞很多，有些岩洞很深，可達遠處，高原面上的河川，下注入洞，則成潛流，當潛流於他處洞口流出地表，便成龍潭，水量大時，也可成爲溪流，可以利用灌溉田畝，石灰岩有時構成天生橋，也有構成尖銳的錐峯，如雲南南部文山縣（北回歸線附近）石灰岩所成的圓錐形山峯，高達一二百公尺，蒙自縣九華山頂亦有石灰岩所成的尖峯，附近元江兩岸峭壁，其頂上到處都有圓錐形尖峯，何止千百，高低不等，昆明東南的路南縣，在其東北約十公里處石林，因石林若筍，呈叢簇狀。故名石林。貴州修文縣石灰岩峯林，也是如此的發達。這是本區地形上最有趣的景色。

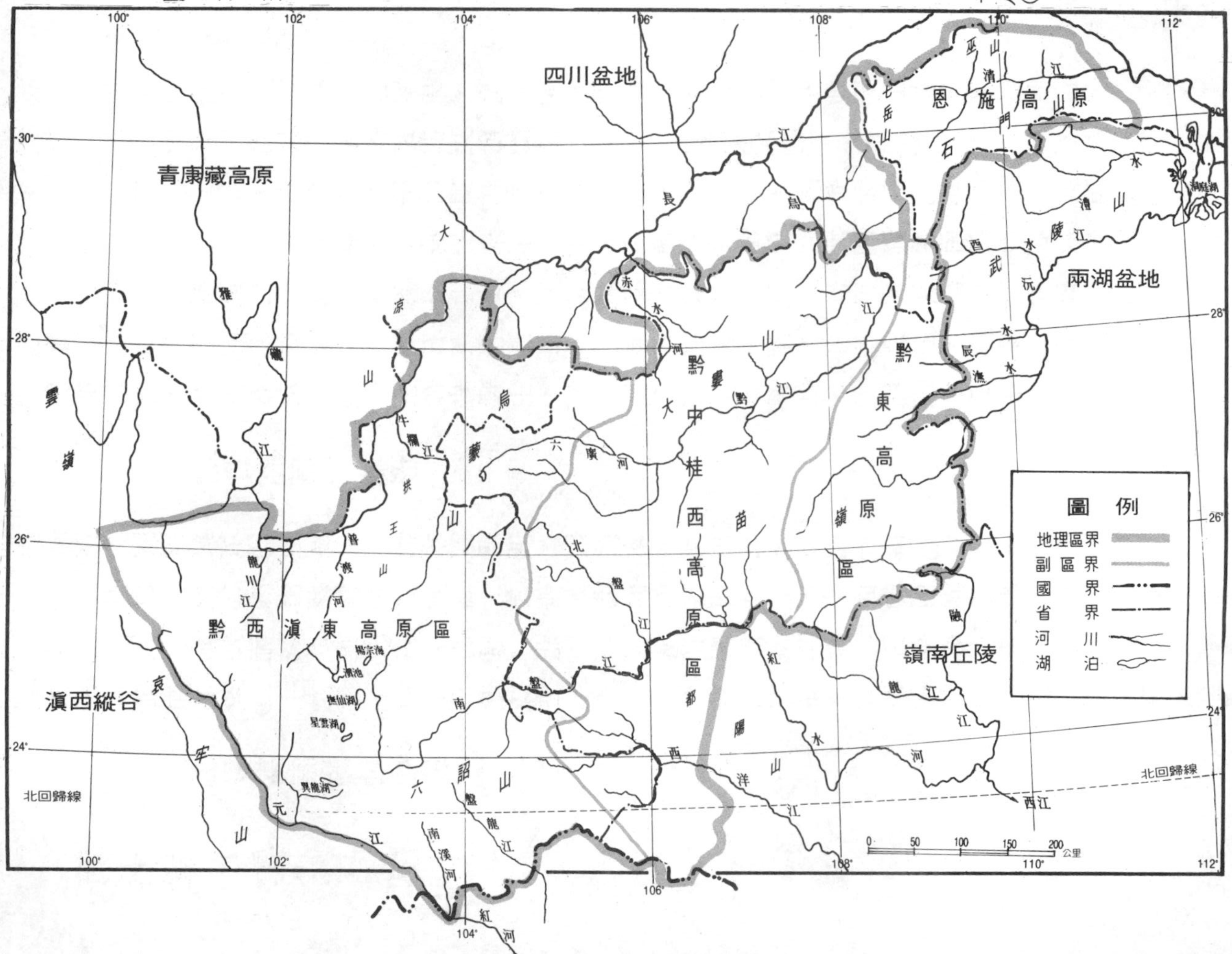

第三十六圖　雲貴高原地形圖

雲貴高原依照地勢的高低來分，地形上可分爲三區：

（一）黔西滇東高原區　是雲貴高原的最高地帶，高度在二千公尺以上，爲元江、西江、烏江的源流區，高原面還相當完整，起伏不大，低處多成谷盆，河川流貫其間，常成爲人文最發達地域，當地人稱此谷盆爲壩子。例如昆明、曲靖、貴陽，都是有名的壩子所在地。高原上低窪地帶，則成湖泊，以滇池、撫仙湖等爲最著名。

（二）黔中桂西高原區　本區高度較黔西滇東高原區爲低，約在一千至二千公尺間，北側大婁山東西橫亙，中部苗嶺與大婁山平行，長江與粵江的水系，卽以此爲分水嶺，苗嶺因河川侵蝕，穿切的結果，而成爲分割高原，凡是河川經過，均成谷陡壁峭，河多灘瀑，地勢崎嶇，山谷縱谷，頗與丘陵相似，而地無三里平，實足以說明本區地形上特色。

（三）黔東與恩施高原　黔東高度在一千公尺左右，地勢由西向東低降。恩施高原則在湖北西南部，卽長江三峽以南的地帶，四川省東南一角，亦包括在內，也是石灰岩所構成，高度在一千公尺以上，中間則有狹長形谷盆，地勢較低，卽清江東西橫貫之處，東流注入長江，高原南側澧水，則注入洞庭湖。

綜上所述，雲貴高原是三大水系的分水嶺：元江水系的南溪河、盤龍江等。西江水系有南北二盤江，以及左、右二江等。長江水系有金沙江、赤水河、烏江、沅江等。故水道極多，但均成谷狹坡陡，流急灘險的現象。

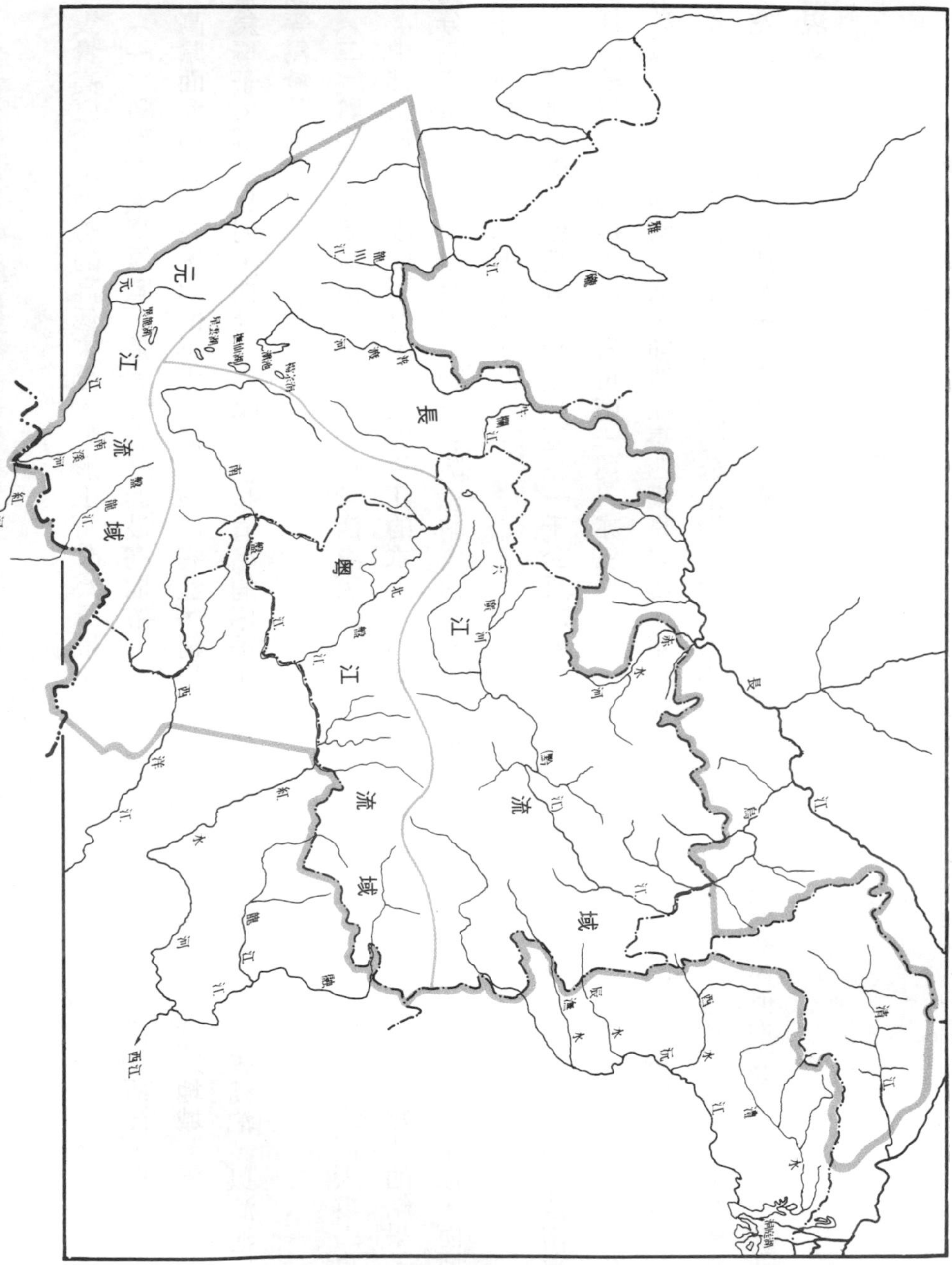
元江流域
粵江流域

雲貴高原的氣候

本區屬副熱帶高原季風氣候型，然因緯度有高低，地勢的差異，氣候上顯然有別，大體可分下述二種類型：

(一) 鄂黔秋雨型　鄂省緯度在北緯二十九度至三十一度，黔境則在北緯二十五度至二十九度，而高度均在一千公尺以上，故夏季不熱，但冬頗寒冷，夏秋間雨量特豐，年雨量在千公厘以上，由於山高谷深，雲霧特多，陰雨日期，年有九個月，故黔諺有「天無三日晴」的說法。

(二) 夏季涼爽型　黔西、滇東是二千公尺以上的高原，滇南且爲北回歸線所經過。然因西北青康藏大高原屏障，冬季寒流不易侵襲，故溫和宜人。夏季太平洋及印度洋的季風，影響不大，故溫度小、雲霧少、日照多，所謂天高氣爽，境內全年四季如春，冬溫夏涼，是我國氣候最佳的地區。

雲貴高原的資源

(一) 森林　雲貴高原森林面積，約佔全面積一半以上，森林分布於元江、沅江、柳江、烏江、赤水河、金沙江等流域，其所產之林木，以杉、松、柏等樹爲主，但因交通困難，大多未加利用，至爲可惜，較低處油桐生產頗爲普遍。

(二) 水力　區內爲各大河流的分水嶺，因地勢高聳，險灘、瀑布、急流，隨處皆有，故水力蘊藏極豐，雖尚未有詳細的調查資料，但就已知者，亦極豐饒，如北盤江上游的犀牛灘，落差六十六公尺，因此黃菓樹瀑布，有我國最大瀑布之稱，其他各河川亦然，如能加以利用發電，當爲我國著名的水力區。

（三）礦產　雲貴高原礦產種類很多，大部未曾開發。

(1)煤：滇、黔二省，煤儲量各達二十億公噸以上，其分布滇省有宣威、霑益、開遠、宜長。黔省在水城、遵義、貴陽等處。

(2)鐵：滇省鐵礦分布範圍很廣，但儲量少，以易門及安寧較著。黔省鐵礦則分布於黔北的道眞、綏陽、遵義一帶，儲量頗豐。

(3)銅：以滇省的東川銅礦最著名，近年雲南東北的巧家發現大礦脈，儲量可達一百餘萬公噸，爲我國最大銅礦。

(4)錫：雲南箇舊的錫，開採已三百年，聞名中外，估計儲量有三十六萬公噸，其產量占全國第一位。

(5)汞：汞礦化合物，稱謂硃砂，湘、黔、川三省是我國主要汞礦區所在，黔省是汞礦分布的中心，以銅仁、玉屏最知名。

(6)其他：滇省大理點蒼山中的大理石，是著名的特產物，滇、黔一帶並有岩鹽，昆陽的磷礦，黔省貴筑和修文的鋁土礦、龍里的石油，都是有用的礦產物。

雲貴高原的農產物

雲貴高原面積雖大，但能耕作的面積則極小，大約占全面積百分之四左右，幸人口稀少，糧食尚可自給。主要農作物是稻米和玉米，其次是小麥、大豆、甘藷，南部並產茶、甘蔗、木棉、和副熱帶各種果實。尤以寧洱（普洱）茶，最爲聞名，是重要輸出品。玉米除供民食外，又是養猪好飼料，故玉米產區，養猪業特別發達，宣威所產的火腿，與金華火腿同樣有名，此外黔省所產的煙草，和蠶絲，也是重要經濟產物。

雲貴高原的交通與都市

本區出海大路，雖有幾條大河，但因急流奔騰，不利航運，故對外對內交通，全賴陸運。對外陸運大道，計有下列六條通道，可以出海：

㈠黔桂鐵路、湘桂鐵路　由貴陽經柳州至湛江出南海，經柳州、南寧，至欽州出東京灣。

㈡滇越鐵路和滇越公路　均由昆明起，經河口，到越南海防出東京灣。

㈢滇緬公路　由昆明西行，經大理、畹町，至緬甸、仰光出印度洋。

㈣黎湛鐵路　由黎塘經貴縣、鬱林、廉江、到雷州半島的湛江出南海。

㈤南欽鐵路　由南寧至欽縣，出東京灣。

㈥中印公路　由昆明西行，經大理、保山、騰衝、密支那（緬境），到雷多（印度）出印度洋。此路在二次大戰後，已停止利用。

對內交通，以公路爲主的，計有川黔、湘黔、桂黔、滇黔、川滇、滇桂等線。此外尚有成昆、貴昆和湘黔等鐵路。此等幹線以外地區的交通，大部尚保持往昔的陸運狀態，其交通工具專賴人力和獸力運輸。至重要城市的分布，皆位於陸道要衝上，均爲高地城市。

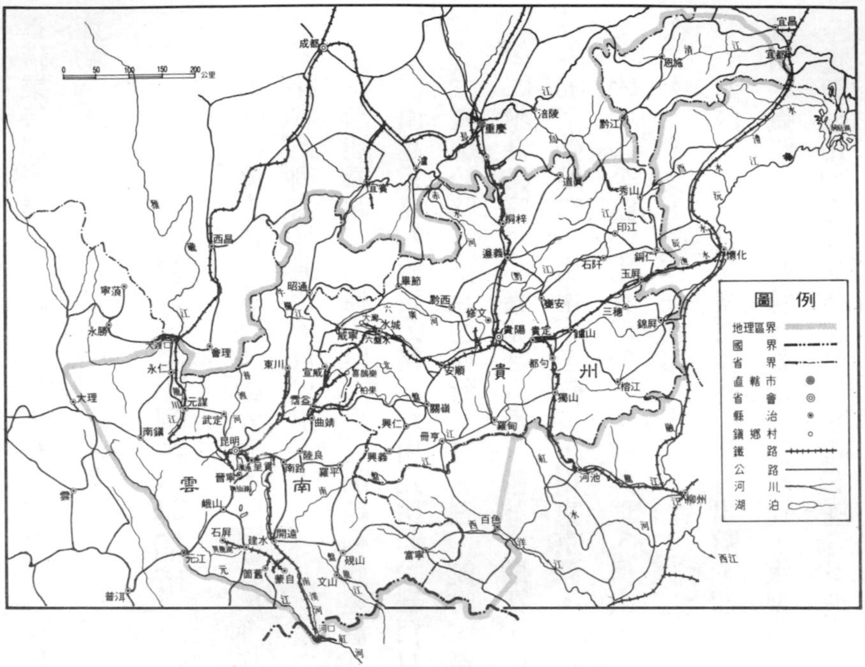

第三十八圖　雲貴高原鐵路公路圖

第三十九圖　昆明市附近地圖

㈠昆明　是雲南省會及本區中交通、政治、文化、經濟的中心。有滇越、成昆和貴昆等鐵路，及滇緬、滇越、滇黔等公路在此相接。市南滇池，北枕羣山、金馬、碧鷄二山，東西夾峙，城內翠湖，均爲名勝所在，此外華亭寺和筇竹寺的五百羅漢更是佛教藝術的傑作。昆明海拔一千九百公尺，氣候則四季如春，年平均溫約十八度。

㈡貴陽　是貴州省會，因在貴山之陽而得名，有川黔、貴昆、湘黔和黔桂等鐵路及黔桂、川黔等公路在此相會。海拔一千一百三十公尺，城濱南明江北岸（烏江支流），附近爲一小盆地。貴陽的勝跡有甲秀樓和花溪公園等也是觀光遊覽的佳所。

作　業

一、試繪一雲貴高原地圖。
二、雲貴高原，那些地方是最有趣的天然景色？
三、雲貴高原地形上分爲那三區，試說明之。
四、雲貴高原的氣候情況如何？
五、雲貴高原有那些重要礦產，試分別說明。
六、雲貴高原的交通情形怎樣？

第八章　滇西縱谷

滇西縱谷是我國最西南的領土，實際是西康縱谷的延長，在雲貴高原西側，以雲嶺與元江爲其分界線，這一地區內，山脈與河流，均成南北走向。

滇西縱谷的地理位置

本區南自北緯二十一度起，北至北緯二十九度間。東經一〇三度二十分（元江西金平縣），至東經九十五度（中、印未定界巴特開山）止，北回歸線橫貫區內南境，本區的地理位置，有下列兩點重要性：

（一）居我國西南方的邊陲位置　本區西鄰印度、緬甸，南接寮國、越南，面積雖不大，但鄰國特多，且地當中南半島各大河的上游，居高臨下，與中南半島關係密切。

（二）是聯絡印度、太平兩洋的中間位置　本區向南延長爲中南半島，兩側則爲二大洋，由本區至二大洋的里程卻相等，實爲二大洋陸運聯絡上樞紐地位，抗戰期中，我國先後利用海防、仰光、加爾各答爲貨物出入吞吐港，卽是利用此種地理上的中間位置。

滇西縱谷的地形

滇西縱谷，因受青康藏大高原的褶曲運動影響，山脈均呈雁行南北並走，自東而西，則有雲嶺、怒

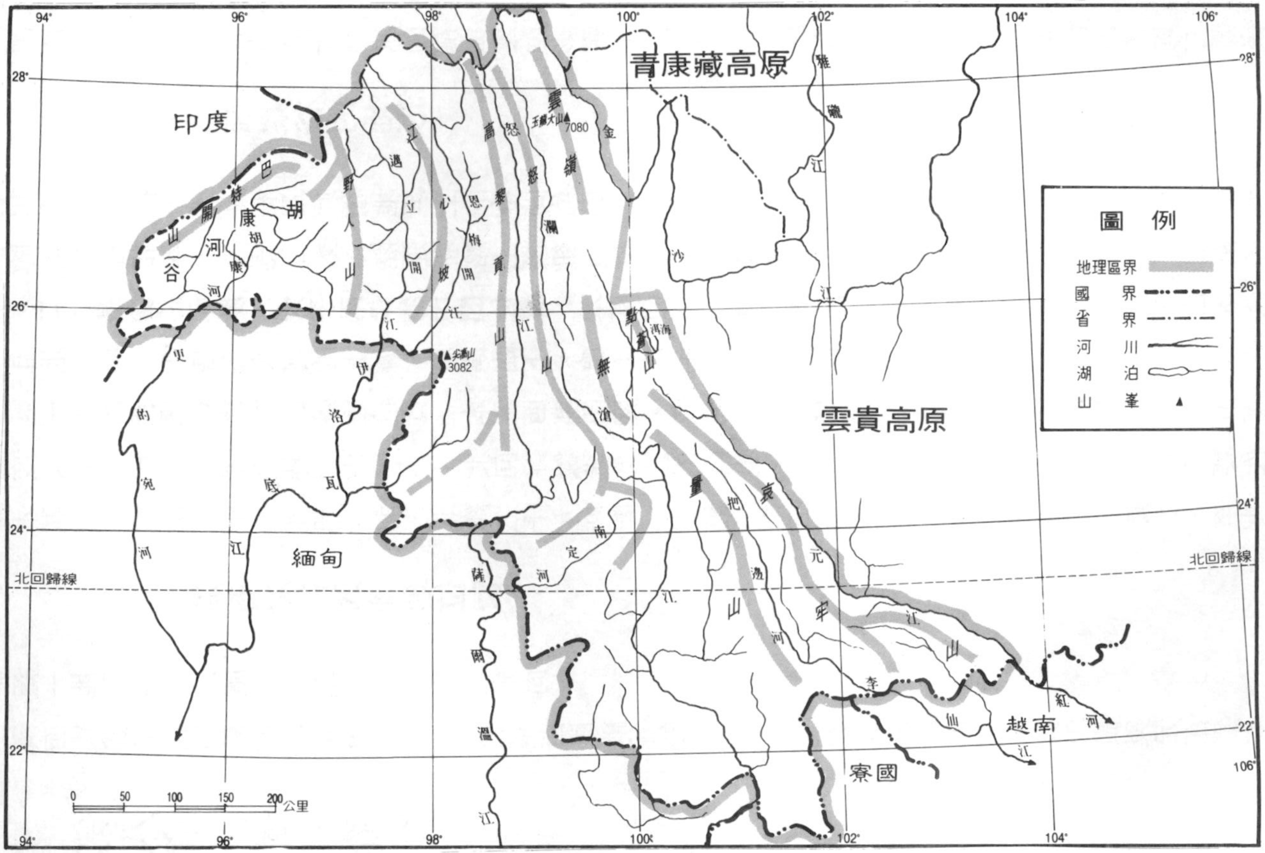

第四十圖　滇西縱谷地形略圖

山、高黎貢山等，高度常在三四千公尺間，而雲嶺中之玉龍大山，高達七千零八十公尺，是我國南部地方最高峰。北緯二十五度以南的山脈，如哀牢山、無量山等，亦成南北向，高度減低仍在二千公尺以上，高山間有縱谷，如元江、瀾滄江、怒江、邁立開江、恩梅開江等，在上述各河谷中，惟金沙江流至石鼓附近，突折而東北流，成爲長江源流段。金沙江本爲元江上游，後因在石鼓以東的河段，侵蝕旺盛，結果襲奪元江上游的金沙江，造成河川襲奪現象。

本區高山深谷，排列井然有序，山與谷高度相差，常在一二千公尺間，最少也相差幾百公尺，而南北地勢相差也大，因之谷陡流急，這是本區自然上最大特色。

滇西縱谷的氣候

本區南北緯度相差，幾達十度，地形上北高南低，相差達二三千公尺，北回歸線橫過南境，又當兩洋中間位置，故氣候上除受二大洋季風影響外，是屬副熱帶季風氣候區，全年雨量在一千五百公厘左右，五月至十月爲雨季，餘爲乾季，乾雨二季非常明顯。區內又因高度的不同，而氣候乃分成三大帶。北部高山氣候，高度均在三千公尺以上，爲寒帶氣候。三千公尺以下至二千公尺，則爲溫帶氣候，谷地和不足二千公尺以下的盆地，則爲副熱帶氣候，如思茅海拔一千五百公尺，夏若溽暑，瘴癘盛行，此種垂直分布，實際上植物亦隨之而成垂直分布。

滇西縱谷的資源

（一）農業　本區農業受地形和氣候的影響，北部（自北緯二十七度以北），因地高氣寒，農作物難以生長。中部（北緯二十四度至二十七度以南），則爲二穫區，低平地帶種植水稻爲主，玉米與大豆次之，冬季則種小麥與蠶豆、油菜。南部亦以稻米爲主要，冬季則休閑，經濟作物則以茶爲主，普洱茶最著名，可遠銷康、藏及緬、寮等處，思茅、騰衝爲其主要集散地。甘蔗、木棉和副熱帶果實也有出產。

（二）森林　怒江、瀾滄江二流域及野人山等地域，產林木很多，以杉木爲主，中緬交界處附近，多柚木，木質細而堅，爲製造器具與船的主要建材，滇南爲熱帶長綠濶葉林的分布地區，惟均因交通困難，尚未採伐。各種竹類生產，尤爲豐多，並多野藤等有用植物。

（三）礦產　滇西縱谷礦產甚豐，金礦分布於墨江、瀾滄、騰衝等處，墨江的坤湧最著名，沙金以瀾滄的南沙河最有名。銀礦分布很廣，順寧、騰衝、耿馬、班洪等地，均有礦廠，而以班洪最著，滇西銀礦常與鉛鋅等礦共生。

（四）水力　本區各河川，概沿山脈縱走，坡大流急，故水力蘊藏極豐，是我國將來最大水力發電所在地。

滇西縱谷的交通

鐵路尚未建築，公路則有下列幾條國際路線：㈠滇緬北線：由昆明西行，經大理的下關、保山、騰衝，西南沿大盈江，出國境至緬甸八莫。㈡滇緬南線：由滇緬路上保山分出，西南行，經龍陵，至畹町，出國境，至緬甸、臘戍，與鐵路聯接。㈢中印公路：由滇緬路上騰衝起西行，入緬境密支那，然後西北

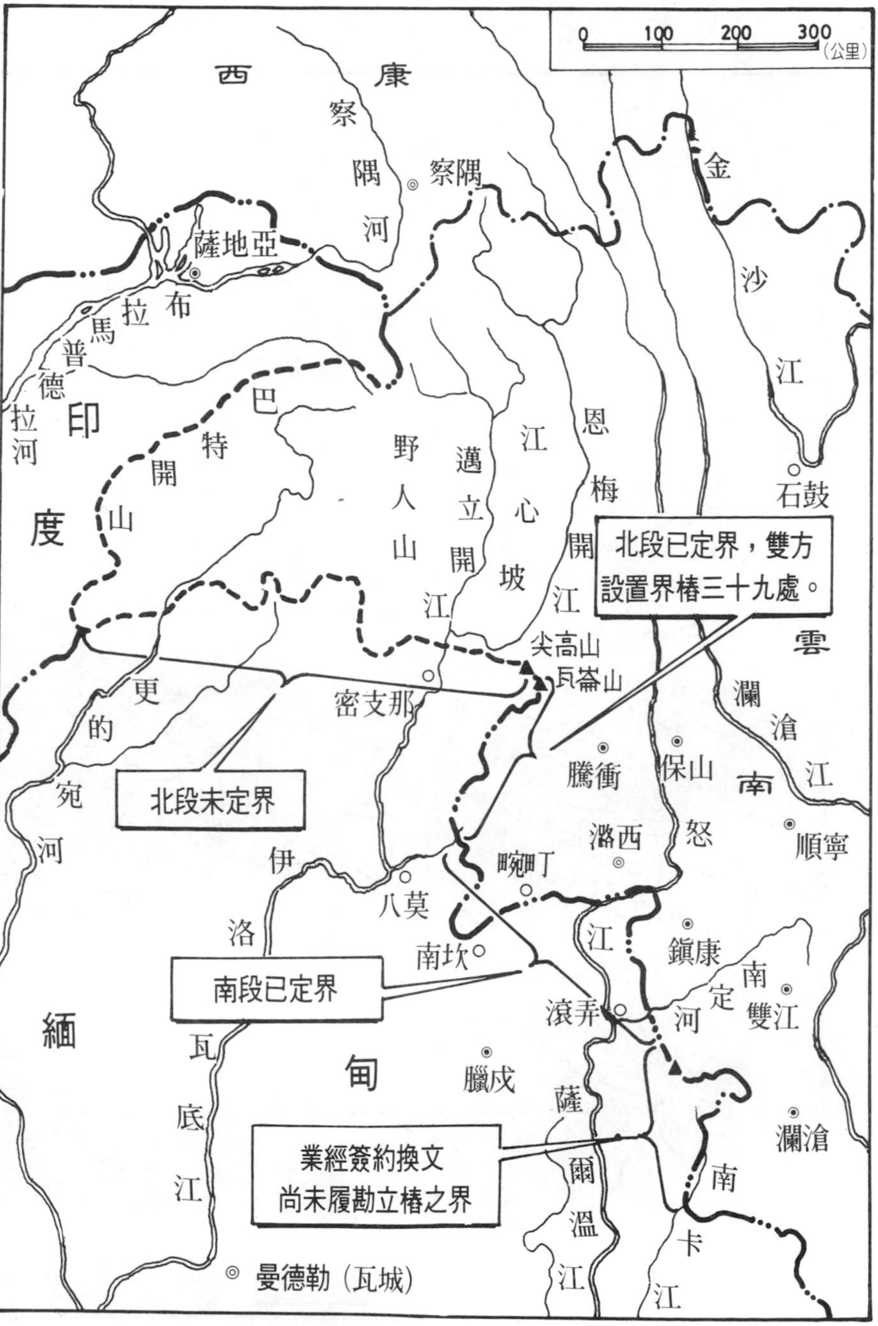

第四十一圖　滇緬北段未定界線位置圖

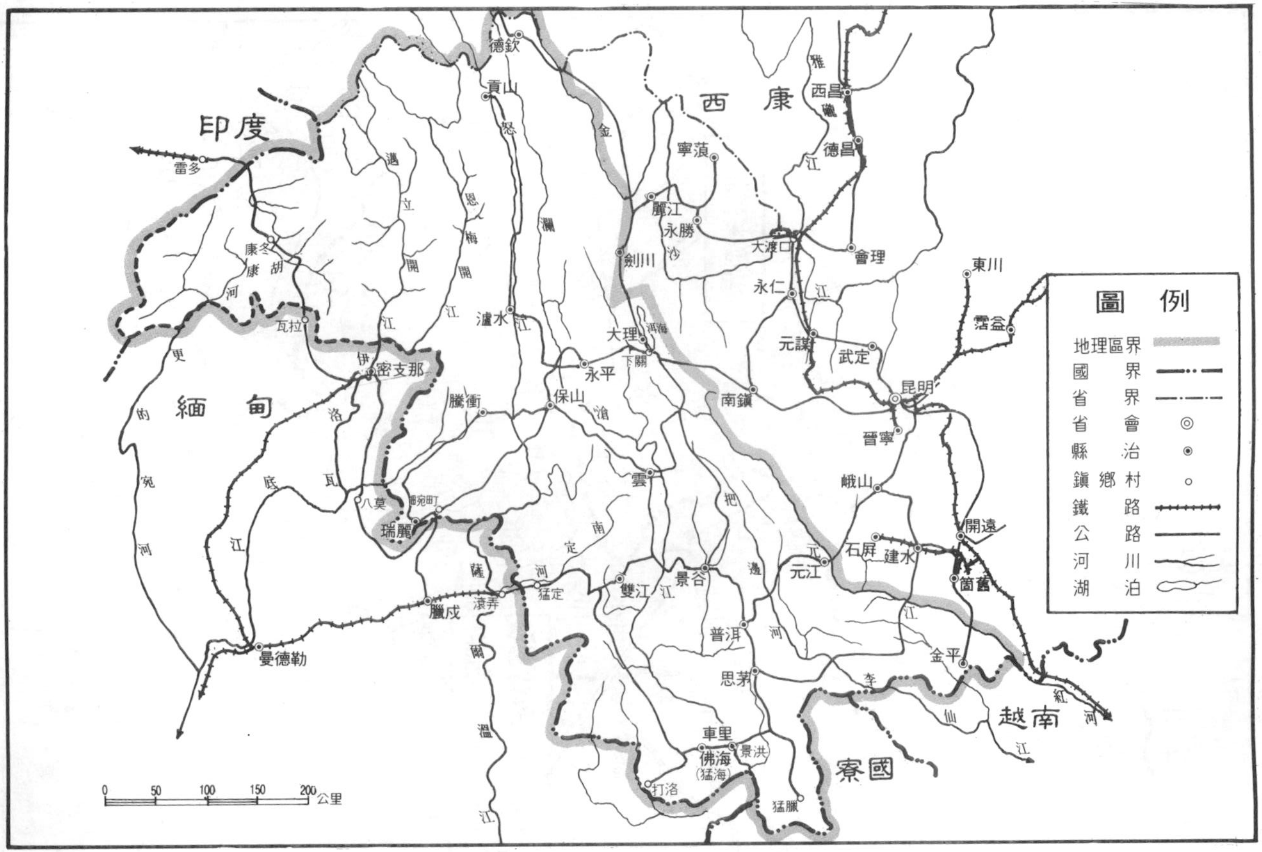

第四十二圖　滇西縱谷鐵路公路圖

行，沿野人山西南山麓，進入胡康谷地，越過巴特開山（中、印未定界），至雷多（印度東部鐵路站）爲止。上述三路，在抗戰期中，是後方主要的國際交通路線。此外尚有滇緬東線：由大理、下關起，東南行，經景東、景谷、寧洱（普洱）、思茅、車里等地西南入緬，東南可通寮國北部，也是重要交通線。除上述公路外，交通仍賴驛運，橫渡縱谷時，則利用索橋，懸於河谷兩側，上鋪木板，人通過時，常搖曳不定，此爲縱谷地區交通上的特殊景觀。

滇西縱谷的都市

滇西縱谷，除上述各重要交通線人口較多外，大部分都是人煙稀少的，尤其是北部爲高寒地帶。南部則炎熱潮濕，瘴癘多，故大城不多見，比較重要的都市，則在陸運要道上，高度均在一二千公尺間。

㈠保山　是滇西縱谷最大城市，國防上要鎮，位於海拔一千九百公尺，滇緬公路在此分南北二線入緬，抗戰期中，商旅林立，備極繁榮。

㈡騰衝　舊名騰越，位大盈江上游，海拔一千六百公尺，是中印公路和滇緬公路北線交會點，國防及交通上地位，極爲重要，是對緬、印貿易的主要門戶，工商頗盛。

㈢畹町　是滇緬公路南線國境中最後一站，國防上要地，原爲荒村，自公路通後，乃漸繁榮。（昆明——畹町間長九七四公里）

㈣車里　在瀾滄江西側，滇緬公路東線上大站，位於北緯二十二度，是通寮國及緬甸的要道，爲國防上重鎮，附近以產普洱茶最著名，對外貿易上的重要商品。

作業

一、滇西縱谷的地理位置，有何重要性？
二、滇西縱谷地形上有何特色？
三、滇西縱谷的氣候，爲何成垂直分布？
四、滇西縱谷的資源，試概述之。
五、滇西縱谷的交通情況如何？有何特殊景觀？

第四篇　中部地方

第一章　中部地方概論

中部地方的範圍

中部地方，東濱黃海及東海，西接青康藏高原，北界秦嶺、伏牛山、桐柏山、大別山、淮陽山地以及淮水，南以四明、會稽、仙霞、武夷、五嶺諸山，以迄雲貴高原東側。全部面積為一百十五萬七千餘方公里，約占全國總面積的十分之一。在行政上，計包有江西、湖南、湖北、四川四省，以及江蘇、浙江、安徽、河南、陝西等省的一部份。本區大部份，是由長江流域沖積而成的平原或盆地，故一般來講，地勢低平而廣大，其上復多支流，伸入內陸，利於灌溉，故農業發達，中下游又多湖沼，水產極豐，因此有魚米之鄉的稱號，是我國最主要的農業地域。

中部地方的地理位置

從全國地理位置上看，中部地方是我國的心臟地帶，從經緯度上來看，中部地方的經度，是由東經一百零二度至東經一百二十二度，故東西經度的相差達二十度，時間上相差一小時二十分。在緯度上是由北緯二十五度至北緯三十五度，而南北的距離為十度，因此在冬季溫度方面，就要相差很大了。這樣大的地域，自然環境當然不會相同，人文上亦有很多差異。其特色有三：

（一）居全國弧形海岸中央的地理位置　又當長江流域的東西橫貫，遂使本區成爲全國最精華地區。

（二）南北來往通衢的位置　如方城、襄樊、壽州、合肥、以及梅嶺、褶嶺、越城等，在海運未通前，均爲南北往來的通衢，今日平漢、粵漢、湘桂黔鐵路，亦多沿此舊道，故其地理位置上，可以貫通南北，其重要性今昔相同。

（三）適中的位置　四川居長江上游，南連雲、貴，西控青康藏大高原，北障秦、隴，可以遙指全國，是心臟之所在。

中部地方的地形

中部地方，除長江中下游的湖泊平原和三角洲外，全是丘陵，丘陵高度自數十公尺至千公尺，超過千公尺以上的地方不多，僅有四川盆地的周圍山地。平原土壤最肥沃，丘陵地是蝕餘土壤，也可耕作。長江流域，自西而東，因山阻隔，分爲四個盆地，即㈠四川盆地，㈡兩湖盆地，㈢鄱陽盆地，㈣巢湖盆地，盆地裏面也有山、川、原、谷等各種地形的分布。惟長江在川、鄂間，穿過巫山，向下深蝕，造成瞿塘、巫峽、西陵三峽，地形上最爲特殊，勢極雄偉，成爲世界著名的峽谷風光。

中部地方的氣候

本區屬副熱帶季風氣候華中型，冬季最冷月的平均溫，在攝氏零度以上，寒冷不長而乾燥，但南部

（湘南、贛南一帶）霜雪少見。夏季則炎熱多雨，月平均溫在攝氏二十二度以上，至少有四個月。全年雨量，北部爲七百五十公厘，南部在一千二百公厘以上，長江流域則在一千公厘左右。雨量大部降於夏季，斯時正值高溫，農作物需要水份，故中部地方農業特別發達。

中部地方的物產

中部地方，既多平原、盆地、丘陵，極宜於農業的發展，加以水渠灌溉，乃成我國魚米之鄉。稻米是區內主要作物，供給域內大量人民的食糧，尚有餘額，可以輸出華南、華北。小麥是冬季主要作物，年產量亦很多，故區內是夏稻冬麥的兩穫，此外甘藷、玉米、大麥、油菜、豆類，也是區內重要農作物。經濟作物則以蠶桑、茶葉、棉花三項爲最有名。江、浙間太湖流域的蘇綢、杭紡，洞庭湖盆地的湘繡，四川的蜀錦，都是著名產蠶絲的地帶。丘陵地帶如皖浙、贛湘、湘鄂間，因得山區雲霧滋潤，故產茶甚多，且品質好，是全國著名茶區之一。區內大江南北，比較乾燥地帶，均普遍植棉，主要產區有五，㈠是由鎭江起至於杭州灣的海寧沿岸地帶，㈡寧紹平原，㈢鄱陽、洞庭二湖兩岸，㈣江漢平原，㈤蘇、皖二省長江北岸地帶。

中部地方的天然資源

區內天然資源，頗爲豐多：

（一）**森林**　主要分布於大渡河、青衣江、岷江、白龍江、嘉陵江、渠江、沅江、湘江、贛江等各河谷的上游山地，以及巴山、巫山、石門山等山區，各種木材，多結筏沿江而下，集中於滬、漢二地銷售。除林木外，尤多竹材。

（二）礦產　鐵礦多分布在長江沿岸，如湖北的大冶及鄂城，安徽的銅陵、繁昌、當塗，四川的綦江及威遠，均為著名的鐵礦分布地。金屬礦產，如錫、鎢、銻、鉛、鋅、錳、銅、鋁、鉍等礦，均成帶狀分布，有待開發，其中以湖南的銻礦，江西的鎢礦，其產量均居世界第一位。此外湖南尚有汞礦，亦頗有名。非金屬礦產以煤為最重要，四川儲量最富，多分布在嘉陵江及沱江兩流域，產量以江西的萍鄉、安徽的淮南、浙江的長興三大煤礦為著名。其次江蘇省長江以北的淮南鹽，以及四川的井鹽，都是很重要的富源。四川更有石油及天然氣，也是一項值得開發的天然資源。

（三）水力　長江及其各大支流，上游坡度很大，雨量既多，故流量也豐，各河發電容量，相當龐大，僅長江三峽一處，即可發電在一千八百萬瓩以上，供電範圍，東達南京、上海，西至雅安、康定，北抵太原、西安，南到南寧、廣州等處，故中部地方的水力，可與北部的煤同樣重要，是我國動力資源中最重要的一項富源。

中部地方的交通

中部地方是我國南北間的通過地帶，卻有長江橫阻，古人稱「長江天塹」，但東西間往來，實倚賴之，藉長江本支流的宏大水量，將中部地方的七省四市密切聯繫，可以說是世界上最優良的水運網。長江兩岸支流很多，均有航運利益，故沿江重要河港城市特多，尤其是本支流交會處的地方，常產生著名的城市，如宜賓、瀘縣、重慶、漢口等。長江長度是六千三百公里，爲我國第一大河，可通航的約二千八百公里，即由宜賓至長江口，通常分爲三段，即㈠宜賓至宜昌間，長約一千多公里，稱上游。㈡宜昌至漢口，稱中游，長約六百餘公里。㈢漢口以下稱下游，長約一千二百公里。至於上海港，因距長江口很近，適位於國際航線及長江航線交會點上，擁有廣大腹地的長江流域，終於成爲中部地方的最大港口，也是全國第一大都市，這是中部地方物產豐富，人口密集的影響所致。中部地方的鐵路，多成南北行，如津浦、淮南、平漢、粵漢等，均是溝通南北的。

作　業

一、試繪一中部地方的簡略地圖。
二、中部地方的地理位置，有何重要性？
三、中部地方的氣候狀況如何？
四、中部地方有那些重要物產及天然資源？
五、中部地方的交通，有何特色？

第二章　長江三角洲

第一節　長江三角洲(一)

長江三角洲的範圍

本區東濱黃海及東海，北以淮河爲界，西接洪澤湖、高郵湖、大茅山、天目山，南連東南丘陵北線，這是一片江湖交錯的地區，在行政上分屬江、浙二省，在地理區中，則可包括長江三角洲、裏下河平原，及杭州灣南側平原，境內水運便利，物產豐饒，水旱從人，不知饑饉，是我國人物最殷富的地區。

長江三角洲的地形

全境均爲河口平原，是由長江、浙江、及黃河、淮河合力沖積而成的平原，地勢低平，沿海受泥沙淤漲而向外伸展，成爲新生的海浦地，全區地形，可分平原與海岸兩部分。

(一) 平原地區

(1)長江三角洲，北起通揚運河以南的各縣(如臯、泰興、南通、海門、啟東等縣，都是長江沖積地)，南迄杭州，西始儀徵、大茅山一帶，爲長江和錢塘江口的三角洲地域。域內湖泊成羣，以太湖爲最大，此湖羣在地質時代，原爲淺海灣，因斷層陷落，及泥沙淤積而成，故各湖水均很淺，地形平坦。周圍有無數

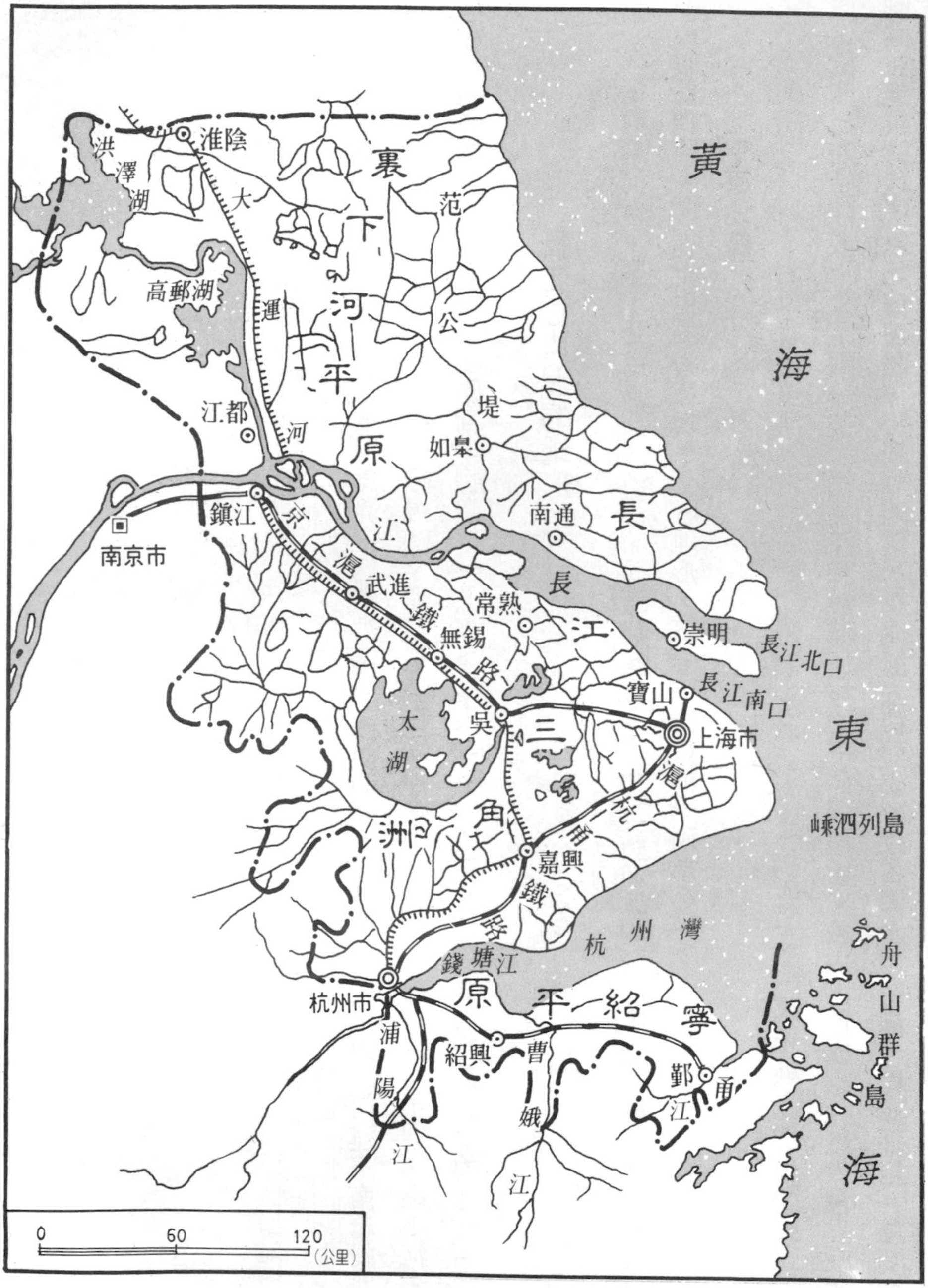

第四十三圖　長江三角洲圖

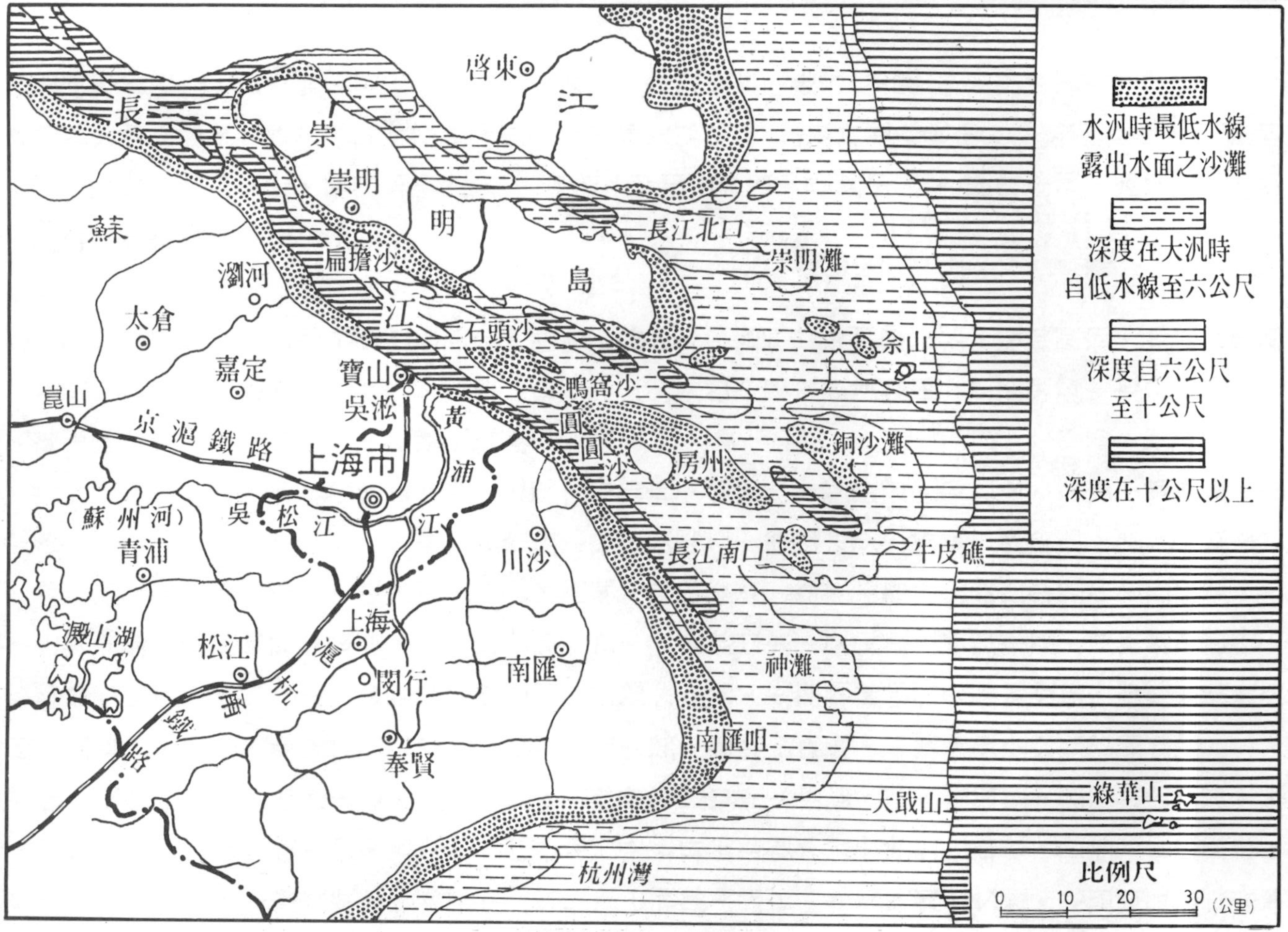
水汎時最低水線
露出水面之沙灘
深度在大汎時
自低水線至六公尺
深度自六公尺
至十公尺
深度在十公尺以上
比例尺
0 10 20 30 (公里)
長
江
蘇
崇
崇明
明
島
啓東
江
扁擔沙
瀏河
太倉
嘉定
崑山
寶山
吳淞
京滬鐵路
上海市
黃
浦
江
(蘇州河)
吳
松
江
青浦
澱山湖
松江
上海
閔行
滬
杭
甬
鐵
路
奉賢
南匯
川沙
石頭沙
鴨窩沙
圓圓沙
房州
長江北口
崇明灘
佘山
銅沙灘
長江南口
牛皮礁
神灘
南匯咀
大戢山
綠華山
杭州灣

第四十四圖　長江口圖

的自然河及人工渠，縱橫交錯，形如蛛網，可以溉田行船，故有「水鄉澤國」之稱。本區因長江口逐年沖積，所以三角洲次第向海伸張，五千年前的海岸，在今日的江陰；五千年後的海岸，可能和舟山羣島❶連成陸地。三角洲上防止海水上侵，全賴海塘❷（通稱江南海塘，在浙省境內稱錢塘，塘即防海大堤，蘇省境內長二百九十公里，浙境二百公里）。有此防海大堤，使江南澤國，一變而成全國最富饒地區。

(2)裏下河平原，位於淮河與通揚運河之間，西為大運河，東至障海的范公堤成立後，而裏下河農產豐富，甲於全淮。但黃河南徙數百年間，因泥沙下注，范公堤以東，又成第二沖積平原，反高於堤西約一公尺，故有部分地區積水成湖，如大縱、射陽、高郵、邵伯等湖，相連如帶，成為沼澤地帶，運河堤頂，約平城堞。一旦大堤潰決，裏下河平原，將盡成澤國，民國二十年的水災，就是一個例證。范公堤以東的平原，昔時植草煎鹽，其後海勢東遷，灶民去草成田的有千餘萬畝，鹽墾公司成立後，又有千餘萬畝，惜無大規模水利工程，故成效不著，鹽墾區以棉田為主。

(3)杭州灣南側平原，這是天臺、四明、會稽等山北側的平原，西起蕭山，東至鄞縣，成一帶狀的沖積平原，是錢塘、浦陽、曹娥、甬江等河流，聯合沖積而成，區內以舊時屬寧波、紹興兩府，故亦簡稱為寧紹平原。

(二) 海岸地區

(1)杭州灣　浙江入海，經沉降作用後，成漏斗狀的三角江，外寬內狹，形似喇叭，因其面對大洋，當大潮時，此種地形，每成海潮和下注的河水發生衝突現象，尤以每年八月中秋時潮漲最高，潮來自灣外，至海寧附近，一躍而起，濤飛山走，勢如天浮，水壁高達十公尺左右，俄而再起再伏，駭目驚心，實爲奇觀，此種錢塘潮，乃杭州灣的特殊自然景觀，而海寧是著名的觀潮勝地。杭州灣門雖廣，但因灣內水淺沙多，海輪不能深入杭州，惟北岸乍浦附近，距深水線甚近，　國父實業計劃中，曾擬此爲東方大港預定地。杭州灣外有二大島羣，北爲嵊泗列島，南爲舟山羣島，分屬江、浙兩省，原爲天臺、四明諸山餘脈，沉陷海中，乃與大陸分離而成島羣。

⑵長江口　長江河口，寬達一百公里，其間島嶼沙灘極多，最大的是擁有面積一千四百四十方公里的崇明島，就橫在中間，島的前面又有帶狀連續的沙灘。所以長江入海，就分成三條水道，北汊水道，水淺沙多，僅通民船，將來有與陸地連結的可能性。在崇明灘和銅沙灘間的，叫做北水道，外深內淺，不適於海輪航行。南水道則在銅沙灘以南，是長江口最良的水道，進出上海的遠洋巨船，均由此水道出入，但在入口處，有長約四十八公里的神灘，低潮時水深不足六公尺，是其最大缺點。

崇明島初從江中湧現，係在唐初高祖時；宋室南渡，有少數移民避兵沙上；明初洪武年間設立縣治，全島面積比臺北盆地大七倍。

⑶蘇北海岸　江北的范公堤，又名捍海塘，是宋時范仲淹所建，爲捍禦海潮入侵，堤高三公尺，堤基厚六公尺，寬二公尺，此堤北起阜寧，經鹽城、東臺、如臯，而至南通，全長二百六十八公里，至今堤址仍存，然海水東趨，滄海變成棉田，堤址離海，寬者可達百公里，狹者亦有三、四十公里，淮南鹽墾事業，即係利用此段海濱地帶。沿岸沙洲淺灘很多，如五條沙、大沙、北沙、狼沙、瑤沙、蒲子沙、灰積沙、拖子靠沙、莊家沙、陳家沙、冷家沙、勿南沙等，故海岸仍在向東迅速伸張，將來這些平沙，當爲海浦新生地帶。

長江三角洲的氣候

本區爲副熱帶季風氣候華中型，因此側鄰接黃淮平原，冬季西北季風可長驅南下，故氣溫較長江上流各地爲低，但一月平均溫仍在攝氏零度以上。夏季在攝氏二十二度以上，至少有五個月。年雨量則在七百五十至一千五百公厘間，南多於北，夏多於冬，而乾雨二季並不顯明，五六月間爲梅雨時期，晚夏早秋則有颱風雨。由於高溫期和多雨期，均發生在夏季，而此時期正是農業上需要，成爲我國農業上發展重要因素，尤以夏季作物特多、特豐爲著名，僅裏下河平原，因地勢較低，遇雨水過多時，易於造成水災。

❶ 舟山羣島：在浙東，計有二百餘大小島嶼，以舟山島爲最大，因以得名，定海縣即設於島南部，港口沈家門，在島之東南，是漁業活動中心。

❷ 海塘：古時江浙沿海，本爲大海，因長江泥沙沖積，向外伸張，居民因勢利導，墾植沿海灘地。唐末宋初，錢鏐於此建有海塘，後稱錢塘，其後屢次擴張，故有老塘、新塘之分。現海塘由江蘇寶山縣劉河口起，至浙江海寧縣爲止，在海浪衝要處，排木圍石，緩衝處，則有土堤，因此海浪不致直接太湖流域。

作業

一、試繪一長江三角洲的地圖。
二、長江三角洲爲何成爲全國最富饒地區，其理由安在？
三、裏下河平原的水利情況如何？
四、杭州灣有何特殊景觀？
五、長江三角洲的氣候情形怎樣？

第二節　長江三角洲(二)

長江三角洲的產業

長江三角洲主要的產業，以農業最爲重要，農產品以稻米及小麥爲主，故成稻麥兩穫作物輪產區，小麥於秋收後種植，翌年春末收割，夏初田地灌水耕耘後挿秧，秋高氣爽時收割，江南的無錫，和江北的仙女廟，是本區中兩大米市，江南太湖流域附近各縣，產米最豐，品質尤佳，常熟和太倉尤爲著名。次要農作物，則有大麥、大豆、油菜和玉黍等，大豆可製豆油，油菜子可以製菜油，是區內重要食用油，玉黍以裏下河平原爲最多。經濟作物，則以蠶桑和棉花爲主要，蠶桑全區均有栽植，而以太湖流域周圍各縣爲最盛，吳興（湖州）是其中心，杭州、蘇州都是著名蠶絲集中地，也是絲織業的中心，其他如嘉興、武進、紹興等地方，也頗有名，棉花生產以蘇北海岸鹽墾區，最爲重要，棉田連綿不絕，棉產數量旣大，而品質甚佳，如纖維長而白，又富於彈性，光澤也好，極適於紡紗，均集中於南通，故有通花之稱。江南自鎭江至杭州灣兩側，亦以產棉著名，棉產多集中於上海和無錫，因此本區中上海、無錫、南通，是三大紡織業中心。

長江三角洲瀕海臨江，平原上湖沼又多，涇、渠、港、浦❶，縱橫交錯，密如蛛網，故境內水產極豐，太湖流域舟子漁翁特多，太湖一帶及長江水邊，乃成漁民的樂園，所產魚蝦、蟹、蚌，頗負盛名，而洋澄湖蟹尤爲有名，江、浙人文素稱發達，漁舟晚唱，漁釣船菜，增加無限水上風光。至於海上，黃海

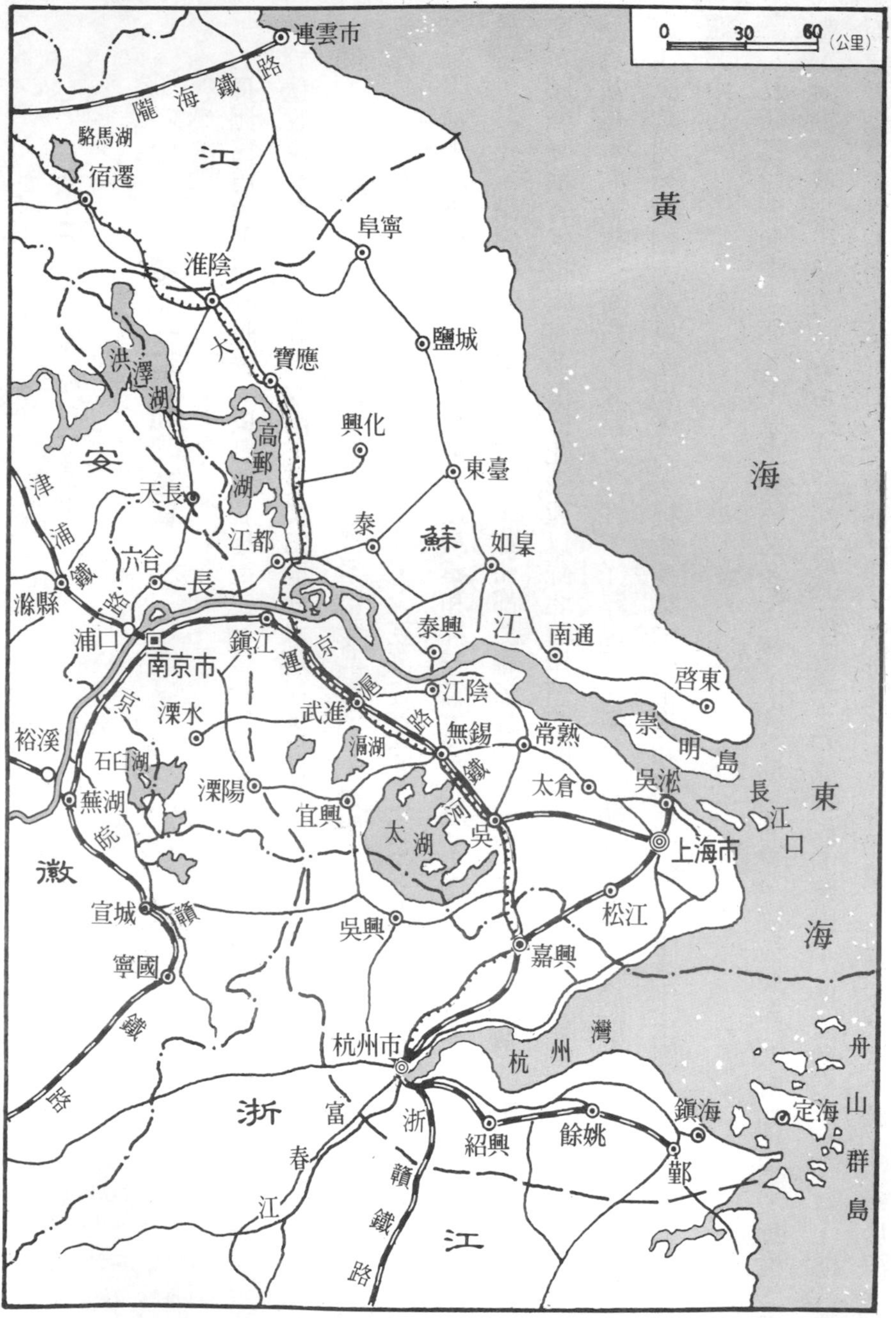

第四十五圖　長江三角洲交通路線圖

一帶，暗沙潛伏，利於魚類產卵，魚汛以黃魚爲最多，呂四、東川、豐利是域內漁港。長江口南屬東海區域，長江和錢塘江自內陸携來的浮游生物特多，故魚羣匯集覓食，形成漁場，嵊泗及舟山羣島是其中心，魚汛以黃魚、墨魚、帶魚等爲最多。供給上海、寧波一帶。

本區鹽產可分二區，長江以北，淮河以南所產者，稱爲淮南鹽，江南及浙江沿海所產者爲浙鹽，二區均用火煮法熬鹽，淮南鹽產於阜寧、鹽城、東臺、如臯、啟東、南通各縣，利用串場河及運鹽河，將鹽集中於揚州，或三江營，然後運銷於蘇、皖、浙丘陵。其製鹽法，在多春乾季時，刈取蘆葦燃燒成灰，鋪在海灘，吸收鹽水，次將灰滷溶於水中，熬煮成鹽，故鹽質灰白，品質欠佳。浙鹽則產於南匯、金山、海寧、海鹽、餘姚、紹興、鎮海各縣，鹽色白潔，較淮南鹽爲佳。

長江三角洲的交通

本區交通，至爲繁雜：

(一)沿岸除上海港是沿海與遠洋航線的總匯外，僅有甬江口的寧波港，因腹地小，故其繁盛已成過去。

(二)爲長江航運的滬漢線，亦以上海爲中心。

(三)是京滬及滬杭甬兩鐵路及公路，則爲本區主要交通線。

(四)爲蘇北的裏運河、太湖流域及寧紹一帶的水運網。長江三角洲的貨物往來，雖由前三者交通動脈從事輸送，但區內居民的日用品及物資的集散，均由後者。裏運河是蘇北南北主要民船航線，東側更有串場河，將竹港、鬥龍江、新陽江、射陽河、車邏河、運鹽河等連接起來，成爲重要通道。至於江南及太湖流域一帶，更是水渠如網，港汊紛歧，四通八達，甚至比鄰而居，鷄犬相聞，亦以舟船爲溝通，誠爲水鄉澤國交通上的特色。寧紹一帶也有西興運河，曹娥鎭以西，餘姚以東，且可通小輪。

長江三角洲的都市

本區因水運便利，故重要城市的分布，均在河畔，如寧波、紹興、杭州、嘉興、吳興、吳縣、無錫、武進、鎭江、揚州、淮陰、南通、如皋等，均爲民船、小輪集散中心，其中以下列各城市最爲重要。

㈠鄞縣　卽寧波，古稱明州，隋、唐以來，爲我國對外交通及貿易上要地，位於餘姚江和甬江的會合點上，萬噸海輪直達城市，而寧波港區的北侖港，尤其有水深不凍的優厚條件，開發後十萬噸海輪已可進出無阻，發展前途非常可觀。內河亦可通小輪，又當滬杭甬鐵路的起點地，及大陸海岸線中段，同時也是世界遠東航運網的中心點，惟因腹地小，商業乃爲上海所奪。居民善於航海經商。名勝古跡則有以藏書聞名的天一閣，及佛教勝地保國寺、天台山、天童山等。

㈡杭州　位於錢塘江下游，當滬杭甬及浙贛、杭長等鐵路，以及公路、運河的要衝，是浙江省會，曾爲南宋時首都，城西有全國著名的西湖，湖周約十五公里，湖中有孤山、蘇堤白堤，沿岸羣山環繞，名勝古蹟極多，是我國著名遊覽都市❷。商市則在武林門外的拱宸橋，以絲茶爲最有名。

㈢吳縣　又名蘇州或姑蘇，是太湖水運中心，大運河和京滬鐵路交會於此，春秋時爲吳國的都城，城內建築古雅，人民生活舒適，俗稱「上有天堂，下有蘇杭」，虎丘、寒山寺、留園、滄浪亭、拙政園、網師園等園林，都是有名的觀光旅遊勝地，市內河川縱橫，風光旖旎，絲織業最發達。

(四)無錫　臨太湖北岸，是工業都市，有小上海之稱，也在大運河及京滬鐵路上，是太湖流域絲、米農產的集散地，紡織、機械、電子及麵粉、碾米等工業頗著名，惠山泥偶尤為當地著名之手藝。名勝有蠡園、梅園及黿頭渚等，風光甚美。

(五)鎮江　一名京口，三國時孫權曾建都於此，為江蘇省會，地當大運河與長江交會處，京滬鐵路亦經此而過，形勢雄勝，焦山❸、象山為江防要地，金山、北固山，均為名勝地，風景極佳。釀造業發達，香醋為其特產。

(六)江都　舊名揚州，在長江下游北岸，大運河穿城而過❹，附近產米，是兩淮鹽務的樞紐，昔時極為繁華，為歷史名城，有「腰纏十萬貫，騎鶴上揚州」之諺。揚州名勝古蹟有瘦西湖、大明寺、史公祠等。

(七)上海　是我國第一大都市，也是院轄市，人口在一千二百萬以上，位於長江下游支流黃浦江及蘇州河的會合點上，整個長江流域為其腹地，又以地處我國海岸中央，是華南和華北貨物的轉口港，又為世界海運的輻輳地區，附近四周平原，人物殷富，自開埠以來，遂成國際商港，貨物吞吐量之大，往往為全國第一，上海之工商業均極發達，而紡織、鋼鐵、機械、造船及食品、化學等輕重工業則尤為稱盛。黃浦江兩岸棧倉林立，蘇州河與黃浦江交會處，則為商業區。上海港最大缺點，是河港，不論是長江口及黃浦江，均有泥沙堆積，因之影響巨輪進出，每年均須用挖泥船加以濬浦，為久遠計，國父擬於乍浦、澉浦之間，另建東方大港，以代替上海港的地位。

❶ 涇渠港浦：涇者水道相通之處甚多，如洋涇，渠是人工所築的渠道，圩田四週均有明渠，港是水道，旁可以靠船，浦如黃浦、青浦，在水道如網四週，均有平疇稱浦。

❷如靈隱寺初建於東晉成和元年，此後歷代均有增建，備極壯觀。六和塔則始建於北宋開寶年間，塔高五十九點八九公尺，塔身平面爲八角形，外層木檐十三層，內層塔身七層，每層飛檐翹角上均掛有鐵鈴，共一〇四隻，風過鈴響，都是建築藝術上的傑作。

❸焦山爲漢靈帝時，隱士焦光結廬之所。宋金之戰時，宋將韓世忠曾大敗金兵於此。山上有定慧寺，爲江南最古的古剎。寶軒亭則收有王羲之等歷代名家正草、篆、隸，各種書體之碑刻三百餘件，其中以瘞鶴銘爲最著。

❹大運河從北平到杭州全長一千七百公里，在江蘇境內長度有六百多公里，沿岸主要港口有邳縣、清江、淮安、寶應、高郵、揚州、鎭江、丹陽、常州、無錫、蘇州、吳江等十四個城市。

作　業

一、長江三角洲，有那些著名產物？

二、淮南鹽與浙鹽各分布在何處？品質如何？

三、長江三角洲的交通情形怎樣？

四、說明下列各地的位置及其重要性：

1. 鄞縣 2. 吳縣 3. 無錫 4. 杭州 5. 鎭江 6. 江都

第三章　巢蕪盆地與皖浙丘陵

第一節　巢蕪盆地

巢蕪盆地的範圍

巢蕪盆地是長江流域最東的一個盆地，盆地內低丘散布，北側則有淮陽山脈，東南則有寧鎮山地，東南緊接皖浙丘陵，西南和安慶盆地相連，長江則斜貫本盆地，北岸有巢湖、白湖，南岸有石臼、固城、南漪等湖，本區在地質時代，原爲一廣大湖泊，後因泥沙淤積，大部分地面增高，只有巢湖一帶，因受斷層影響，而成爲湖區。域內較重要的河流，在長江北岸者，有滁河，是自淮南山南流，經巢湖，至裕溪口注入長江，爲巢湖與長江間重要通道。在長江南岸者，以青弋江爲主，是源於皖浙丘陵，由蕪湖注入長江。

巢蕪盆地的氣候

本區氣候亦屬華中型，與長江三角洲相似，全域在北緯三十一度至三十二度間，北部淮陽山是一片低丘，故多季南下的蒙古高氣壓，無法加以阻擋，寒流仍可直入，因之多溫很低。位在本區中的南京，一月份平均溫，是攝氏二·二度，蕪湖是四度，合肥是一·四度，但夏季有四五個月，平均溫超過二十二度以上，生長季節，年有三百日左右，年雨量在一千公厘左右，而以夏季六七八三個月爲最多，也是最高溫時

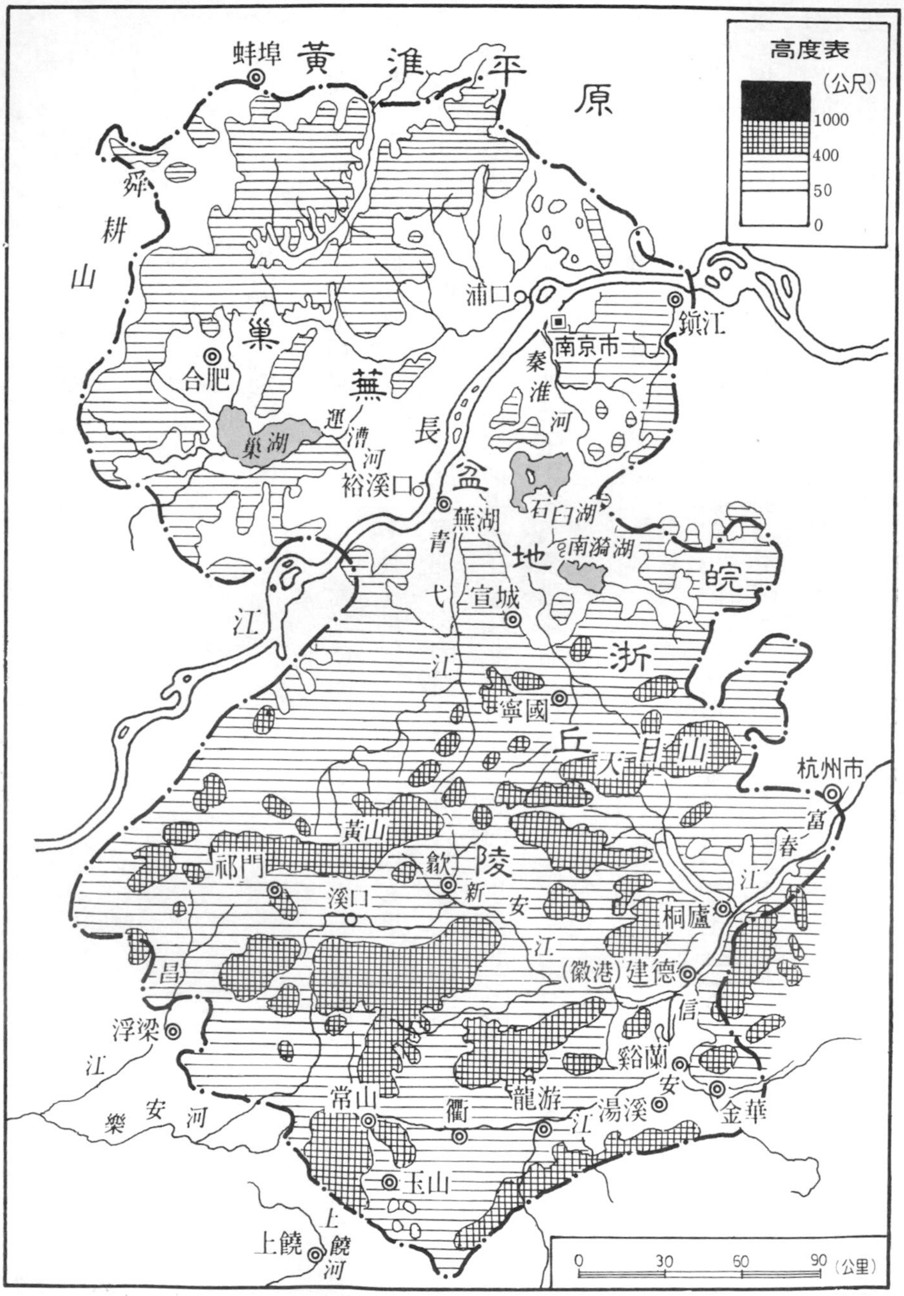

第四十六圖　巢蕪盆地與皖浙丘陵地形圖

期，全年無乾旱季節，但因地形低，如遇雨多之年，江水盛漲和氾濫，卻有水災之虞。

巢蕪盆地的物產和交通

區內農產以稻米爲主，冬作爲小麥，一年兩穫，收穫極豐，爲我國重要米倉地區，蕪湖是最大集散地，米市之盛，冠於全國，油菜亦爲區內重要作物。本區礦產有二，一爲淮南煤田，儲量在十億公噸以上，品質良好，供應京、滬一帶使用。另一礦產爲鐵礦，多在長江南岸，如南京的鳳凰山，當塗的馬鞍山，繁昌的桃沖山，銅陵的銅官山，都有鐵礦露頭，含鐵量很高，是將來建設重工業的基礎。蕪湖爲理想鋼鐵工廠所在地。

盆地內交通，頗稱便利，津浦及淮南兩鐵路❶，是聯絡江淮的要道，京贛鐵路是江南主要交通幹線，並可和京滬鐵路連接。長江水道，均可通行大小船隻，南京、蕪湖是域內水運中心。運漕河及青弋江也可通行小輪和民船。

巢蕪盆地內的都市

㈠首都南京市　南京在長江下游，距海二百四十公里，位於東經一百十八度四十九分，北緯三十二度零五分。古名金陵、建業，隋唐時代稱爲江寧，現在是院轄市，市內名勝古蹟極多。南京城垣高大，周長三十四公里，是全國最大城垣，形勢是背山面水，古有「龍蟠虎踞」之稱。山指鍾山，又名紫金山，在市區東部，主峰高四六六公尺，因在平地突起，特顯高聳，居高臨下，可以俯看全市，南麓有中山陵和明孝

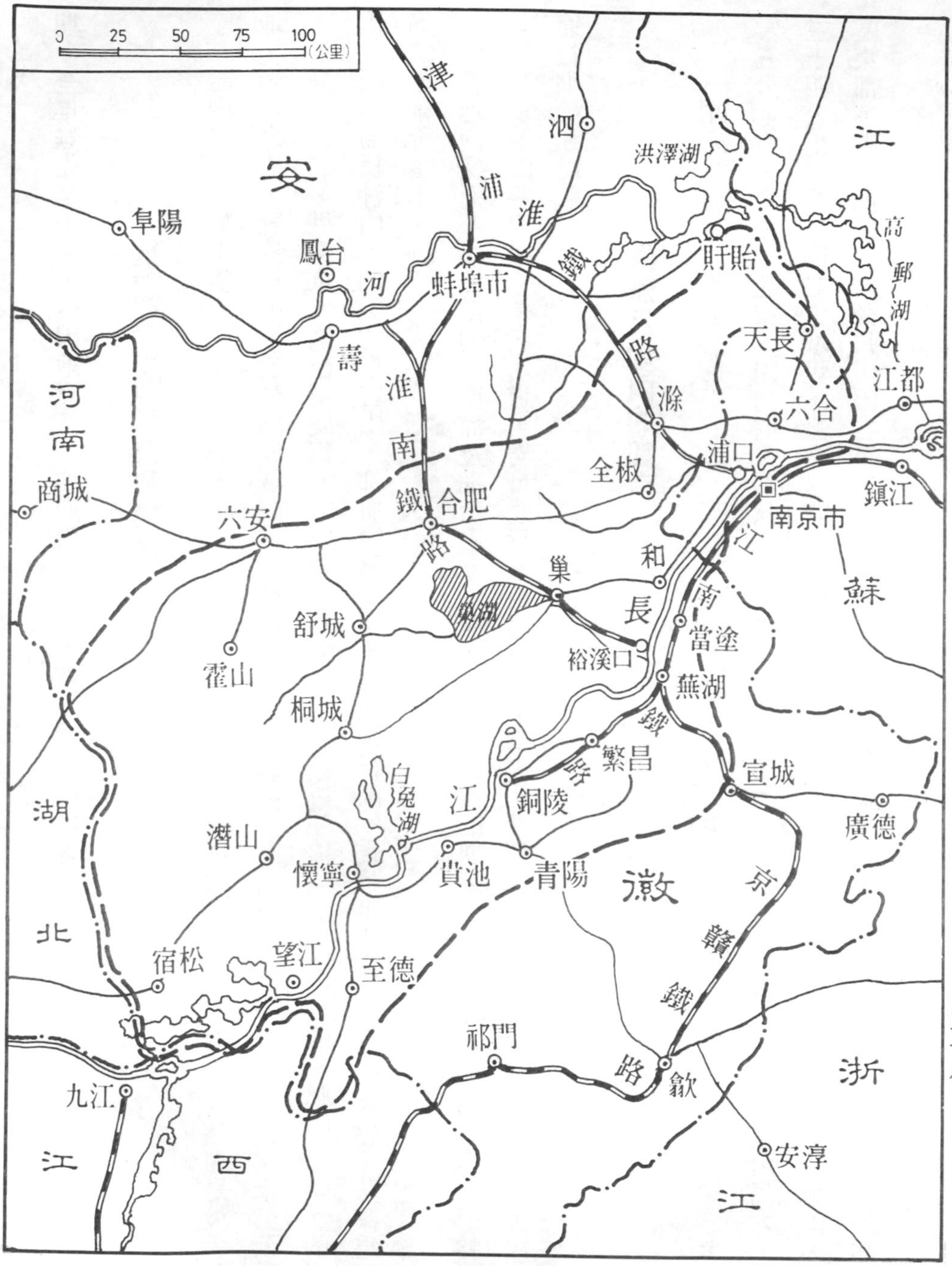

第四十七圖　巢蕪盆地交通路線圖

第四十八圖　南京市形勢圖

陵，墓道寬濶，牌坊高大，翁仲石像，大理臺階，不僅嚴肅，且極宏偉，爲首都著名勝地。水指長江，環繞南京城西，江寬水深，足供海輪廻航。城南有秦淮河貫穿，過去所謂「六朝金粉、秦淮畫舫」❷，已成史上遺跡，城東北外有玄武湖，漢西門外有莫愁湖，湖水清澈，均景色清新，爲遊覽佳地。城東郊棲霞山寺，有無數石佛石像，雖不能與敦煌、雲岡、龍門石窟比美，但在江南，當爲著名藝術史蹟。下關在城西北郊，是一商埠，濱長江，爲南京對外水陸交通要地。

㈡蕪湖　地當長江和青弋江會口處，是皖南和巢湖流域水運的中心，陸有京贛、淮南二鐵路，公路亦四通八達。沿江民船雲集，市區米行林立，是我國著名的米市所在地。工業發達，有冶金、造船、機械、紡織等，其北當塗盛產鐵礦。

㈢合肥　是安徽省會，爲東肥河與西肥河的交會點，故稱合肥。其地南濱巢湖，有運漕河至裕溪口，出長江，對岸卽爲蕪湖，淮南鐵路上大城，公路四通八達，附近平原相望，是稻米的大產地中心，今有電機、機械、紡織、化學等工業興起，合肥又爲宋代名臣包拯之故里，故境內有包公墩、包公祠等勝蹟。

第二節　皖浙丘陵

皖浙丘陵的地形

皖浙丘陵分於巢蕪、鄱陽兩盆地間，地勢較高，丘陵可分三列，北爲九華山，中爲黃山，南爲天目山、白際山，這些山列，均一致由西南向東北走向，爲造山時褶曲作用而構成，但亦有火山作用在內，如天目山上的火口湖，黃山頂上的花岡岩，岩質堅硬，危崖秀峰，均以景勝石奇而著名，徐霞客曾譽「黃山天下無」❸。九華山是佛教聖地❹。這些山的高度，均不太大，除九華山的天華峯，高一〇六二公尺，黃山主峯高一八七〇公尺，天目山高一千五百公尺，一般成波狀起伏的丘陵，接近老年期地形。河川則受地形限制，北側爲青弋江，則流入長江，西南側河流有昌江、樂安江、上饒江（信江），均西注鄱陽湖，東側有徽港（新安江）、衢港（信安江）、桐溪等水，則成爲錢塘江的上游，新安江在皖、浙邊境，橫截白際山及桐廬山地，造成著名的七里瀧峽谷，沿岸有一巨崖，是漢名士嚴光釣魚處。

皖浙丘陵的氣候和物產

皖浙丘陵的山地，因地勢較高，故夏日涼爽宜人，如莫干山即爲避暑勝地，多則寒冷殊甚，惟雨量頗豐，年在一千二三百公厘左右，雲霧較多，濕度特大，這種氣候，對於茶樹的發育和成長，最爲有利，因此本區是我國最重要的產茶區，不僅品質好，且量多。如祁門紅茶、屯溪綠茶，均是最知名的外銷佳品，當茶上市時，富春江及新安江上，茶船絡繹不絕，實爲其地貨運上一種特有的景觀。此外本區中，尚有一種特產，即金華火腿。丘陵地區，山多田少，林產品較多，故歙縣的漆及墨、紙，涇縣的宣筆、婺源的木材、桐廬一帶的油桐，以及竹材、竹筍等山貨，皆相當有名。區內農產品太少，歙（徽州）人多出外謀生，刻苦耐勞，力求發展，且能相互幫助，足跡遍及國內各大城鎮，俗有「無徽不成鎮」之諺。

❶淮南鐵路：北起田家庵，南至裕溪口，全長二一四公里，主要用途爲了開採煤礦，便利運輸。另自水家湖至蚌埠，與津浦鐵路接軌，長約六十公里。

❷南京不僅是三國時代的吳國及東晉、宋、齊、梁、陳等朝的國都，也是五代的南唐，及初明的國都，中華民國亦建都於此，故南京爲六朝古都，實乃籠統之說。

❸黃山共有七十二峯，以主峯蓮華山爲中心，有奇松、怪石、雲海之美，山上除溫泉外，尙有觀瀑亭、百丈泉、桃源亭、雲谷寺、入勝亭等遊覽勝地。

❹安徽九華山與山西五台山、四川峨眉山、浙江普陀山，合稱中國佛教四大名山，其盛時山中寺院達二百餘座，自唐以降卽爲地藏菩薩的道場。

作業

一、試繪一巢蕪盆地和皖浙丘陵的地圖。
二、試述巢蕪盆地的重要物產和交通。
三、首都南京市的地理環境若何？
四、皖浙丘陵的地形與物產有何關係？

第四章　鄱陽盆地

鄱陽盆地的範圍

鄱陽盆地，包有江西全省及安徽省以懷寧爲中心的安慶盆地，其地理環境大要如下：

㈠全區在淮陽山脈、皖浙丘陵、東南丘陵、嶺南丘陵、及湘贛丘陵間，河川由四周向盆地中央傾注，盆邊谷道紛歧，越嶺可與鄰區水運聯繫，盆底地區乃成交通中心。

㈡本區是長江流域和粵江流域的來往孔道，贛江和北江間的梅嶺❶，是兩流域的分水嶺，也是南北往來的重要交通線，粵贛公路仍循此道。

㈢長江橫貫盆地北部，東通京滬，西接漢（口）巴（重慶）、滬漢航線必經要途，在軍事上尤具重要地位。

鄱陽盆地的地形

本區地形可分下列三區來說明：

（一）**北側安慶盆地**　這是長江橫過地區，西起武穴，東至荻港，爲長江沿岸，以懷寧爲中心地帶，介於霍山、幕阜山及九華山間，山麓丘陵，逼近江岸，形成窄隘水路，如武穴、馬當二隘，則爲兵家形勝所在。區內湖泊分布如帶，以龍湖、大官湖爲有名，是鄱陽盆地北延地區。

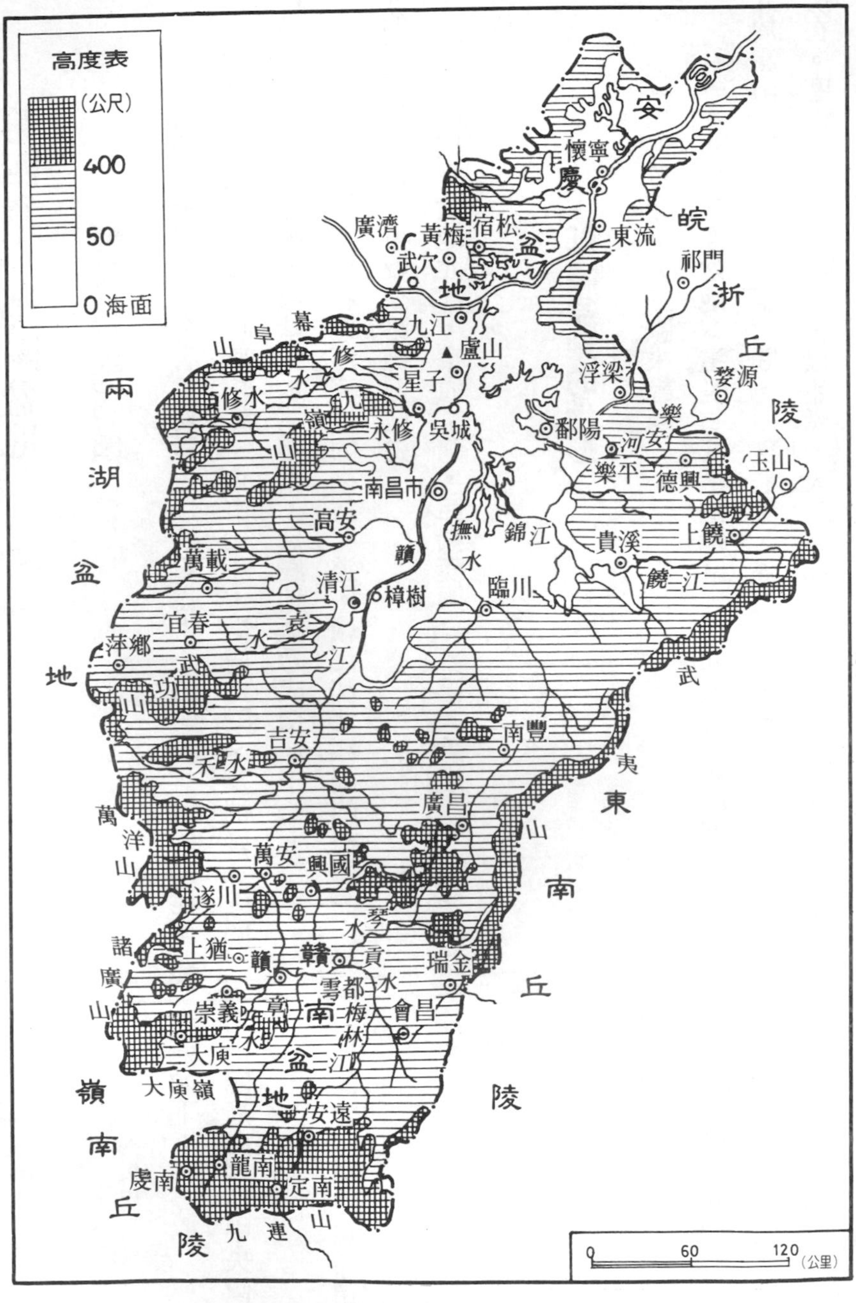

第四十九圖　鄱陽盆地地形圖

（二）中間鄱陽盆地　這是以鄱陽湖為中心，湖周盡為平原，盆邊皆山，如幕阜山在其西北，湘贛邊境，則有九嶺、雲霄、武功、萬洋等山。東北則有黃山、懷玉山，東南則有仙霞嶺及武夷山，盆地是由中陷而成，四周山地，則縱谷紛列，谷中河流向中央傾注，最後以鄱陽湖為其歸閭，其間重要河流，如修水是在幕阜山和九嶺山間，錦江在九嶺山和雲霄山間，袁水在雲霄山和武功山間，鄱江上游的昌江及樂安河，則在黃山與懷玉山間，信江上游上饒江,則在懷玉山與仙霞嶺間，撫水在仙霞嶺與武夷山間。贛江自南嶺北注，縱貫江西全省，是盆地中交通主幹，贛江有二源，西源章水出於渚廣山與大庾嶺間，東源貢水，在武夷山和南嶺間，二源在贛縣會合，以下乃稱贛江，萬安以北，險灘特多，吉安附近，兩岸開闊，平原相望，至南昌已入湖濱沖積平原，水道紛岐，主流在吳城鎮入湖（鄱陽湖面積二千七百八十方公里），最後在湖口注入長江。

（三）贛南盆地　這是以贛縣為中心的盆地，因為地居江西省南部，故名贛南盆地。

鄱陽盆地的氣候

鄱陽盆地東西狹窄，而南北長，從緯度看，卽南起北緯二十四度半，北迄同緯三十一度，地跨緯度七度半，因此在氣候上，南北差異很大，贛南盆地，年均溫在攝氏二十度以上，幾達八個月，故稻米年可二獲，霜雪少見，有熱帶作物甘蔗生產。安慶與鄱陽兩盆地，則多冷夏熱。年雨量均在千公厘以上，愈南愈多。

鄱陽盆地的物產

稻米、油菜、小麥、苧麻、茶葉，是本區五大農作物：稻米、油菜分布於平原，安慶盆地及鄱陽平原爲其中心區，贛南盆地，稻米可二獲，惟面積不大，油菜與小麥，爲多季作物，以安慶盆地爲最多，山坡地並植甘藷，贛南因氣候溫暖，且產甘蔗。苧麻多產於鄱陽盆地，爲農家普遍副業，夏布生產，極爲有名，錦江流域的萬載，袁江流域的宜春，撫水流域的宜黃和臨川，是主產地，運銷國內外。茶多產於淺丘，茶園分布很廣，以修水流域爲最有名，他如信江上游的鉛山、上饒，贛江中游的吉安及遂江流域，均以產茶著名，品質也很優良。南城、南豐一帶，以產小蜜橘，而特別著名。

四周山地，森林繁茂，尤以贛南的定南、龍南、虔南三縣，所產杉木，滬漢市場上稱爲西木，樟樹及竹林，也是區內重要產物，竹爲製紙原料，產地以信江的河口鎮，及萬載、宜春等地爲著名。

煤、鎢、錳、瓷土，爲本區四大地下資源，煤以萍鄉爲最知名，是我國長江以南最大的煤礦，品質良好。鎢以大庾西華山爲主產地，贛南各縣均有儲藏，年產萬噸左右，居世界第一位，可以說是中國的特產品，爲製鎢鋼及鎢絲的原料。錳以樂平爲主要產地，儲量豐多。瓷土以景德鎮（浮梁）爲中心，自唐、宋以來，卽燒窰製瓷，明代更設御窰，清初加以改進，品質更臻精美，馳譽全球。製瓷工人，常達數萬。產品多循昌江，經鄱陽湖，運至九江集中，然後出口。

鄱陽盆地的交通

本區水上交通，以長江最爲重要，長江橫貫盆地北境，滬、漢線上大輪小船，往來如梭，懷寧、九江，是區內中心地帶，冬季長江水位低降，九江更成爲大輪終點，上至武漢各地，必需更換小輪。其次則爲鄱陽水系的水運，水系中以贛江爲最長，支流中以昌、信、撫、修、錦、袁等水，亦能通行小輪及民船，而鄱陽水系又與長江連成一氣，因此本區水運頗稱發達。陸上交通，則以浙贛鐵路爲主要，橫貫本區，玉山、上饒、鷹潭、南昌、宜春、萍鄉，是沿線大站。京贛鐵路由南京經蕪湖、宣城、浮梁至貴溪，銜接浙贛鐵路。在南昌有一支線，可與九江相通，稱南潯鐵路。另有一線，在鷹潭站起，東南通至福建厦門爲止，稱鷹厦鐵路。公路以安慶、南昌、贛縣爲三大中心，可與各地相連絡。

鄱陽盆地中的都市

本區主要都市，均分布水運中心。

㈠安慶　又名懷寧，昔時曾爲安徽省會，因位置偏於皖南，港埠濱長江北岸，地勢低平，常易遭受水患，地當長江航線要衝，上通潯、漢，下接京、滬，惟江輪不能直接靠岸，須賴駁運，商業發展，大受限制，有冶金、機械、化學肥料等工業。

㈡九江　古稱柴桑（三國時），又名潯陽，或名江州（唐時），古來文風頗盛。其地在長江南岸，南潯鐵路的終點，冬季大小江輪，均以此爲轉口港，故爲本區中商業最繁榮的地方，茶葉、瓷器、夏布、紙張、藥材，爲著名輸出品，其南廬山，海拔千五百公尺，聳峙平原上，風景秀逸，氣候清涼，有「匡廬奇勝甲天下」的美稱❷。山頂牯嶺，多近代別墅，爲我國著名的避暑勝地。

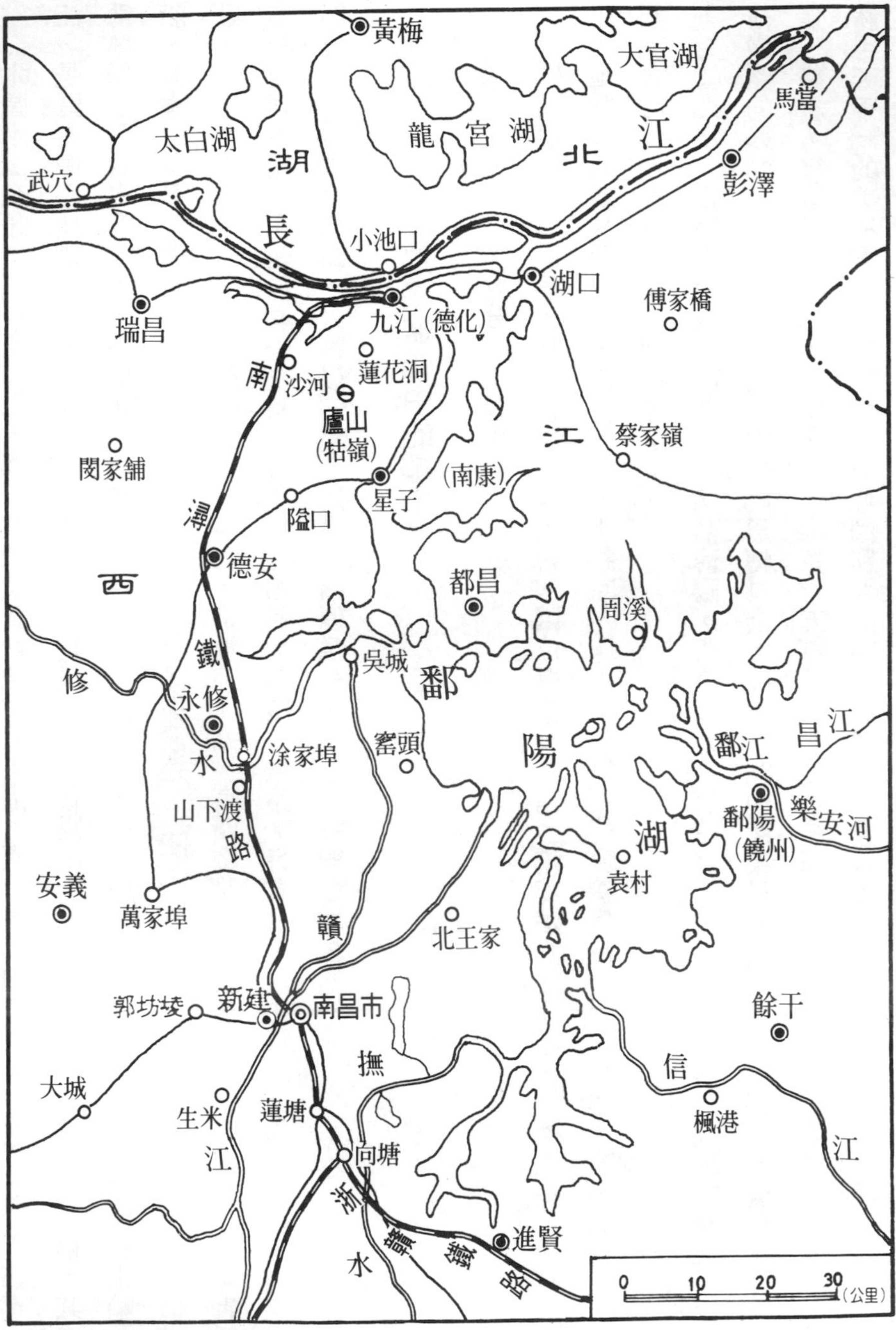
黃梅
大官湖
馬當
太白湖
龍 宮 湖
湖
北
江
武穴
彭澤
長
小池口
湖口
瑞昌
九江(德化)
傳家橋
南
沙河
蓮花洞
盧山
(牯嶺)
江
蔡家嶺
閔家舖
星子
(南康)
潯
隘口
德安
西
都昌
周溪
鐵
吳城
鄱
修
永修
陽
鄱江
昌
江
水
涂家埠
窰頭
山下渡
路
鄱陽
(饒州)
樂安河
湖
袁村
安義
萬家埠
贛
北王家
郭坊埁
新建
南昌市
餘干
撫
信
大城
生米
蓮塘
楓港
江
向塘
江
浙
水
贛
鐵
路
進賢
0
10
20
30
(公里)

第五十圖　南昌形勢圖

㈢南昌　舊稱洪都，是江西省會，位於鄱陽盆地中央，城濱贛江東岸，浙贛鐵路及南潯鐵路相交於此，商業興盛，工業發達，有電子、機械、化學肥料等工業興起，城內名勝古跡很多，最著名的百花洲，風景佳麗，已闢爲中山公園，城西江邊滕王閣，是唐代所遺勝跡，在文學上極爲有名。東南撫水沿岸有臨川城，則爲宋代大政治家王安石故里。

㈣贛縣　爲贛南盆地中大城，地居章、貢二水會合處，爲通粵、閩、湘三省要途，均有公路可通，五嶺杉材、竹材，均集此北運，有冶金、製糖等工業，是贛南工商業的中心。

㈤吉安　舊名廬陵，地當贛江中游西岸，小輪可北通南昌，南至贛縣。也是淸季使節路上要站，附近淺丘起伏，茶、蔴遍布，形極秀麗，人材輩出、文風特盛，爲宋代歐陽修及文天祥的故里。

❶ 梅嶺：卽大庾嶺，因唐時張九齡於此嶺上植梅甚多，故以爲名，嶺高三百八十一公尺，爲贛江和北江兩流域間，最低處的分水嶺，易於通過，是南北往來的要道。

❷ 廬山古稱匡廬，相傳商、周之際有匡氏七兄弟於此山結廬，修仙而得名。山中勝蹟有五老峯、香爐峯、東林寺、龍首崖及白鹿洞書院等。

作業

一、鄱陽盆地的地理環境如何？
二、試繪一鄱陽盆地的地圖。
三、鄱陽盆地在地形上可分那三區來說明？
四、鄱陽盆地有那些重要物產？試說明之。
五、九江在地理上有何特色？

第五章　兩湖盆地

兩湖盆地的範圍

兩湖盆地，北接黃淮平原，以桐柏山與大別山爲其劃分。南以南嶺（五嶺）爲界，東爲巢湖盆地、鄱陽盆地，以霍山及湘贛丘陵爲其分野，西鄰秦嶺漢水區、四川盆地，及雲貴高原，包有湖南全省及湖北大部，其地理特色如下：

（一）**是我國南北往來通衢**　其交通路線是(1)摺嶺（騎田嶺）——爲湘、粵間重要通道（今粵漢鐵路）(2)湘桂兩江河谷（今湘桂鐵路）(3)武勝關爲鄂、豫間重要通道，今平漢鐵路通過，以前是走南陽盆地，粵漢、平漢兩鐵路，縱貫南北，成爲我國陸運交通上要區。

（二）**長江九省通衢**❶　本區據長江中游，兩湖盆地中武漢三鎭，實爲其心臟，所謂「東連吳、會❷，西通巴、蜀❸」，而盆地中諸川，由四周高處下流，會注於武漢地區，四通八達，故武漢有道通九省。

兩湖盆地的地形

兩湖盆地是南北長而東西狹，與鄱陽盆地近似，惟面積較大，地形上亦是西、南、東三面較高，均在一千公尺左右，北側較低，除長江流貫，更有漢水及洞庭水系中諸川，故群山環繞於外，河流暢於內，爲本區地形上一大特色。其四周地形略述如下：

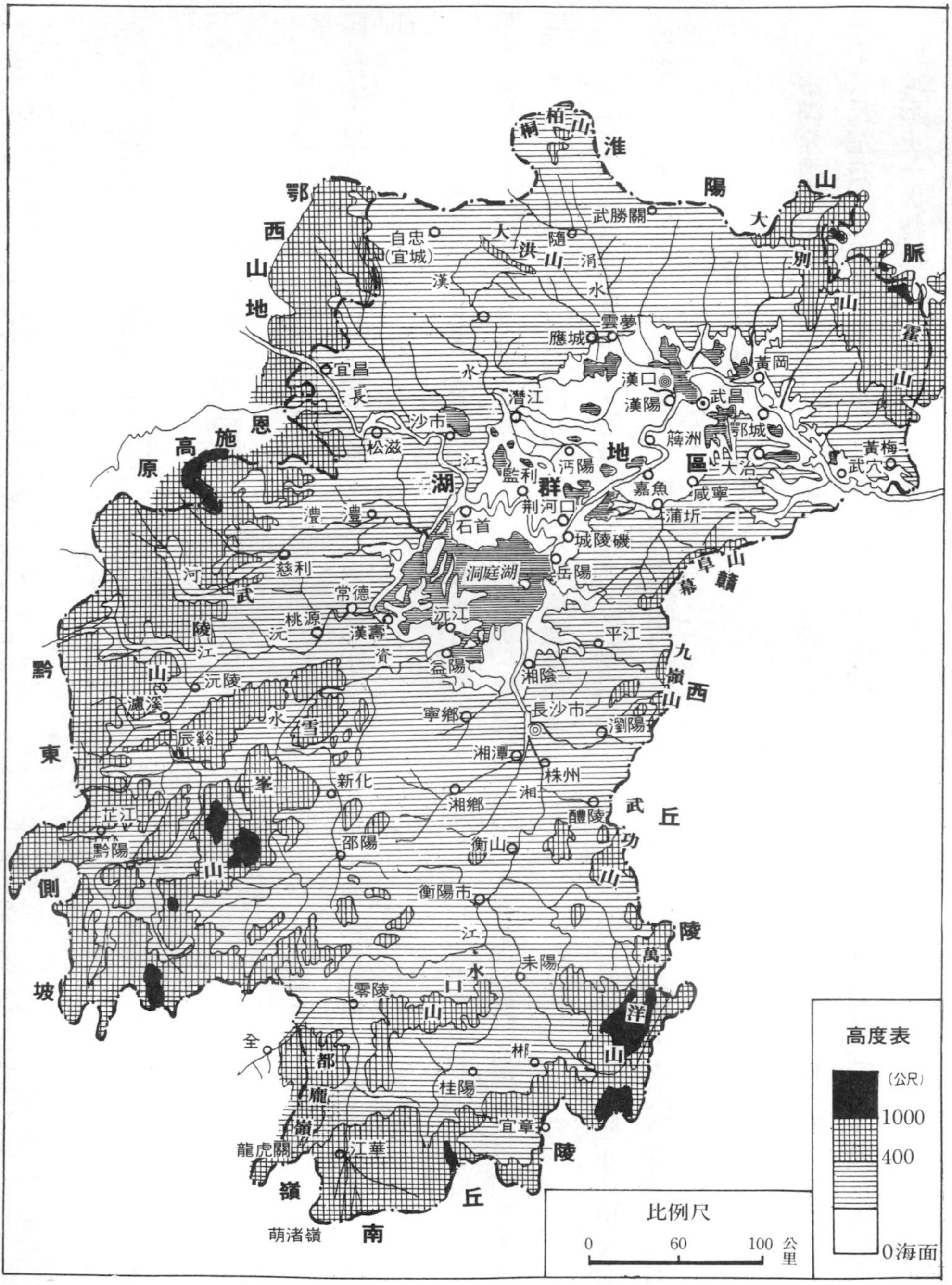

第五十一圖　兩湖盆地地形圖

（一）西側盆邊山地　與陝、川二省接界處，有大巴山和巫山等，海拔二千公尺以上，山高谷峻，地勢崎嶇。與雲貴高原緊接處，爲湘西丘陵，如武陵、雪峰等山，則取東北—西南走向，與大巴山走向相反，高度在千公尺左右。

（二）南部盆邊　是五嶺中騎田、都龐、萌渚、越城等嶺，分布在湘桂兩省界上，嶺道中隘口，爲南北交通大道。

（三）東部盆邊　是湘贛丘陵中的山地，幕阜山居最北，其東端直逼大別山麓，因此造成長江、武穴峽路。幕阜以南，九嶺、武功、萬洋、諸廣各山，自北而南，依次排列，與湘西丘陵成同一走向，山峰至千公尺，一般均在四百公尺左右，山與山間有縱谷，爲湘、贛兩省間重要通道。

（四）北部盆邊　是淮陽山系中桐柏山、大別山，以及鄂、皖邊境的丘陵，與長江以南各山走向不同，高度雖不太大，然爲長江流域和華北地帶天然的分界線。

盆地內以長江橫貫，西起巫峽，東止武穴，這一段，自宜昌以下，曲流特多，地勢又低，在洪水期中，江水每向兩岸泛濫，變更河道，因此長江北岸，西自江陵城西萬城市起，東至嘉魚的燕子窩止，築有極長的堤，稱萬里堤。葛洲壩爲長江出峽後最大水利工程[4]。漢水爲長江最大支流，自盆地西北來，曲折東南行，至漢口注入長江，漢水在沙洋以下，兩岸均築堤，潛江、石首、嘉魚、大冶間，爲江漢平原，高度已不足五十公尺，爲古雲夢澤舊域，因此湖羣特多。南爲洞庭湖水系沖積而成的洞庭平原，洞庭湖在夏季洪水期內，面積極廣，得五千二百方公里，但冬季僅有三千七百五十方公里，湖面伸縮極大，對於長江水量調節的作用頗大。洞庭水系，是由湘、資、沅、澧四江構成，中以湘、沅兩江爲最大。

兩湖盆地的氣候

本區南北所跨緯度達八度多，因此南北氣候有異，南部（衡陽以南）已入華南型氣候，夏季盆底各地，濱湖附近區域，濕熱特盛，所謂溽暑迫人，年雨量在千公厘以上，適合農作，惟五、六月爲梅雨時期，夏秋間則爲雨量最豐沛時候，冬季雖北側有淮陽山脈，可略阻北來寒風，較長江下游，略爲溫和，但仍寒冷，一月均溫在攝氏五度上下，近五嶺處，已在攝氏十五度左右，樹木常綠，不復見寒冬現象了。

兩湖盆地的物產

本區中的江漢和洞庭平原，是我國重要農業區，農作物中以稻米爲主，除自給外，年有大量輸出，俗稱「兩湖熟、中國足」，故本區有我國「糧倉」之稱，長沙、漢口，是米的集散地。冬季則植大小麥和油菜，盆邊則盛產玉米和雜糧，經濟作物以棉花、茶葉、菸草、苧麻、油桐等爲主，棉花產區很廣，多集中於漢口及長沙二地，或外銷他省。茶產於盆地邊圍淺丘，多集中於漢口，製成紅茶、綠茶、及磚茶，然後輸出。菸草的產地，以漢水流域的均縣、孝感、及長江沿岸的黃岡、廣濟。湘江流域的寧鄉、湘潭等處，最爲著名。苧麻以產於鄂、湘、贛三省邊境最盛，產量常占全國第一位。瀏陽和醴陵以生產夏布，而與江西齊名。油桐多產於湘西沅江流域，中以洪江所產爲著名，常德與漢口是其集散地，每年外銷國外，數量很大。

盆周山地，盛產林竹，湘、沅二江特多，木排竹筏，順江而下，初集於長沙、常德，然後出洞庭湖，在漢陽附近的鸚鵡洲，為其集散中心。

礦產在本區中，頗為豐富，種類也多，玆擇其重要者分述如下：

㈠鐵：以湖北的大冶、鄂城兩鐵礦為主，是長江流域中最大的礦，鐵質優良且量多，過去漢陽鐵廠卽以萍鄉煤、大冶鐵為其冶鍊基本原料。鐵的埋藏量在一億噸左右。

㈡煤：煤分布頗廣，以湘南、湘、資二流域為多。

㈢金屬礦：種類頗多，其中以銻礦特別有名，分布於資、沅二流域，而以新化錫礦山銻礦儲量最富，產量居世界第一，他如鎢、錫、鉛、鋅、錳等礦，均分布在湘南各地。此外湘西有汞礦，與川、黔汞礦區相連。

㈣鹽：在湖北省江漢平原地下的大鹽湖，儲藏量約有五千六百至七千九百億噸。

兩湖盆地的交通

兩湖盆地的水陸交通，均頗發達，水運以長江為主，漢口是其中心，滬漢、漢宜兩航線是主要航線，大小輪船往來如梭，益以漢水、洞庭水系兩航線，再加以各支流，也有民船、輪船，故水運之利，冠於全國。陸運以鐵路為主。武漢、株州、衡陽，及枝江是本區鐵路的樞紐，平漢、粵漢、漢丹、焦枝及枝江等鐵路，縱貫南北，為聯絡華北、華南的大道，湘桂、湘黔鐵路則為本區和廣西、貴州、及中南半島交通的要道。浙贛和湘黔兩鐵路，是本區主要橫貫線，可以聯絡浙、贛、閩、黔等省。此外公路四達，而以武漢三鎮及長沙為中心。

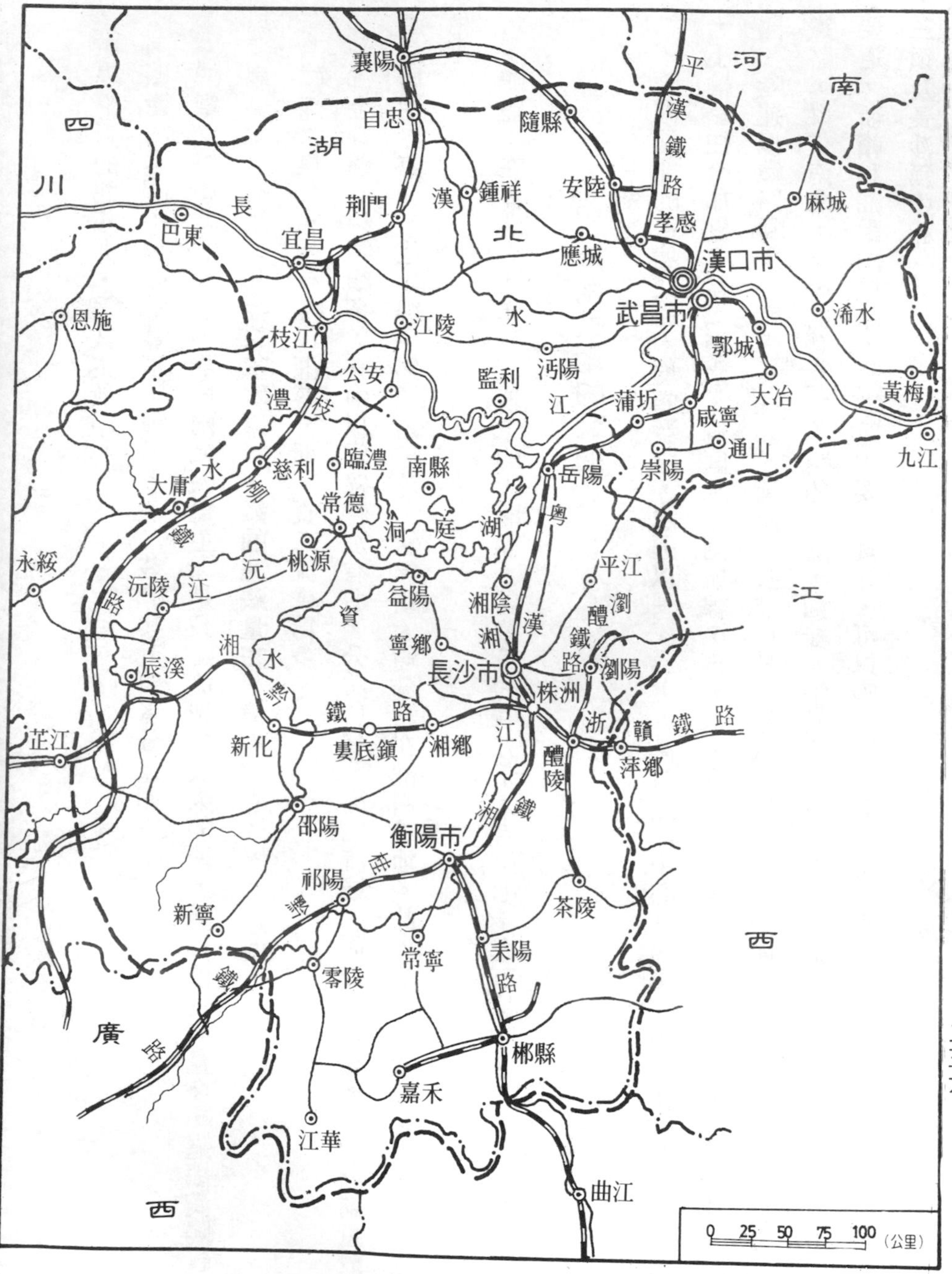

第五十二圖　兩湖盆地交通路線圖

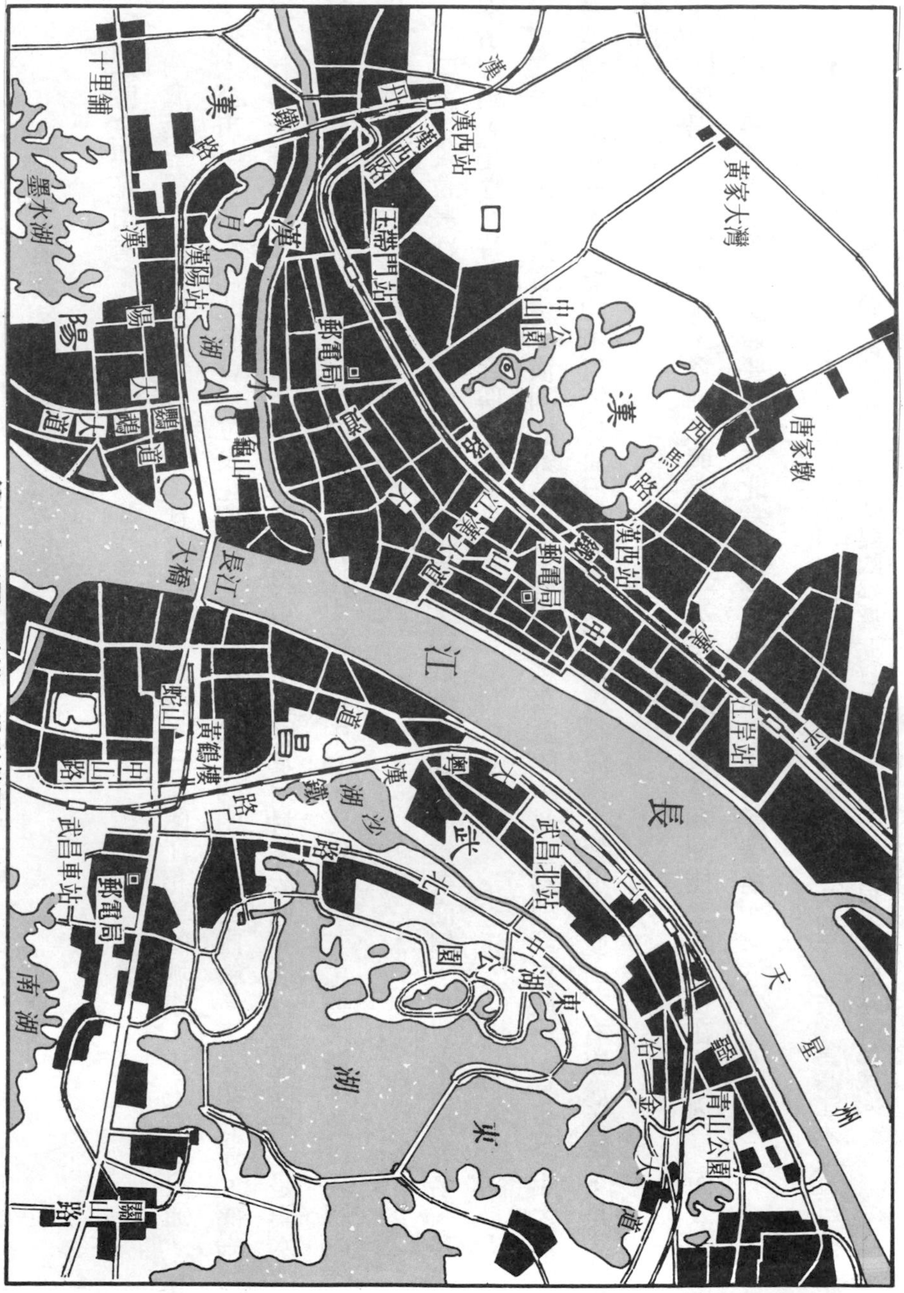

第五十三圖　武漢三鎮形勢圖

兩湖盆地的都市

本區主要都市有：

㈠武漢三鎭　簡稱武漢，它包括了武昌、漢口、漢陽三個隔江相望的城市，江上有橋可通，實際上是一個大都市，武昌爲湖北省會，位長江南岸，是政治和文化的中心，市內紡織工業頗發達。漢陽是工業都會，有漢陽鋼鐵廠和兵工廠，江濱鸚鵡洲，爲重要工業區及木材集散地。漢口爲院轄市，是漢水流域與洞庭水系貨物的總吞吐口，是一商業都會，長江中游航運中心，三鎭各有其主要機能，故成我國內陸最重要的城市。

㈡沙市　位長江北岸，江陵東南八公里處，爲武漢和宜昌間重要商埠，尤以米市爲著名，其北江陵，本名荆州，是春秋時楚都，合稱荆沙。

㈢長沙　是湖南省會，濱湘江東岸，洞庭平原精華區的中心。爲湘米集散地，是我國四大米市中心，粵漢鐵路上要站，又爲湖南省境交通網中心，故工商業很發達，對岸嶽麓山，有嶽麓書院，是宋時朱子講學所在，故極有名。

㈣衡陽　是湘南大城，爲湘江與舂、耒二水會合處，粵漢和湘桂二鐵路也在此交會，而公路分通贛、粵、桂、黔等省，爲一交通要地，其北有南嶽衡山，以風景秀麗著稱。

❶九省通衢：是江西、安徽、江蘇、四川、湖南、貴州、雲南、河南、陝西等九省，爲長江本支流所通過之地區。

❷吳、會：吳指吳縣，卽蘇州，春秋時吳國都城。會是會稽，卽紹興，爲春秋時越國都城。

❸巴、蜀：巴是巴縣，即重慶。蜀是成都，春秋時爲巴蜀二國。

❹葛洲壩全長二千五百六十一公尺，壩高七十公尺，控制流域面積一百萬平方公里，總庫容十五・八億立方公尺，每年平均發電一百三十八億度。此項工程主要係由攔河壩、發電站、船閘、洩洪閘、冲沙閘和魚道等建築物構成，經濟效益很高。

作業

一、兩湖盆地的地理上有何特色？

二、試繪一兩湖盆地的地圖。

三、兩湖盆地有何重要物產？

四、武漢三鎮爲何成爲我國內陸最重要的城市？

第六章　四川盆地

第一節　四川盆地的自然環境

四川盆地的範圍

四川盆地是居長江流域中最西的一個盆地，形勢最完整，四周高山環繞，中央低丘平原，各式地形俱備。例如高原：有西北部的松潘高原。山地：則四周盆邊的高大山地，如北有岷山、摩天嶺、米倉山、大巴山，西有邛崍山、大涼山，東有巫山，南接雲貴高原的大婁山，一般高度均在二千公尺以上，甚至可達四千公尺（如邛崍山）。丘陵：在盆地內，有許多低山淺丘，如川東褶曲帶，成都附近的龍泉山、牧馬山等。盆地：包有四川省及西康省雅安一帶地區。

四川盆地的地形

四川盆地的面積約二十萬方公里，盆邊山地約十萬方公里，盆地略如梯形，約以廣元（川北）、雅安（川西）、叙永（川西南）、奉節（川東）四地爲梯形四角，廣元至雅安，長約四百公里，平均高度爲七百公尺，爲梯形上底，叙永至奉節，直線長約六百公里，平均高度在三百公尺。盆地內部除成都平原爲沖積平原，是五百公尺左右的平坦地，其他則多爲淺丘及河谷平原，高度在三百公尺至一千公尺間，整個地

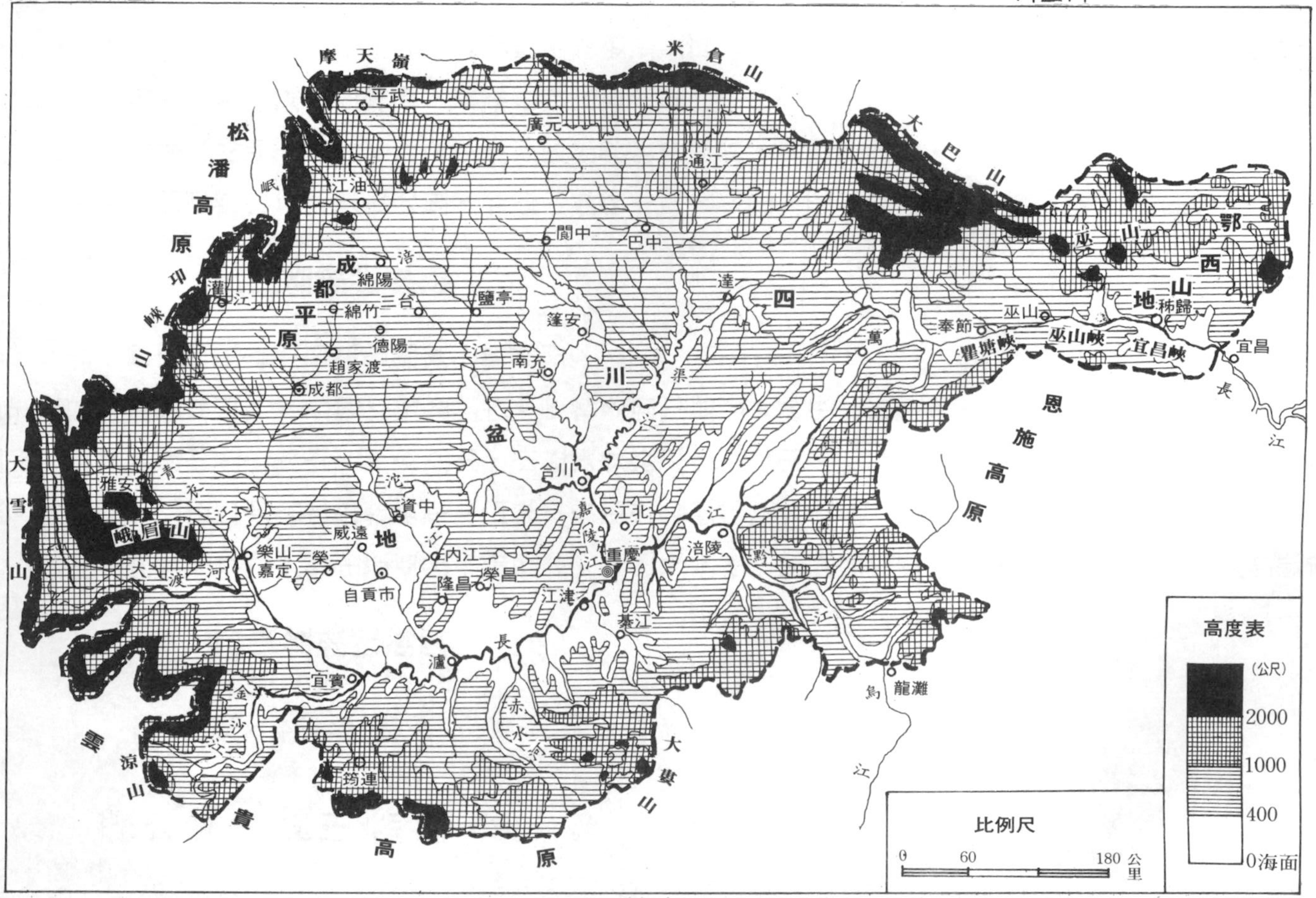

第五十四圖　四川盆地地形圖

勢是西北高而東南低，河川受其影響，故亦多呈東南流，如岷、沱、涪、白龍、嘉陵等江（祇有渠江西南流、黔江東北流），長江則自雲南高原入境，橫貫盆地最低處，集納岷、沱、嘉陵、黔江等諸水，然後橫切巫山，造成著名的長江三峽❶，峽中奇峯怪巒，懸崖陡壁，景色極佳，世稱奇觀。

四川盆地在地質時代，原爲一內海，其後雲貴高原隆起，海水被遮，四川乃成封閉內海。東側巫山，因被東西流向河川，不斷切割而切穿，海水外洩，乃成陸盆。四周山地流水，匯成幾條河川，常挾石礫泥沙並流而下，每沿山麓堆積石礫，內海深處，則堆積泥沙，由於四川盆地海拔較高，坡度大，河流沖刷力強，因此四川盆地是一河谷切割盆地，至於東側的兩湖盆地，則因切割侵蝕的河流，常挾泥沙和黏土，隨水而東流，出三峽後，因搬運力小，乃大量沉積，成爲沉積盆地。

四川盆地中的地形區

可分下列三區：

（一）成都平原　在盆地西側，邛崍山東麓，從地形說，是一山麓陷落地帶，今爲七個沖積扇（德陽、石亭、鴨子、岷江、西河、射江、南河）聯合組成，平原的頂點在灌縣，而以金堂、彭山聯線爲底邊，面積六千八百四十方公里。

灌縣海拔七一六公尺，成都四六〇公尺，岷江由北來，二地相距五十四公里，高差約三百公尺，平均每一公里，高差五公尺，夏秋水漲，灌縣以下，爲岷江泛濫區，勢所必然，秦時蜀郡太守李冰父子，即借此天然形勢，開鑿分流，以減水勢，固定河道，以防泛濫，所謂寶瓶口與離堆的開鑿，及都江魚嘴和都江堰的建築，配以各支渠及堤防，均是利用此種形勢，分水爲內外兩流，不僅水害除，且可利用以爲灌漑。因都江堰可以控制岷江水量，不虞旱澇，爲成都平原灌漑系統樞紐，益州沃野的根源，川西城市的多，人口的密，商業的繁榮，均與都江堰有密切的關係。內江乃由都江堰，自岷江引水東流，至趙家渡會於沱江。外江卽岷江正流，由灌縣南流分爲無數支流，至新津又行會合，成爲岷江下流。李氏治水有六字訣「深淘灘、低作堰」，蓋灘淺堤高，則易召潰決泛濫，復於灌口，置有水標以控制之。在「灌漑期內，外四內六，大水期內，外六內四」。如違此準則，非發生水荒，卽泛濫成災。故蜀人奉爲川主，各地均有川主廟或二王廟，煙火奉祀，春秋不絕，血食千秋，功垂後世，直至今日猶爲世界著名的水利區域。

（二）**盆地中心淺丘區**　東以嘉陵江爲界，西南以岷江、長江爲界，區內有起伏的方山，俗稱平頂山，和沖積的平野，全境無特出的山嶺，也沒有特深

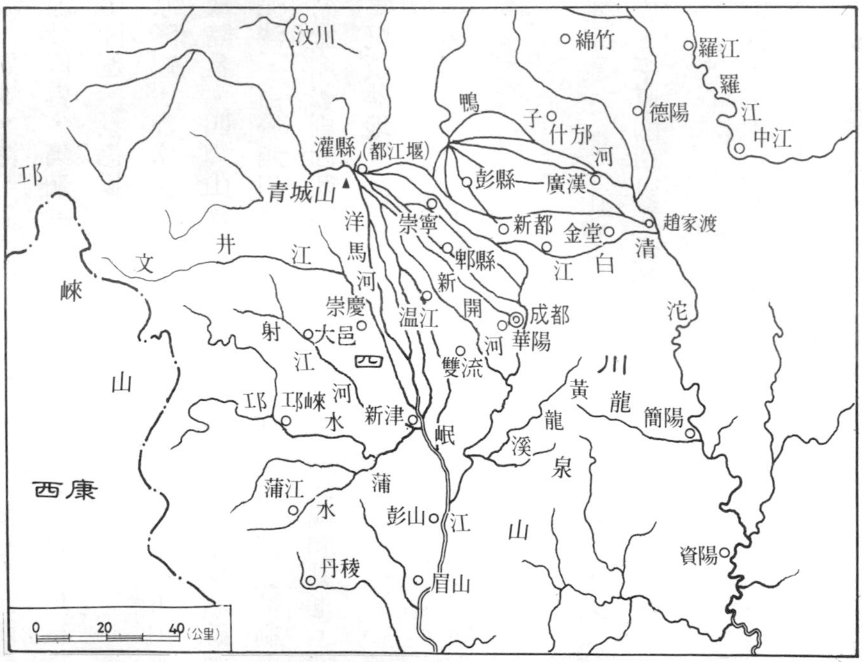

第五十五圖　成都平原水利圖

的峽谷，山與河谷的高差，祇有數十公尺，很少超過二百五十公尺，這些淺丘性的地形起伏，全是白堊紀紅色疏鬆砂岩及頁岩構成，因此有「紅盆地」之稱。

（三）川東褶曲區域 本區在嘉陵江以東，長江和渠江之間，相距約一百五十公里，有平行褶曲山脈十五條，相間起伏，嶺谷綿延，自數十公里至二百餘公里，長短不齊，大致皆作東北西南走向，其間河谷，卽爲縱谷，爲區內人口稠密地區。區內最高山爲華鎣山，亦稱西山，位於渠江東，高一千五百六十公尺，爲四川盆地中最高者，山嶺一般高度在千公尺左右，但和鄰近的谷地相對高度，相差不過數百公尺，谷地交通頗爲方便，但由東南至西北方向，必須攀山涉水，盤旋昇降，極不便利。本區河流切穿山嶺而成峽谷者頗多，峽窄，形成岸高谷深水淺，其中最著名者爲嘉陵三峽，所謂瀝鼻、觀音、溫塘三峽是。

四川盆地的氣候

四川盆地因北有大巴山和秦嶺的屛障，冬季北方寒流，不易侵入，故氣溫常較長江中下游爲高，例如重慶的一月平均溫爲攝氏七點八度，而其同緯的常德爲攝氏三度，鎭海爲四點三度。又成都爲攝氏七度，也高於同緯的蕪湖及上海的攝氏四度。因爲多溫高，故春來得早，每年二三月間，卽已百花開放。夏季漫長而悶熱，長達五個月，作物生長季節，可長達十個月以上。年雨量則在千公厘左右，但盆地西側峨眉山山地，則達三千五公百厘以上，而川北則在八百公厘左右。降雨時間，則以夏季爲充沛，秋雨與夜雨雖量不多，然爲時甚久，多雨特少，可是雲深霧濃時期特別多，濕度大，太陽少見，因此有「蜀犬吠日」的古諺，重慶有霧都的稱號。

❶長江三峽：長江自西而東，由奉節至宜昌，穿過巫山，西有瞿塘峽（夔峽），中爲巫山峽（巫峽），東爲西陵峽，其間不下二百公里，而江面寬度，有時不過百餘公尺，但兩側高峰常超出千公尺以上，峽中兩岸連山，略無缺處，形極雄偉。

作業

一、試繪一四川盆地圖。
二、四川盆地的地勢怎樣？
三、四川盆地可分那幾個區域？
四、四川盆地的多溫，爲何較長江中下游各地來得高？試說明其原因。

第二節　四川盆地的人文景觀

四川盆地的物產

四川盆地因氣候優良，農作物種類既多，農產品也特別豐富，寒、溫、熱三帶的作物，均能生產，成爲作物上交互地區，這是全國唯一的特殊地區。農作物中以稻米爲主，成都平原產量最豐，其餘地區分布也極普遍，年產量達一億二千二百萬市擔，居全國第一位。其次是大、小麥、玉米、甘藷、油菜等，產量亦常居全國第一位，或是第二位。經濟作物有油桐、蔗糖、棉花、菸草、蠶絲、苧麻、茶葉、果實等。油桐分布川東，所產桐油，甲於全國，是外銷重要產品，合川、重慶、萬縣三地，爲其主要集散所在。甘蔗分布沱江流域，資中、資陽、內江、簡陽一帶爲製糖中心，產量僅低於臺灣，而超過閩、粵。棉花產於沱、涪二江中游，以涪江流域的射洪、三臺一帶爲中心。菸草產量冠於全國，以成都平原的金堂所產者，最爲有名。蠶桑分布範圍頗廣，嘉陵江、岷江二流域是其主要產區，因之成都、樂山、南充，成爲三大蠶絲中心，所織蜀錦，精美華麗，自漢以來，卽聞名於世。苧麻產於盆地淺丘，織成夏布，以榮昌、隆昌一帶，最爲著名，產量超過湘、贛，居全國第一。茶葉種植多在盆地邊緣附近，因冬春霧多，頗利茶的成長，川東、川南的茶，稱腹茶，專供盆地內行銷。川西所產茶，多製茶磚，運銷康藏，俗稱邊茶，峨眉的蒙頂茶，淸代定爲貢品，頗爲有名。至於果實類，則有桃、梨、杏、李、柑、桔、梅、枇杷等，而熱帶果實中荔枝、龍眼亦能生產。高粱、小米、燕麥、黑麥、豌豆、蠶豆都是寒溫帶作物，生產數量也相當高。除上述農作物外，還有許多特產品，如榨菜、銀耳、藥材、白蠟、豬鬃等，都是占全國第一位的，並暢銷國內外。

地下資源和工業發展

四川盆地前爲內海，鹽滷沈積極爲豐富，這是中生代❶三疊紀時的情形，及至侏羅紀時，海水南退，乃有煤層沈積，白堊紀時，海水乾涸，於是逐漸形成大陸沈積，後因燕山運動四週高山隆起，一部火成岩侵入而變質，如三峽中石灰岩，成爲晶瑩奪目的結晶石灰岩，變質岩中多金屬及非金屬資源，白堊紀岩層，厚達三千公尺以上，爲水泥、石材重要建築來源，也是自然景觀上一大勝境。關於本區主要礦產，玆將其重要者敍述如下：

（一）煤 本區煤田分布頗廣，以嘉陵江下游重慶至合川間的三峽煤田，儲量最多，達六億公噸，由天府煤礦公司開採，供給重慶重要的能源。此外岷江及沱江下游的丘陵地帶，如榮縣、威遠、犍爲一帶，煤儲量也極豐富。川北廣元儲量亦豐。全省煤儲量約三十八億公噸。

（二）鐵 四川盆地鐵儲量，在二千萬公噸以上，分布散漫，綦江鐵礦最爲重要，儲量得五百萬公噸。沱江流域的威遠，鐵儲量也很豐。這兩處鐵礦，是盆地工業化的基本，有待於開發。此外廣元（川北）附近，有八百餘萬公噸，包含赤鐵、菱鐵、黃鐵、磁鐵等多種鐵礦。

（三）石油 四川盆地產油地點，均在產鹽區域內，散在各處，著名者爲自流井、貢井、河洱坎井、資中的羅泉井、蓬安的利溪場、巴縣的石油溝、仁壽的中壩井、達縣的稅家槽、江油的永豐、威遠的么溝及嘉陵江中游的南充、武勝亦均有石油生產，但產量不多，從理論言，四川石油地質條件頗優，自應有豐富的油田存在，但由於過去尚未有大規模的試鑽，故實情尚未能了解。如能善於利用，當爲發展化學工業的基礎。

（四）天然氣 川人稱爲火氣，亦分布在鹽井區域內，或稱火井，是天然燃料，爲煎鹽原料，川人利用天然氣煎鹽，已有千年以上的歷史，其分布以自貢市爲中心，隆昌、聖燈山產天然氣，年達七百萬立方公尺。其他如鹽亭、蓬安等縣，也有天然氣生產，均爲煎鹽之用。

（五）井鹽 四川盆地井鹽的出產，爲世界所知名，已有二千多年的歷史，分岩鹽與鹽滷二種，因需鑿井開採，故稱井鹽，取出鹽滷，經煎製然後方能食用，產鹽區域很廣，以自貢市爲最著名，其產量約爲川鹽總數之半。川鹽除供自給外，尚可行銷貴州全省，湘、鄂兩省的西部，陝、甘二省南部，西康東南部，雲南東北部，爲川省重要財源。

四川盆地中的交通

陸上交通以鐵路及公路爲主，成渝鐵路及成渝公路，是盆地中最主要交通線，聯絡岷江、沱江、嘉陵江、及長江四大水系的主軸，也是盆地中最富庶的地區。寶成（寶鷄－成都）鐵路，是聯繫川、陝間重要交通線，也是古代劍閣棧道所經，抗戰期中闢有川陝公路，是聯絡黃河流域和長江流域主要道路。川黔鐵路由重慶至貴陽，成昆鐵路由成都經西昌至昆明，襄渝鐵路由襄陽經安康至重慶，都是對外聯絡的重要幹線。至於川滇鐵路，僅有內江至宜賓一段。本區對外的連絡線，則有川康、川甘、川鄂、川黔、川滇等公路，均爲抗戰期中所完成者。水運以長江爲主，宜賓是長江夏季江輪終點，小輪、民船終年通航，宜昌、重慶間，通行千噸左右的淺水江輪。支流航運以沱江最爲繁盛，嘉陵江航運最長，岷江的灌縣、大渡河的金河口、青衣江的洪雅、沱江的德陽、涪江的中壩、渠江的達縣、黔江的龔灘，均有民船可通，重慶則爲全川航運中心。

四川盆地中的都市

㈠重慶市　簡稱渝❷，抗戰期中，定爲陪都，現爲院轄市，地當長江與嘉陵江相會，又爲西南各省交通總彙❸，附近煤鐵資源既富，因之新式工業如鋼鐵、機械、紡織等業均相繼興起，加以全川爲其腹地，故商業也發達，其繁榮已超過成都，成爲西南經濟中心，近郊名勝很多，如嘉陵三峽、北碚溫泉、南溫泉等。

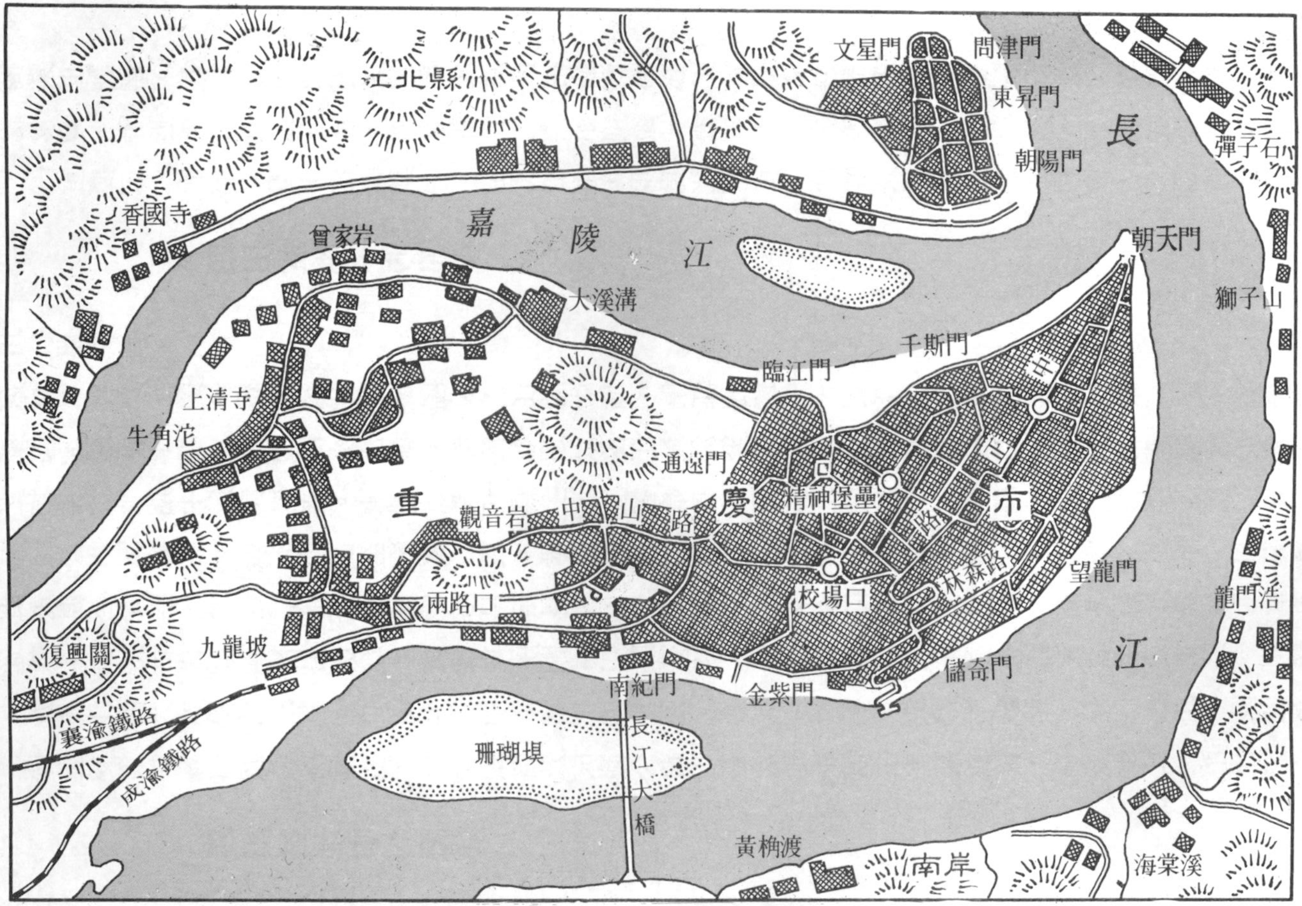

第五十六圖　重慶市形勢圖

㈡成都市　位於岷江扇狀地的中央，成渝及寶成、成昆鐵路相交於此，爲控制黃土、青康藏、及雲貴三大高原的樞紐，因地理位置優越，故自古以來，卽成爲盆地政治、文化的中心，今爲四川省會，市內外古蹟極多，如武侯祠、杜甫草堂等，工商業亦很發達，尤以絲織品中的蜀錦爲最著名。

㈢自貢市　在內江縣西南四十五公里處，有鹽井河南通鄧井關，至富順而注入沱江，市由自流井和貢井二鹽區合組而成，爲盆地產鹽最多處，其地又富煤鐵、石油、天然氣，故爲川省一大天然工業區，化學工業頗發達。

㈣宜賓　地當岷江與長江會合處，長江航運的終點，有鐵路北通自貢市、內江，而與成渝鐵路相連絡，是川省西南部貨物集散中心。

㈤瀘縣　瀕長江北岸，沱江流域中的鹽、糖、米、麻等物資，均由此轉運長江流域，水運僅次於重慶，商業則超過宜賓，川滇公路東線通車後，更爲繁榮。

❶ 中生代：這是地質學者研究地史學所分析而成者，通常分爲⑴太古代。⑵古生代。⑶中生代。⑷新生代。而每一代中又分若干紀。中生代分爲三紀，卽三疊紀、侏羅紀、白堊紀，此時期中，地殼曾起劇烈變動，海陸滄桑。

❷ 重慶古稱巴郡、渝州，因宋光宗初封王於此，及後稱帝爲雙重喜慶，至此遂將渝州改名爲重慶。

❸ 重慶與上海、廣州、南寧、昆明均有鐵路相通，航空亦可與北平、長沙、武漢、西安、成都、廣州、桂林、貴陽、昆明、南京等各大城市相通。

作　業

一、四川盆地中，有那些重要農作物？

二、四川盆地中的地下資源，和地質時代的中生代有何關係？
三、試述四川盆地中的水陸交通。
四、自貢市有何重要性？

第七章　秦嶺漢水區

秦嶺漢水區的地理位置

秦嶺漢水區位於四川盆地北側，介於秦嶺及大巴山間，爲漢水及嘉陵江上游地區，地理上包括隴南、陝南，及鄂、豫二省的一小部，全區形狀東西特別狹長。本區北側秦嶺，是我國地形、氣候、土壤上以及人文方面南北的分野，也是陝、甘、川、鄂、豫五省間來往的孔道，而棧道特別有名。

秦嶺漢水區的地形

秦嶺漢水區，北爲秦嶺，南有大巴山脈，漢水流貫其間。秦嶺有廣狹二義，廣義的包括洮河(隴南)、渭水以南的山地以及豫境的崤山、熊耳、外方、伏牛等山脈，而豫鄂皖邊境的淮陽山脈，亦包括在內。故廣義的秦嶺，是長江與黃河兩流域的分水嶺。狹義的則爲渭河及漢水間的山地，本章所述，則爲狹義，東以丹江爲界，西限嘉陵江上游。秦嶺面則呈西高東低，西側主峯太白山高四、一六七公尺，東側華山，則爲二、二〇〇公尺。秦嶺北坡與渭水平原相連處，因受斷層影響，坡度特陡，山勢奇峭。南坡較緩，然山高谷深，每當坡度較小處，即爲隘口、谷道所在，自古以來，即爲渭、漢兩流域間的捷徑。本區南側大巴山脈，略成弧形。東接鄂西山地，西抵嘉陵江，綿延數百里，高度在二千至二千五百公尺間，亦有幾條通道，爲秦、蜀間險道。

漢水又名漾水，亦稱沔水，源於嶓冢山麓，經沔縣至褒城，褒水出於太白山南流來會，下流經漢中、城固、洋縣等地，分別接受秦嶺和大巴山兩側的支流，水量漸大，但坡陡流急，航行艱難，尤以石泉附近的黃金峽，紫陽西的女王灘，最爲著名，漢水全長一千七百零五公里，流域面積達十七萬五千方公里，在陝境內是其上游，由於秦嶺和大巴山相逼，故漢水兩岸平原不大，僅沔縣至洋縣一帶，東西長不過一百二十公里，南北寬十至二十公里不等，爲一狹長沖積平原，俗稱漢中盆地，是陝南精華地帶。

隴南盆地，這是嘉陵江源流地區，嘉陵江有東西二源，東源故道水，源於大散關西南。西源西漢水，源於天水南嶓冢山，至兩河口兩源會合，南經略陽、陽平關，然後流入川境。白龍江係嘉陵江上源另一支流，導源於岷山東麓，經碧口入川，至昭化與嘉陵江相會，本區因在隴省南部，故以隴南盆地稱之。在西漢水流域內，有徽縣、成縣二小盆地。白龍江流域，則有武都及文縣二谷盆。

秦嶺漢水區的氣候

本區大部位於北緯三十二度至三十四度，北側因有高大的隴山及秦嶺，爲其屏障，故冬季一月的月平均溫，均在攝氏零度以上，漢中一帶，且達攝氏三度，夏季平均溫在攝氏二十度以上，至少有三個月，因此夏季較短於四川盆地及長江中下游地帶。至於雨量，則以夏季爲最多，漢中在二十四時內，曾有一百零二公厘的紀錄，年雨量在七百五十公厘以上。冬季雨量特別稀少，乾旱非常顯著。

秦嶺漢水區的物產

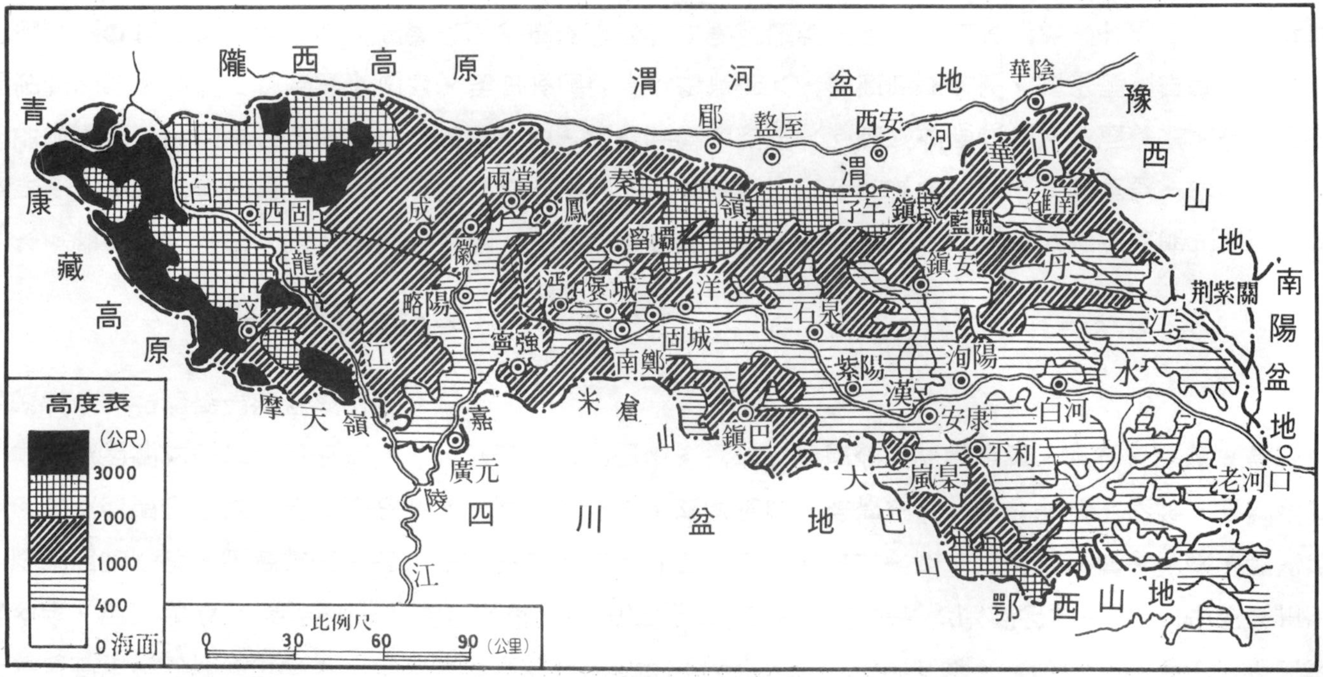

第五十七圖　漢中盆地地形圖

本區爲副熱帶的北界，農產是夏稻多麥，充份表現地理上過渡性，以漢中盆地爲主要生產區域，全域有水灌溉地區，卽有水田分布，褒城東有山河堰❶，長二十四公里，直達南鄭，人民引之以漑田，故南鄭附近各縣，稻田特多。他如廉水的流珠堰❷、冷水河的班公堰❸，均是水利發達的地方，也是稻米主產區，不過面積不廣，所產稻米，尚不足供本地所需。其他農作物，則以大豆、玉米、芝麻、高粱、蕎麥等爲多。蠶桑及溫帶果實，亦有不少產量，茶葉和油桐、以及漆等，都有生產。山區常有天然林，山麓多竹林，是重要的建材原料。礦產方面，因秦嶺及大巴山多火成岩，故富金銀銅鐵等礦，惟均未開採，煤以漢中區爲最多，估計有七億噸以上。

秦嶺漢水區的交通

本區爲陝、甘、川、鄂、豫五省區間，水陸交通要衝地區，水運方面，以漢水及嘉陵江爲主，漢水自沔縣以下，嘉陵江自略陽，白龍江由碧口以下，卽可通行民船。惟各河均係上游，岸壁高陡，谷深灘險，上溯極爲艱難，下駛危險特多，且載重量不多，故水運重要性不大。而以陸運爲主，横斷秦嶺、大巴山山地的南北通路，古代有交通線十三條，卽由本區穿過秦嶺者有八，自西而東依序，爲㈠隴上道❹㈡陳倉道❺㈢褒斜道❻㈣儻駱道❼㈤黑水道❽㈥子午道❾㈦鎭柞道❿㈧藍武道⓫，而由本區穿過大巴山者，亦有五線，卽㈠陰平道⓬㈡金牛道⓭㈢米倉道⓮㈣洋渠道⓯㈤任河道⓰，今日本區鐵路、公路大致仍多依循左道。如寶成鐵路（寶鷄——成都），卽沿隴上道和陳倉道而行，這是本區中惟一的鐵路，連絡川、陝二省的大道。川陝公路，是沿陳倉及金牛兩道而行。漢渝公路（漢中——重慶）是沿洋渠道。西荆公路（西安——荊紫關）沿藍武道。陝甘公路（陝西、鳳縣雙石舖——天水），沿隴上道。其他各道，將來開闢，當可促進各地的繁榮。

秦嶺漢水區的都市

㈠南鄭　舊名漢中，瀕漢水上游北岸，地當川、甘、鄂三省交通的要衝，為陝南第一大城，工商興盛，抗戰期間，西北大學曾設於其附近，故又為西北文化中心，近郊名勝古跡甚多。

㈡鳳縣　臨故道水上流，寶成鐵路上大站，川陝公路、陝甘公路，均交會於縣南雙石舖，其交通上的重要性，業已超過南鄭。

㈢武都　又名階州，地瀕白龍江上游，有公路南通碧口及文縣，東北可通成縣、徽縣，西北可通岷縣，為隴南交通要鎮。

❶山河堰：在褒城縣東，就是引褒溉田的灌溉渠。輿地紀勝云：「山河堰，本蕭何所創，相傳為蕭何堰，後乃語訛為山河。」此堰身廣二十公尺至十公尺，深六公尺，分水之堰，有數十處，大者亦廣三公尺以外，深至三公尺，每堰又各有小渠數十道，井井有條。

❷流珠堰：在南鄭縣南，是引廉水溉田的灌溉渠，廉水源於米倉山北麓，因坡陡流急，流水如珠，因名流珠堰。

❸班公堰：亦在南鄭縣南，是引冷水河的水而溉田的，城固、洋縣一帶，亦多堰渠，因為自蕭何創始以來，區內民眾，深知堰渠之利，蓄洩之方，所以漢中盆地多堰渠之利。

❹隴上道：是由廣元沿嘉陵江北上，經陽平關、略陽、徽縣，北出天水。

❺陳倉道：是由南鄭起，北沿褒河谷，經褒城、留壩、鳳縣、大散關，而至寶鷄（古名陳倉）為止，此道古稱秦

棧。

⑥褒斜道：由漢中（南鄭）北經褒谷口（褒城北），沿褒水北上，過秦嶺（太白山西麓），再沿斜水、五丈原，而至斜谷口，有斜峪關，而至郿縣。諸葛亮用兵，常沿此道。

⑦儻駱道：由洋縣北儻谷口起，沿太白山東麓，經佛坪，至渭河南岸盩厔縣南駱谷口入爲止（盩厔，讀如周至。山曲名盩，水曲稱厔）。

⑧黑水道：由石泉縣北過兩河口，入蒲河谷中越嶺，文公廟，沿黑水河谷下，至盩厔爲止。

⑨子午道：由洋縣東行，沿子午河谷，經寧陝北行，越終南山，入子口（子午鎮南），而達長安。三國時魏延曾欲由此道襲長安，爲諸葛亮所阻，言此道險阻，「中有石穴五百里」。

⑩鎮柞道：由安康起，沿漢水而下，至洵陽，北沿洵河，抵兩河關，然後北經鎮安、柞水，這是沿乾祐河谷，越秦嶺，至大峪口，北行至長安。

⑪藍武道：亦稱嶢柳道，是沿丹江由荆紫關而西北行的，經武關、商縣、藍關、藍田而至長安，此路是漢高祖入秦之道。

⑫陰平道：這是由隴南武都起，南經文縣，越摩天嶺，而至四川平武，沿涪江而下，可達江油、綿陽，此爲鄧艾入蜀之道。

⑬金牛道：一稱蜀棧，由漢中西沔縣起，經青羊驛、五丁關、寧強、校場壩、朝天關、廣元、昭化、劍閣，是即今之川陜公路所經之道路。

⑭米倉道：由漢中南沿廉水南行，越米倉山、巴峪關，而至四川的南江。此道頗爲險阻，爲陜川二省間道。

⑮洋渠道：由洋縣起，南經西鄉、鎮巴，越大巴山、竹峪關、萬源，而達渠江上游，此線即今漢渝（漢中——重慶）公路所經之道。

⑯任河道：由安康起，南沿任河谷入川，再轉循後江谷（渠江上游）而下，此道山高谷深，故極爲險阻。

作業

一、說明秦嶺漢水區的地理上，有何特色？
二、秦嶺南北地形上有何不同？
三、南鄭附近各縣，爲何水田特多？
四、秦嶺漢水區的交通情況怎樣？

第八章　南陽盆地

南陽盆地的地理位置

南陽盆地位於河南、湖北、陝西三省邊境，在地理上，是黃淮和江漢二流域間的重要分野，也是南北往來的大道。方城爲其北口，襄（陽）樊（城）則爲南口。近代雖因平漢鐵路開通，交通地位改變，但其地理位置仍具有重要性。卽用公路以南陽盆地爲中心，向三省開展，而對外可臻便利。

南陽盆地的地形

南陽盆地北側爲外方山及伏牛山，是秦嶺東延的山地，主峯彪池曼山，高度二千零八十四公尺，一般高度，均在一千五百公尺左右，是盆地中各河流的源地。盆地西側則爲武當山及陝豫邊境的新開嶺。高度亦在一千五百公尺上下。東側魯山、方山、桐柏山等，已成丘陵羣，不相連續，成坡平谷寬，具有老年期地形。南側大洪山，亦爲丘陵地，其主峯不過七百七十公尺。盆地高度在二百公尺以下，是一個陷落盆地。東西長約二百二十公里，南北寬約八十至一百五十公里，面積三萬九千餘方公里，全境以襄樊一帶地勢最低，漢水由西北來，經本區東南流注入長江，白河與丹江，均爲區內重要河流。白河源於伏牛山脈南麓，經南召、南陽，至襄陽東注於漢水，流長二百八十餘公里，有支流二，東爲唐河，源於方城北，南經方城、賒旗鎭、唐河，東南流至鄂境雙溝，注於白河。西爲湍河，源於內鄉縣北方山中，南經鄧縣、新

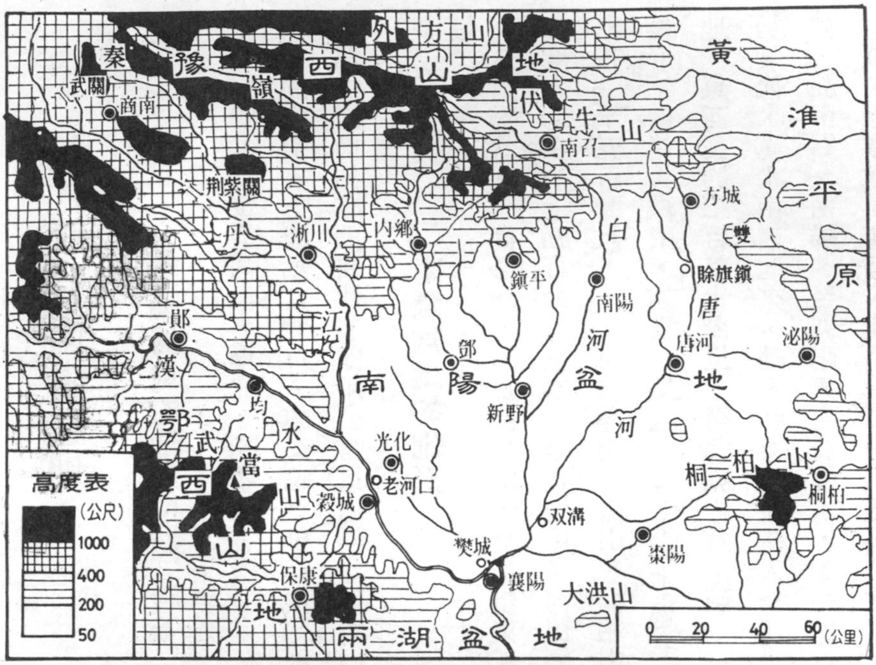

第五十八圖　南陽盆地地形圖

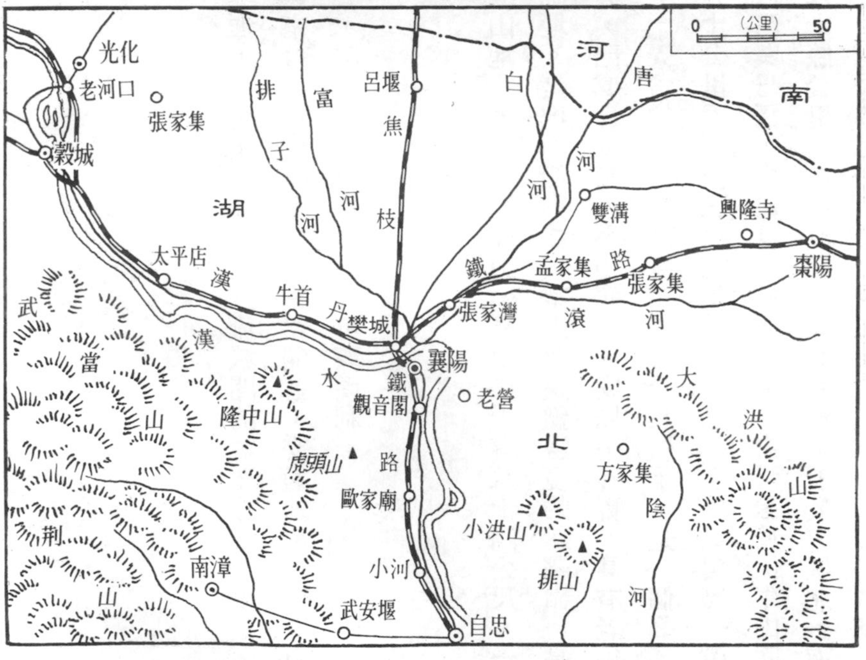

第五十九圖　襄樊形勢圖

野，而後會於白河。丹江源於秦嶺南麓，東南流入盆地西側，在湖北光化縣境，注入漢水。

南陽盆地的氣候

盆地的氣候，因地理位置及地形的關係，亦具有南北過渡的性質，盆地南部（襄樊一帶），尚爲副熱帶濕潤氣候，夏季高溫多雨，冬季乾燥，氣候上與漢中盆地頗相類似，盆地北部，則爲暖溫帶乾燥氣候，夏熱多寒，氣溫的年溫差，則較南部爲大，年雨量亦較南部爲少。雨量多集中於夏秋時間，六、七、八、九各月，爲雨季，其他時期則爲乾季。

南陽盆地的物產

南陽盆地，因屬過渡性氣候，故農業上，亦具有過渡性，南部漢水沿岸，夏季作物以稻米爲主，冬則小麥，北部白河流域，土質極肥，所產稻米，品質極佳，但產量不多，而以高粱、甘藷爲主，多季則以小麥爲主，故區內各地，麵爲人民日常主食，經濟作物，則以棉花及柞蠶絲爲重要，棉花產於漢水沿岸爲最多，襄陽、棗陽一帶爲其中心，柞蠶產於伏牛山南麓，是一種野蠶，放於柞樹上飼養，方城、南召、南陽、鎭平、內鄉等地爲柞蠶絲綢產地，所織絲綢，通稱南陽府綢。

南陽盆地周圍山麓，礦產種類很多，如南召附近產煤及螢石，螢石是製氟酸的重要原料，也是製特種玻璃的原料。荆紫關一帶產山金頗著名，而內鄉、淅川等縣境，產石棉很多，對於建築工業上應用頗廣。南陽附近，所產玉石，最爲著名，如點翠玉、羊脂玉等是。

南陽盆地的交通

南陽盆地，在我國鐵路未興建前，是南船北馬分途地區，自平漢鐵路通車後，交通地位雖有改變，但對於豫、鄂、陝、川間，仍具有重要性，襄陽、南陽是盆地中公路網的中心，如以襄陽爲中心，東南可通漢口，南至荊沙，西北可至安康、南鄭，北至南陽。而以南陽爲中心的，則東南可達信陽，東北至葉縣，可分達郾城、許昌。北經臨汝，可達洛陽。西經內鄉、淅川、荊紫關、藍關，而達陝西長安。西南則經鄧縣、光化，而分通陝、鄂二省。至於水運，則以漢水及白河爲重要，均可通行民船，唐河的賒旗鎮、白河的南陽、丹江的荊紫關，則爲民船航運的終點。

南陽盆地的都市

以襄樊及南陽二城爲主要：

㈠襄樊　襄陽和樊城，是漢水沿岸的雙子城，地當白河和漢水的會合點上，北爲樊城，南名襄陽。通稱襄樊，是南陽盆地水運總匯所在，又以地扼南北交通要口，故自古以來，即爲軍事交通要鎭，平漢通車後，繁華雖不若往昔，但因地位衝要，川鄂、焦枝二鐵路又交會於此，仍不失爲鄂北重鎭。

㈡老河口　居盆地西南，爲光化縣治，漢丹鐵路（漢口至丹江口）經此，是漢水上下游民船換船的轉運河港，公路東北通南陽，東南通襄樊，西北可達漢中，爲鄂、豫、陝三省間連絡的中心，故工商業頗稱繁榮。

㈢南陽　位於白河西岸，是南陽盆地北端貨物的集散中心，焦枝鐵路經此北上焦作，南下襄樊，公路四達，自古以來，即爲軍事、交通要地，南陽府綢是本地著名產品，可外銷各地。

作　業

一、參考書上插圖或一般地圖，試繪南陽盆地地圖一幅。
二、南陽盆地氣候的情形如何？試說明之。
三、南陽盆地內有那些重要物產？
四、襄樊與南陽，在地理上爲何重要？試概述之。

附錄：

一、中國大陸中共現行疆域圖之說明

我國土地面積約爲一千一百四十一萬八千餘方公里，中共發表面積約爲九百六十萬方公里，主要原因爲中共已將蒙古劃出域外，原因是蒙古於淸宣統三年及民國十三年先後受俄國鼓勵獨立，但我國均未承認。二次大戰末期（一九四五年二月）美國總統羅斯福，英國首相邱吉爾，接受蘇聯共黨頭目史達林的要脅訂定雅爾達秘密協定，並於同年迫我訂立中蘇友好條約，承認外蒙古獨立，但蘇聯始終不遵守條約義務，反而援助中共，擴大變亂，政府乃於民國四十一年向聯合國大會提出控訴並獲通過，四十二年我國立法院決議廢止該條約及其附件，並正式確認外蒙古爲我國領土。而中共在佔據大陸之初，依賴蘇聯甚多，爲對蘇聯示好乃承認外蒙獨立而使淪爲蘇聯的附庸。

二、中國大陸中共現行政區一覽

中共占據大陸後首先將首都由南京移往北京，並將大陸行政區域改爲二十三省（包括臺灣）、五個自治區和三個直轄市，並讓蒙古獨立。

二十三省分別是：河北、山西、遼寧、吉林、黑龍江、陝西、甘肅、青海、山東、江蘇、浙江、安徽、江西、福建、臺灣、河南、湖北、廣東、四川、貴州、雲南、海南島。

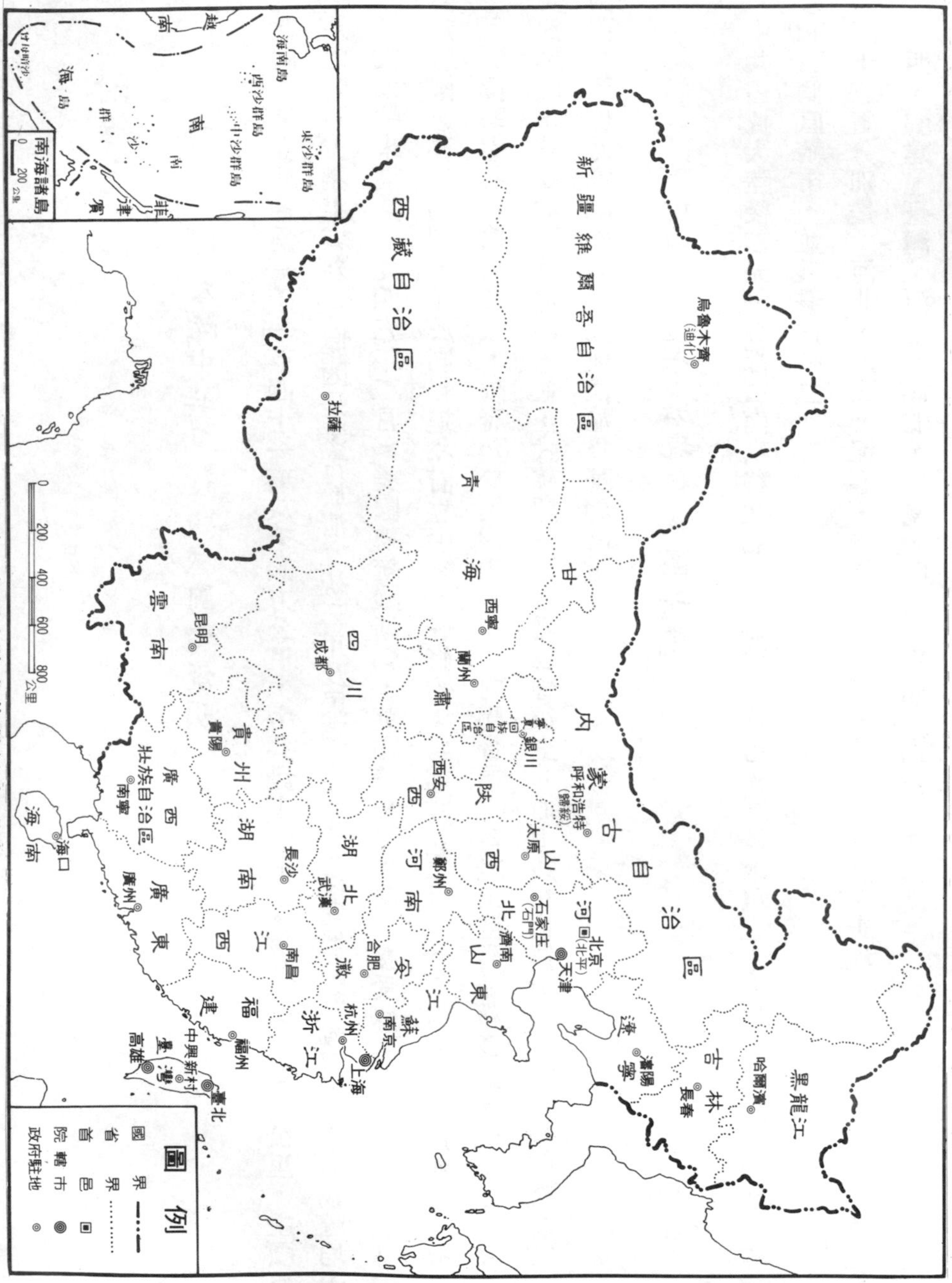

第六十圖　中國大陸中共現行政區圖

五個自治區則是：內蒙古、寧夏、新疆、廣西、西藏。

三個直轄市：北京、上海、天津。

大陸行政區域概況表（面積人口均據七十五年底之統計約數）

行政區域名稱	行政中心名稱	人口	面積（萬平方公里）
河北省	石家莊市	五、六一七萬	一九〇、〇〇〇
山西省	太原市	二、六五五萬	一五〇、〇〇〇
遼寧省	瀋陽市	三、七二六萬	一五〇、〇〇〇
吉林省	長春市	二、三一五萬	一八〇、〇〇〇
黑龍江省	哈爾濱市	三、三三二萬	四六〇、〇〇〇
陝西省	西安市	三、〇四三萬	一九〇、〇〇〇
甘肅省	蘭州市	二、〇七一萬	三九〇、〇〇〇
青海省	西寧市	四一二萬	七二〇、〇〇〇
山東省	濟南市	七、七七六萬	一五〇、〇〇〇
江蘇省	南京市	六、二七〇萬	一〇〇、〇〇〇
浙江省	杭州市	四、〇七〇萬	一〇〇、〇〇〇
安徽省	合肥市	五、二一七萬	一三〇、〇〇〇

江西省	南昌市	三、五〇九萬	一六〇、〇〇〇
福建省	福州市	二、七四九萬	一二〇、〇〇〇
河南省	鄭州市	七、八〇八萬	一六〇、〇〇〇
湖北省	武漢市	四、九八九萬	一八〇、〇〇〇
湖南省	長沙市	四、六九六萬	二一〇、〇〇〇
廣東省	廣州市	五、七八六萬	三二〇、〇〇〇
四川省	成都市	一〇、三二〇萬	五六〇、〇〇〇
貴州省	貴陽市	三、〇〇八萬	一七〇、〇〇〇
雲南省	昆明市	三、四五六萬	三八〇、〇〇〇
海南島	海口市	五六〇萬	三四〇、〇〇〇
內蒙古自治區	呼和浩特市	二、〇二九萬	一、一〇〇、〇〇〇
寧夏回族自治區	銀川市	四二九萬	六六、〇〇〇
新疆維吾爾自治區	烏魯木齊市	一、三八四萬	一、六〇〇、〇〇〇
廣西壯族自治區	南寧市	三、九四六萬	二三〇、〇〇〇
西藏自治區	拉薩市	二〇三萬	一、二〇〇、〇〇〇
北京市	北京市	九七五萬	一六、八〇七

上海市	上海市	一、二三三萬	五、八〇〇
天津市	天津市	八一九萬	一一、〇〇〇

註：呼和浩特即歸綏，烏魯木齊即迪化。

第五篇　北部地方

第一章　北部地方概論

北部地方的範圍，北部地方在行政區分上，包有山東、河北兩省全部，山西、河南、陝西、甘肅四省的大部，及江蘇、安徽、青海三省的一部。在地理區上，則爲山東丘陵、黃淮大平原、黃土高原及河西走廊四個地理區。全部面積一百十九萬方公里，占全國總面積百分之十點五，人口則約有三億之多，但各地人口的分布並不一致，以黃淮平原爲最多，山東丘陵及黃土高原次之，河西走廊爲最少，此乃受距海遠近，地形高低及雨量多寡之影響，而有此種現象的產生。

北部地方的地理位置

北部地方東濱黃海及渤海，北以長城爲界，西至玉門關及陽關，南以秦嶺、伏牛、桐柏、大別、淮陽山地等爲界，本區自古以來，是我國的心臟地帶，其地理位置可分爲二：

(一) **北控塞北，南接長江流域**　長城是北部地方的北界（長城長約二千公里，是人工大建築，東起山海關，西止嘉峪關），所經之處，不是丘陵，便是山嶺，而在其進出口的要地，均築成要塞，這是中華民族古代農牧地區的活動界線，也可看作一條天然的界線。本區南接的長江流域，是我國今日最富庶地區，自津浦、平漢、焦枝、寶成等鐵路通車後，南北來往，更為方便，海運亦較昔日運河時代為便利，故本區與中部地方的關係，更為密切。

（二）**東濱黃海、渤海，西接新疆及青康藏大高原**　黃渤二海所臨的地區，有河北、山東、江蘇三省，秦皇島、塘沽、天津、煙臺、威海衞、青島、連雲港等，是區內重要海港，對本區經濟的活動關係甚大。本區西部以蘭州為中心，是內地與蒙、新及青康藏大高原的交通樞紐，河西走廊，為歷史上著名的亞歐交通孔道，自隴海、蘭新鐵路通車後，東起黃淮平原，西至新疆，幾乎連成一體。其在交通上地位的重要，不言可知。

北部地方的地形

大致西北部為高原，向東南成階級狀低降，全域除河西走廊，因居烏鞘嶺西，介祁連山與北山間，成一地塹帶，均屬黃河流域。西部的黃土高原，則以隴西高原為最高，晉陝甘高原及豫西山地次之，廣大的高原，全部是被黃土所掩覆，黃河之水由黃土高原東流，在通過太行山及豫西山地間，水勢逐漸緩慢，而泥沙大量淤積，乃成黃土平原，因為黃淮流域沖積，故稱黃淮平原，地勢最低。山東丘陵居最東，地質時代為海中之大島，因黃河的沖積，始與黃淮平原相連。

北部地方的氣候

本區在北緯三十二度至四十二度間，其氣候顯然與中部地方不同，多季各月平均溫，均在攝氏零度以下，愈北愈寒，冬長達五個月（每年的十一月至三月），夏長南部可達四個月，北部只有三個月。至於雨量，則均集中於夏季六七八三個月，約占全年三分之二，南部多於北部，而東西雨量之差爲最大，例如山東丘陵在六百公厘以上，黃淮平原爲五六百公厘，黃土高原爲三四百公厘，河西走廊則不足二百公厘。本區雨量變率特大，因此區內水旱災特多，形成大規模的饑饉，造成社會上動盪，影響國本甚大。

北部地方的物產

本區冬季寒冷，霜期又長，因之生長季節，不及華南與華中之長，而農田由於雨水不足，多爲旱田，因此農作物與華中、華南亦有很大的不同，主要農產品是小麥、大麥、高粱、玉米、甘藷、黃豆、花生、棉花等，麥類與雜糧作物的普遍，是本區農業上最大特色。至於區內天然資源，則以下列爲最：

（一）**煤**　晉、陝兩省是我國煤儲量最富的地區，山東丘陵及隴山一帶，亦有煤分布，本區煤總儲量在二千三百億公噸以上，實爲我國的寶庫。

（二）**石油**　陝北與祁連山北麓，均以產石油而著名。華北平原及渤海沿岸亦有蘊藏。

（三）**金**　山東省爲大陸產金最多地區，省內招遠儲金量約二百噸，其他產金區尚有掖縣、辛庄、平度、靈山等地，多集中於山東半島之煙臺地區。

（四）**水力**　黃河水力，取之不盡，而以龍門、壺口爲最著。

北部地方的交通

本區交通，以陸運爲主，南北向的鐵路，有津浦、平漢、同蒲、包蘭等線，東西向的鐵路，有北寧、平承、平綏、正太、德石、膠濟、隴海等線。公路則與鐵路交織，代替昔時驛道縱橫。水運因境內各河流（如黃、淮、海河），皆因泥沙沈積，河床淤淺，不能通航，古人有南船北馬之說，卽是受此種地理環境的影響，此等河道，每當洪氾，卽易造成水災，人民爲求安居，常築堤防水。

北部地方的都市

本區是中華民族的發祥地，歷史上有所謂「逐鹿中原」者，中原卽指本區中的黃淮平原，區內古都四布，如堯都平陽（山西臨汾），舜都蒲阪（山西永濟），禹都安邑（山西南部），商都安陽（河南北部），周都鎬京（陝西西安附近），秦都咸陽、項羽都彭城（江蘇徐州），西漢及隋唐都長安陝西西安，東周、東漢、晉、北魏都洛陽，五代及北宋都開封，元、明、清三代都北平。一般講起中國有五大古都，卽西安、洛陽、開封、北平、南京，本區占其四，故本區在歷史上特具重要性。現在重要都市的分布，除上述四大古都外，均分布在陸運要衝點上，如清苑、石門、鄭州、太原、蘭州、濟南、徐州。此外海運要點上，如天津、青島、連雲港等也是大都市所在，是區內經濟活動的要地。

作業

一、試說明北部地方的範圍。
二、北部地方的地理位置，有何重要性？

三、北部地方的地形是怎樣的？
四、北部地方的氣候有何特色？
五、試述北部地方物產的大要。
六、北部地方的交通情形怎樣，試概述之。

第二章　山東丘陵

山東丘陵的地理位置

山東丘陵位於北部地方東部，山東省的大部，泰山、嶗山是丘陵的中心，丘陵地向東北伸出於黃海及渤海間，成爲山東半島，與遼東半島隔渤海海峽相望，西以運河爲界，而與黃淮平原接壤。渤海海峽寬約一百公里，爲渤海出入門戶，中有大小島嶼十五，羅列其間，稱爲廟島羣島❶，以長山島爲最大，戰略形勢極爲重要，故整個羣島劃爲海軍管理。

山東丘陵沿岸是岩石海岸，灣澳紛岐，故多良港，腹地遠及黃淮平原，海陸交通關係至爲密切。東隔黃海與韓國黃海道屬的長山串成犄角形勢，北隔渤海海峽與遼東半島相望，自然環境相同，因海洋交通方便，而人文關係上尤爲密切。

山東丘陵的地形

山東丘陵係我國古陸地塊之一，岩層古老，如片麻岩、花崗岩、結晶片岩等，泰山❷和嶗山二山地，隨處可見，因長期侵蝕風化，而成爲低丘廣谷，成爲老年期地形，全區地形，自東而西，可分爲四區，即膠東丘陵，膠萊地塹，膠西丘陵、及泰山山地，茲說明如下：

（一）膠東丘陵　位於山東半島最東部，平均高度不足五百公尺，嶗山是區內最高峯，在青島市東北，高一一三〇公尺，是由花崗岩構成，三面環水，聳立於黃海之濱，俗諺有「泰山雖云高，不及東海嶗」之說，可見其風景之美❸。域內丘陵，因久經侵蝕，故起伏不大，地形高低相差不及一百公尺，丘陵地山脈走向，大致成東北—西南，海岸屬下沈岩岸，故岬角港灣特多，惟境內河流，多短而流小。

（二）膠萊地塹　膠東及膠西兩丘陵間，爲一斷層陷落地帶，因北膠河流入萊州灣，南膠河流入膠州灣，兩灣相距約一百公里，故名膠萊地塹，由於地勢低平，兩河之間，曾於元代開築膠萊運河❹，以相溝通，現已淤淺，不能行船。

（三）膠西丘陵　本區在膠萊地塹以西，西側則以沂水、濰縣聯線爲界，區內地形和膠東丘陵相同，呈波狀起伏，高度在三百五十公尺以下，較高處亦不過五百公尺左右，均爲蝕餘殘丘。但日照縣西北的九佛山（高七八八公尺），膠州灣西側的珠山（高七〇〇公尺）則例外。

（四）泰山山地　這是濰縣、沂山、沂水、臨沂以西的地域，包括泰山、魯山、沂山、蒙山等山地丘陵。泰山主峰高出海面一、五四五公尺，爲山東丘陵最西及山勢最高處，風景奇偉雄麗。泰山古稱東嶽，爲五嶽之首，亦爲歷代帝王封禪之所。魯山位於泰山之東，在博山和蒙陰間，高一、〇八〇公尺，再東沂山高九九〇公尺，南部的蒙山，則高一、一五〇公尺，均以雄偉秀逸著稱於世。本區大致是一三角形的山地，岩層古老，斷層甚多，山間常形成許多小盆地，如臨沂盆地、萊蕪盆地、新泰盆地等，皆爲人口集中之處。

山東丘陵的氣候

山東丘陵位於北緯三十五度至三十八度間，三面臨海，氣候受海洋調劑，故夏季多雨而不甚熱，多季晴朗而較乾燥，但較華北平原其他地區溫和濕潤。夏季月平均溫在攝氏二十二度以上的月份，只有三個月左右，青島、威海衞，因之成爲華北著名避暑勝地，多季亦較內陸溫和，年平均雨量約在六百公厘，但迎風坡可至八百公厘，甚至可達千公厘以上，降雨時間，集中夏季，南坡較北坡爲多。臨沂、日照、棗莊等地爲多雨區，德州附近及黃河三角洲一帶爲少雨區。

山東丘陵的產業

（一）**農產**　本區農業生產，因受多溫低，生長季節不及中部地方長，而乾季又較長，故一年中很少栽種兩次作物，而成爲二年三穫制。夏季高溫多雨，極宜農作物生長，農民栽種高粱、小米、玉米、高粱、大豆、甘薯、花生、棉花等，秋收後則種小麥、大麥，經過多季雨雪的滋潤，春暖則蓬勃成長，春末夏初成熟收割，此種耕地多限於河谷低地。麥類與雜糧爲人民主食，小麥產量爲全國之冠，花生產量亦多約占全國五分之二。經濟作物則以煙草、棉花等爲主，棉花主要產區多集中於魯西、北平原，而以煙臺、濰縣、臨沂及益都爲主要產地。煙草則以臨朐一帶爲中心產地，均由青島外銷。其次是柞蠶絲，膠東丘陵的萊陽、海陽、文登、牟平、棲霞等縣，坡地多植柞樹，飼養柞蠶，煙臺則爲繅絲織綢的中心，所產山東府綢，行銷甚遠，雖不及桑蠶絲綢潔白，但能耐穿。近年坡地亦有種植茶樹者。

山東丘陵風化而成的土壤，因排水良好、加以氣候溫濕，適於溫帶果樹及蔬菜的種植，故萊陽的梨，即墨的葡萄、煙臺的蘋果、肥城的桃、樂陵的小棗、膠州的白菜，均爲名產。

（二）礦產　山東煤藏頗爲豐富，均爲煙煤，品質頗佳。淄川、博山一帶的煤礦，稱淄博煤區，嶧縣、棗莊一帶的煤礦，稱棗莊煤區，兩區煤礦儲量既豐，交通也便，極利開採，爲我國著名的煤礦區域，至於兗州、濟寧、滕縣等煤礦區煤儲量更達二百四十七億噸，爲優質煉焦煤，此外萊蕪、坊子等地，也是產煤的地區，故山東年產煤量常在二千萬公噸以上。鐵礦產於益都金嶺鎮，是赤鐵礦，含鐵成分達百分之八十五，儲量一千三百萬噸，因有膠濟鐵路運輸便利，且與淄博煤礦距離很近，爲一理想工業中心。而新發現的萊蕪鐵礦總儲量更達二・一億噸，實有利於山東鋼鐵工業的發展❺。石油則以位於黃河三角洲南部的東營市爲中心，是開採冶鍊石油的新興城市❻。金礦儲量亦豐，而以招遠的玲瓏山及乳山、黃縣、掖縣等地爲著名，產量之多則居全國之冠❼。此外福山的銅，淄博、棗莊的鋁土，萊西的石墨，泰安的石膏等，也都是山東丘陵的重要礦產。

（三）水產　山東半島三面臨海，沿海港灣有二十多個，復多島嶼，便於魚類廻游覓食，是良好的漁業基地，盛產魚蝦、海帶，而以鱈、鯛、黃魚、帶魚、對蝦等爲主，鱈魚之肝可製魚肝油，其鰾則爲筵席上的魚肚，頗爲名貴。漁港以掖縣、龍口、蓬萊、煙臺、威海衞、榮成、青島等處爲主，均有大批魚船在沿海作業，魚業之盛，冠於北部各省。河湖內亦多淡水魚蝦。

（四）鹽產　山東半島除夏季多雨，其他時期降雨甚少，海水含鹽分頗濃，極宜於日光晒鹽，北起掖縣，南至日照的沿海各縣，均爲產鹽區域，區內鹽業以膠縣爲中心，由青島輸出，稱爲青鹽，每年銷售日本、韓國、香港等處，是本區最重要的富源，產量也居全國之冠。

山東丘陵的交通及都市

山東丘陵的交通，是海陸並重，海運爲連絡渤海及黃海間重要地區，北洋航線，必須經過本區的青島和煙臺，尤其是青島，在海運地位上，特別重要，其他如龍口❽、煙臺、威海衞等處，都是區內人民移民東北的重要港口。陸運以津浦及膠濟兩鐵路爲主，而以藍煙、辛泰、磁萊等鐵路及公路爲輔❾。區內主要都市，均分布在沿海及陸路交通線上：

㈠青島市　爲一院轄市，位於膠州灣內，灣口寬三公里，灣內面積有一百九十七公里，是一天然良港，水深在二十七公尺左右，可容萬噸以上巨輪停泊，而且青島港多不結冰，港埠設備良好，年吞吐量達二千八百萬噸以上。又爲膠濟鐵路終點，市區風景極佳，有「東方瑞士」之稱。青島是華北著名的海港，工商業均極發達，而以紡織、榨油、機械製造及啤酒聞名於世。青島因夏季溫度不高，海濱有海水浴場，故又成爲旅遊避暑勝地。

㈡煙臺　因明代曾於此設烽火臺以防海盜故名煙臺，此港外有崆峒島，內倚硫磺山，形極雄勝，有藍煙鐵路與青島相通，港內水道深淺不一，影響船舶進出，故商務不及青島。近年因公路及防波堤，以及廟嶺港區的先後建築，已成爲山東的第二大港，故貿易甚有起色，並以漁業、釀酒及鐘錶工業出名。水菓則以蘋果、亞梨及桃聞名。

㈢威海衞　位於半島北側，與旅順南北對峙，共扼渤海門戶，劉公島橫列港外，爲一天然屏障，港內三面環山，自清代以來，即爲著名海軍要港。

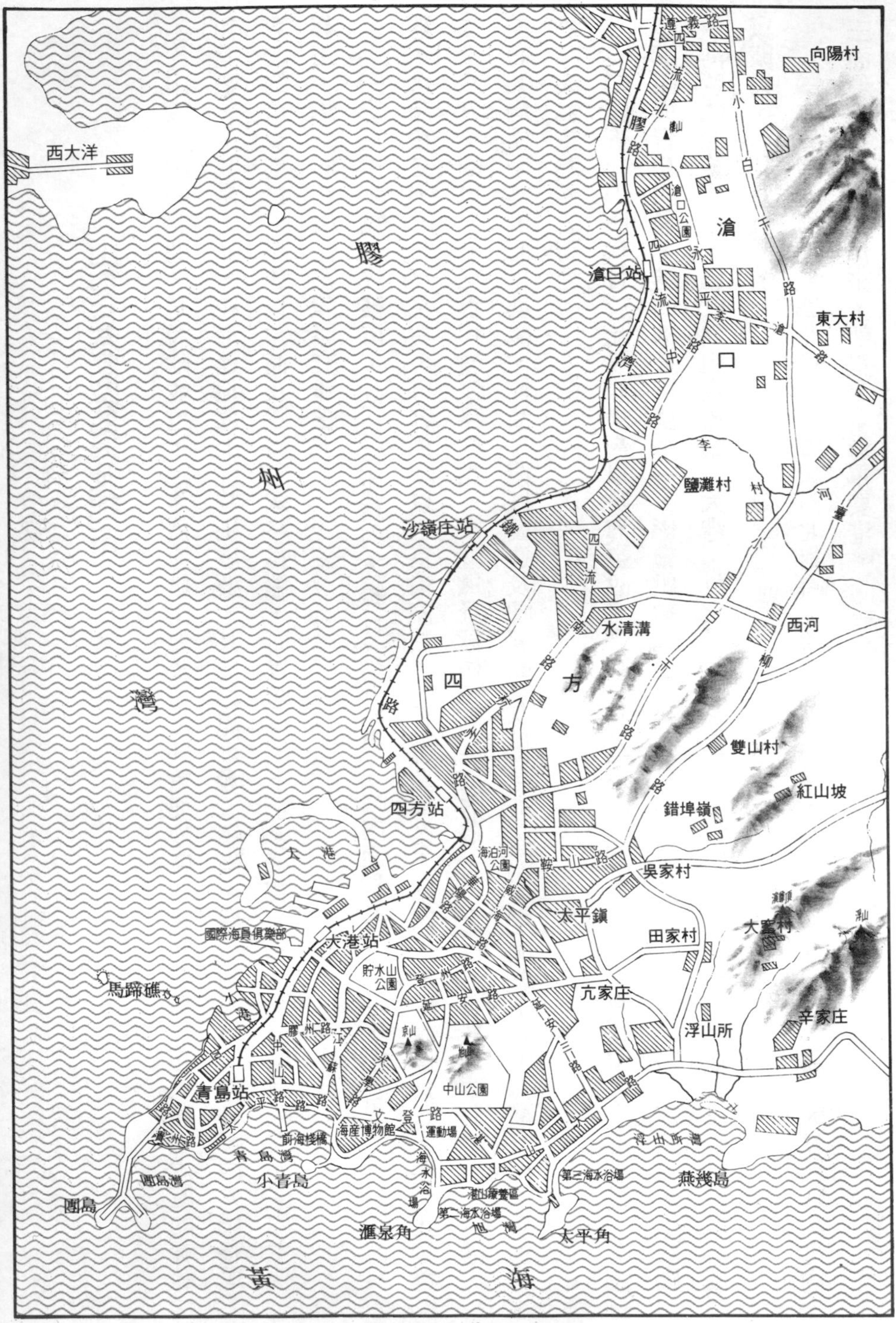
西大洋
向陽村
膠
州
灣
滄
口
滄口站
滄口公園
東大村
鹽灘村
沙嶺庄站
四
方
水清溝
西河
雙山村
紅山坡
錯埠嶺
四方站
海泊河公園
大港
吳家村
太平鎮
國際海員俱樂部
大港站
田家村
馬蹄礁
貯水山公園
亢家庄
浮山所
辛家庄
青島站
中山公園
海產博物館
運動場
前海棧橋
青島灣
小青島
團島灣
團島
浮山所灣
第三海水浴場
第二海水浴場
匯泉角
太平角
黃
海

第六十二圖　青島形勢圖

㈣濟南　是山東省會，以在古濟水南而得名，其地北枕黃河，南倚泰山，又當津浦及膠濟兩鐵路的交點，復以位歷山（千佛山）北麓，故有歷下之稱。因市郊岡巒起伏，水受山阻，積於地下，湧而成泉，有七十二泉之譽，尤以趵突泉最爲著名。城北大明湖，水泉碧波，風景清新，與城南的千佛山，均爲遊覽勝地❿。工業以機械、冶金、石油、化工、紡織、麵粉、造紙爲主。

㈤淄博　位山東省中部，地當膠濟鐵路與張博鐵路的交點，也是新興的工業都市，爲由博山、周村、張店、淄川、臨淄等五個地區所組成。附近的東營勝利油田、益都的鐵礦及淄博煤礦，對於淄博城的鋼鐵工業發展都極有幫助。淄博的工藝特產極爲有名，如周店絲綢、博山陶磁和玻璃料器。名勝古蹟則有古臨淄城遺蹟和齊王陵等。

㈥曲阜　在泰山南，爲春秋時魯國的國都，孔子的故鄉，孔子故居闕里在焉，是我國著名的古跡勝地。孔廟堂皇，林木參天，碑亭林立，規模極爲宏大⓫。南有鄒縣，則爲孟子故里。城東八里更有少昊陵。

❶ 廟島羣島：又稱長山八島，卽長山島、大竹山島、桑島、牽牛島、陀嶬島、城隍島、大欽島、猴磯島，而以長山島爲最大，面積二十方公里，南距山東半島最北的蓬萊縣，約二十公里，長山及大竹山、桑島等三島，位於北緯三十八度以南，餘均在三十八度以北。

❷ 泰山：在泰安縣北，史記貨殖列傳說：「泰山其陽則魯，其陰則齊」，因之泰山在我國春秋時代，是齊、魯二國分界的大山，山上石碑林立，古蹟文物尤多，其中岱廟與北平紫禁城及山東曲阜孔廟，同稱中國現存三大古宮殿

建築偉構，在歷史上，夙負盛名。泰山絕頂以觀日出、望雲海、瞰晚霞、眺黃河爲最勝。

❸ 史載秦皇、漢武均曾登臨嶗山，詩人文士如李白、文徵明、顧炎武輩也都曾遊歷此山，山上有宋代所建的太清宮道觀和多處勝景，清代撰聊齋誌異的小說家蒲松齡故居卽在其側，而青島啤酒也是以嶗山的礦泉水釀製的。

❹ 膠萊運河：在元代以前，船舶往來，都要經過山東半島成山角，而風浪很大，元世祖時乃於膠州及萊州間，卽南膠河與北膠河間，開築運河，使船舶可以通過，不僅避免風浪危險，且可縮短航程，在海運大開以前，頗具重要價値，將來如能拓寬河道，深度增至九公尺以上，使萬噸航輪，可以自由通過，在經濟上、交通上，當有重要影響。

❺ 萊蕪附近的鐵礦有三，卽①小官莊礦場，儲量八千七百萬噸。②張家窪礦場，儲量四百二十三萬噸。③港里礦場，儲量一億二千萬噸，以上三礦之總儲量則爲二億一千萬噸。

❻ 東營市：在黃河三角洲南部，卽大陸北方石油勝利油田的所在地，爲一以開採、冶煉石油爲主的新興工業城市。

❼ 山東爲大陸最大的黃金生產基地，據民國七十六年資料，卽有八個縣年產量超過萬兩，且其總產量已連續十三年在全大陸保持第一。乳山縣金礦之儲量爲二十公噸，爲大型富金礦。

❽ 龍口：在山東半島黃縣之西，爲一濱海市鎭，龍口西北有半島突出，山海環抱龍口灣，形頗優良，東北開禁時，魯人移民東北，年在十萬以上，有輪來往，山東特產龍口細粉，卽因之而著名於世。第一次大戰時，日本對德宣戰，攻青島不克，乃在龍口登陸，以拊德軍之背，而青島乃爲日軍所佔。

❾ 藍煙鐵路起自膠濟鐵路的藍村站，而至於煙臺。辛泰鐵路起自膠濟鐵路線上的辛店站，經萊蕪與津浦鐵路交會於泰安，西行止於湖屯。磁萊鐵路起自磁窰，經新泰以達萊蕪，並與辛泰鐵路相接。

❿ 千佛山：又稱舜耕山，相傳大舜曾耕於此山之下，位濟南市南二·五公里處，高二百八十五公尺。此山上有始建於隋代的「興國寺」，內有歷代碑刻、石雕、佛像，另有刻滿珍貴佛像的千佛崖，多爲隋代及北魏時期的石佛像，山亦因此而得名。在千佛山頂，可飽覽泉域風光。

⓫ 1.曲阜爲我國古都中之最久遠者，傳說炎帝神農氏自陳徙都於此，黃帝則自窮桑徙都於此，少昊卽位後亦遷都於

曲阜，故曲阜建城至今已有三千多年歷史。春秋時魯國曲阜故城在今曲阜東南，較今城面積約大七倍，凡二十平方公里，城東西約四公里，南北約三公里，城牆周長約十二公里，有城門十二座，宮殿建築更具規模，計魯國建都於曲阜者凡八百餘年。

2. 孔廟始建於孔子去世後之次年（西元前四七八年）爲魯哀公在孔子舊居所建，其後歷代均有擴建，乃有現今與王室宮殿形式大致相似之規模。孔廟建築前後共有九進院落，四百六十六間坊殿亭閣內堂，其中之奎文閣爲北宋時所建，歷七百年至今仍安然無損。大成殿則爲孔廟之中心，其南側之杏壇，傳爲孔子當年講學之所。聖蹟殿中更收藏有不少珍貴文物，整個孔廟面積則達二一．八公頃。

3. 孔林在孔廟北之泗水河畔，係孔子及其家族的墓園所在，總面積二百公頃，園內樹木有松、柏、銀杏之屬，歷代均有增植，至今約有十萬株，可謂古木參天，實乃我國最大的人工森林。

4. 碑林今存古代石碑約二千多方，如「孔廟」、「史晨」、「乙瑛」、「禮器」諸碑皆爲我國書法上之瑰寶。

作業

一、試繪一山東丘陵區地理圖。
二、山東丘陵的地形，可以分爲那幾區？
三、山東丘陵的氣候情況怎樣？
四、山東丘陵的礦產有幾，試分別說明。
五、青島與煙臺港，試作一比較。
六、濟南及曲阜，各以何著名？
七、淄博何以發展爲新興的工業城市？

第三章　黃淮平原（一）

黃淮平原的範圍

黃淮平原東臨黃渤二海及山東丘陵，北倚燕山（長城）而與東北、塞北兩地區相連接，西以太行山及豫西山地和黃土高原相連，南以伏牛、桐柏、淮陽山地、淮河而和江漢、江淮平原接壤。在行政區域上，則包括河北全省，山東省西部，河南省大部，江蘇及安徽兩省的北部。這個平原是由黃河、淮河、海河及灤河等，共同沖積而成，面積之大，僅次於松遼平原，但人口最多，文化最久，開發最早。本區在我國歷史上，一直居於重要地位，歷代首都，除在長安及南京外，大部均在本區，因此本區在政治上、經濟上、文化上，常居中樞地位。

黃淮平原的地形

（一）淮河流域平原　本區係由淮河及舊黃河沖積而成，淮河本流源於河南省境桐柏山麓，支流衆多，如潰、洪、汝、穎、淝、渦、澮等水，大多源於豫西山地，成平行注入淮河，淮河自安徽鳳臺以下，因本支流水道，均在沖積平原上，兩岸無山嶺爲之約束，故每當夏秋時期，常有水患，蚌埠以下，河身廣闊，在盱眙縣境入洪澤湖，再經洪澤湖東岸的高良澗，過蘇北灌溉總渠由扁擔港入黃海，全長約一千公里。

淮河水道自大禹導治獨立入海，歷二千八百年，無多大變異，但至南宋光宗紹熙五年（西元一一九四年），黃河在河南陽武決堤，於是黃河南流奪淮，淮河水患始見，由於黃河所携泥沙極多，歷六百餘年的長期淤積，因此淮河排水效能全失，在蘇皖境上瀦水而成洪澤湖。淮河現有河道，因河床淤高，已不能容納眾流匯集之水，夏季洪水期內，水流多由運河入長江，一旦江水也漲，淮水無從宣洩，淮域及運河沿岸各縣，遂均成澤國，皖北、蘇北同受其害，平均每五年，卽有一次嚴重水災，本區近七百年間，災荒頻仍，人民難以安聚樂業，水患實爲主因。所幸抗戰勝利後，黃河經全面整治入海後，可說已大致解決了淮河的洪泛的災害。

（二）黃河流域平原　黃河在上游、中游，或爲山地，或爲高原峽谷，坡陡流急，可受約束，不致爲害。祇有下游是沖積平原，坡度平緩，易於氾濫成災。這一段是從孟津以下至山東利津黃河口爲止，長約八百二十公里，是一片狹長的黃土沖積平原。黃河在鄭縣附近，高度不過一百二十公尺，距黃河口得六百四十公里，河床坡度，每百公里平均低降不足二十公尺，平均坡度祇有五千分之一，故極平緩，因此流速緩慢，而黃河含沙量又高，據統計黃河每年運搬泥沙量，約三億二千六百萬立方公尺，直接運入海中，約三分之一強，其餘均沈積於下游平原區，年可使地面增高四·四六公厘，一萬年可增高四四·六公尺，故黃河下游河床常高於兩側平原，如開封附近，高三公尺，下游更有高至六七公尺者。由於河床淤高，爲防氾濫，兩岸築隄防水，鄭縣以下，完全靠堤岸，南北兩岸堤長，達一千二百五十公里，由政府修築的堤稱堤，由民間地方興修的叫做埝，黃河大堤雖是土質，但很高大，通常高出水面五或六公尺，寬十餘公尺至四十餘公尺不等，堤上植柳以爲防護，遇急流多築衞堤以策安全。因堤愈築愈高，黃河不成眾水匯集之

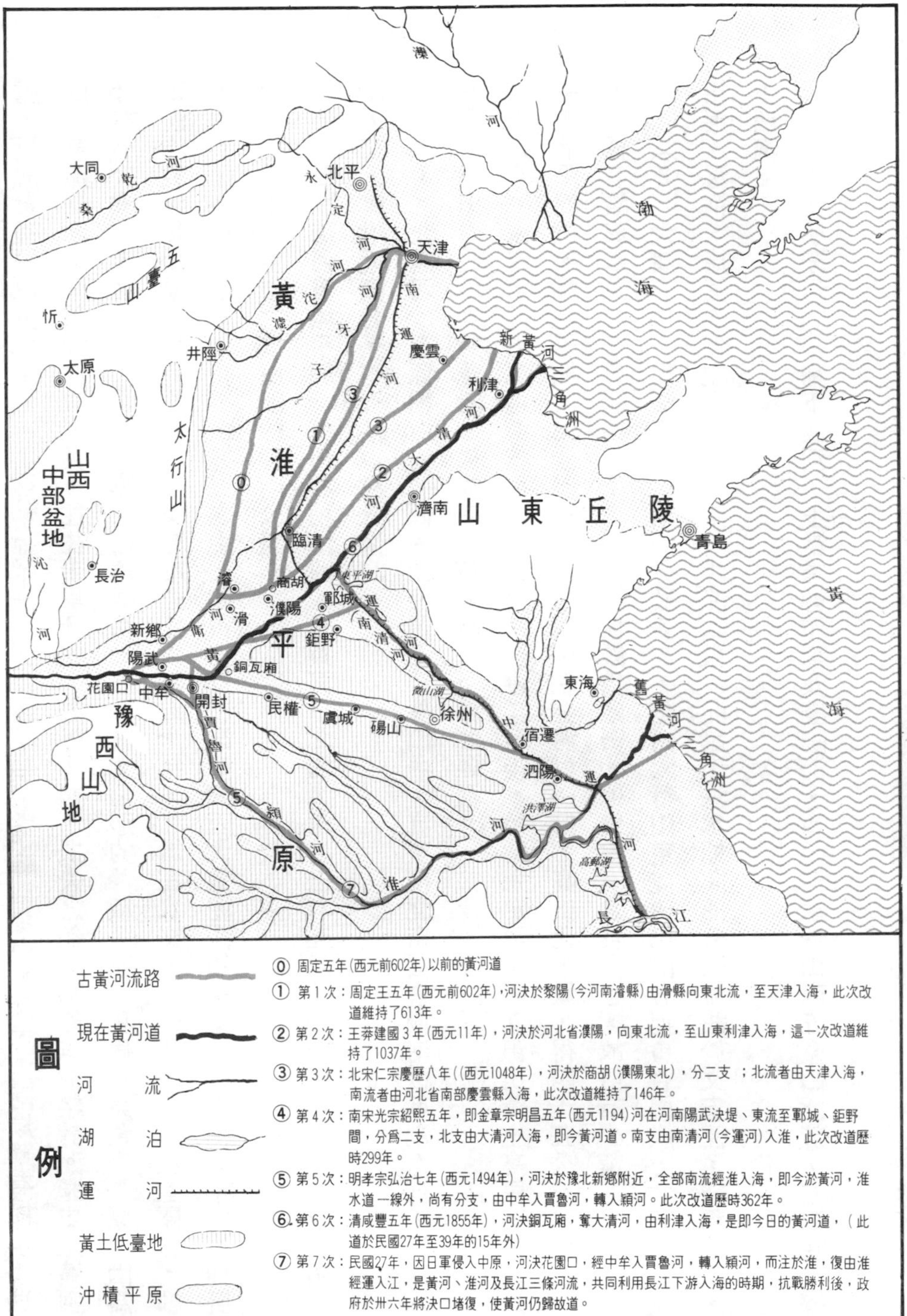

灤河
大同
乾
桑
河
北平
永
定
河
天津
五
臺
山
忻
太原
黃
沱
滹
河
井陘
牙
子
河
南
運
河
慶雲
新黃河
三角洲
利津
河
清
大
河
渤
海
太
行
山
山西
中部盆地
淮
濟南
山東丘陵
青島
臨清
長治
沁
河
濬
商胡
濮陽
東平湖
鄆城
衛
河
滑
運
南
清
河
新鄉
陽武
平
鉅野
黃
銅瓦廂
黃
海
花園口
中牟
開封
民權
虞城
碭山
微山湖
徐州
東海
舊黃河
三角洲
豫
西
山
地
賈
魯
河
中
宿遷
泗陽
運
洪澤湖
潁
河
河
原
淮
高郵湖
河
長
江
古黃河流路
現在黃河道
河流
湖泊
運河
黃土低臺地
沖積平原
圖例
⓪ 周定五年(西元前602年)以前的黃河道
① 第1次：周定王五年(西元前602年)，河決於黎陽(今河南濬縣)由滑縣向東北流，至天津入海，此次改道維持了613年。
② 第2次：王莽建國3年(西元11年)，河決於河北省濮陽，向東北流，至山東利津入海，這一次改道維持了1037年。
③ 第3次：北宋仁宗慶歷八年((西元1048年)，河決於商胡(濮陽東北)，分二支 ；北流者由天津入海，南流者由河北省南部慶雲縣入海，此次改道維持了146年。
④ 第4次：南宋光宗紹熙五年，即金章宗明昌五年(西元1194)河在河南陽武決堤、東流至鄆城、鉅野間，分爲二支，北支由大清河入海，即今黃河道。南支由南清河(今運河)入淮，此次改道歷時299年。
⑤ 第5次：明孝宗弘治七年(西元1494年)，河決於豫北新鄉附近，全部南流經淮入海，即今淤黃河，淮水道一線外，尚有分支，由中牟入賈魯河，轉入潁河。此次改道歷時362年。
⑥ 第6次：清咸豐五年(西元1855年)，河決銅瓦廂，奪大清河，由利津入海，是即今日的黃河道，(此道於民國27年至39年的15年外)
⑦ 第7次：民國27年，因日軍侵入中原，河決花園口，經中牟入賈魯河，轉入潁河，而注於淮，復由淮經運入江，是黃河、淮河及長江三條河流，共同利用長江下游入海的時期，抗戰勝利後，政府於卅六年將決口堵復，使黃河仍歸故道。

第六十三圖　黃河七次改道圖

處，反成黃淮平原分水地帶，由於黃河下游淤積迅速，而夏季降雨集中率又大，兩岸雖有堤防，洪汎期間，急流洶湧，常破堤決口成災，往往千里膏腴，盡成澤國，損失之鉅，不能以數字計。歷史上黃河大徙計有七次❶，黃河入海，北起天津，南達淮河，成一廣大扇形的沖積平原，我們稱爲黃淮平原，因爲二河下游均爲沖積平原，地形相同，而黃奪淮道達六百七十年，二者在水文上、土壤上及農業上關係，都十分密切。此一沖積平原仍在不斷擴展之中，如黃河口在渤海灣因大量泥沙的沈積，海岸仍逐年向外伸展，據估計每七年新生地之擴展即約達兩公里。

（三）海河流域平原　海河亦稱沽河，是黃河以北的大河，上有五源，分別自燕山及太行山兩山地下流，在天津附近匯合，至大沽口注入渤海。

（1）北運河　上源稱白河，源於熱河獨石口外山中，流至河北密雲會潮河後稱潮白河，潮河亦源於熱河西南山中，因水勢急湍如潮故名。在順義以下稱北運河。

（2）永定河　上源稱桑乾河，至察省南部會洋河後，始稱永定河。因其源出黃土高原，挾泥最鉅，一至北平西境，驟入平地，泥沙淤積，永定河床在金溝村一帶，高出北平城，得四十五公尺，所以一遇大汎，極易釀成水災，在蘆溝橋以下，兩旁築堤頗爲嚴密，但仍常有水災發生，故俗有小黃河之稱。

（3）大清河　一稱清水河，上源分岐多支，是由太行山東麓流出的各河會合而成，主要的支流有拒馬河、瀑河、唐河、豬龍河，各河集於西淀（白洋淀），洪水期間部分洪流注於文安窪，總稱淀水，也名上西河。

（4）子牙河　一稱下西河，上游有滹沱河及滏陽河，滹沱河源於山西五臺山北麓，二河在獻縣附近會合後，乃稱子牙河。子牙河和大清河合流後稱西河。

（5）南運河及衞河　衞河源出太行山南麓，會淇河、安陽河及漳河後，東北流至臨清，改稱南運河。（北流至天津）

上列五河在天津附近匯合，始名海河，由大沽口注入渤海。這些大河均源於黃土高原，挾泥甚重，下游坡緩流慢，自然成爲泥沙淤積所在，故洪汛期間，水災特多。

（四）灤河流域平原　北運河以東的地區稱冀東，是一個各河獨流入海區，不屬於海河流域，中以灤河爲最大，灤河源於熱河省西南境灤平及圍場兩地，縱切燕山、長城喜峯口，在灤縣以下分支流入渤海，形成一個圓弧形的灤河三角洲，其西的大清河口，就是北方大港預定地。

黃淮平原的氣候

本區位置南起北緯三十二度，北至北緯四十度半，南北所跨緯度有八度半，因之南北氣候差異很大。夏季氣溫相差不大，南北兩部概在攝氏二十度以上的月份，皆有五個月。但是冬季在南部祇有一個月，是攝氏零下，而北部則有三個月，不僅寒冷殊甚，且極乾燥。至於雨量，南部淮河流域，可得七百五十公厘，北部長城附近，則不足五百公厘，雨季概集中於夏季。本區又因背山面海的關係，溫度的較差，近海小而內陸大。全域的年均溫，則在攝氏十度以上。本區有一個特點是雨量變率大，這是本區水旱災多的重要因素之一。所謂雨量變率大，就是每年降雨量，或多至千公厘以上，少至一二百公厘，多則成潦，少則成旱。

❶黃河七次改道表：

第一次：周定王五年（西元前六〇二年），河決於黎陽（今河南濬縣）由滑縣向東北流，經臨清、天津入海，此次改道維持了六一三年。

第二次：王莽建國三年（西元十一年），河決於河北省濮陽，向東北流，至山東利津入海，這一次改道維持了一〇三七年。

第三次：北宋仁宗慶歷八年（西元一〇四八年），河決於商胡（濮陽東北），分二支：北流者由天津入海，南流者由河北省南部慶雲縣入海，此次改道維持了一四六年。

第四次：南宋光宗紹熙五年，即金章宗明昌五年（西元一一九四年）河在河南陽武決堤，東流至鄆城、鉅野間，分為二支，北支由大清河入海，即今黃河道。南支由南清河（今運河）入淮，此次改道歷時二百九十九年。

第五次：明孝宗弘治七年（西元一四九四年），河決於豫北新鄉附近，全部南流經淮入海，即今淤黃河，從地圖上看，當時入淮水道，由銅瓦廂，經民權、虞城、碭山、徐州、宿遷、泗陽一線外，尚有分支，由中牟入賈魯河，轉入潁河。此次改道歷時三百六十二年。

第六次：清咸豐五年（西元一八五五年），河決銅瓦廂，奪大清河，由利津入海，是即今日的黃河道，此道除於民國二十七年至三十六年的九年內曾有南徙外，迄今（西元一九八九年）已歷時一百三十四年。

第七次：民國二十七年，因抗日戰爭，日軍侵入中原，河決花園口，經中牟入賈魯河，轉入潁河，而注於淮，復由淮經運入江，是黃河、淮河及長江三條河流，共同利用長江下游入海的時期，對於長江河床，頗有影響，幸不久抗戰勝利，政府於三十六年將黃河決口堵復，使黃河仍歸故道。

作業

一、試述黃淮平原的範圍如何？

二、淮河有那些支流，何時被黃河所奪，影響怎樣？
三、黃河下游爲何淤高甚快？
四、海河是那五條河流匯合而成？
五、黃淮平原的氣候，南北兩部有何差異？

第四章　黃淮平原（二）

黃淮平原的物產

黃淮平原，面積廣大，土地平坦，土壤肥沃，開發耕作時間最久，本區由於多寒夏熱，雨量集中夏季，是一乾燥地區。區內除灌溉極便地方，可局部栽植水稻外，概爲旱作，多作普遍以小麥、大麥爲主，夏作以高粱、小米爲中心，並有玉米、大豆、甘薯、花生、芝蔴等雜然並陳。小米是區內最主要的糧食，較小麥尤爲重要，以河北、山東、河南三省境內產量爲最多。經濟作物則以棉花、大豆、花生、芝蔴、煙草等爲有名，棉花產地，分布極廣，海河流域最多也最著名，黃淮二域也是重要生產地，因之天津、保定、石家莊、鄭縣、濟南等地棉織業甚爲發達。大豆、花生是區內最重要的油類作物，除一部就地消費，尚有剩餘外銷。芝蔴亦是油類作物，以河南境內產量最多。煙草以產於河南許昌及山東濰縣一帶爲最著名。此外本區又爲我國主要的溫帶水果產區，如天津和碭山的梨、良鄉的栗，昌黎的葡萄、深縣的水蜜桃，都是馳名遠近，至於桃、杏、棗、柿、蘋果、核桃等生產也極爲普徧，多集中於天津。

黃淮平原的天然資源，至爲豐富，以下列七項爲主：

（一）**煤**　本區西北兩側，適居太行山及燕山的山麓地帶，自北而南，煤田連綿不絕，如臨楡的柳江、灤縣、豐潤間的開灤，宛平的門頭溝、房山的長溝峪及北安子、正太鐵路上的井陘，冀南的臨城及磁縣、安陽的六河溝、修武的焦作、葉縣北的平頂山，均為本區內的大煤礦，各煤礦區均築有輕便鐵路以運煤，並與北寧及平漢兩鐵路相連接，各煤礦中以開灤煤礦為最大，儲量五十一億四千萬噸。年產量則在一千萬噸以上，而且品質良好，以運銷上海為主，秦皇島為其吞吐港❶。本區未開發的煤田仍多，即使開採的，由於資金不足，機械設備不够，產量不多，但本區煤田豐富，實為境內最重要資源。此外淮陽山脈北麓，有淮南煤礦，是本區南部的大煤礦，位於壽縣東南舜耕山，所產之煤，大多供給京滬一帶的需用。

(二) 鐵　鐵礦則以唐山、邯鄲、龍煙一帶所產為重要。

(三) 石油方面　河北的任邱及天津以南均有開採，或稱之為河北油田。山東北部黃河三角洲地帶蘊藏更豐，主要分布於東營、惠民、德州、濰坊等地，是為勝利油田，年產量達三千萬噸以上。至於渤海海域內的埕北油田蘊量亦多❷。

(四) 鋁　鋁礦多集中在鄭州以西及寶豐一帶，產量甚高，鄭州且為大陸最大的鍊鋁工業中心。

(五) 水力　本區許多河流，均源於黃土高原，坡陡流急處，如能築壩建庫，攔水蓄洪，逐級開發，不僅增加農田灌溉，且可供水力發電之用，對於工商將有很大利益。灤河、永定、滹沱、子牙等河，均各可有水電數十萬瓩的產生，也是區內最重要的能源生產地帶。

(六) 鹽　本區瀕臨渤海及黃海沿岸，海灘平坦，雨量既少，日照又強，故成良好曬鹽產區，主要鹽區有三：

(1)長蘆鹽區　在河北省境內，其分布由東向西，以灤縣的石碑、寧河的蘆臺、天津的豐財三鹽場為主，中以蘆臺的產額爲最多，鹽質極佳，故成我國海鹽最著名的產地。

⑵羊角溝鹽區　鹽場分布於山東霑化及廣饒一帶，稱黃河沿岸鹽，因鹽產集散於羊角溝一地，故名羊角溝鹽，惟產量不多。

⑶淮北鹽　蘇北東海、灌雲一帶，鹽田接近海岸，係天日曬鹽，鹽色白而有光，產量尤豐，是我國海鹽主要產區。

（七）漁業　黃淮平原沿岸多沙岸，是底棲魚類的迴游及繁殖地帶。黃海沿岸的東、西連島，係著名漁港，漁汛旺盛時，山東漁船悉以該處爲根據地。渤海沿岸，自四月下旬至五月間，各種魚類俱來渤海迴游並產卵，是漁汛最旺期，俗有「滿江紅」之稱。主要漁產爲黃花魚、帶魚、鱈魚、鯛、鯖、鰈、鮒、蝦、蟹、貝、藻等。

黃淮平原的交通

本區的交通，因水運限於局部，故以陸運爲主，陸運以鐵路爲骨幹，公路爲輔助。玆分述之：

（一）鐵路　本區鐵路的建築，僅次於東北，北平是本區鐵路的樞紐，天津、德州、濟南、徐州、石門、新鄉、鄭州，都是鐵路的交點。鐵路可分二縱線和三橫線：

A、縱線：可分東西二線，東線卽津浦鐵路，可與北寧、德石、膠濟、隴海諸路相交。西線平漢鐵路，可與北寧、平熱、平綏、德石、正太、道清、隴海等路相連接。

B、橫線：可分北、中、南三線、北線以北寧及平綏二路爲主，是溝通東北及西北的幹道。中線以正太、德石、及膠濟三路爲主，南線是隴海鐵路。這三條橫線，都有出海港，與縱線相交，而成網狀路。

（二）**公路**　本區公路建築，亦很發達，冀省的唐山、盧龍、遵化、清苑、任邱、石門、南宮、曲周，魯省的德州、惠民、聊城、滋陽（兗州），豫境的許昌、洛陽、開封、新鄉、商邱、周家口，皖北的阜陽、蒙城，蘇北的徐州、東海、宿遷都是公路中心。

水運分海運及河運兩種，限於一部，如海運祇有秦皇島、天津及連雲三港，可通國內外。河運雖有淮、黃、海三河，一般可通行小木船或小汽輪，也祇有一段，與華中、華南的水運暢通情形不能相比，故本區陸運特別發達。而鐵路公路缺少地區，則多以馱獸與騾馬大車，代替了民船航運。

黃淮平原的都市

本區都市除海港都市，多分布在陸道要衝上，茲分別將重要者分述如下：

㈠北平市　位於黃淮平原西北隅，北寧、平綏、平承、平漢、平通、豐沙等鐵路交會於此。遼、金、元、明、清諸朝也均建都於此計有八百多年，是我國著名古都之一。現爲院轄市，人口九百八十萬以上，在我國政治上、交通上、文化上、工業上，均占有極重要的地位。北平的工業以鋼鐵、機械、紡織、化工等爲有名；而古蹟名勝所在地特多，且建築非常雄偉，世所罕見，如天壇、故宮、頤和園及郊外的明十三陵和八達嶺長城等。

㈡天津市　也是院轄市，兼海港都市，地當海河及北寧、津浦、津薊、京秦等鐵路之衝，是北方第一大商港，人口八百二十萬，商圈範圍很廣，遠及西北、東北各省。工業也發達，以石油、冶金、化工、機

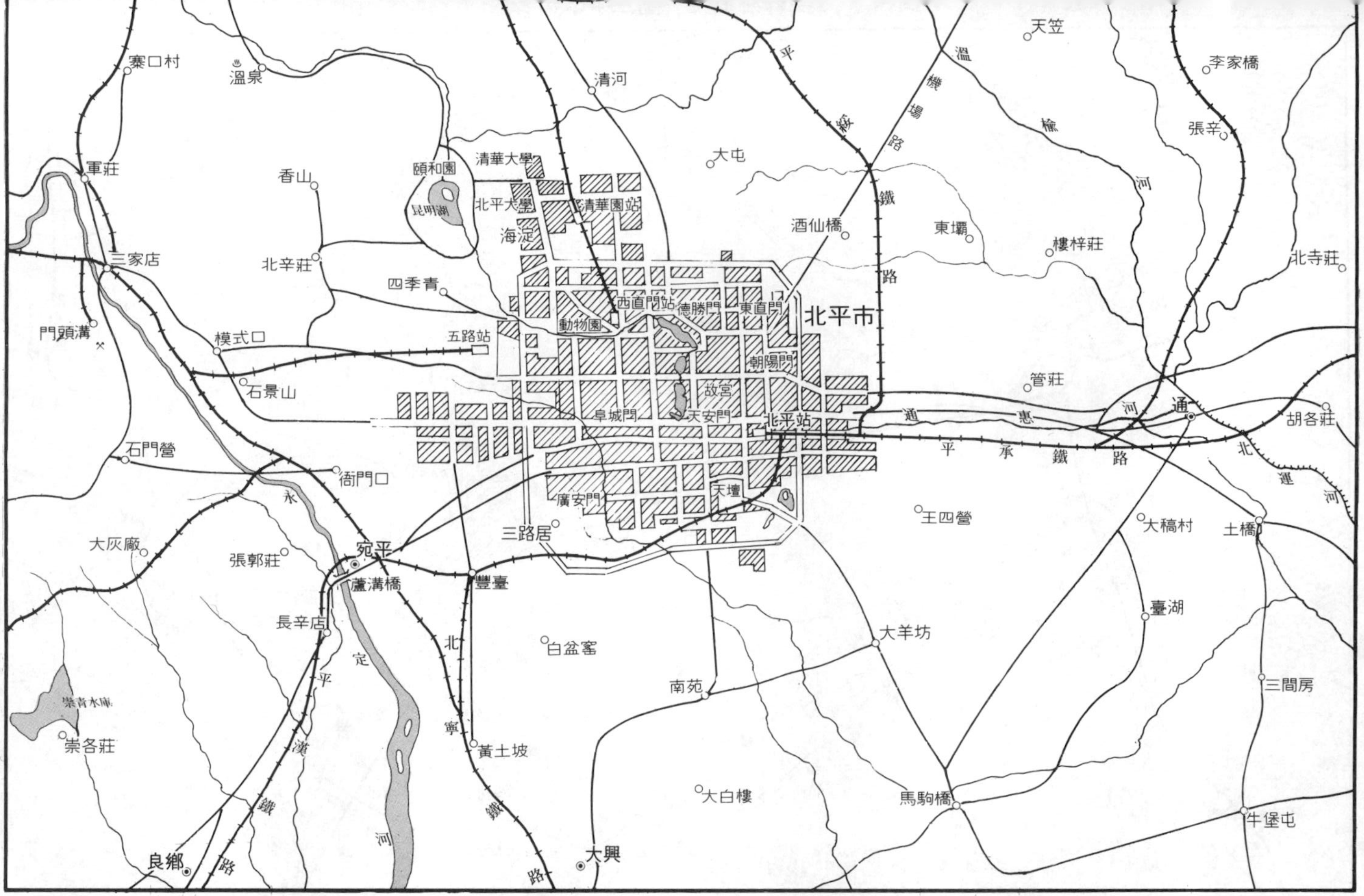
寨口村
溫泉
清河
天笠
李家橋
張辛
軍莊
香山
頤和園
昆明湖
清華大學
北平大學
清華園站
海淀
大屯
酒仙橋
東壩
樓梓莊
北寺莊
三家店
北辛莊
四季青
西直門站
德勝門
東直門
北平市
門頭溝
模式口
五路站
動物園
朝陽門
石景山
故宮
管莊
阜城門
天安門
北平站
通
胡各莊
石門營
通惠河
平承鐵路
北運河
平綏鐵路
機場路
溫榆河
倚門口
天壇
永定河
廣安門
王四營
三路居
大稿村
土橋
大灰廠
張郭莊
宛平
盧溝橋
豐臺
長辛店
北寧鐵路
平漢鐵路
臺湖
大羊坊
白盆窰
三間房
南苑
崇青水庫
崇各莊
黃土坡
大白樓
馬駒橋
牛堡屯
良鄉
大興

第六十四圖　北平形勢圖

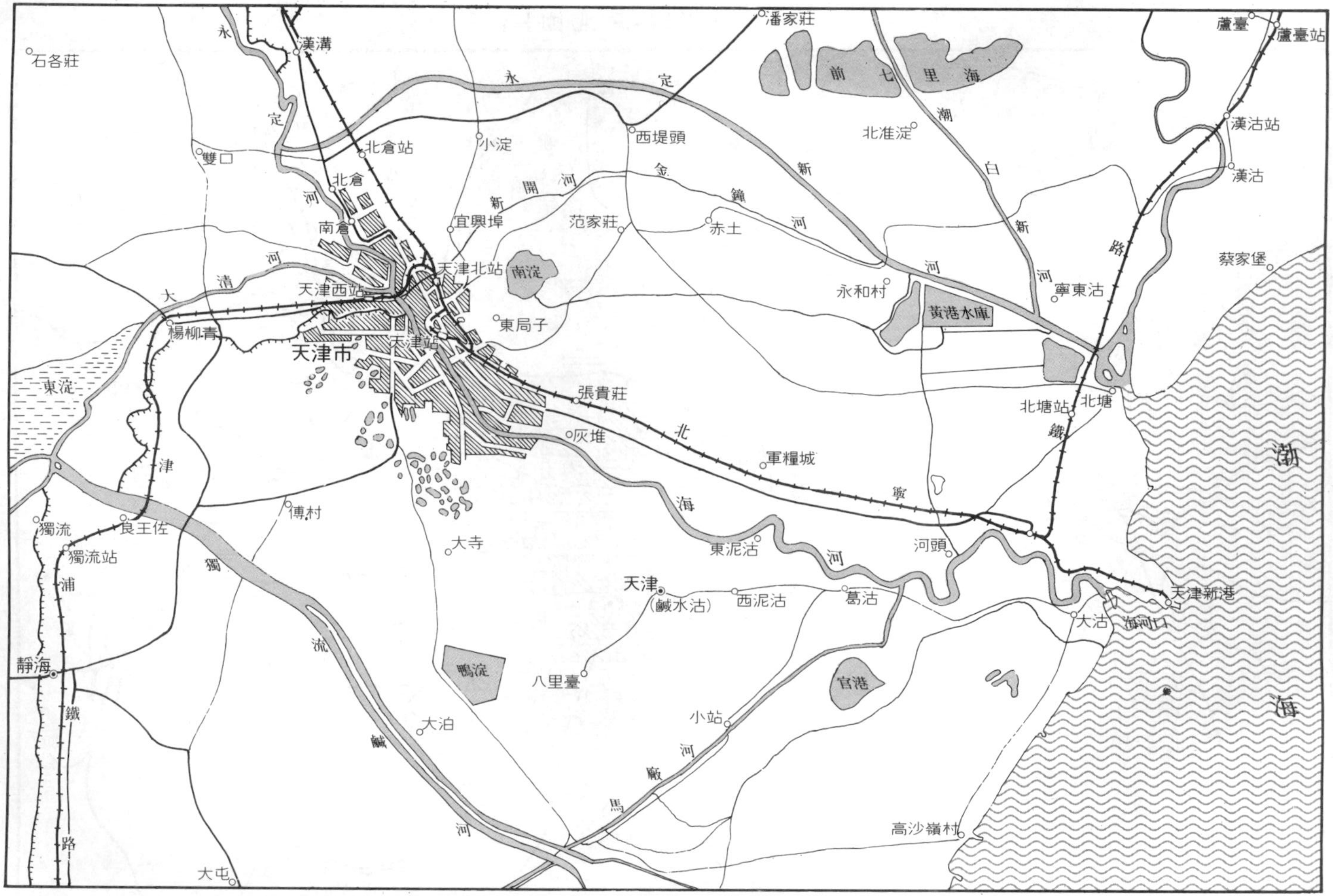
石各莊
漢溝
永定河
雙口
北倉站
北倉
南倉
小淀
西提頭
潘家莊
前七里海
北淮淀
潮白新河
蘆臺
蘆臺站
漢沽站
漢沽
新開河
金鐘河
宜興埠
范家莊
赤土
天津北站
南淀
大清河
天津西站
楊柳青
天津市
天津站
東局子
東淀
永和村
黃港水庫
寧東沽
蔡家堡
北塘站
北塘
張貴莊
灰堆
軍糧城
北寧鐵路
津浦鐵路
傅村
大寺
獨流
良王佐
獨流站
獨流減河
海河
東泥沽
河頭
天津
(鹹水沽)
西泥沽
葛沽
大沽
海河口
天津新港
靜海
鴨淀
八里臺
官港
大泊
小站
馬廠河
高沙嶺村
大屯
渤海

第六十五圖　天津形勢圖

械、鋼鐵、造船、紡織、麵粉等工業爲盛，而天津地毯及五加皮酒也是暢銷商品。天津港最大缺點是河港，泥沙容易淤積，影響海輪進出，且多季結冰，故築有塘沽新港爲其外港，以減除上述二大缺點。新港內水深八公尺，可容五萬噸以下船舶，年吞吐量在二千八百萬噸以上❸。

河北省境內重要都市

㈠清苑（保定） 是河北省會，位於平漢鐵路及大清河會合處，與平、津形成鼎足，也是河北中部農產品的集散地。工業以紡織、機械、造紙、化工爲發達。

㈡唐山 在北寧鐵路上以開灤煤而興起，其後水泥、玻璃、紡織、化工、電子、鋼鐵、機械、陶瓷等工業，亦相繼成立。民國六十五年唐山曾毀於地震，現已重建爲一重工業城市。

㈢石門（石家莊） 在平漢、正太、德石三鐵路交會點上，是河北平原和山西高原的貨物集散中心，其地自古卽有「燕趙咽喉，南北通衢」之譽。因接近井陘煤礦及棉產區，故電力、機械、化工、鋼鐵、紡織等工業，頗爲發達。石門的古蹟名勝有趙州橋、隆興寺、蒼岩山等，而市西七十公里的平山更有聞名的中山王國遺址，爲考古重大發現之一❹。

㈣邯鄲 在河北省南部，爲平漢鐵路上的要站，自古爲繁華勝地，戰國時爲趙國都城，以西有太行山蘊藏煤、鐵豐富，現已發展成爲鋼鐵工業都市。市東北有趙王陵及叢臺勝跡，爲趙武靈王練兵賞樂之所。

㈤秦皇島 位河北的東北端，是我國北方著名的天然良港，港域深濶，終年不凍。港市則包括海港、山海關❺及北戴河海濱三區。秦皇島目前是我國北方石油和煤炭的重要輸出港，港口年吞吐量約五千萬噸以上。工業以機械、玻璃、耐火材料爲主，水產也很興盛。山海關是觀光長城的勝地，北戴河海濱則是聞名的避暑休閒之處。

河南省境內重要都市

㈠開封　位於隴海鐵路上，北距黃河僅二十公里，是河南省會，爲我國著名古都之一，春秋時代鄭莊公在此建都，取其「開拓封疆」之意而得名，其後戰國時大梁、五代梁、晉、漢、周及北宋均曾建都於此。以大相國寺、鐵塔、繁塔、龍亭及觀星臺等古蹟最爲著名。

㈡洛陽　是豫西山地及黃土平原交錯地，伊洛二水貫流其中，隴海路及焦枝鐵路在此相會，公路四通八達，並有黃河公路大橋貫通黃河南北兩岸，實爲一形勝地。東周、東漢、曹魏、西晉、後魏、以及隋和後唐，均曾在此建都，也是中國著名古都之一。城東白馬寺，爲東漢時古刹，是我國第一座佛寺，曾爲唐玄奘駐錫譯述佛經之處，城南伊闕石窟，是我國三大佛教石窟之一（敦煌及大同）。

㈢鄭州　居洛陽與開封之中，是我國歷史古都，位於平漢及隴海鐵路交會處，交通地位極爲重要，鄭州爲河南最大工業城市，有機械、冶金、煤炭、電纜等工業，而以紡織爲最著，商業也盛。市內有商代城壁遺跡，爲距今三千五百年前古物。

㈣安陽　豫北大城，其西小屯村，爲殷墟所在，是商代的都城，考古學者在此曾掘出許多古器物及甲骨文資料，也是研究我國古代史最重要的地方。

江蘇省內都市

㈠徐州　在蘇省北部，是隴海及津浦兩鐵路交會處，自古以來卽爲軍事要鎭，其地秦、漢時代稱爲彭城，西楚霸王項羽曾於此建都。徐州除工商業興盛外，煤產亦豐。其城南有雲龍山，上有放鶴亭，爲蘇東坡名作「放鶴亭記」之所本❻，與化寺石佛，則爲北魏雕刻。

㈡連雲港　卽連雲市，此港位於江蘇東北黃海之濱，瀕海州灣，因前有東、西連島，後有雲台山而得名。爲隴海鐵路終點，形勢優良，且腹地廣大，港灣建設亦佳，四萬噸級海輪可自由進出，年吞吐量達一千五百萬噸以上，故將來新建廟嶺港區工程完成後，其發展極有可觀。附近沿海一帶又爲著名的淮北鹽場，年產原鹽一百八十萬噸。

山東省內都市

德縣　位山東省西北，地當津浦及德石兩鐵路的交點，並有大運河經過市區，是魯省著名城市。德縣因近郊有豐富的煤礦和鐵礦，已發展爲新興的工業城市，鋼鐵、機械、化紡均稱發達。

❶　秦皇島：在山海關西南，實係一半島，而並非島嶼，呈指狀分歧，港灣位於兩地股間，面積不大。爲一小型深水港，因不濱河，故無泥沙淤積現象，低潮時水深亦在六公尺以上，又不結冰，冬季爲天津港的代用港，平時開灤煤及臨榆煤的輸出港。附近金山嘴，有北載河海濱，風景極美，是河北省最有名的海水浴場及避暑勝地。

❷ 勝利油田：是僅次於大慶油田的大陸第二大油田，民國七十七年該油田產量爲三千三百萬噸，已探明油氣蓄集質量有十二億噸，每平方公里石油儲蓄量爲四四・八噸，居全大陸之冠。至渤海海域已探明之石油地質儲量則爲二・七億噸。以上資源如能善加利用，則有益於華北地區之經濟發展，自可想見。

❸ 天津港：主要由塘沽、新港及海河河港三部分組成，而以新港爲主，新港爲海港，地當海河入海口的北岸，港口由南北兩防波堤環抱，主航道全長二十七・三公里，底寬一百五十公尺，五萬噸級船舶可乘潮入港，萬噸級船則可雙向航行，並擁有碼頭四十座，港區內有多條公路與連接港口的楊北、津北、津塘、津沽等公路形成完善的公路運輸網。

❹ 1. 趙州橋一稱安濟橋，建於一千三百多年前，係隋大業年間（西元五九〇—六〇八年）所造，在石家莊東南之趙縣境內，爲世界上最早的石拱橋，全長五〇・八二公尺，寬九・六公尺，弧形高七、二三公尺，兩端各有兩個小拱門。此橋不僅造形優美，而且設計精巧，實爲世界古橋樑建築中之瓌寶。

2. 隆興寺俗稱大佛寺，爲隋開皇六年建（西元五八六年）在石家莊北的正定縣內，寺內有宋朝開寶年間（西元九七一年）所鑄，座高二十二公尺的四十四臂千手觀音佛像，爲我國古代鑄銅藝術之傑作。寺內尚藏有歷代碑石、佛像及明代壁畫。

3. 蒼岩山位石門市西南七十里，爲太行羣峯中第一名山，山崖上景色極佳，有隋代所建的福慶寺，傳爲隋煬帝女南陽公主歸依之所。

4. 河北平山縣發現的戰國時期中山王國遺址，包括有春秋戰國時代的蒲吾城和另外二座古城，中山國王的大墓卽在古城中掘出，其隨葬物之精美豐富，如金銀鑲錯器、十五連盞燈、四鹿四龍方案及各種玉飾等，堪稱無不令人嘆爲觀止的藝術珍品。

❺ 山海關：在長城的最東端，以北有燕山，南有渤海而得名，號稱「天下第一關」，城牆高十四公尺，厚七公尺，全長四公里，形勢極其雄偉。

❻ 相傳北宋時隱士張天驥居雲龍山中，朝夕放鶴爲樂，蘇東坡時任徐州太守，與相友善，特爲操筆作「放鶴亭記」

以誌其事。今亭東有碑廊十間，皆明清歷代碑刻，頗多書法佳蹟。

作業

一、試述黃淮平原的重要物產有那些？
二、黃淮平原中的煤礦，以那些最爲著名，試概述之。
三、黃淮平原的鹽產分布如何？
四、黃淮平原的鐵路分布怎樣，試簡述之。
五、黃淮平原的公路情形怎樣？
六、北平及天津各有何重要性？
七、清苑、唐山、石門、秦皇島各在何處，有何特色？
八、開封、洛陽、鄭州、安陽、徐州、邯鄲等地，各有何重要性？

第五章　黃土高原

第一節　黃土高原的特性

範圍

黃土高原在長城以南，太行山以西，秦嶺及伏牛山以北，西至烏鞘嶺，西傾山（甘肅、青海）。在政治區域上，是包有山西全省、河南省西部的山地，渭河流域以北的陝西，以及甘肅省的大部，青海省東北部的一小部分。這種黃土高原的生成，主要由於風力，來自中亞及我國蒙古和新疆這一帶地方的細土泥沙，因強大的西北風吹來而堆積成的，因直接是由於來自黃土的生成地，故稱原生黃土。而在本區由於雨水侵蝕及河流沖積，再行沈積於平原的黃土，則稱爲次生黃土，前章所講的黃淮平原，卽是次生黃土。

黃土的特性

黃土是蒙新高原及中亞一帶的岩石，因風化作用而形成的細沙粘土，含鈣質極豐，被風吹至黃土高原上沈積，其厚度各地相差很大，如陝北延長、綏德一帶，可厚達三四百公尺，薄處也有二三十公尺，而南北坡間的厚度，也有不同，大致北坡深厚，南坡較淺，高原上是原生黃土，但高原上的切割河谷盆地，則爲次生黃土。黃土含有鹽基性，故粘集力特強，黃土成分單純，不含沙石，全是一致細塵，分子間具有毛細管，性質疏鬆，極易爲雨水滲透或溶蝕，但因區內乾燥，雨水不多，因此黃土壁可以壁立，高達數十公尺，亦不會坍倒。此種黃土壁散布各處，均爲河川所切割，形成峽谷狀態，道路每沿此種谷道而行，區內居民常在這些黃土壁挖成洞穴，稱爲窰洞，多暖夏涼，頗適於一般家庭居住；古人所稱：「上古穴居野處」，與此頗合。

黃土高原的景觀

黃土高原上，除少數廣濶的川谷外，餘均爲廣大的分割高原，但其中也有狹長陡峻的溝谷，和切割很深的臺地，還有同高原相差數百公尺的平川。若一登高原上，舉目四望，則四周平野浩廣，而不知其下尚有深溝低谷存在。如入川谷，則見土山高障，谷深崖峭，置身其間，亦不知其上，尚有坦平廣大的高原。高原上車馬往來，極爲方便，但若有一溝之隔，則不便殊甚，因溝谷兩岸相距，雖祇有幾十公尺或幾百公尺，但其深度則自數十公尺至二三百公尺，兩岸間無法架橋，欲越一溝，實費時而又費力。故行旅者不患路程長，而患溝谷多。

黃土高原

黃土高原的厚度，雖然厚度祇有二三十公尺至三四百公尺，照理說不能稱爲高原，但是本區原有的高度就很高，再加上黃土的厚度就更高，故黃土高原的含意，應該是黃土層沈積的高原。若從黃土層講，當稱爲黃土原，實際上本區居民，早就稱這種表面廣大而平坦的黃土叫做原，例如山西的太原，陝西省的三原，甘肅隴山以東的海原、固原、鎭原各縣名，均是由於當地的黃土原而得名的，至於臨近河川的則稱源，如山西的渾源、河南西北的濟源、甘肅的渭源。至於市鎭叫原的則不勝其數，如陝境宜君縣的雷原鎭、澄城的馮原鎭、鄜縣的姚原、延長的趙家原，他若諸葛亮逝世的武功五丈原、漢周亞夫屯兵的細柳原，這都是歷史上著名稱原的地方，事實上陝人認高而平坦的地形，均稱爲原。

作業

一、黃土高原的範圍，是包括那些地區？
二、原生黃土和次生黃土是如何區別的？
三、黃土的特性是怎樣的？
四、試舉出黃土原的含意及著名稱原的縣鎭。

第二節　山西高原及豫西山地

山西高原及豫西山地的地理位置

(一) 本區東接黃淮平原，西鄰陝甘高原，而以太行山及黃河爲其分界線，其間井陘、潼關諸險，自古卽爲往來通道，今日的正太、隴海兩鐵路，仍以東西交通上的要道著名。

(二) 北控塞北，遠及大漠，南連南陽盆地。山西內長城，是農牧的分界，也是歷史上北方遊牧民族南侵的要地，雁門關和寧武關等諸險，今日雖不重要，但同蒲鐵路和公路，仍以此爲重要交通路線，且晉民在塞北各地墾荒，足證本區與塞北關係的密切。

山西高原與豫西山地的地形

山西高原與豫西山地在地質構造上，雖不相同，但均屬黃土高原的一部，其地形分述如下：

(一) **山西高原**　山西高原境內的山地，多成東北——西南走的方向，如北嶽恒山高二、二一九公尺，五臺山主峯北臺頂高三、〇五八公尺，是我國著名的佛教勝地❶。太行山高二、〇六九公尺，霍山高二、三三〇公尺，呂梁山高二、二三一公尺。高原上由於汾河南注，中部斷層陷落構成盆地羣，自北而南，有繁峙、忻代、太原、臨汾、新絳、安邑等六個盆地，東南則有長治盆地，此種盆地，地勢平坦，且自北向南低降，盆地內水源豐足，灌溉便利，農業發達，人口稠密，是山西高原中精華地方。

(二) **豫西山地**　是邙山、崤山、熊耳山、外方山、伏牛山及嵩山等所分布，其間多成東西走向的山地，高度除山嶺外，多在千公尺左右。

(三) **黃河**　是山西高原和陝甘高原的天然分界線，也是山西高原和豫西山地的中間地帶。黃河自綏遠托克托以下，折而南流，在紅水溝以南，進入山西高原，至河曲以後，成爲陝晉二省界河，因兩岸高崖峻壁、河道逼狹，寬不過四百公尺，滾滾黃河形成急流，其中尤以壺口瀑布，龍門急湍及三門峽谷三處最爲著名。

(四) **汾河**　汾河發源於寧武縣的管涔山南麓，西南流經陽曲至太原城東，又折而西南經文水、介休、臨汾、新絳諸縣而流入黃河，其沖積而成的太原盆地、臨汾盆地、安邑盆地都是山西高原精華所在。汾河全長七百多公里，流經四十五縣，流域面積達三萬九千四百平方公里，是黃河沿岸第二大支流。

山西高原及豫西山地的氣候

本區位於北緯三十三度至北緯四十度間，因距海既遠，地勢又高，海洋氣流不能進入，故冬季較黃淮平原爲乾燥而寒冷，冬季在攝氏零度以下的月份，豫西山地至少在一個月以上，晉中有三個月，長城附近達四個月。夏季在攝氏二十度以上的月份，豫西山地及山西中南部可達五個月，北部祇有三個月。年雨量的分布，南北亦有差異，豫西山地可至六七百公厘，晉南五百公厘，長城附近祇有四百公厘。但雨量變率很大，雨量集中率也大，幾乎集中於七八兩月，此時對於農作物的成長，至爲有利。

山西高原與豫西山地的物產

本區中高原及山地所佔面積極廣，盆地及河谷低平地帶約佔四分之一，但均爲黃土，土質極爲肥沃。高原山地因引水困難，故農作較少，多成牧地或荒地，盆地及河谷沿岸地，有灌溉之利，故常成爲重要的農產區。作物以小麥、小米爲主，燕麥、玉黍、高粱次之，甘薯也有不少的生產，但愈西愈少。經濟作物中的棉花生產亦頗有名，主要分布在南部臨汾、安邑一帶。大豆、煙草也不少。境內家畜有騾、驢、馬、黃牛、及羊等，而綿羊特多，較黃淮平原顯著的增多，蓋牧畜爲農民主要副業。區內森林極少，水果則以稷山棗、原平梨聞名於世。此外尚有汾酒及竹葉青酒，均爲山西特產。

區內天然資源極爲豐多，惜大多未加開發。

⑴**煤**　是區內最重要的礦產，儲量之富，冠於全國，超過五千億公噸以上，大半是古老煤層，煤質優良，以無煙煤爲多，煤層厚度可至十公尺以上，主要分布區域有㈠沁水煤田區，北起正太鐵路沿線，東達太行山，西至霍山，範圍廣大，而以沁水流域爲其中心，總儲量得五百餘億公噸。㈡呂梁山東側煤田區，包括有晉北寧武煤田、太原西山煤田、臨汾煤田（儲量三百一十億公噸）等三大區，總儲量亦有五百億公噸左右。㈢呂梁山西側煤田區，黃河東側及呂梁山西側均屬之，範圍亦極廣大。無煙煤一項儲量，即達一百八十億公噸以上。山西煤炭品性甚好，年產量約在一億八千萬噸左右，如能改善運輸及洗煤能力，則必更有利於本地區之經濟發展。

⑵**鐵礦**　分布頗廣，惟頗零星，晉省總儲量估計爲二千五百萬公噸，以晉北繁峙、晉中平定、晉南長治爲最重要，而晉東的陽泉區，儲量最豐，其儲量據估計則達二十億噸[2]。豫西山地儲鐵量約一千五百萬公噸。

⑶**鹽**　山西高原的西南解池，東西長約二十六公里，南北寬約四公里，是我國最古老著名的產鹽區，春秋時代的晉國，即因之而富強，因位於黃河以東，故所產池鹽，稱河東鹽，運銷晉、豫、陝三省，係天日曬鹽，產量極豐。

⑷**水力**　本區晉陝間的黃河，在壺口和龍門兩處，河寬不足五十公尺，而落差達二十公尺，如在此分築高壩蓄洪、灌溉、發電，不僅可增加下游農田水利，且可利用水力發電，促進工商事業的發達，發電量可至數百萬瓩，至晉豫間三門峽谷，亦可發電數百萬瓩，因三門在砥柱山，將河面分成人門、鬼門、神門

三水道，水流急湍，僅人門可以通舟。可惜此一水庫設計未能臻善，以致功能不彰，否則必可比美東北水豐電廠❸。

山西高原與豫西山地的交通及都市

區內交通以鐵路及公路爲主，隴海鐵路爲東西重要幹道，同蒲與石太（石家莊——太原）、太焦（太原——焦作）、平包（北平——包頭）等鐵路則同爲山西高原上的大動脈，公路則各重要城鎭均可聯絡。水運僅黃河及汾河有一小部分，可以通航。

區內重要城市，均分布在陸道要衝上，以太原最爲重要。

㈠太原　是山西省會，古稱晉陽，位太焦及同蒲、石太三鐵路交會處，又爲山西全省公路中心，而鋼鐵、機械、煤炭、紡織、水泥、化學等各項工業也很發達，不僅是全省最大的工商業城市，也是華北鋼鐵基地❹，實爲全省政治、文化、經濟的中心。城西南的晉祠爲著名古蹟名勝❺。

㈡臨汾　一名平陽，是帝堯古都，麥與棉花產量冠於山西全省，爲晉南政經中心。工業以紡織、麵粉、鋼鐵、機械爲主，是同蒲鐵路的要站，也是汾河流域最富庶的地方。

㈢永濟　卽蒲州，古稱蒲坂，爲帝舜古都，其南風陵渡❻，與潼關隔河相望，黃河在此作九十度轉彎，是晉、豫、陝三省要衝，同蒲鐵路的終點。

㈣安邑　一名運城，在解池北，是同蒲路上大城，爲河東鹽集散中心，也是三國時名將關羽的故鄉，夏禹曾都於此，爲我國古文化中心。

㈤長治　在長治盆地中，有太焦鐵路通過，附近產煤鐵，有煉鐵、機械、煉焦、陶瓷等工業，是山西新興工業城市。

㈥榆次　位同蒲、太焦、石太三鐵路的交會點，自古爲軍事和交通重地，爲新興紡織工業及紡織機械製造城市。

㈦陽泉　位於太行山西側，正太鐵路線上，爲晉東門戶。又因附近出產煤、鐵、硫磺，故向以採煤、鐵聞名❼，是新興工業城市，有紡織、電子、化工、機械等工業，市西南有關羽廟爲宋代古建築。

㈧芮城　在山西省最南端，近三門峽，以郊外的永樂宮，保存有精美的元代寺院壁畫而聞名於世❽。

㈨新絳　位於汾水與澮水相會的北岸，水陸交通及商業均稱發達，春秋時代晉獻公曾都於此。今有麵粉、棉紡、冶鐵等工業興起，爲晉南重鎭。

❶ 五臺山：在山西省五臺縣東北，因有五峯聳立，頂成平臺，而無樹木，故曰五臺。主峯高達三千公尺以上，爲華北最高峯，雖在盛夏，平津一帶，氣溫已至華氏百度，而五臺山溫度不過華氏六十餘度，冬衣猶在身上，從無炎暑，故佛家稱之爲清涼山。山中寺宇極多，清代曾屢撥帑藏，修建寺院，故規模宏大，甲於全國，並有喇嘛修行的廟宇，蒙藏人士於秋多來此朝拜者很多。山中以顯通寺爲最大，有銅殿，高凡二丈，神像器皿等均以銅製，故極著名於世。

❷ 陽泉鐵礦：礦區包括陽泉、平定、昔陽和盂縣，於民國四十七年發現新礦床，主要爲赤鐵礦，儲量估計爲二十億噸，四周煤礦亦豐。

❸ 三門峽水庫因技術設計上的錯誤，功能與效益均多不彰，尤其水庫蓄水後，反造成大量泥沙蓄積庫內，同時也導

致上游潼河河床擡高，直接影響西安及關中盆地的安危，殊爲可惜。

❹太原同時也以金工、漆工及琉璃瓦等傳統手工藝聞名於世。

❺晉祠：在太原西南十四公里的懸甕山下，原爲祭祀晉始祖唐叔虞所建，北宋時又增祀其母邑姜於祠內，即今之聖母殿，高十七公尺，爲目前晉祠中最古老雄偉之建築。殿內有與眞人等身高侍女塑像四十四座，姿態表情均極生動傳神，在中國彩塑藝術史上，尤具極高的評價，晉祠內更有清泉、周柏及眾多珍貴古文物（如唐太宗親作的晉祠銘，凡一千二百零三字，卽屬罕世之寶），爲觀光遊覽的勝跡。

❻風陵渡：又稱風陵津，相傳爲風后冢所在，故亦稱風陵，卽水經注所謂：「函谷關直北，隔河有層阜，巍然獨秀，孤峙河陽，世謂之風陵」，而戴延之所謂之風堆也。汾西物產多由此集散。

❼陽泉煤礦：爲僅次於大同煤礦的山西省內第二大礦，年產煤一千萬噸以上。陽泉附近又盛產硫礦，也是大礦。

❽永樂宮：爲建於元代的道教寺院，原在芮城郊外龍泉村上，後因三門峽水庫興建而拆遷至芮城，係由龍虎、三清、純陽、重陽四座一列的殿宇合成，而以三清殿爲主，殿內四面均繪有大面積的精美壁畫，無論市井人物、天上神仙以及建築等莫不具備，構圖之雄偉逼眞，筆法之簡練奔放，實爲傑出之藝葩。

作業

一、說明山西高原及豫西山地的地理位置上重要性。
二、山西高原的地形和豫西山地有何不同？
三、山西高原和豫西山地在氣候上有何差異？
四、山西的煤礦分布怎樣？
五、黃河在何處可以利用水力發電？
六、我國古代堯、舜、禹各都於何處，試說明其現在分布何處，有何重要性。

第三節　陝甘高原與渭河盆地

陝甘高原與渭河盆地的地理位置

本區係指長城、秦嶺、黃河、隴山間的陝甘高原及渭河盆地，其地理位置：

（一）**南據秦嶺，北接塞北**　秦嶺是我國南北自然上和人文上的分界線，因地勢崇高，秦蜀、秦楚間的交通，西經大散關❶，東經藍關❷，即今川陝、西荊兩公路，仍通過此兩關而相往來。長城以北鄂爾多斯高原，已屬塞北，往昔北方游牧民族，每經此南下，故長城各口常成爲軍事要地。今爲農、牧兩業的過渡地帶。

（二）**東控中原，西通河西**　渭河盆地又稱關中盆地，因東有函谷、西有大散、北有蕭關、南有武關，渭河盆地適居四關之中，故稱關中。我國自周、秦，以迄隋唐，均建都於此。本區因內有河谷平原，外有四關，處於攻守自如的地位，東出函谷，可統治中原，西上隴坂，可達西域，往昔絲路孔道由此，今日隴海鐵路，亦橫過本區，可見本區在地理上的重要性。

陝甘高原與渭河盆地的地形

陝甘高原與渭河盆地在地形上和構造上，顯有不同，茲分述如下：

（一）**陝甘高原**　東起黃河西側，西止隴山，北界塞北鄂爾多斯，南止於銅川、白水、澄城、郃陽一帶，卽爲陝甘高原分布地。隴山高度超過三千公尺，東側黃龍山和北側的白于山、梁山，則在一千五百公尺左右，而中央高度祇有八九百公尺，因此整個高原，成西北高東南低的形勢，故河川均自西北流向東南。如涇水及北洛河，則注入渭河。無定河及延水，則注入黃河。此等河流及其支流，將高原上黃土層切割甚深，造成無數的溝谷，對於陸路交通，頗有影響。因溝谷深度，自數公尺至一二百公尺，欲越一溝，極爲費時費力，故高原上有「不患路遠，而患溝谷多」之諺。

(二)渭河盆地 這是秦嶺北麓的斷層盆地，渭河及其支流涇、洛二水流貫其間。渭河導源於甘肅渭源縣西，東流經隴西、武山、甘谷，過天水後，東入陝境，在寶鷄出黃土峽谷，始入渭河盆地，東迄潼關，長約三百六十公里，而寬度不一，西端寬僅一、二公里，愈東愈寬，最寬處可得六十公里，渭河南側秦嶺高聳，注入渭河的河川，多短小急流，將秦嶺北麓切割成甚多的小峽谷，有「七十二峪」之稱❸。沿秦嶺大斷層有許多溫泉分布，如驪山溫泉卽最有名者。渭河盆地爲次生黃土，土質肥沃，有八百里秦川之稱，爲陝西最富庶的區域。

陝甘高原與渭河盆地的氣候

本區位於北緯三十四度至四十度間，全區位於山西高原西側，距海更遠，地勢除渭河盆地外，均在八九百公尺以上，南方的秦嶺，可阻季風的北上，北方的長城外側，已爲沙漠地帶，故在氣候上屬華北草原型。而西側的隴山，已屬夏季季風的西界，大陸性氣候更爲顯明。冬季氣溫在攝氏零度以下的月份，西安有一個月，爲負〇・六度，但一至陝甘高原，卽達二三個月，長城附近的楡林，爲攝氏零下九度，絕對最低溫則達攝氏零下二十六度，故冬溫是愈北愈寒。夏季高溫在攝氏二十度以上的月份，西安有五個月，榆林祇有三個月。愈北春秋兩季愈短，爲其特徵。全年降雨量，亦由南向北而減少，西安得五五七公厘，榆林在四百公厘。雨量多集中在七至九月間，但雨量變率很大，常造成嚴重的旱災，乾季時間，長達十個月之上，這是本區中最大的特色。

陝甘高原與渭河盆地的產物

陝甘高原地勢高，而氣候又極乾燥，黃土本質雖極肥沃，但農田缺少水分灌溉，對於農作物生長，大有影響，而地力也無從發揮，因此本區中冬季的小麥及大麥，夏作的小米及甘薯，生產量是很少的，故當地居民生活極爲困苦，加以本區又爲我國主要的地震區，每當劇烈地震發生，黃土原壁崩坍，壅塞川谷，造成水災，例如民國九年、十七年至十九年，陝甘高原先大旱繼又大地震，震後又發生水災，居民無衣無食而餓死者達數十萬人，由於本區災荒頻仍，民不聊生，尤其是陝北一帶，常成爲歷史上盜寇淵藪。

渭河盆地亦因雨水不足，氣候乾燥，常有赤地千里的感覺，故自古以來，即實行灌溉，所謂「關中富庶，鄭白之沃」❹，後以鄭白不修，乃失其常，民國十八年李儀祉倡導引渠溉田，與修水利，先後完成下列四渠：

(一)**涇惠渠**　利用涇水下游，在舊渠口附近上游，跨河築堰，鑿左岸山爲引水洞成總幹渠，東行分而爲二：一爲北幹渠，循舊渠至三原縣治以東，而入清峪河；一爲南幹渠，經涇陽縣城北，至高陵縣南入渭，復分大小支渠數十，有循舊渠，有新開者，密如蛛網，灌溉涇陽、三原、高陵、臨潼等縣，共可溉田六十六萬畝。

（二）渭惠渠 利用渭河本流的水，在郿縣西築攔水壩，提高水位，灌溉郿縣、扶風、武功、興平、咸陽等五縣的農田，共九十萬畝。

（三）洛惠渠 利用北洛河下游的水，灌溉大荔、朝邑及平民三縣，計溉田五十萬畝。

（四）梅惠渠 利用渭河支流石頭河的水，灌溉岐山及郿縣的田地，得十二萬畝。

渭河盆地由於灌溉便利，故農產頗豐，多作以小麥爲主，大麥次之，夏作以小米、玉米、高粱爲主。經濟作物則以棉花爲最重要，而且品質優良，產區既廣，產量亦豐，是我國西北各省產棉最多的區域，稱爲陝棉。其次尚有胡麻及煙草的種植，產量亦多。陝南尚出產紅橘、甜橙、柚子等，是我國柑橘類最北產區。藥材有黨參、大黃、當歸等，均有輸出。

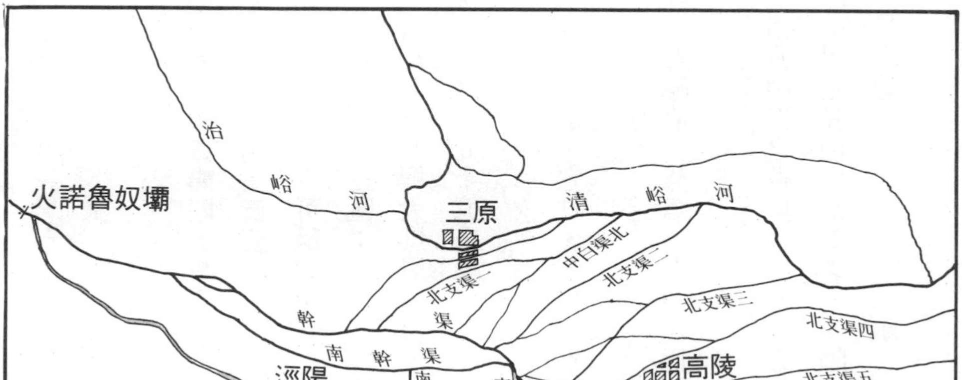

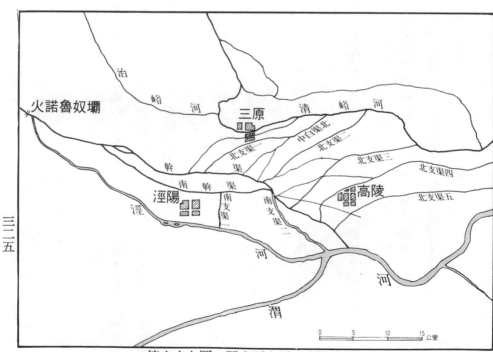

第六十七圖 關中涇惠渠水利灌溉圖

陝甘高原的天然資源

本區天然資源有五：

（一）**水力**　除黃河水力與晉省合有外，渭河在天水與寶鷄間，長凡一百五十公里，上下游高度相差爲五百公尺，而寶鷄峽距寶鷄縣九公里，兩岸石壁陡立，高達三百公尺，寬凡一百公尺，如在此築水庫發電，可發電數百萬瓩。其他如涇河上游各支流，亦有豐富的水力可以利用。

（二）**煤**　本區煤田儲量僅次於山西高原，全境可分下述三區：

(1)陝北煤田：自靖邊、延安、洛川一帶以東至黃河，均有廣大煤層蘊藏，儲量估計可得六百六十億公噸，而開發中的榆橫煤田（榆林至橫山一帶）儲量亦有六百九十億公噸，神府煤田（神木、府谷、榆林一帶）儲量則更達一千五百億公噸❺。

(2)陝中煤田：分布渭河盆地北側，如韓城、澄城、白水、宜君、銅川、耀縣、淳化、永壽、麟遊、邠縣、栒邑等縣，儲量得五十六億公噸。

(3)隴東煤田：分布隴山東麓，成帶狀，已知煤田在華亭、崇信、平涼、固原四縣境，儲量得九百四十二萬公噸，其他尚未確知。

（三）**鐵**　分布在陝西鳳縣、留壩、鎮安、雒南及中部之韓城、白水、宜君等縣。

（四）**石油與油頁岩**　陝北油田，分布極廣，中以延長油田爲最著名。隴東油田，是以隴縣至固原一帶爲中心。此外邠縣至永壽，也有油頁岩發現，儲量之豐，不亞於遼寧撫順。

（五）**鉬與銻**　陝西的金堆城爲鉬礦著名產地，大石溝的銻礦蘊藏量更居全大陸第一。

陝甘高原與渭河盆地的交通

本區交通以隴海鐵路爲骨幹，可以東通豫、蘇二省，西達河西走廊、新疆，是橫斷中國大陸交通的動脈。在咸陽站有經三原、富平到銅川的咸銅鐵路。在寶鷄站有越秦嶺過嘉陵江谷地的寶成鐵路可通四川成都，與成渝鐵路連結，是大陸西北到西南的重要幹線。此外尚有襄渝（湖北襄樊——四川重慶）及陽安（陝西寶成路陽平關——安康）、西韓（西安——韓城）三鐵路及一些支線。至於公路亦甚重要，其以西安爲中心的，有川陝、西荊、西蘭（南北二線）、西榆（林）等公路，其他縣道公路極多，可說已形成了四通八達的公路網。

陝甘高原與渭河盆地的都市

㈠西安　原名長安，位於渭河盆地的中心，是我國著名的古都，周、秦、漢、隋、唐，均在此建都，全部建都時間長達一千餘年。市區環以城垣，成爲長方形，規模宏大，猶有漢、唐遺風，而街道寬濶，鐘樓、鼓樓，跨街聳立，城南碑林[6]、大小雁塔[7]，以及在臨潼附近的秦始皇陵[8]，都是著名中外的史跡。城內化覺巷清眞寺，是唐天寶年間所建的回教寺，其他古跡之多，不勝枚舉[9]。西安現爲院轄市，也是我國西北地區政治、經濟、交通的中心。

㈡寶鷄　古名陳倉，隴海及寶成二鐵路交集於此，川陝公路的起點，是通向西北及西南交通上要城，

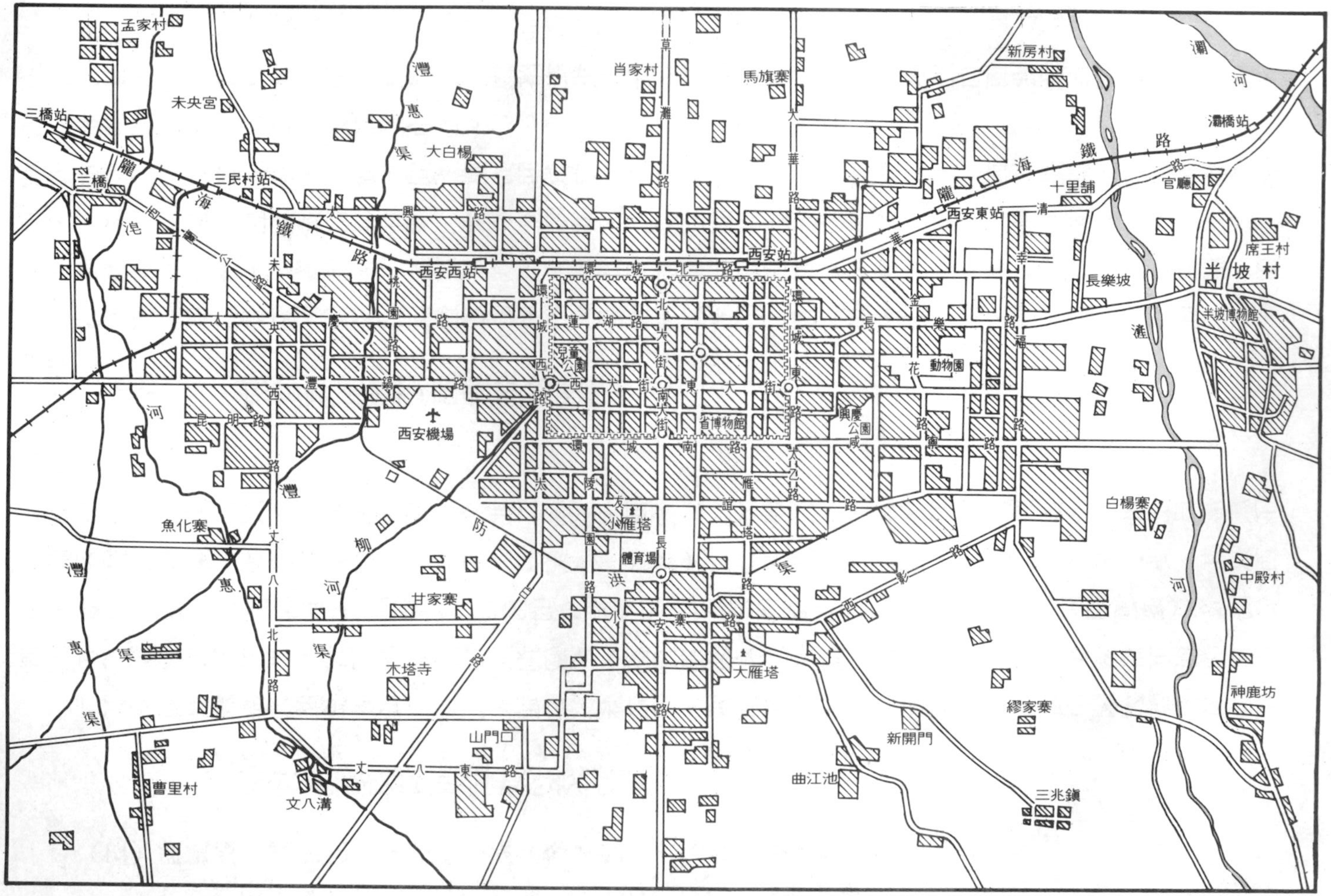
孟家村
未央宮
三橋站
三橋
三民村站
大白楊
肖家村
馬旗寨
新房村
灞橋站
十里鋪
官廳
西安東站
西安站
西安西站
席王村
半坡村
長樂坡
半坡博物館
動物園
兒童公園
省博物館
興慶公園
西安機場
魚化寨
小雁塔
體育場
白楊寨
中殿村
甘家寨
大雁塔
木塔寺
繆家寨
神鹿坊
新開門
山門口
曲江池
三兆鎮
曹里村
文八溝
隴海鐵路
灃惠渠
皂河
灃河
灞河
滻河
第六十八圖　西安形勢圖

工商業因之而逐漸繁榮，已成爲陝西第二大工業城，工業則以機械、紡織、冶金和造紙等爲主。

㈢潼關　爲陝東重鎮，隴海路上要站，關城北枕黃河，與對岸風陵渡，共扼晉、陝、豫三省交通的要道，形極雄勝。

㈣黃陵　西榆公路上大城，在北洛河支流沮河旁，其北一公里有橋山，是我中華民族始祖黃帝陵的所在，倚山臨水、古柏參天，景色清新，爲本區一大勝地。

㈤咸陽　在渭河北岸，亦爲我國著名古都之一，地當隴海及咸銅兩鐵路之交會點，扼水陸交通要衝，爲隴蜀交通之要站，現爲陝西重要工業城市，以紡織爲主，名勝古蹟極多，有秦都咸陽遺址及周陵、西漢陵、唐陵等。

㈥延安及榆林　延安昔爲陝北府治，是西榆公路上要城。其北榆林，位於長城線上，是歷史上軍事重鎮。

㈦平涼　在六盤山東麓，臨涇河上游，扼西蘭公路北線要衝，是隴東著名大城。

㈧漢中　位漢水北岸，居川、鄂、甘三省交通的樞紐，是陝南的大城。

❶大散關：在寶鷄西南二十公里，周初時爲散國地，散氏盤卽在其地出現，與毛公鼎齊名，同爲研究我國金文（銅器上有金文）最早的文字，是我國國寶。其地當入川，及入楚、入甘的要道，周、秦、漢、唐時代，均視爲軍事要地。直至今日，在交通上仍具有重要性，寶成鐵路及川陝公路均經此而過。

❷藍關：在西安市東南七十公里，終南山之東，華山之西，北緯三十四度，東經一〇九度十五分，壩水的上游。由此南越秦嶺，經商縣而至武關，沿丹江而下，可通豫、鄂二省，漢高祖入關，卽沿此線，故藍關地位至爲重要。

③七十二峪：是秦嶺北側高度較低之處，每在河川流出山口處，是隘口所在，自古以來，卽爲渭漢兩流域間的捷徑，如乾祐河的大峪，斜水的斜峪，車水的車峪，洛水的拐峪。亦有稱谷者，如子午河的子午谷、儻河的儻谷、駱河的駱谷、蒲河上的蒲谷，均其著名者。

④「鄭白之沃」：鄭國是戰國時代的水利專家，爲韓國政府所派遣，說秦以建水渠灌溉之利，其目的是分散秦的注意力，秦人從之，鄭國乃引涇入洛，築渠分水，其長達一百五十餘公里，案發被捕，鄭國辯曰：「始臣爲間，然渠成，亦秦之利也。」因之秦人仍命其完成渠道，灌田四萬餘頃，秦益富強，這是著稱於史的鄭國渠。白公是漢武帝時人，曾引涇入渭，灌田四千五百公頃，號稱白公渠。

⑤神府煤田：是橫跨神木、府谷、榆林等縣，面積一萬五千平方公里的大煤田，煤層厚度五至九公尺，埋藏於地下一至十公尺，易於露天開採，目前神木、府谷兩縣地方煤產已開採年近百萬噸，爲開發此煤田已擴大建設新礦，並興建有包頭——神木之鐵路，設計年運煤量可達千萬噸，而東線神木——朔線之鐵路建成後，估計此煤田年產原煤將可達三千萬噸以上。

⑥是舊時孔廟所在，現爲陝西省博物館，所藏碑碣特多，是我國碑誌文物精華薈萃之所，乃北宋元祐五年（西元一〇九〇年）爲保存唐開元年間所刻的「十三經」及「石臺孝經」而逐漸形成的，其後歷經金、元、明、清各代的收集，目下總計收藏有歷代碑誌二千三百餘件，其中以禹跡圖、唐石經、大秦景教流行碑、聖教序碑等爲最著名。碑林中眞、行、篆、草、隸各體書法，可謂無不俱全，誠爲中國一大文化寶庫。

⑦大小雁塔：大雁塔在西安市南四公里，是位於薦福寺內，塔爲唐玄奘法師所建，是七級方形。因屢加修葺，故至今仍完好，爲著名古跡之一。小雁塔在西安市西南一公里，高凡十五層。二塔均爲佛教名勝所在。

⑧始皇陵：位於西安以東三十五公里的驪山山麓，其高約八十公尺，東西南北各寬五百公尺，爲世界最大陵墓。民國六十五年於其陵墓附近地下發掘出著名的兵馬俑坑，兵俑平均高一・八公尺，人馬數達七千具以上，不僅形肖神似，且多威風凜凜，爲考古藝術瓌寶，堪稱轟動中外，有世界第八奇蹟之稱。

⑨如半坡遺址爲仰韶文化的代表遺跡，乾陵爲唐高宗及武則天的陵墓，昭陵爲唐太宗的陵寢、華清池爲古代帝王遊

甜之所，懿德太子墓及永泰公主墓的唐代壁畫等。總之，陝西各地眾多之古陵園、墓葬、遺址，不啻爲一座中國天然歷史博物館，實爲我國發展觀光遊覽之最佳所在地。

作業

一、陝甘高原與渭河盆地的地理位置怎樣？
二、陝甘高原與渭河盆地的地形上有何不同？
三、陝甘高原與渭河盆地在氣候上有何差異？
四、說明渭河盆地的四渠。
五、試說明陝甘高原的天然資源。
六、西安的地位怎樣？

第四節　隴西高原

隴西高原的地理位置

這是烏鞘嶺以東，隴山以西的地域，北以甘寧二省鄰接處爲界，南止於甘川界上的摩天嶺，並包有青海東部的一部分三千公尺以下的河谷地區。其地理位置有二：㈠四通八達的高地，東越隴山，可至關中及陝甘高原，北沿黃河，可達寧夏、綏遠。西北越烏鞘嶺，經河西走廊，而通南北二疆。西上青康藏高原，南接四川盆地。本區地勢雖高，但在交通上，實居中心位置。㈡全國幾何中心的位置，隴西高原居全國版圖中心點上，故在自然上及人文上，均居於交錯的地位。

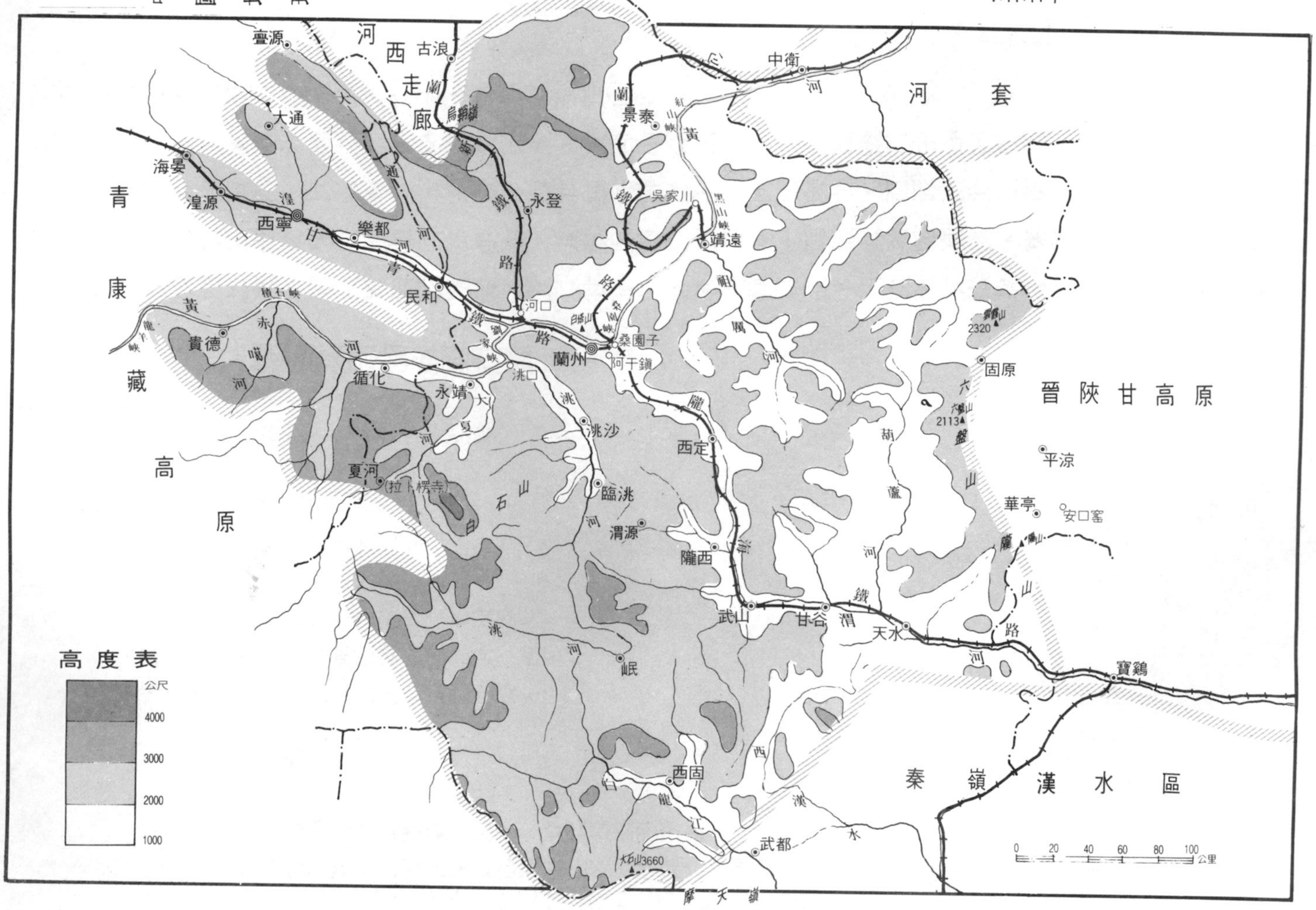
河西走廊
河套
青康藏高原
晉陝甘高原
秦嶺漢水區
高度表
公尺
4000
3000
2000
1000
0 20 40 60 80 100 公里
亹源
古浪
中衛
大通
海晏
湟源
西寧
樂都
民和
永登
景泰
吳家川
靖遠
河口
白塔山
蘭州
桑園子
阿干鎮
貴德
循化
永靖
洮口
洮沙
西定
夏河
(拉卜楞寺)
臨洮
渭源
隴西
白石山
武山
甘谷
天水
寶鷄
岷
西固
武都
大石山3660
固原
2320
2113
六盤山
平涼
華亭
安口窰
隴山
摩天嶺
黃河
湟河
大通河
洮河
渭河
西漢水
白龍江
葫蘆河
祖厲河
隴海鐵路
甘青鐵路
蘭新鐵路
蘭包鐵路
烏鞘嶺
積石峽
紅山峽
黑山峽
龍羊峽

第六十九圖　隴西高原圖

隴西高原的地形

隴西高原亦為黃土沈積的高原，其平均高度為二千公尺，隴山聳峙於東，主峯六盤山在固原西南，因山嶺險峻，盤旋而上，故有駱盤道之稱。全區地勢是西南高而東北低降，如臨洮西南的白石山，高度已超過五千公尺，南部的大石山（西固縣南）也超過三千六百公尺，西北境的烏鞘嶺也有三千八百公尺。洮河流域的岷縣，湟水流域的西寧，其高度均在二千二百公尺以上，至於東北側的天水則有一千一百公尺，蘭州高一千五百公尺，是在渭、黃二流域上，但其兩側高度則在二千公尺左右，而黃土層的厚度，有達三四百公尺者。高原上黃河及其支流大通河❶、湟水❷、洮河❸、祖厲河、渭河等，縱橫切割也非常劇烈。而溝谷地形與陝甘高原不相上下，例如西蘭公路上，沿線地勢差異很大，昇降高差自三百公尺至六百公尺，前後有十四次，而由紅土窰至定西二十餘公里間，竟有九溝十八坡之多。全線最高與最低之地，相差達二千餘公尺。

隴西高原的氣候

隴西高原在北緯三十三度至三十八度間，高度又多在二千至三千公尺，而距海又遠，因此在氣候上，更具有大陸性的特色。區內年平均溫，除渭水流域外，均在攝氏十度以下。夏季月平均溫，受地勢高低的影響頗大，即在二千公尺以下的地方，大致在河谷地帶，如天水、蘭州等，夏溫在攝氏二十度以上的月份，亦僅限於六七八三個月。至於二千公尺以上的地方，如西寧、岷縣等，祇有攝氏十七度或十八度，已無夏日的現象，而是春秋的季節。但是冬季的情況則相反，寒冷時間特別長，由東向西逐漸增加，東部多長（以月平均溫攝氏十度爲準）爲五個月（十一——至翌年三月），中部六個月，西部則長至七個月。至於區內三千公尺以上的地方，則寒冷月份更長。年雨量除隴山東麓，可超過六百公厘，一般在四百公厘以下，已成塞外草原型，雨量下降時間，則在七八兩個月份。

隴西高原的物產

本區寒冷時間既長，夏溫不高，雨季又短，故農作物的生產，成爲一穫地域。除渭河河谷是春麥和冬麥的相互交錯外，均是春末下種，夏秋收穫的春麥地帶，故小麥產量最多，約佔全部耕地的百分之四十，玉米、大麥、高粱、小米等次之，多夏作物，雜然並陳田野。耕地均分布在河堦面上，並利用水車汲水灌田，因本區雨量不足農田需要，而各河床均是坡大流急，河床下切很深，河水距岸面的差距很大，因此本區的水車，同江南的有所不同，水車是特別高大，形成本區地理上特有的景觀。湟水流域，雖仍以春麥爲主，但青稞、蠶豆、馬鈴薯等亦頗重要。此外蘭州水煙及胡麻、瓜果等，生產很盛，行銷陝、豫、冀、川及東北各省，是高原上重要經濟作物。隴西高原草原很廣，故牧區也很廣，飼養牛羊頗盛，因此羊毛、皮革等成爲重要畜產品，且多集中於天津出口。洮河流域岷縣一帶，盛產當歸、黨參、黃芪、大黃等藥材，都是馳名中外的外銷藥材。

隴西高原的天然資源

本區天然資源有三：

（一）**水力** 隴西高原上黃河及其支流，切割很深，具有峽谷形態者很多，如貴德上游有龍羊峽，貴德、循化間有積石峽，永靖、蘭州間，有劉家峽，蘭州以下又有桑園峽，靖遠以下更有黑山峽及紅山峽，此僅就黃河在本區境內而言。其他如大通河、湟河、洮河、渭河等，都有不少的大小峽谷，這些峽谷，如能一一築壩，引水發電，且可從事高地灌溉，對於工商業的發展，更有很大的影響，本區可能開發水力發電的估計，至少在一百五十萬瓩以上，實為本區一大動力資源。如在永靖至蘭州間的劉家峽經築壩攔水成為水庫後，其發電容量現即達二十二萬瓩，不僅供蘭州工業上所需，還具調節黃河水量之用，已成為目前大陸最大的水電站❹。

（二）**礦產** 以煤、金、石油、石膏四項為主：

⑴煤 以蘭州南的阿干鎮產煤最著名，此外華亭的安口窰亦知名，但其主要煤田分布，則在永登、景泰、靖遠一帶（在蘭州北黃河沿岸兩側山地），儲量有三億公噸。青海境內大通河及湟水等流域，已知煤儲量有八億二千萬公噸，以亹源附近為最豐富。

⑵金 以大通河及湟水一帶為最豐富。

⑶石油礦 以祁連山南北麓為主，北麓以永登的下宣子，南麓以青海民和縣的藥水溝，以及大通河及湟水一帶均有油苗發現。

⑷石膏 以永登所產最為出名，蘭州至永靖一帶劉家峽附近，石膏礦層厚達二千餘公尺，總儲量在五億公噸。西寧東三十公里處的小峽口附近，亦產石膏，層厚十公尺至三十公尺，儲量亦豐。

㈢ **森林**　本區南部山地、洮河及白龍江上游，富天然林，是我國北部雲杉、冷杉、油松等珍貴的針葉林產區，惜均未開發。白龍江下游南部有油桐、毛竹等亞熱帶植物，及多種稀有野生珍貴動物如猫熊。

隴西高原的交通

本區交通以陸運爲主，鐵路、公路均以蘭州爲中心。向東有隴海鐵路及西蘭公路。向西有甘青鐵路可通西寧、湟源及柴達木盆地。向西北有蘭新鐵路及公路，可達河西走廊及新疆廸化。向北有包蘭鐵路及公路，可通寧夏中衞，經銀川入綏遠包頭。向南有公路，經臨洮、岷縣、武都、而至白龍江的碧口，爲入川要途。這些鐵路公路，在國防上和經濟上，均有重要地位。

隴西高原的都市

㈠蘭州　又名臯蘭，是甘肅省會，瀕黃河南岸，又當秦、豫、巴蜀、寧、綏、新、青等省交通的要衝，自古以來，卽有「金城」的名稱，今日仍爲高原鐵、公路及航空交通樞紐❺。爲蘭新、蘭青、包蘭、隴海四鐵路的起點，也是本省政治、文化、經濟的中心，故工商業日漸發達，目前以石油、化學、機械、冶金及毛紡工業等爲主要。蘭州附近又盛產瓜果，以哈密瓜、醉瓜、梨、杏及石榴爲最出名，名勝則有五泉山、白塔山等。

㈡西寧　又名湟中，爲青海省會，有蘭青及青藏兩鐵路經此。附近農業極發達，城西南五十里鐵山・

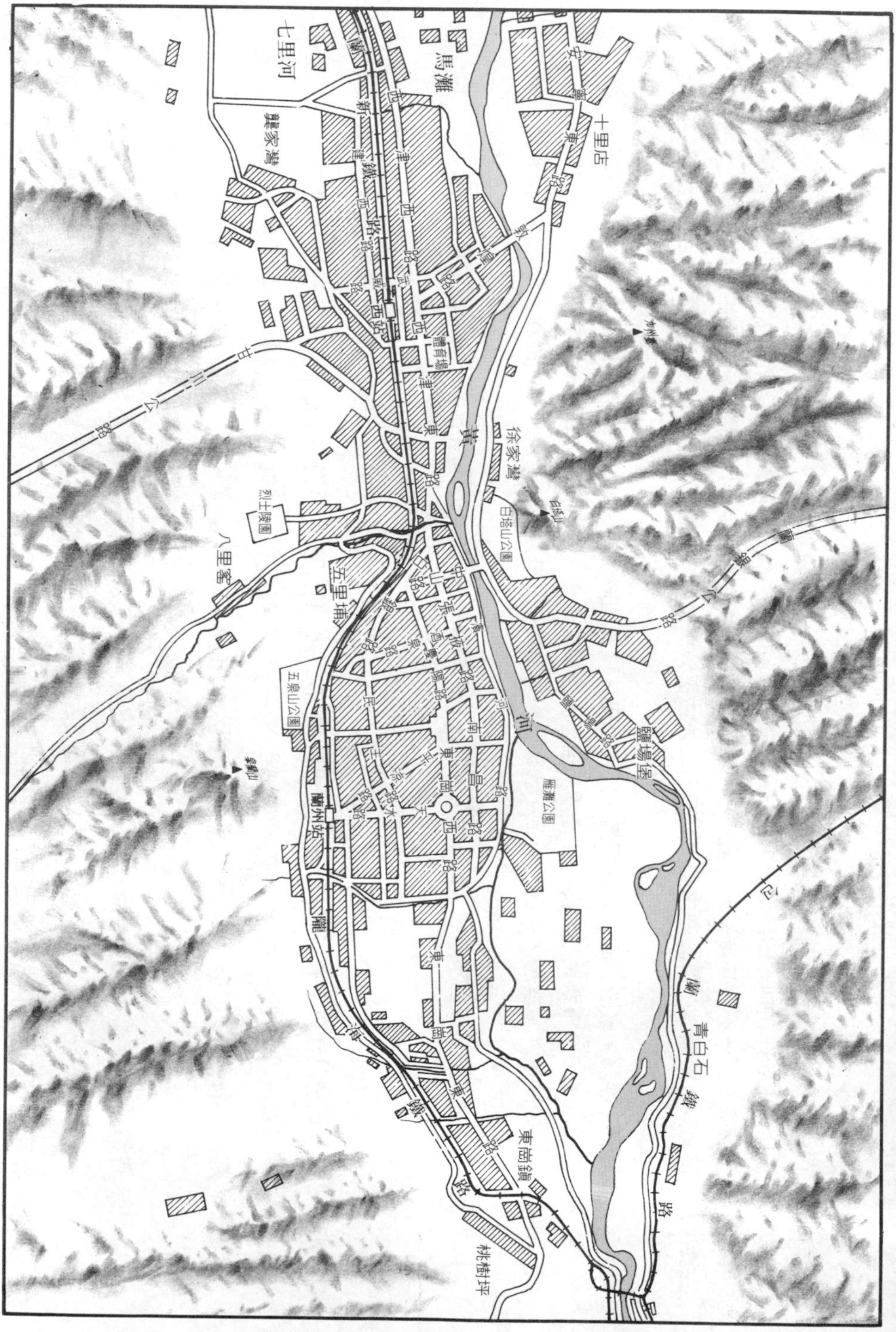
七里河
馬灘
十里店
龔家灣
黃河
徐家灣
白塔山公園
烈士陵園
八里窰
五里鋪
五泉山公園
蘭州站
雁灘公園
鹽場堡
青白石
東崗鎮
桃樹坪

第七十圖　蘭州形勢圖

是喇嘛教黃教始祖宗喀巴誕生地，明代初年建有雄偉宏大的塔爾寺，有僧舍三千餘間，屋瓦皆鍍以黃金，故又有大、小金瓦寺之稱，金碧輝煌，極爲壯觀，爲喇嘛教著名聖地。

(三)夏河　原名拉卜楞寺，爲喇嘛教在隴西高原最大廟宇，寺廟周圍有三公里，爲藏胞宗教聖地。其地已高達三千公尺，臨大夏河西岸，是甘青二省界上的要地。

(四)天水　一名秦州，居渭河上游，當陝、甘、川三省的衝途，隴海鐵路及西蘭公路上的要城。附近麥田彌望，棉花生產亦多，是隴西高原最富的地區，新興工業有毛紡、機械及電工器材等。城東南郊有麥積山石窟❻，在石壁上鑿有許多石窟，內塑諸佛泥像及石雕像七千餘尊，壁畫一千三百多平方公尺，無不神形兼備，爲南北朝以來中國佛像著名古蹟之一。

❶ 大通河：導源於青海省大通山，東南流經祁連（八寶寺），亹源（北大通），至民和而與湟水相會，流長達五百公里。

❷ 湟水：源於青海噶爾藏嶺，流長凡三百公里，亦東南流，經海晏、湟源、西寧、樂都，然後東會大通河，至達家川、入黃河。湟水流域是漢時湟中屯墾地，破羌將軍趙充國即屯駐於此，故其灌溉歷史，已有二千餘年。

❸ 洮河：源於西傾山東麓，集大小源流數十，東過岷縣、曲折北流、經臨洮（古稱狄道）、洮沙、至洮口、注入黃河，流長四百七十公里。

❹ 甘肅境內的黃河峽谷中，大陸已先後修建成的三座水庫和水力發電廠分別是鹽鍋峽、劉家峽、八盤峽，也是蘭州市八〇%的電力主要來源。故對於蘭州工業發展有極大的影響。按劉家峽水庫於民國六十三年建成，儲水量五十七億立方公尺，除黃河上游的來水外，大夏河及洮河的水也來注入庫，水域面積一百三十多平方公里，每秒鐘最大泄水量爲七千四百多立方公尺，其攔河大壩最高一百四十七公尺，爲大陸最高的攔河壩，主壩長二一三公尺，

壩頂可並排行駛四輛卡車，大壩右岸臺地上修建有八十公尺寬七百多公尺長的溢洪道。

❺ 蘭州的航空線路極廣，計可通達北平、上海、西安、成都、西寧、銀川、酒泉、拉薩、廸化、廣州、瀋陽等城市，鐵、公路亦四通八達，故實爲西北交通之樞紐。

❻ 麥積山：山高一百四十二公尺，在天水東南四十五公里，因外形有類堆積之麥稭故名，石窟始開於北魏，而終於明清，其間除元朝外，歷代均有增飾，其壁畫雖不及敦煌之豐富，而塑像之多則有過之無不及。實爲我國今存歷代雕塑薈聚最多之藝術寶庫。

作業

一、說明隴西高原的地理位置。
二、隴西高原的地形怎樣？
三、隴西高原的氣候有何特色？
四、隴西高原農業上灌溉如何？
五、隴西高原有那些天然資源？
六、蘭州有何重要性？
七、西寧及夏河各在何處？以何著名？

第六章　河西走廊

河西走廊的地理位置

甘肅蘭州西北的烏鞘嶺，高度有三千零十三公尺，此嶺以西，是一片低平地帶，向西可至玉門關及陽關，此低平地帶的南北，各有山嶺遙相對峙，南山爲祁連山，是青康藏大高原的北側，北山爲一片起伏的山嶺總稱，包括馬鬃山、合黎山、龍首山等，後面是浩大的沙漠，北山不及祁連山高大，因此南山有許多河流北注，在此低平地區，造成斷斷續續的綠洲，使行旅獲得飲食起居的便利，因此有走廊之稱，又因其在黃河以西，故叫做河西走廊。這是我國通新疆，以及通中亞及歐洲的陸上孔道，也是通印度及西亞的要道，不論在歷史上以及現代，它均具有極端的重要性。

河西走廊的地形

本區在新生代末期，因受青康藏大高原的隆起，而發生斷層，中陷而成河西走廊，臨近斷層地區因受擠壓，部分地層隆起成小型背斜，每爲石油蘊藏的地區。祁連山位於南側，大致由西北向東南走，長約一千公里，係一高大的褶曲山脈，主脈綿延於甘肅和青海兩省界上，山嶺重疊，主峯在酒泉東南，高達五九五二公尺，巍然挺立，四季積雪。自此向東，逐漸低降，但在武威、酒泉以南，尚有五千公尺左右。這

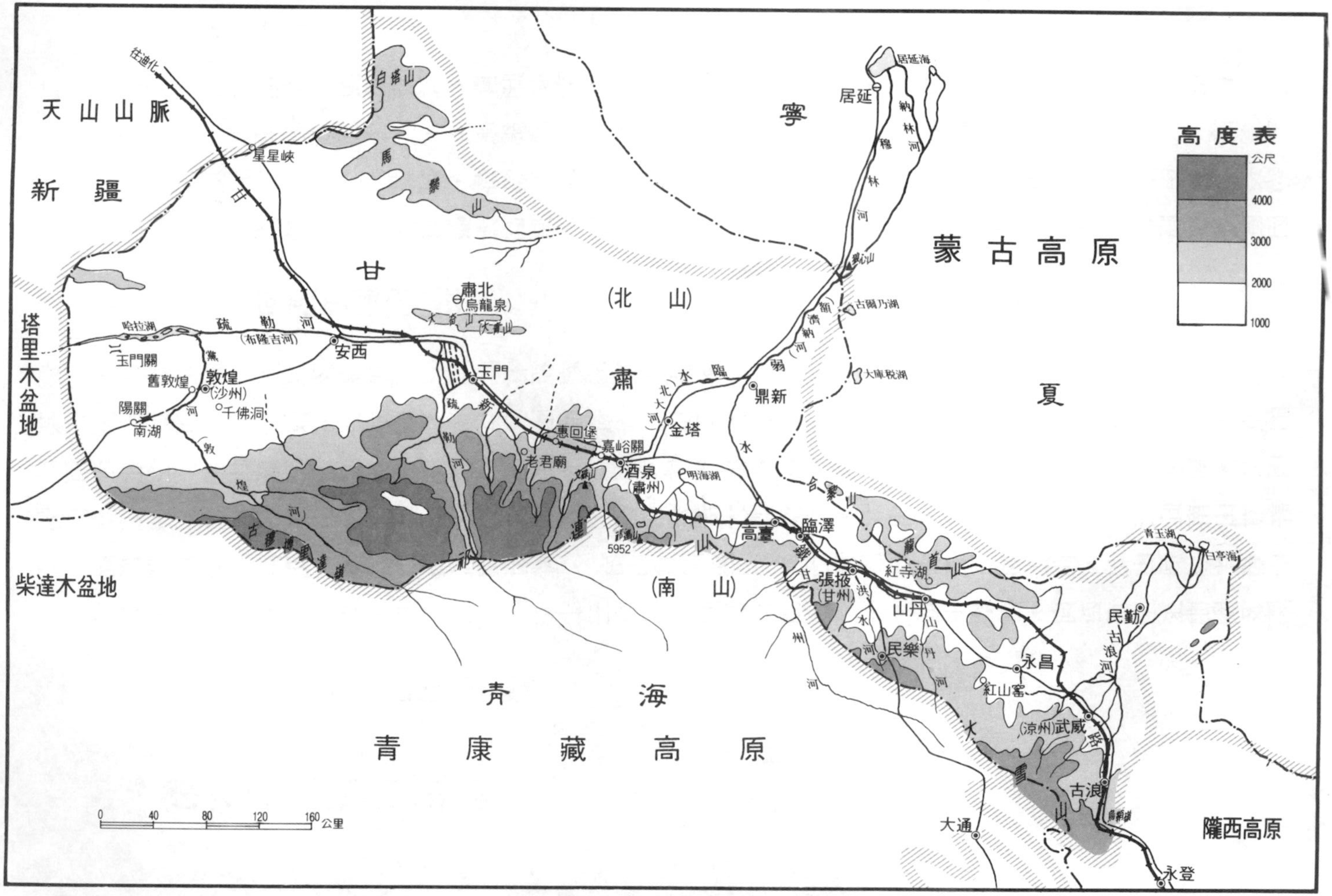

第七十一圖 河西走廊地形圖

是本區和青康藏高原、柴達木盆地的分水嶺。北側北山比較低矮，且有多處爲河谷切斷，故長城的建築，防遊牧民族南侵，就是受了此種地形的影響，河西走廊的平均高度，是一千五百公尺。

區內河流均源於祁連山區，由南向北流，注入終點湖中，共有三大水系，東爲古浪水，中爲弱水，西爲疏勒河，古浪河和弱水之間的分水嶺，在永昌、山丹兩縣間的定羌廟，高二千六百公尺。弱水及疏勒河間的分水嶺，則在惠回堡，亦稱回回堡，高達一千八百零五公尺，位嘉峪關西。

⑴古浪河　上游有數源，均導自祁連山，流至山麓，先形成古浪綠洲，然後成武威、民勤等綠洲，分歧北出長城，最後在甘寧邊境積聚，而成青玉湖及白亭海。古浪流域西方，有郭河經永昌綠洲，北出長城而沒於沙漠。

⑵弱水　亦名額濟納河，爲三水系中最長大的河流，上源有二：東爲甘州河，一名黑河，是匯山丹、洪水、及甘州等諸河而成，構成張掖（甘州）、山丹、臨澤、高臺等綠洲。西爲臨水，一名北大河，構成酒泉（肅州）、金塔等綠洲。二河相會於鼎新，然後東北流，至狼心山附近，又歧爲二分流，在寧夏北境注入居延海。

⑶疏勒河　一名布隆吉河，是西部祁連山北麓諸水匯聚而成，此河在出山後，至玉門附近，形成網狀流路，構成玉門及安西二綠洲，黨河一稱敦煌河，是疏勒河最大的支流，在敦煌北境會，下游成長條形的哈拉湖。

河西走廊的氣候

本區位於東經九十四度至一百零四度間，故東西長度可達十度，而在緯度上，則位於北緯三十七度至四十三度間。不算太高，但是在地勢上卻相當的高，而距離海洋又遠，幾乎是歐亞大陸的中心，因此海洋氣流，既受長距離的影響，復受外側山地高原等重重屏障，無法深入，故氣候殊爲乾燥。本區寒冷時期特別長，而多溫特低，爲其氣候上一大特色。例如多季一月份武威爲負六・五度，酒泉爲負八・八度，安西則負九・八度，而年平均溫，則不到攝氏十度，夏季七月最高溫，可達攝氏二十四度左右，寒暑較差在攝氏三十度以上。雨量稀少，除武威在一百公厘以上，張掖以西，均在一百公厘以下，張掖九十五公厘，酒泉八十公厘，安西四十公厘，敦煌不足三十公厘，這是沙漠草原氣候性質。雨量均降於夏季，這些微的雨量，對於農業是無濟於事的，幸南側祁連山高大，夏季雪溶流水，造成本區三大水系，漢武帝開闢河西四郡，遣水利專家崔不意（山東濟南人），在區內各地，建有無數水渠，引水入渠而灌溉農地，河西走廊氣候上雖極乾燥，但並無旱災現象，此當歸功於水利建設。河西走廊西側，氣流多變化，常有強烈的狂風，風起塵揚，飛沙走石，形成流沙，可以淹沒田地、房屋，敦煌附近，最爲顯著。

河西走廊的物產

河西走廊的面積有十八萬三千餘方公里，比臺灣省要大五倍。耕地面積約五千方公里，故荒地面積極廣。區內在行政上，有十五個縣及一個設治局。由東向西，計有古浪、武威、民勤、永昌、山丹、民樂、張掖、臨澤、高臺、鼎新、金塔、酒泉、玉門、安西、敦煌、及肅北設治局（原名烏龍泉），也就是十五個綠洲，是耕地和人口的分布地帶，農作物以小麥最重要，約占耕地百分之三十，次爲大麥及青稞，約占耕地百分之十八，再次爲豆類、小米、玉米及甘薯等，合佔耕地百分之三十以上，此外張掖、酒泉、敦煌一帶所產的稻米及敦煌的棉花，也頗有名，本區年可收穫一次，故產量不多，但以人口少，尙能自給自足。如能增加水利灌溉，改良種植，當有很大的發展。

河西走廊的天然資源

以石油及煤爲最重要：

（一）石油　以分布於玉門的石油河最重要，位在酒泉西一〇七公里，包括老君廟、鴨兒峽、白楊沱、馬蓮泉、石油溝五個油田，從地表看是一條長窄的深溝，兩岸較陡，地下爲含油層，長約九公里，寬約一公里有半，已知儲油地層有三層，於民國二十八年開始採油，油井深度四百——六百公尺卽可產油，七十年代原油年產量約二百萬噸，其後因新油源未有開發，年產石油遂降至五十萬公噸，但整個酒泉盆地的儲量估計則在一、二億公噸以上。此外酒泉縣的文殊山、永昌縣城北區及武威縣的雷祖山，均有油苗發現。

（二）煤　煤礦分布在祁連山北麓，如武威、山丹、永昌、酒泉等縣，惟煤層甚薄，祇有永昌縣西紅山窰煤田，儲量在四百萬噸以上，頗具開發價值。

（三）鐵　已知鐵礦有三處，卽武威的南營，山丹的紅寺湖及永昌的紅山窰。另有酒泉附近的鐵鏡山鐵礦，儲量約二億公噸。

（四）金　祁連北麓各縣均產砂金，歷史頗久，如高臺的擺浪河、敦煌的黨河、玉門的石油河等，但產量不多，山地當有豐富的藏金，交通開發後，才有希望。

（五）鎳　分布於武威西北龍首山麓一帶的金川鎳礦山，是大陸最大的硫化鎳礦山，其蘊藏量則居世界第二。鎳礦山除鎳之外，尚含有銅、鉻、白金、鈀、鋨、銠、金、銀等二十多種有用金屬的特大型多金礦牀。

河西走廊的交通

本區交通，自古以來，全賴陸運，舊時稱爲甘新大道，大車、騾、馬、以及駱駝的來往，極爲頻繁，蘭新鐵路及公路通車後，可以東通蘭州，西達廸化，南至青海，北接寧夏，故在交通地位上，日臻重要。武威、張掖、酒泉、玉門、安西，則爲公路及鐵路交接的中心，敦煌則爲甘、新、青三省公路交通的中心。

河西走廊的都市

㈠武威　又名涼州，也稱龍城，唐詩有「但使龍城飛將在，不教胡馬渡陰山」之句，可見其在歷史地理上的重要性，今爲我國領土的中央位置，由隴西高原進入河西走廊第一個重要城市，蘭新鐵路及甘新公路均經此而過，城建於楊家河及壩河沃地，附近農牧業，均極發達。並產梨、杏、蘋果、葡萄、藥材、硫磺等，同時也是羊毛、羊皮的產地，故皮革工業頗爲有名。造紙工業也著名（以蔴及芨芨草爲原料）。武威爲漢代的開邊重鎮，地下歷史文物，尤稱豐富❶。

㈡張掖　又名甘州，因城內有泉甘洌而得名，位於走廊中部最狹處，南北兩側山地相距僅五十公里，古人視其地有「斷匈奴之臂，張中國之掖」的效果，故其命名實富國防意義。今為蘭新鐵路及甘新公路的要城，並有公路南出民樂、馬營墩、越景陽嶺（祁連山）入青海，而通西寧，北出居延可通寧夏。附近有甘州河流貫四週，渠道縱橫，綠野遍地，有塞外江南之稱。張掖城內並有著名的臥佛寺❷，為西夏故物，城西則有黑水城故址❸。

㈢酒泉　又名肅州，地據北大河上游，也是一個渠道四布土質肥沃的地方，故農業頗為發達，蘭新鐵路及甘新公路上要城。酒泉自古以產美酒與夜光杯聞名，又是邊塞要鎮，故唐人詩有「葡萄美酒夜光杯，欲飲琵琶馬上催」之嘆。城西三十公里處有嘉峪關，建於海拔一、七七三公尺的高地上，即長城西方的終點❹，是明洪武時所建，清咸豐時重修，分內外兩城。關西氣候，極端乾燥，人煙稀少，因此關西地方，與關東差異很大，而關東的嘉峪關市目前已成為西北的最大鋼鐵基地。酒泉也是大陸二大太空衛星發射中心基地之一。

㈣敦煌　又名沙洲，為走廊最西端的綠洲都市，有新舊二城，新城在黨河東岸，是清乾隆時所建，舊城在黨河西岸，為西漢時所建。東南十五公里，有雷音寺，即著名世界的千佛洞石窟❺勝跡。西北八十公里處的玉門關❻和西南六十公里處陽關❼舊時為通新疆的兩大門戶。

❶ 如民國五十八年，武威城北雷臺村附近古墓即出土漢代銅器、玉器二百多件，其中有身高三十四·五公分、長約四十五公分銅奔馬一座，銅馬三足騰空，僅後足踏於飛燕之上，奔騰之勢，不可言狀，也是極聞名的藝術品，並

成爲今武威之象徵標誌。

❷張掖臥佛寺：始建於西夏永安元年（西元一〇九八年）明淸兩代均有重修，大佛殿內有木胎泥塑之釋迦牟尼之側身臥佛像彩繪金裝，身長三十四・五公尺，肩寬七・五公尺，耳長二公尺，雙眼半閉半睜，造像莊嚴祥和。

❸黑水城：城在白亭河畔爲西夏古城廢墟，西元一九〇七年俄人柯智祿夫探險隊首先來此發掘，其後英人斯坦因、瑞典人斯文海定等亦來，相繼盜走西夏珍貴文物極多，如繪畫、文書、錢幣等，其中「掌中珠」一書爲漢字與西夏文對譯，形同字典，遂使世無人識的西夏文書再度得以解識，對於考證西夏歷史、文化的幫助很大。

❹此爲明代長城之終點，現存嘉峪關係建於明洪武五年（西元一三七二年）爲大將軍馮勝所建，城牆外壁高十公尺，厚八公尺餘，爲磚瓦建築而成，城東西長有二百五十六公尺，南北寬達一百六十公尺。漢代長城更由此向西延伸經玉門、敦煌而至鹽澤（卽羅布泊）已入新疆境內。

❺千佛洞石窟：漢唐時代，敦煌是陸路交通中心，商旅往來極盛，在出關前，爲求平安，向神許願，一旦平安歸來，向神還願，乃雇請石匠及藝術人才，在三危山對面的鳴沙山崖壁上開鑿石窟，雕刻佛像，彩繪壁畫，是卽著名的千佛洞石窟，此窟始建於前秦苻堅建元二年（公元三六六年），歷經隋、唐、五代、宋、元各代，均有闢建，中以唐代爲最盛，共有石洞六百餘，洞中藏有兩千四百座以上的彩色塑像，上萬的浮雕，光緒二十六年（西元一九〇〇年）五月二十六日又發現洞中藏有許多佛經、手卷、惟大部分於一九〇七年，先後被英籍匈牙利人斯坦因及法人伯希和，盜買偸運至歐洲，現陳列於英法兩國首都博物館中，國寶外流，至爲可惜。

❻玉門關：位於哈拉湖西，是兩漢時代通西域的門戶，當時由玉門關向西經羅布泊附近樓蘭國，可至輪臺、庫車及疏勒，是當時的北大路，東漢班超任西域都護三十一年時，年老思故土，乞東歸，於和帝永元十二年（西元一〇〇年）上書稱：「臣不敢望到酒泉郡，但願生入玉門關」，以及唐詩人王之渙所作涼州詞中的「春風不度玉門關」，均指此關。而玉門關之得名則是因新疆的和闐玉卽由此關輸入中原之故。

❼陽關：地居玉門關之南，故稱陽關，由此西南行，沿阿爾金山北麓、經婼羌、且末、于闐、策勒、和闐、葉城、莎車，而至疏勒，爲兩漢時代的南大路。王維陽關三疊詩有「勸君更盡一杯酒，西出陽關無故人」，可見唐時的

陽關盛況。因唐時羅布泊位置已有移動，故由玉門西行之路中斷，均改由陽關大道西行。

作業

一、說明河西走廊的地理位置。
二、河西走廊的地形是怎樣的？
三、河西走廊在氣候上有何特色？
四、河西走廊的天然資源，以何者爲重要？
五、武威、張掖、酒泉、敦煌各有何重要性？

第六篇　東北地方

第一章　東北地方概論

東北地方，在我國地理區上和行政區上大致符合，以大興安嶺為其西界，北至黑龍江，東至烏蘇里江，是中俄分界的地方，南以圖們江和鴨綠江與韓國為鄰。全境面積既大，富源極饒，人口稀疏，開發雖遲，進步迅速，是我國最有發展前途的地方。

東北地方全面積有一百十八萬方公里，從地理區言，可分為遼東半島、長白丘陵、大小興安嶺、松遼平原及熱河丘陵等區。若從行政區看，則包有遼寧、安東、遼北、吉林、松江、合江、嫩江、黑龍江、興安（大興安嶺西部不包括在內）及熱河十個省區，以及瀋陽、大連、哈爾濱三個直轄市。東北地方的面積，佔全國總面積十分之一，人口一億二百萬，平均每方公里約一百人，可見人口稀少，而地域廣大，極有移民開發價值。

東北人口的分布，當以遼東半島為最密，每平方公里在三〇〇人以上，遼河平原有一五〇人次之，松花江、嫩江平原、及長白丘陵、熱河丘陵又次之，約在七十人左右，大小興安嶺人口最稀，每方公里僅有二十人強，其人口分布之多寡，與地形、氣候、交通及產業等條件，有密切的關係。

東北地方的地理位置，有下列四點可以敍述：

(一)經度最東，緯度較高的邊陲地域　東北地方在東經一百十七度以東至一百三十五度間的地方，是我國經度最東地區，而緯度上，則南始於北緯三十八度半，北迄同緯五十三度五十二分。從整個中國講，是我國經度最東，緯度較高地域之一，此種經緯位置，在自然上、人文上的影響很大。而東北北面和東北面都毗隣俄羅斯，東南則與韓國爲鄰，中俄國界長四千三百公里，中韓國界長九百五十公里。俄自尼布楚條約以來，日自甲午戰爭以後，而東北遂爲俄、日角逐地帶，俄日外患，實與此種邊陲地域，不無若干關係。

(二)西界蒙古高原　大興安嶺爲東北地方與蒙古高原的分水嶺，雖屬一嶺之隔，但後者居高臨下，往返較便，今日興安、熱河、遼北諸省境內，尚多盟旗分布，顯與此種地理位置有關。

(三)西南隣接黃淮平原　黃淮平原是我國古代文化中心地區，東北地方與黃淮平原間，有遼西、冀東的海岸平原相連，成帶狀的走廊地形，秦漢時代所置的遼東郡，即今之遼河下游地區，可爲明證。

(四)黃渤兩海的臨海位置　東北地方，面積廣大，但其臨海地域，僅有安東、遼寧二省面臨黃海與渤海。海運可與世界航線啣接，在遼東半島上，有大連、旅順等良港，爲東北貨物出入的總吞吐口，東北各種產業的迅速發展，與此臨海位置，不無密切關係。

東北地方的地形

從地形圖上看，東北地方的中央，是一塊大平原，由東北斜向西南，通稱松遼平原，也是我國最大的平原，其成因則爲地塹盆地，平原內河川縱橫，均屬松花江及遼河二大水系，平原外側，西有大興安嶺及熱河丘陵，東北有小興安嶺，東南則有長白丘陵及千山山脈，山峯連嶺，形勢險要，呈一大弧形的天然

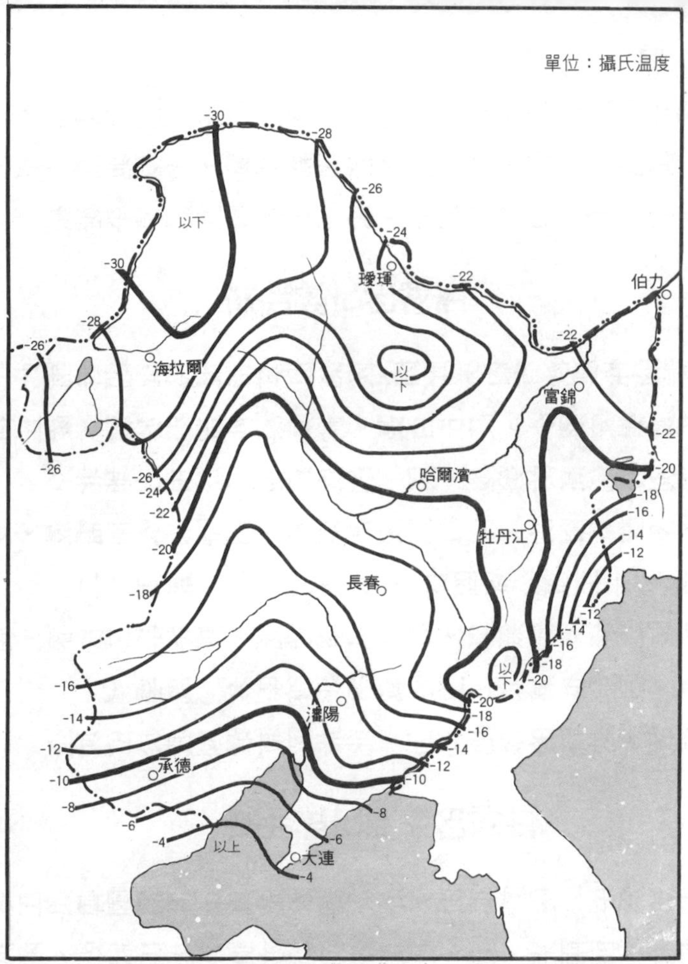

第七十三圖　東北一月月平均溫分布圖

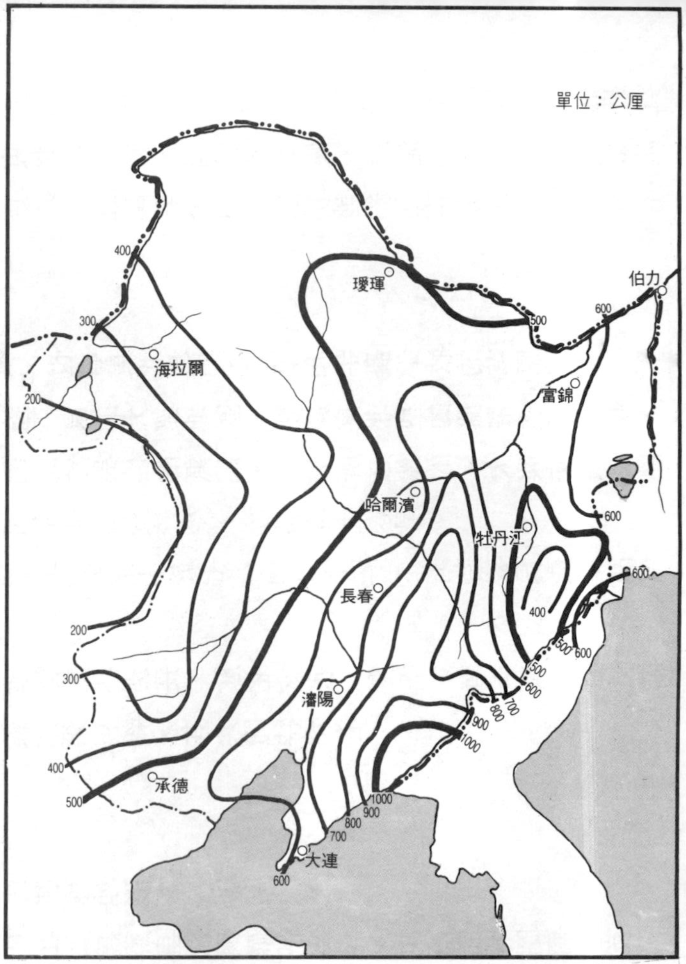

第七十四圖　東北年雨量分布圖

屏障。弧狀山地外側亦有河川環繞，北、東兩面，有黑龍江及烏蘇里江與蘇俄爲界，東南面有圖們江及鴨綠江與韓國爲界，眞是水繞於外，山環於內，中爲沃野的特殊地形。

東北地方氣候的特色

全域位於我國最東及最北，加以地形的特殊，故氣候亦頗複雜，其共同特點有：

（一）**季風**　多季西北季風特強，寒氣也愈烈，多寒時間特別長，愈北愈寒。夏季東南季風，溫暖濕潤，春秋二季特短，此乃季風交替，呈氣候多變之時。

（二）**雨量**　年平均雨量，自四百公厘至一千公厘，大部集中於七八兩月下降，斯時實爲農產品生長，最需雨水的時期，東南部因臨海洋，故雨量較多，西北部雨量較少，故易發生春旱。

東北地方由於各地緯度的不同，地勢的高低有別，因此差異性的氣候，是勢所必然的，大興安嶺及熱河丘陵，屬於溫帶沙漠氣候，長白丘陵、小興安嶺及松遼平原的大部地區，屬於東北型的溫帶季風氣候，在此兩者間則爲溫帶草原氣候，因此境內有沙漠性的游牧，也有東北型的農耕，和半農半牧的草原型。

東北地方的物產

松遼平原是我國最大平原，全域可耕地，有二千九百六十五萬餘公頃，已耕地約佔百分之四十，尚有未墾的荒地極大，實爲關內過多人口最好的移民地區。東北農作物，因限於氣候，只能一穫，惟其種類甚多，而以大豆、高粱、小米、小麥、玉米等五大農產爲主要，且各有餘額，可以輸出，中以大豆爲最有

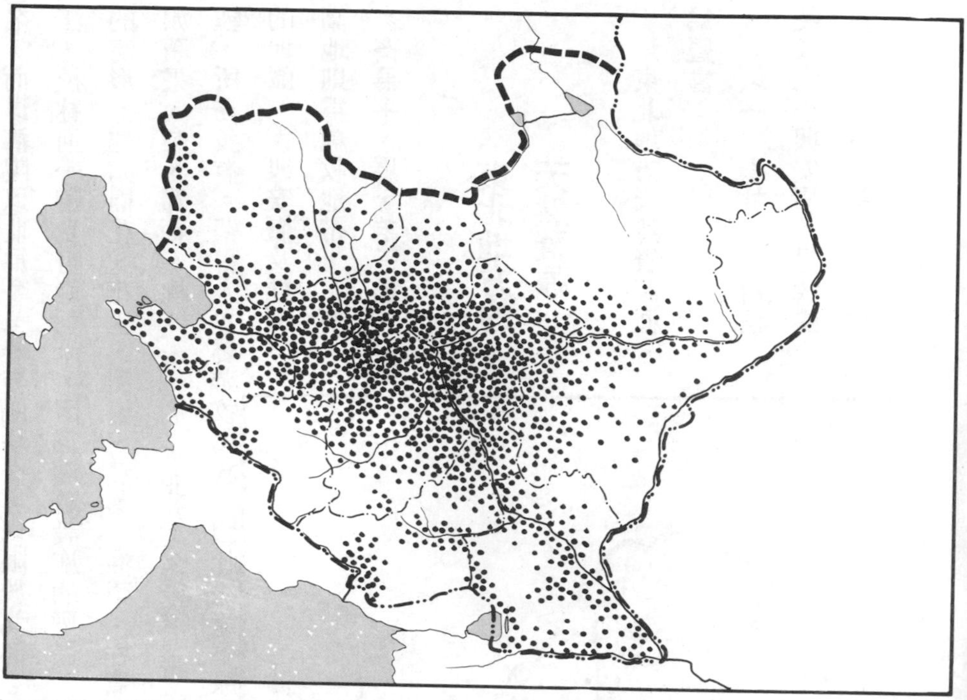

第七十五圖　東北大豆分布圖

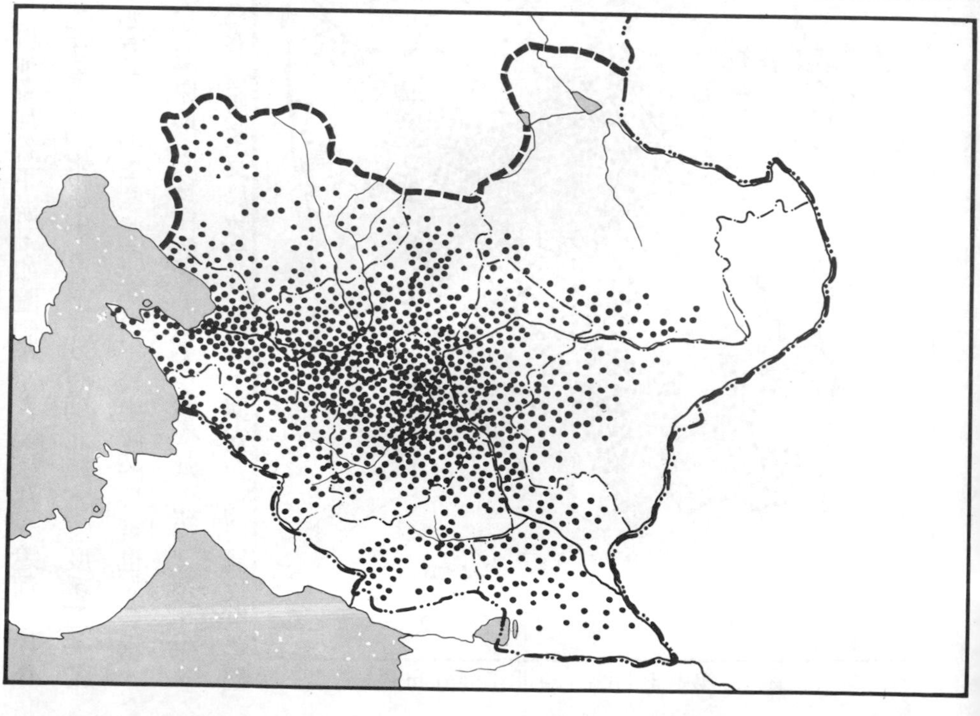

第七十六圖　東北高粱分布圖

名，而以瀋陽以北爲多，春麥的耕作，只限於北部。南部各河谷下游，如圖們江、鴨綠江、遼河、松花江、拉林河一帶且可產稻米，因爲灌溉設施的發展，現在東北的水稻田，且有分布到北緯五〇度璦琿一帶的情形。他如棉花、花生、甜菜、菸葉、油菜、柞蠶亦有不少的生產。而遼東半島生產的果實也頗豐富，如蘋果、梨、葡萄、桃、杏等。東北地方境內有廣大的草原地，移住的漢人愛畜心極強，猪、馬、牛、驢，所在多有。蒙古人本屬游牧民族，因此松遼平原爲有畜農業及農牧兼營地域，興安丘陵則爲牧重農輕的地區，大興安嶺及熱河高地則爲純牧地帶，主要家畜爲牛、馬、羊三種。

東北地方的天然資源

東北地方天然資源極爲豐富：

（一）**森林**　長白丘陵及大小興安嶺，是我國最大的林區，林野面積約

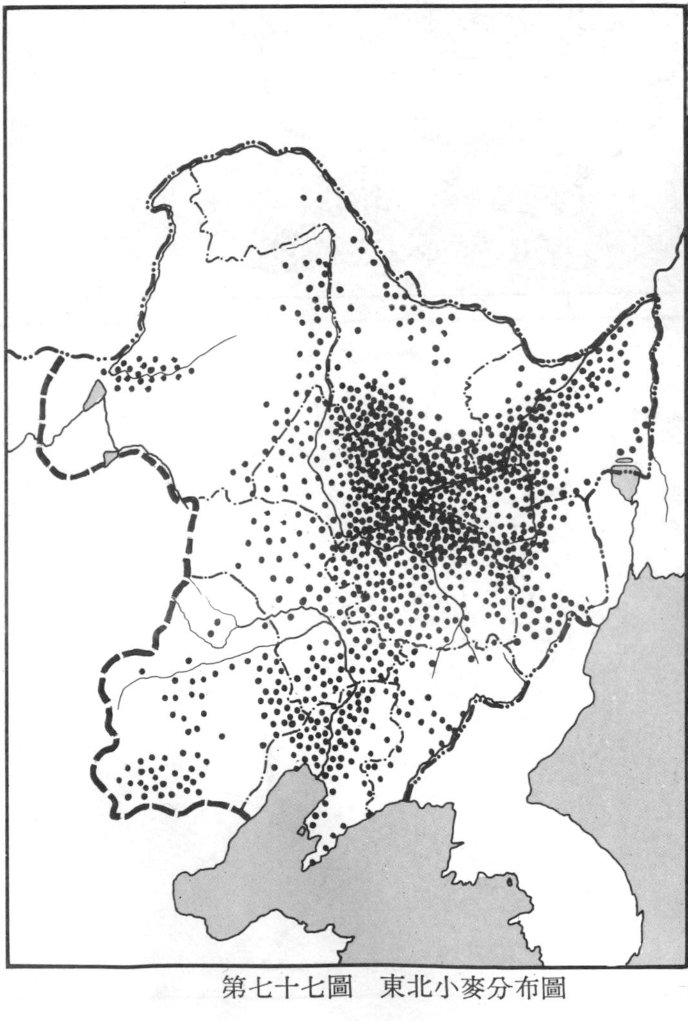

第七十七圖　東北小麥分布圖

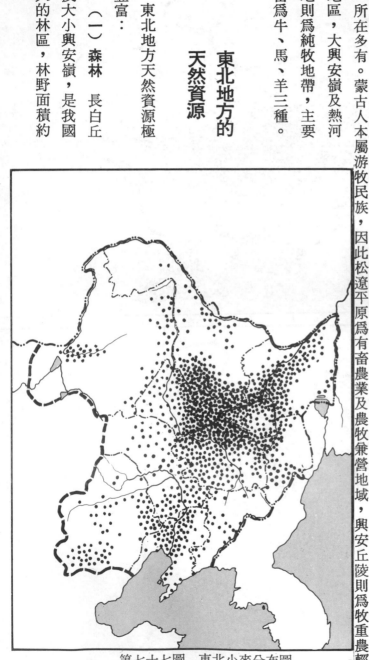

八千七百萬公頃，其中森林面積有二千二百萬公頃，其產量佔全國三分之二。長白丘陵的森林區，長約一千公里，雖已開採多年，但深山高地仍未能完全開發，主要樹種有紅松、落葉松、杉松、紅松、胡桃、柞、白樺等。至大小興安嶺的森林，主要樹種有落葉松、紅松、雲杉、冷杉、樺木、山楊等，尚多斧斤未入的天然林，故東北的製材及木質纖維工業，極有發展的前途。

(二)礦產 東北地方的礦產資源極爲豐富，礦類不下百餘種，其中以煤、石油、鐵、鎂、金等礦最爲重要，此外還有一些稀有金屬如鈾、鋯等。**煤**儲量雖不及北部地方，也有一百六十億公噸，但採煤產量則居全國重要地位。而**石油**儲量及產量，則是全國第一，撫順一地油頁岩，即達五十四億公噸，其礦層厚度在一百七十公尺，與煤層共生，覆蓋於煤層之上。此外在嫩江省的安達附近有大慶油田，遼寧南有遼河油田，吉林東北部有扶餘油田，產量均夥。**鐵**儲量及產量，也居全國第一位，估計在一百五十八公噸以上，是我國鐵礦最多地域。因爲煤、石油及鐵蘊藏豐富，交通又便，故東北乃成我國重工業地區。他如千山西麓的菱苦土礦，爲製**鎂**的主要礦石，儲量極豐，係世界最大鎂礦之一，錦州的**鉬**礦產量更是全國之冠，永吉的鉬礦儲量，則屬全國第二。葫蘆島附近則有全國最大之鉬礦，至於黑龍江沿岸與長白丘陵，也是我國著名產**金**地帶。

(三)水力 長白丘陵是東北雨量最豐多地區，加以坡陡流急，東北水力，大部集中於該區，東北的水力發電廠，均建築於鴨綠、牡丹、松花等江流域上。東北的水能蘊藏量約有一千二百萬瓩，未來發展水力堪稱相當豐富。

東北地方的交通

陸運以鐵路爲主公路爲輔，鐵路則縱橫交錯，略呈網狀，全境計有一萬六千餘公里，是全國鐵路最發達的地區❶，公路亦四通八達。鐵路、公路交匯地方，卽爲大都市所在。水運分海運與河運兩種，海運以大連、葫蘆島、安東、營口、旅順等海港爲中心，可與國內外航運相連絡，不過冬季各港封凍時期，頗不一致，這些海港是東北對外重要的吞吐港。至於河運，則遼河、松花江、黑龍江等，都可通行船隻，但黑龍江航道不深，自漠河以下可通小汽船，松花江較便利，汽船可上溯到嫩江的齊齊哈爾，南行可通吉林，哈爾濱以下可通千噸以上的江輪。唯各河流通航時期，均限於溫暖季節。冬季冰封，河川反成大道，各地貨物，均在冰上以撬運輸，更有臨時市鎭架在冰上，夜晚燈火輝煌，如同琉璃世界，同江一帶，常有此種市集出現，直至清明節前，居民始由冰上遷返，此爲東北冬季特殊的交通景觀。

東北地方的都市

東北都市的類型，可分下述四種：

㈠海陸兩運交織發展而成的都市，如：大連、葫蘆島、安東、營口、旅順、普蘭店等都市。

㈡河陸兩運發展而成的都市，如：哈爾濱、佳木斯、永吉。

㈢陸運要衝都市，如：瀋陽、長春、洮安、北安、牡丹江、四平、錦州等。

㈣邊境都市，如：安東、輯安、延吉、綏芬、璦琿、漠河。

❶大陸東北鐵路主要是以哈爾濱、大連、瀋陽爲中心，連結全域五十多條幹支線，而將東北地區的主要城市和工礦企業、農林牧業聯成一個完整的鐵路網，其現在主要幹線如下表：

鐵路線名	起迄點	里程（公里）	備註
濱洲線	哈爾濱——滿洲里	九四五	一九〇三年建成
哈北線	哈爾濱——北安	三三三	
濱綏線	哈爾濱——綏芬河	五四八	一九〇三年建成
哈大線	哈爾濱——大連	九四四	一九〇三年建成
拉濱線	拉法——哈爾濱	二六六	
綏佳線	綏化——佳木斯	三八三	
齊北線	齊齊哈爾——北安	二三一	
寧嫩線	寧年——嫩江	一八二	
牡佳線	牡丹江——佳木斯	三二八	
林東線	林口——東安	一七一	
牡圖線	牡丹江——圖們	二四九	
長圖線	圖們——長春	五三一	
平齊線	齊齊哈爾——四平	五七二	

長白線	白城—長春	三二九	
白阿線	白城—阿爾山	三三七	
鄭大線	鄭家屯—大虎山	三六九	
遼溪線	遼陽—本溪	七一	
湯林線	南義—伊春	一〇五	
金城線	金山—城子疃	一〇四	
錦承線	錦州—承德	四三六	
葉赤線	葉柏壽—赤峯	一四四	
溪城	本溪—田師傅	八五	
瀋丹	瀋陽—丹東	二六一	
瀋吉	瀋陽—吉林	四四五	
四梅	四平—梅河口	一五五	
梅輯	梅河口—吉安	二四六	
嫩林	嫩江—漠河		一九七六年建成
烟白	烟筒山—白山鎮	一四九	一九七七年建成
京瀋	北平—瀋陽	八五三	一九一二年建成
安瀋	瀋陽—安東	二七七	

作業

一、東北地理區和行政區有何不同？
二、東北地方的地理位置，有那四點可以說明？
三、東北地方的地形如何？
四、東北地方的氣候有何特色？
五、東北地方的農作物，爲何只能一穫，以那些作物爲重要？
六、東北地方的天然資源有那幾種值得稱述的？
七、東北地方交通情況如何？
八、東北地方的都市，可分那幾種類型及其代表性城市爲何？

第二章　遼東半島

遼東半島的地理位置

遼東半島因在遼河以東，包括遼寧省內千山山脈延長的半島地帶，以及安東省境的靉河流域，全面積四萬五千方公里。

遼東半島西北爲遼河平原，東北爲長白丘陵，東爲韓國及黃海，南以渤海海峽而與山東半島隔海相望，西爲渤海。其地理位置有下列三特點：

（一）**與山東半島互成犄角**　遼東半島突出黃渤二海間，與山東半島共扼渤海海峽，渤海是我國內海，由旅順至威海衞，其間不足八十海浬，旅順是北洋海軍要地，與威海衞互成犄角，爲華北海上的二大門戶，而旅順形勢，尤爲重要，故有「北洋直布羅陀」之稱。

（二）**是中韓重要通道所經**　長白山與圖們、鴨綠兩江，爲中韓兩國的國界，其間山川險阻，惟鴨綠江下游，地勢低平，自古爲中韓間的通道，安東市與新義州隔江相望，今有長九百三十公尺的大鐵橋連絡，我國的安瀋鐵路，可由此橋與韓國西岸的縱貫鐵路，直接通車，故本區實居中韓兩國交通捷徑上的地位。

（三）**是東北地方海陸交通的相互位置**　自二十世紀初葉，中長鐵路延長至大連及旅順後，松遼平原

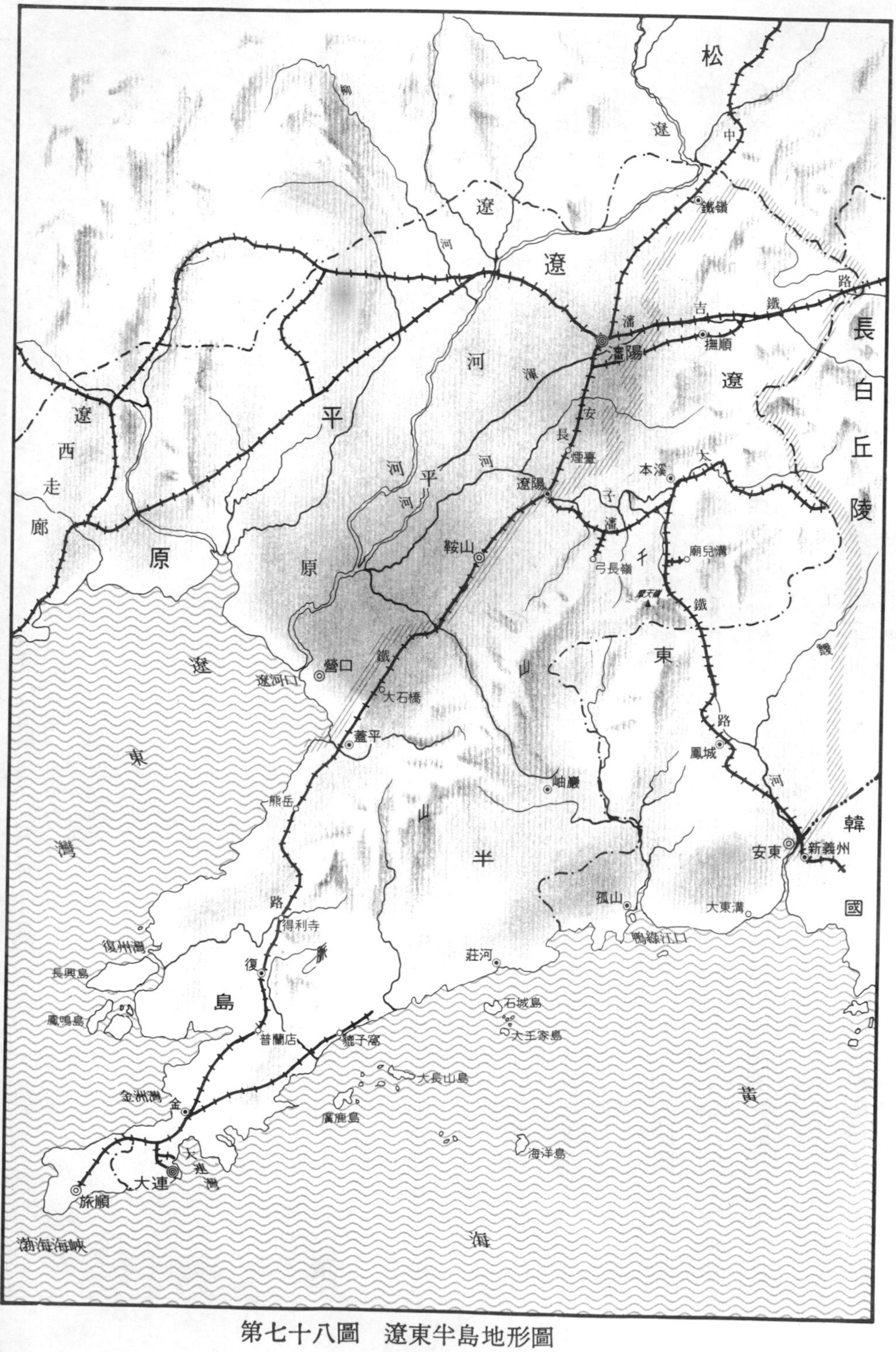

第七十八圖　遼東半島地形圖

的出入貨物，大部由大連集散，近數十年來，東北鐵路、公路次第舖設，分布如網，大連的工商業範圍亦隨之而擴大，今日大連對外貿易之盛，僅次於上海，實屬東北水陸交通的總吞吐口。

遼東半島的地形

遼東半島是千山山脈分布的地區，也是長白山的一部，因此千山山脈成爲遼東半島的骨幹，而爲遼河與黃海水系的分水嶺。千山山脈高度不大，一般均在四百公尺上下，成淺丘廣谷，故在地形上，成老年期的準平原，至於聳峙的高峰，均屬蝕餘殘丘，如摩天嶺其高度也不過五百六十公尺，半島尖端地勢更低，呈一二百公尺波狀起伏的準平原，半島沿海港灣既多，島嶼也多，港灣以復州灣、金州灣、大連灣等爲最大，島嶼則羅列沿岸，以渤海內的長興島爲最大（面積二百方公里）。千山山脈西側的河流，多成遼河支流，其中以渾河及太子河爲最有名，渾河導源於清原東，西流經撫順、瀋陽、西南注入遼河。太子河導源於新賓縣境，西流經本溪、遼陽，折而西南注於遼河，千山東側河川概注黃海，以鴨綠江支流靉河爲最大，流長二百公里，鳳城以下可通舟楫。

遼東半島的氣候

本區地當黃海、渤海的沿岸，位於北緯三十八度半至同緯四十二度間，氣候受海洋的影響很大。年平均溫在攝氏十度左右，冬季各月平均溫，全部在攝氏零下，因之冰期與霜期❶，長達四個月左右。夏季在攝氏二十度以上者，約有四個月。年平均雨量，千山以東，約有一千公厘左右，西側在六百公厘，雨季在

六、七、八三個月，約占全年降水量百分之六十以上，但安東、鳳城一帶，雨季可至四五個月，這是整個東北地方，雨季最長、雨量最多的地區之一。本區雖爲大陸性氣候，但兼受海洋影響，成爲本區氣候上的特性。

遼東半島的物產

本區因爲是丘陵地，故玉米爲主要作物，花生、高粱、小麥、小米、大豆等次之，水稻栽培亦相當發達。半島南部各縣，如營口、蓋平、復縣、海城、錦縣一帶，種植蘋果的面積極廣，熊岳城則有蘋果城之稱。他如梨及葡萄等果實，分布亦廣。遼西走廊則盛產著名的鴨梨、白梨。半島各地飼養柞蠶極盛，以蓋平爲主要產柞蠶繭地中心，占全產額二分之一以上，但柞蠶絲工業，則以安東市爲主，放育飼養的柞林地，達四十五萬公頃，而賴此爲生的農民達百萬人以上。半島南部得利寺、瓦房店、及安瀋鐵路線上的鳳城，所產菸葉，特別有名，也是一種重要經濟作物。

遼東半島沿海地帶，富鹽、魚之利，鹽場分布在復州灣，及黃海海岸的莊河至安東一帶，而旅順、大連爲其中心產區。漁產以黃魚、帶魚、青魚、烏賊、鱈魚、鯛魚、蝦、蟹及貝類等爲主，漁場以海洋島及長山八島二處爲主。

遼東半島的天然資源

㈠**鐵**　本區鐵礦分布，在北緯四十一度北，成一帶狀，由西而東，有鞍山、弓長嶺、廟兒溝三大鐵礦，儲量極豐，僅鞍山、本溪兩地區的探明儲量卽已超過一百億公噸，是大陸主要鐵礦資源基地，鞍山有礦區十二，以櫻桃園爲最多，鞍山、本溪兩地的鋼鐵工業，規模宏大，是我國著名的重工業中心。僅鞍山鋼鐵廠，每年卽可生產八百萬公噸鋼鐵。

(二)煤 本區煤礦分布，以撫順、本溪、遼陽等處爲主。撫順煤礦，儲量最大，約有十四億公噸之多，最高年產量曾達二千萬公噸，不僅是我國產量最多的煤礦，在世界上亦有很高地位，撫順煤田，長十九公里，寬四公里，面積六十方公里，煤層厚度平均四十公尺，最厚處達百公尺以上，且多露天開採，不僅採運便利，且品質佳良，是煉鋼焦煤的最佳原料。

(三)油頁岩 撫順油頁岩，覆於煤層上，厚達一五〇至一七〇公尺，總儲量五十四億公噸。

(四)菱苦土 亦稱鎂土，係製鎂主要原料，分布在千山西麓的海城、大石橋一帶，儲量五十億公噸，是世界最大鎂土礦之一。

(五)石灰 遼東半島富石灰，爲製水泥原料，因此本溪、遼陽及大連市北會泡崖石灰山，均設廠製造，是我國重要水泥生產地。又本區水力極豐，以鴨綠江水豐電廠最重要。

遼東半島的交通與都市

遼東半島爲淺丘地形，起伏不大，穿過此淺丘的鐵路和公路，爲數頗多，鐵路有中長、安瀋、瀋吉三線及其支線，其中以中長鐵路最爲重要，是本區對東北內地的主要幹道，安瀋鐵路可與韓國溝通。海運交通，則以大連、旅順、安東、大東溝爲主。本區因接近華北區，開發較早，加以區內有煤、鐵、石油、水

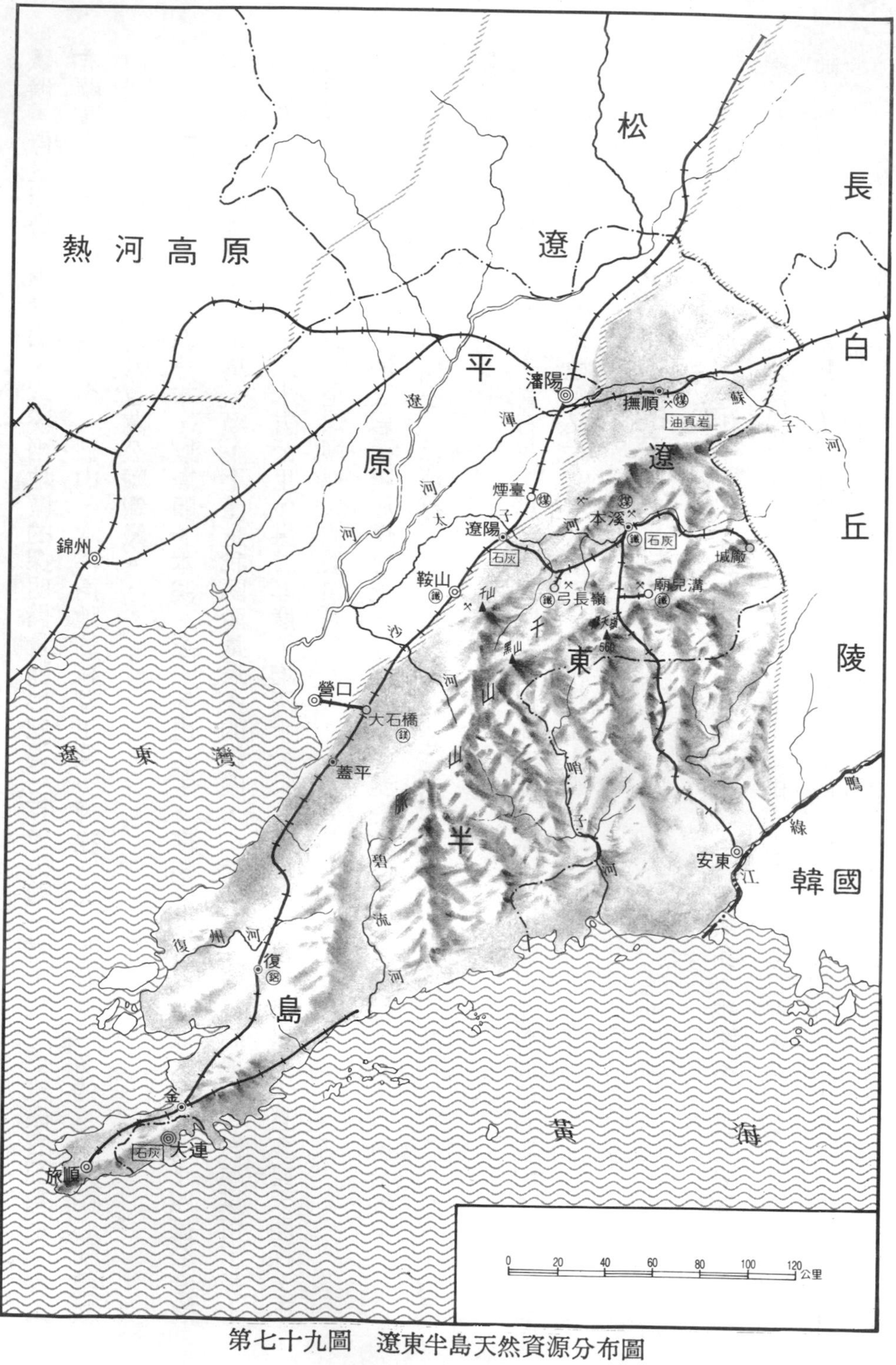

第七十九圖　遼東半島天然資源分布圖

力等資源的開發，輕重工業迅速發展，人口愈形密集，都市成帶狀分布，如撫順、本溪、煙臺、遼陽、鞍山，卽因礦業的發展，而成輕重工業的都市，半島尖端的大連，因地當海陸交通的要衝，東北貨物出入的門戶，故特別重要。

㈠大連市　位大連灣西南，築有三條防波堤，圍成面積廣達一百萬方公尺的內港，水深十至十二公尺，多不結冰，港面寬暢，可同時停泊萬噸級貨輪五十艘，每年吞吐量更達三千萬噸以上，貿易之盛僅次於上海。大連工業發達，並以造船、化工、機械及紡織等工業聞名，是東北三個院轄市之一。此外它還和旅順、營口、葫蘆島並稱爲我國四大良港。而大連新港則是石油港，爲大慶油田的原油專用輸出港❷。

㈡安東　位於鴨綠江下游，是我國對韓國的國防門戶，其對岸卽韓國的新義州，有鐵路相通，往來極便，是安瀋鐵路的起點。市內以製紙、製材及絲織三種工業，最爲發達。

㈢鞍山　位於中長鐵路線上，因鋼鐵工業發達，有「鋼都」之稱，亦爲大陸最大鋼鐵工業中心。市內尚有機械、建材等工業。市西南千山山麓更有湯崗子溫泉，爲風景勝地。

㈣本溪　位於太子河上游南岸，是安瀋鐵路上要站，以附近煤、鐵、森林、水利資源均富，故煤炭、鋼鐵工業皆極發達，也是東北重工業中心之一。

㈤撫順　位瀋陽東北，渾河南岸，爲著名煤炭工業城市，故又有「煤都」之稱，石油、機械、化肥等工業也極發達。

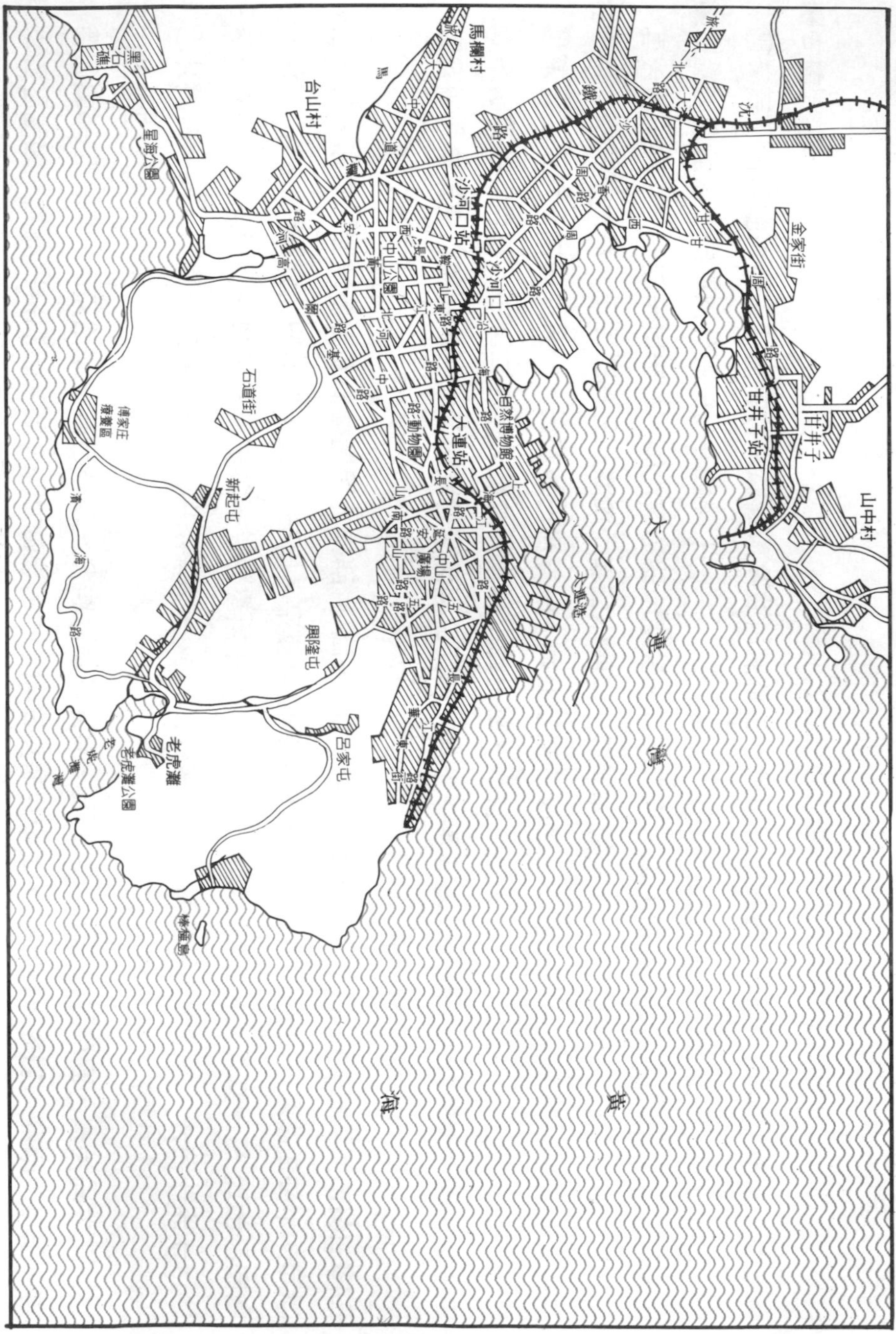

黑石礁
星海公園
台山村
馬欄村
沙河口站
沙河口
中山公園
石道街
傅家莊
新起屯
興隆屯
呂家屯
老虎灘
老虎灘公園
大連站
自然博物館
動物園
中山廣場
大連港
甘井子站
甘井子
金家街
山中村
大連灣
黃海

圖八十 大連市形勢圖

❶冰期與霜期：冰期是每日在零度（攝氏）以下，地面卽有結冰機會，東北各地河川皆結冰，惟各地結冰期間，並不一致，有長有短，大致遼河冰期有三個月，松花江有四個月，黑龍江則有五個月以上至六個月。
霜期：晚間溫度進入零度（攝氏）以下，地面水氣成白色結晶，是爲霜，俗稱「白露爲霜」，霜至則植物生長的機能，一切停頓，故霜期的長短，就是植物生長期的長短，東北初霜期，北部在九月上旬，南部則在十月上旬，終霜日期，亦因緯度、地形而有不同，大致北部在四月底至五月中旬，南部則在四月中旬。

❷大連新港：位大連東北五十公里金州的黃海沿岸，大慶油田的石油輸送管，經一千二百公里的路程舖設到此，可經油輪直接輸出，新港碼頭可停泊五至十萬噸的大型油輪。

作業

一、試說明遼東半島的地理位置。
二、遼東半島的地形如何？
三、遼東半島氣候上有何特性？
四、說明遼東半島有那些物產。
五、遼東半島的天然資源是怎樣的分布？
六、簡述大連市的概況。
七、簡述「鋼都」與「煤都」的由來。

第三章　長白丘陵

長白丘陵的地理位置

本區位於松遼平原東南，遼東半島東北，長白山是區內主要骨幹，包有安東、吉林、松江、合江四省的大部，以及遼北省東南的一部，面積二十七萬一千餘方公里，其地理位置有二：

（一）地處我國東北邊陲　長白丘陵東以烏蘇里江與俄國爲界，東南則以圖們、鴨綠二江和韓國爲鄰。烏蘇里江以東至日本海的廣大土地，包括海參威港，面積三十四萬四千方公里，原爲我國領土，咸豐十年（一八六〇年），英法聯軍之役，俄國乘火打刧，迫訂中俄北京條約，承認烏蘇里江以東地區屬俄，本區東鄰強俄，邊陲地位重要。

（二）中俄中韓交通路線上進出要區　光緒二十二年（一八九六年），俄國以中俄同盟爲騙局，取得東清路興築權，該路現改稱中長鐵路，其東段橫斷本區，這是俄國侵略東北主要路線之一。二次大戰前，日本以韓國爲前進基地，侵我東北，韓境鐵路線和我國相通者，卽爲其前進路線。圖佳、長圖、梅輯等鐵路，則爲中韓間交通要道。

長白丘陵的地形

長白丘陵在地形上看，是呈西南向東北走的方向，亦稱震旦方向，山嶺高度，一般在六百公尺至千公尺左右，而以中韓邊界山地爲最高，長白山主峯的兵使巖高二七四四公尺，是東北地方第一高峯，亦稱白頭山。該山四週爲一廣大玄武岩熔岩所成的高臺地，高度在二千公尺以上，是人跡少至，斧斤未入的原始林地域。山峯高出臺地四五百公尺，頂上覆有白色浮石，自下仰望或由遠遙望，宛如積雪，故有「白頭山」或「長白山」的稱呼，其上有一部原爲火山口，現已成湖，名爲天池，池長四公里，寬二公里。天池海拔二一九四公尺，面積九點二平方公里，池深三百公尺，是著名的火口湖，湖水終年下瀉，成爲松花江的源流。圖們江及鴨綠江，亦源於長白山兩側。

長白丘陵北起完達山，西南連遼東半島的千山，全長約一千三百公里以上，丘陵縱橫錯雜，綿延於本區的山脈有五，均由長白山分岐，自北而南，在烏蘇里江、松花江之間者爲完達山，在牡丹江及圖們江間爲穆陵窩集嶺，在牡丹江與松花江間爲張廣才嶺，在遼河與松花江間爲吉林哈達山，在遼河與鴨綠江間爲千山。全區地勢，以接近中韓國界長白山爲最高，向西北低降（尤以安東、松江兩省邊界處爲最高），此等山脈，高度均不過一千公尺，張廣才嶺本與吉林哈達山相連，因松花江切蝕，乃成二山脈，各長約三百公里，已成準平原的淺丘地形。

長白丘陵，原爲久經侵蝕的古老岩層，後因火山作用，由火山熔岩堆積而成許多火山臺地，或散布各地的火山錐及方山，成爲本地區中的特殊景觀。東北地方有許多河川，均源於長白山，其中(1)鴨綠江，源於長白山西南麓，水色碧綠，形似鴨頭，故名鴨綠江，曲折西南流，成爲中韓兩國界河，臨江以上，均爲深蝕峽谷，坡陡水急，流長七百九十五公里，最後注入黃海。(2)圖們江，源於長白山東南麓，韓人稱豆滿江，亦爲中韓界河，上流山高谷深，水急林密，注入日本海，流長四百七十九公里。⑶松花江，導源於長白山北麓，主源有三，中源天池流水下注，稱天上水，西北流稱混同江。東源稱二道江經安圖，西源稱頭道江，三源會合，始名松花江，北流至樺甸，輝發河自西南來會，水量漸大，再北流至陶賴昭附近，又有飲馬河及伊通河來會，至三岔河北會由源於大小興安嶺的嫩江水系，流量大增，自此折向東北流，至同江縣，注入黑龍江，全長一千九百五十公里，流域廣大。⑷烏蘇里江，導源於海參威東北山中，爲黑龍江第二大支流，上游在俄境內稱力畢河，北流至烏蘇里以北，納興凱湖東北流的松阿察河，下游乃成中俄國境河川，北流至伯力，注入黑龍江。自撫遠至興凱湖東岸的龍王廟間流長六百十公里（全長一千三百二十公里）。興凱湖是東北第一大湖，面積二千五百餘方公里。另一湖爲鏡泊湖，在長白丘陵中部，係由熔岩流堵塞而成，湖長四十五公里，最寬處六公里，面積九十平方公里，湖深平均四十五公尺，最深處達六十二公尺，是一天然水庫，其北有弔水樓瀑布，落差達二十公尺。

長白丘陵的氣候

本區緯度約在北緯四十度至四十八度間，地勢由西南斜向東北，卻好面對東南季風，因此東南坡的迎風面，適爲東北雨量最多地區，年平均雨量五百至八百公厘左右，例如長白和輯安均超過八百公厘，延吉得六百六十公厘，牡丹江市祇有五百二十公厘，大致東南多，愈向西北愈少。雨季以七、八、九，三個月爲最多，約佔全年三分之二，雨季和植物生長季節配合，對於農業影響很大。至於溫度方面，冬季平均在攝氏零度以下者，至少有五個月，高處地形可達七個月，因此本區多季寒而長，夏季短促而溫暖，夏季高溫在八月，可得攝氏二十三、四度，寒暑較差得三十四度左右，大陸性氣候相當顯著。

長白丘陵的資源

(一)農業　全域在夏作一穫地區內，耕地多在河谷平原上，玉米、高粱、大豆、小米，是區內主要作物，稻米、棉花也是重要作物。經濟作物以甜菜、烟草為主，另有亞麻、芝蔴、向日葵等。稻米產於圖們江、牡丹江、及伊通河沿岸，因這一帶雨水豐富，有水渠灌溉，故能生產。為東北主要稻米產地之一。

(二)森林　全域山地，森林密布，障蔽天日，東北人稱為窩集，是針葉及濶葉混合林分布地區，多紅杉、雲杉、冷杉、魚鱗松、落葉松等，經濟價值很高。鴨綠、圖們、牡丹、松花江等流域，以及中長路沿線一帶和依蘭附近，都是茂林密集的地方，惜在日俄強佔期間，曾被該兩國濫施採伐，損失頗鉅，但積材仍然很多❶，尚待開發。區內木材，多集中於安東、吉林、牡丹江及延吉等地，與製材、造紙等工業的興起，頗有關係。林地內有名貴的人參、貂皮、鹿茸，稱為關東三寶，是區內的特產物❷。其他珍禽異獸尚有東北虎、金錢豹、猞猁、梅花鹿、黑熊、香獐、水獺、丹頂鶴、榛雞等。

(三)水力　本區是東北地方雨量最多的地區，各河上流，均呈坡陡流急，是一水電工業發展的理想區，鴨綠江的水豐❸、松花江的小豐滿❹、牡丹江的鏡泊湖❺及後建的雲峰電廠等❻，均為東北著名的水力發電廠。其他尚未開發。

(四)礦產　本區礦產以煤、鐵、金等為最豐：

(1)煤礦　本區煤礦分布頗廣，而以雞西儲量爲最多，產量也最大，通化、臨江、舒蘭、北豐、吉林、蛟河、穆稜、雙鴨、密山、綏芬河等次之，煤質良好❼，儲量在三十億公噸以上，雞西和雙鴨山煤礦更是東北的最大焦煤基地。

(2)鐵礦　主要分布區在安東省境內，以通化、臨江二縣爲最多，臨江的大栗子溝、通化的七道溝最爲著名，區內儲鐵量，估計達十二億公噸。通化東北二道江，有鐵廠從事冶煉，其北柳河、輝南、也有鐵礦❽。

(3)金礦　本區金礦以延吉市西北二十八公里的金山及樺甸縣屬的夾皮溝金礦爲知名，其他各河谷，則產沙金，而以八虎力河雙龍溝產量爲最多（在圖佳鐵路千振東方二十公里處）。

長白丘陵的交通與都市

長白丘陵各省區，在清初原爲禁地，同治年間始開禁，因此開發較晚，人口亦稀，近數十年來，鐵路、公路，大量建設，縱橫交織，計有梅輯、四梅、吉海、吉圖、圖佳、拉濱、瀋海等十三線，略成網狀❾，故經濟發展，頗爲迅速，主要都市，如輯安、通化、梅河、北豐、拉法、敦化、延吉、琿春、牡丹江、林口、綏芬等，均分布於鐵路、公路交通中心點上，均爲新興的都市。本區重要城市有：

㈠牡丹江市　位於牡丹江中游，爲中長（濱綏）及圖佳兩鐵路交點，也是松江省會，又以附近農產、森林、煤礦、水力資源豐富，故造紙、石油、機械、木材加工、紡織工業均很發達，爲一新興工業都市。其西南有渤海國上京遺址❿。

(二)通化市　位渾江之畔，爲梅輯鐵路線上大站，也是安東省會，附近煤、鐵礦產豐富，所產葡萄酒尤爲聞名，又爲農林產品集散地，工商業發達，是一新興工業城市。

(三)延吉市　位圖們江下游延吉盆地中心，有長圖鐵路經過，附近農、林、礦產豐富，有機械、化工、陶瓷、木材、釀酒等工業興起，距中、韓國界甚近，爲兩國貿易中心及我國邊防要地。

(四)圖們　位圖們江西岸，隔江與韓國鐘城相望，有圖佳鐵路及長圖鐵路在此相會。

(五)綏芬　在松江省的東邊，與俄國相鄰，爲東北重要邊界城市。

❶ 本區森林分布：

林區	面積（單位公頃）	總量（單位千立方公尺）	針葉	濶葉
鴨綠江流域	六八二、七三三	九六、六四八	—	—
圖們江流域	八二五、六八五	一二〇、五四一	四五、一四〇	七五、四〇一
松花江流域	一、四二四、五六九	二五一、〇六九	一一一、六四一	一三九、四二八
牡丹江流域	六二六、七二〇	一一七、〇二四	五八、九一七	五八、一〇七
拉林河流域	六二八、五八九	八三、七二〇	二八、八三七	五四、八八三
依蘭地區	五、二四七、二六一	七二七、九七一	二五一、四八四	四七六、四八七
中長路東段	二、四一五、〇八四	二五七、〇六三	七六、一三九	一八〇、九二四

❷ 關東三寶：舊稱人參、貂皮、烏拉草、其中烏拉草價值不高，故現已由大量養鹿收取之鹿茸所取代。貂皮則以紫貂爲最珍貴，毛色棕褐，間有白色針毛，有「黑裏藏珠」之說，紫貂毛皮輕暖堅韌，不沾雪花與水珠，故爲毛皮中之珍品。

❸ 水豐電廠：築於安東省寬甸縣拉古哨的鴨綠江畔，長八百九十八公尺，有一一六公尺高的大水壩，水庫儲水量爲七十六億立方公尺，有效落差七十七公尺，裝有十萬瓩電力的發電機七臺，廠房設在鴨綠江對岸新義州較平坦地帶，有輸電線三條，一專輸韓境，另兩條一至鞍山、本溪，一至旅順、大連及遼東半島各地，抗戰勝利後，俄人在七臺發電機中，拆遷其二、毀損其一，故僅餘四臺。

❹ 小豐滿電廠：在松花江上游，蓄水庫達五百方公里，儲水量爲一百二十億立方公尺，是一多目標水庫，壩高八十公尺，是鋼筋混凝土建成，長一千一百公尺，電廠距永吉市二十四公里，在日本投降時，水電廠尚未完全建竣，已裝成者七萬瓩發電機五臺，另在裝置中三臺，總發電量可得五十六萬瓩，後被俄人取去六臺。

❺ 鏡泊湖發電廠：鏡泊湖面積近九十萬平方公里，湖水自北方出口瀉出，形成高距約二十公尺弔水樓大瀑布，鏡泊湖發電廠即建在湖水出口處，築有高三公尺半的攔水壩一座，長一千八百五十公尺，有效落差爲五十一公尺，最大發電量，達三萬六千瓩，於民國三十一年完成。

❻ 雲峯洞水電廠：建於民國五十九年，位在鴨綠江上游臨江縣對岸的韓國境內，發電容量五十萬瓩，與水豐電廠同爲中韓兩國所共有。另有在松花江上游新建的龍王廟發電廠，發電量可達四十四萬瓩。

❼ 長白丘陵煤礦密山煤礦儲量達十三億公噸，煤質良好，且可煉焦煤。蛟河煤礦儲量四億五千六百萬公噸，北豐煤礦儲量得二億八千萬公噸。永吉附近煤礦儲量在一億六千萬公噸。渾江煤礦，儲量一億二千六百萬公噸。臨江煙筒溝煤礦，儲量在一億公噸以上，穆稜煤礦儲量得七千五百萬公噸，綏芬河煤礦儲量，亦在五千萬公噸。

❽ 長白丘陵鐵礦、臨江大栗子溝鐵礦，儲量約一億公噸，含鐵量百分之六十四，可稱世界最良的赤鐵礦。臨江老爺嶺，八道江至通化三道江一帶鐵礦，儲量在一億二千萬公噸，他如通化的七道溝、柳河縣東南孤山子、南方的大肚子、東北的仙人溝，及板石河子均以產鐵著，輝南縣東境的石道河亦產鐵，惟儲量未詳。本區儲鐵總量約在三

億至十億噸間，通化是冶煉鋼鐵的工業中心。

❾ 本區鐵路除中長鐵路外，尚有：

1. 梅輯鐵路：是由梅河口南經柳河、通化，而至鴨綠江岸的輯安爲止，可與韓國平壤至滿浦的鐵路相連接，長二五〇公里並有支線由通化至臨江，長八十公里。
2. 四梅鐵路：由四平市起，東南經北豐、東豐，而至梅河口，與梅輯鐵路可以聯運，長一五六公里。
3. 吉海鐵路：由永吉起，西南經磐石而至海龍，再西至梅河口，而與梅輯、四梅、及瀋海三路相交接，長一百七十七公里。
4. 吉圖鐵路：由永吉起，東經拉法、蛟河、東南行經敦化、延吉、而至圖們爲止，全長四百公里，與中長鐵路東段相平行。連絡吉林和松江兩省重要的通道。
5. 圖佳鐵路：由圖們北行、經東京城（是金太祖發祥地，金人西移，以北平爲都城，稱此爲東京城，亦岳飛滿江紅詞中之黃龍府），寧安、牡丹江市、林口、勃利而至佳木斯爲止，全長五百八十公里。
6. 拉濱鐵路：此路由吉圖鐵路蛟河縣北拉法起，北經五常，西北行至濱江（哈爾濱）爲止，全長二七二公里。
7. 瀋海鐵路：由瀋陽至海龍，現因四梅、梅輯、吉海在梅河口相交。全長二百五十三公里。
8. 吉長鐵路：由永吉西行經九臺，至長春，全長一百八十二公里，此路東與吉圖鐵路相接，西與中長鐵路南段相交。
9. 林虎鐵路：此路由圖佳鐵路上林口起，東沿穆稜河行，至烏蘇江西岸虎林爲止，全長三百三十六公里。
10. 新寧鐵路：圖們北，圖佳鐵路上新興起，東北行，越大麗嶺，至東寧止，長二百十六公里。
11. 開豐鐵路：自開原東行至西豐止，長六十四公里。
12. 朝開鐵路：自延吉西方的朝陽山到圖們北方的開山屯，長六十公里。
13. 鷄城鐵路：由虎林線上鷄西站起，南行經梨樹溝，至中長線上的下城子，長一百零三公里。

❿ 渤海國：是唐代我國在東北地區的屬國，其領域包有今北韓及俄國臨海省和西伯利亞的一部份，這些地方古代都

是中國的領土，遼天顯元年（西元九二六年）建國二百多年的渤海國爲遼太宗所滅。渤海國文物制度多受唐室影響，有「海東盛國」之稱，其上京遺址於民國二十年被發現，出土珍貴文物極多。

作業

一、試述長白丘陵的地理位置。
二、長白丘陵的地形是怎樣的？試概述之。
三、長白丘陵的氣候情形如何？
四、長白丘陵林產分布怎樣？
五、長白丘陵有那三個著名水電廠？試簡述之。
六、長白丘陵有那些礦產是重要的？
七、長白丘陵有那些重要城市？試述之。

第四章　大小興安嶺

大小興安嶺的地理位置

大小興安嶺在行政上，包有興安省的東部，黑龍江省，以及合江省的北部。在地理上，則包括大興安嶺、伊勒呼里山、小興安嶺、以及黑龍江畔的丘陵谷地，東、北、西三面包圍松遼大平原的北部，面積十九萬五千方公里。其地理位置有下列三點可述：

（一）**地處高緯**　本區位於北緯四十六度至五十三度半，成爲我國高緯地區，對於自然及人文上的影響極大。

（二）**偏僻荒寒**　全域在松遼平原以北，位置偏僻，氣候嚴寒❶，加之山地廣大，峯巒陡峻，洪荒未開，故交通不便，人口稀少。

（三）**邊陲地域**　大小興安嶺的東、北、西三方，隔著黑龍江與俄屬西伯利亞爲界，這是強俄壓境邊陲地域之一。黑龍江以北，外興安嶺以南四十八萬方公里的地區，原爲我國領土，咸豐八年（一八五八年），俄人以武力脅迫簽訂璦琿條約，遂攫我黑龍江以北的廣大領土。西伯利亞鐵路，繞我國境外側，呈半環狀包圍形勢，其重要處且有支路及公路分趨江邊，從國防形勢上看，實外重內輕，而有強鄰壓境之感。

大小興安嶺的地形

大興安嶺與長白山呈平行方向，即由西南至東北走向，自南而北，有索岳爾濟山、室韋山、郭果臺山、龍頭嘴山、博里克山、治雜察山、呼瑪爾山等，而以室韋山爲最高，高度達一八五八公尺，也是興安嶺上最高峯。大興安嶺自索岳爾濟山，南延至熱河西南境，高度亦在千公尺以上，總計全長約一千五百公里，寬約二三百公里，西側則爲蒙古高原，高低相差不大，故從蒙古高原看大興安嶺，只見小丘陵錯綜起伏。但東側是松遼平原，高度是在二百公尺以下，故山勢陡降，坡度相差極大，實際是一大斷層線存在，如從松遼平原，仰望大興安嶺，只見巍峨高山。小興安嶺，係西北至東南走向，亦稱朝鮮方向，高度均不足千公尺，北接伊勒呼里山，南止於松花江北岸，山勢是北高南低，海拔九百公尺至六百公尺，遠望似一道平岡，實爲一波狀形的丘陵地。

大小興安嶺最接近處，是在北緯五十一度以北，呼瑪河的南部伊勒呼里山，是東西向，長約百公里，構成人字形的山嶺，其南則爲松遼大平原，當山嶺與平原接近處，多火山分布，如克東、克山、德都、嫩城、索倫等縣境內均有火山，就已知者講，不下四十餘座，中以五大蓮池火山彙爲有名，此火山位於德都縣北，因地有五池，火山錐十四，清初曾有老黑山及火燒山同時爆發的記載[2]。

大小興安嶺，又合稱內興安嶺，與黑龍江北岸的外興安嶺相對，稱其走向與內興安嶺相同，已劃入俄方。

大興安嶺是額爾古納河和嫩江的分水嶺，小興安嶺則爲黑龍江與嫩江的分水嶺。額爾古納河的上游，稱海拉爾河，集大興安嶺西坡諸水，經海拉爾市西流，至中俄邊界，始名額爾古納河，曲折東北流，成爲中俄國界上的界河，南側更納根河等許多支流，至漠河西方，與石勒喀河，以下乃稱黑龍江，然後曲折東南流，西納阿穆爾河、呼瑪河、遜河，至同江縣與松花江合流，東至撫遠和烏蘇里江會，自此由東南折向東北流，至伯力全入俄羅斯境內。

嫩江導源於伊勒呼里山南麓，並集大小興安嶺間諸水，支流極多，南流至扶餘附近，注入松花江。

大小興安嶺的氣候

本區在北緯四十六度以北，是一高緯地帶，而地勢又高，大興安嶺又爲東南季風止境，因此成爲我國最寒地區之一，而寒暑較差，較東北任何地區爲大。全域多長在六、七個月，在攝氏零度以下者，至少有五個月，一月各地的平均溫，均在攝氏零下二十度左右，故寒冷殊甚，河川均冰結，如漠河一年當中，多季長達八個月，最冷時曾有零下五十一或五十二度的紀錄，是我國的寒極中心。至於本區夏季高溫，只不過攝氏二十度左右，彷似春秋天氣，雨量以東南部較多，例如璦琿有六百公厘，大興安嶺只有四百公厘，雨季則在六、七、八，三個月，高溫與多雨同時出現，爲我國氣候上的特色，本區亦不例外。

大小興安嶺的產業

本區黑龍江及各支流沿岸的河谷平原，應爲農業生產中心，但這些平原都是狹長，而面積不大，除璦琿一帶（包括江東六十四屯）較爲廣大，人口亦多，尙利農作，其他廣大地帶，則人口極稀，主要原因，由於邊陲位置，緯度高，氣候寒，交通不便，因此農產品尚不足以自給，小麥、大豆、小米、胡麻則為主產。本區農產不多，但天然資源極豐：

（一）**森林** 是本區最主要的富源，也是我國最大而最完整的天然林區❸，林產有樺樹、紅松、雲杉、冷杉、黃楊木、落葉松等為主，均是針葉林。其木材蓄積量及採伐量則均居全國第一位。森林中並盛產名貴藥材如人參、沙參、五味子、天南星等野生植物。此外尚有珍禽異獸如榛鷄和駝鹿等。

（二）**礦產** 本區金礦，最為知名，不僅分布廣，而且產量多，黑龍江沿岸，均為砂金富積地帶，漠河即因產金而成為我國最北縣治❹，他如呼瑪、奇乾、鷗浦、璦琿等地，均以產金而著名，而以呼瑪金礦為最大。煤礦已知者為鶴崗煤田，位於小興安嶺南端，儲量達五十億公噸，品質良好，開採設備亦新，年產量在一千萬公噸以上，有鐵路通佳木斯對岸蓮江口，是區內最大的煤田。

（三）**水力** 本區除黑龍江本流及大小興安嶺來的各支流，均呈坡陡流急，而富水力，尤以呼瑪河及根河為重要，如能善加利用水力發電，則本區不難成為亞洲的瑞典。

大小興安嶺的交通及都市

區內交通以鐵路為主：

㈠**中長鐵路** 自中俄邊境的臚濱東行，進入本區，經牙克石上山，過免渡河後，更越山嶺的興安與博克圖等地，盤旋曲折沿雅魯河而下。其在興安與博克圖之間，有長三公里的大隧道，非常險要，中長鐵路為俄國侵略我東北要線之一。

㈡**北黑鐵路**　由北安北上經龍鎮，越小興安嶺，沿辰清河至孫吳，北至璦琿（黑河）爲止，北與海蘭泡隔江相望，長三百公里。

㈢**濱北鐵路**　是由北安南行，經通北、海倫、綏化、呼蘭而至哈爾濱，長三百六十二里，與北黑鐵路可直接連絡，是黑龍江和松花江間主要通道，在國防上和經濟上至爲重要。

㈣**北齊鐵路**　是由北安西通齊齊哈爾，長二百三十八公里，與濱北鐵路同爲通松遼平原的重要交通線。

㈤**寧霍鐵路**　是由松遼平原北側寧年起，經訥河北行而入本區嫩城，然後北至小興安嶺山麓霍龍門爲止，長二百八十五公里，是大小興安嶺間，南北重要交通線。

另有新建鐵路三線，一由昂昂溪向北經嫩城至古蓮，即嫩漠鐵路。二由南岔北行經伊春、湯旺河至烏伊嶺，即南烏鐵路。三由綏化經慶城、南岔、東行至佳木斯，即綏佳鐵路。

公路有穿大興安嶺的一線，與中長鐵路並行。東側則以北安、璦琿、嫩城三地爲中心，穿過小興安嶺者二線。其他大部山地區域，仍爲原始狀態。

水運以黑龍江爲主，璦琿以下，可通江輪，璦琿至漠河間，可通小輪，惟航運暢通，僅限於夏秋時期，每年十月至翌年五月爲結冰期，江上可行馬橇，成北國交通另一景色。

本區因人口少，農林工礦等業，均不發達，交通線的建築，多限於接近松遼平原，比較重要的都市有下列：

㈠北安　是黑龍江省的省會，位於北黑、洮北和濱北三鐵路和公路交會的中心，工商業因之而繁榮，附近農產豐富，爲大豆、高粱、山貨、農林物產的集散中心，也是新興都市。

(二)璦琿　是我國在黑龍江沿岸第一重鎭，唐爲黑水府，舊名黑河屯❺，以採金稱盛，原璦琿縣治則在縣南三十公里處，自黑龍江航運開闢後，璦琿已成黑龍江航運中心，加以北黑鐵路及公路，南通松遼平原，北至呼瑪，西達嫩城，東接黑龍江沿岸各城。對岸俄境海蘭泡，有鐵路連接西伯利亞大鐵路，故其國防地位極爲重要，市街帶有俄國色彩頗重。有採金、木材、食品、農具製造等工業。

(三)嫩城　地居大小興安嶺間，源於伊勒呼里山各河流的會合點上，嫩江上游第一大城，寧霍鐵路上要站，並有公路，東北通璦琿，南達克山及訥河二線。

(四)鶴崗　位於小興安嶺東南麓，距佳木斯六十公里，有鐵路相通，爲新興煤礦工業城市。

(五)漠河　位黑龍江南岸，是我國國境線上最北的城市，以產金聞名，又因居北緯五十三度半的高緯地帶，而有白夜「奇景」和絢麗多彩的「北極光」異象❻。

❶ 氣候嚴寒：大小興安嶺及黑龍江流域，多溫特低，住家房屋不高，屋內均有火牆、火坑、火爐等設備，外出時常呼吸成霜，鬚眉盡白，重裘不暖，三裘仍寒，耳、鼻、手足，皮膚凍裂，氣溫則常降至攝氏零下三四十度，溫度計有時亦被凍結，戶外事幾乎成停止狀態。

❷ 事見淸人吳振臣寧古塔記略，時在康熙五十九年。

❸ 興安天然林區：大興安嶺森林面積，達一三、八八四、三四三公頃，材積量則爲一、五六五、八〇〇平方公尺；小興安嶺的森林面積，是九、九一七、三八八公頃，材積量有九七一、八〇〇平方公尺，比東北其他各區爲大。

❹ 漠河金礦：當石勒喀河及額爾古納河會流不遠處，淸同治二年，已有中俄人民萬餘人在此淘金，光緒十一年由鴻章主持漠河採金公司開採，獲利頗厚，後以邊區不靖，逐漸衰落，日據時期，曾一度復興。

❺ 璦琿：中共已將其擅改爲黑河市。

❻ 漠河每到夏季，白天便越來越長，夜晚則越來越短，夏至前後半個月，每晚只有子夜時間一兩個鐘點內天色稍爲昏暗一些，隨即朝霞似錦，旭日高懸，黑夜卽變成白夜，冬季情形則相反。在漠河上空的北面，經常出現絢麗多彩的北極光奇景，是一個由小至大，顏色變幻不定的光環，其色彩達於璀燦時，光環卽逐漸東移，由大變小而逐漸消失。

作業

一、大小興安嶺的地理位置有那三點可以值得敘述？
二、大小興安嶺的地形是怎樣的？
三、大小興安嶺的氣候有何特色？
四、大小興安嶺的產業，以那幾項最爲重要，試說明之。
五、大小興安嶺的交通情況如何？
六、北安、璦琿、嫩城、鶴崗、各有何重要性？

第五章　松遼平原

松遼平原的地理位置

松遼平原是北部的松嫩平原，和南部的遼河平原的總稱，其範圍包括嫩江省全部，興安、黑龍江、松江、合江、吉林、遼北、遼寧等省的一部或大部。面積四十四萬八千餘方公里，占東北全部面積百分之三十七，爲全國最大的平原。其地理位置有：

（一）居東北地方的中心位置　松遼平原四周，有大小興安嶺、長白丘陵、遼東丘陵及熱河丘陵等山地，成環抱形勢，中爲盆狀的大平原，適居東北地方的中心位置。

（二）過渡性質氣候的交錯地帶　松遼平原介於黃海及蒙古高原間，成爲海洋與大陸兩種氣候的交錯地帶，大興安嶺又爲季風的止境，緯度也高，又近蒙古高原內陸，故在自然上及人文上，均具有過渡性質。

（三）四周交通線通道中樞　松遼平原與四周地區的交通線，可以說是四通八達。從東北兩面對俄國交通而言：有穿越長白丘陵的中長路東段（哈爾濱至綏芬河）線，有沿松花江河谷線（哈爾濱至同江），有穿越小興安嶺線（北安至璦琿），以及穿過大興安嶺（哈爾濱至臚濱）的中長線西段等四條主要通道。從東南對韓國交通而言，則有瀋陽至安東而達新義州，由梅河口至輯安而達滿浦，以及由吉林至圖們，佳木斯至圖們而達羅津的交通線路三條。至於對關內的交通，水路以大連爲主要吞吐口，陸路有北寧線（瀋陽

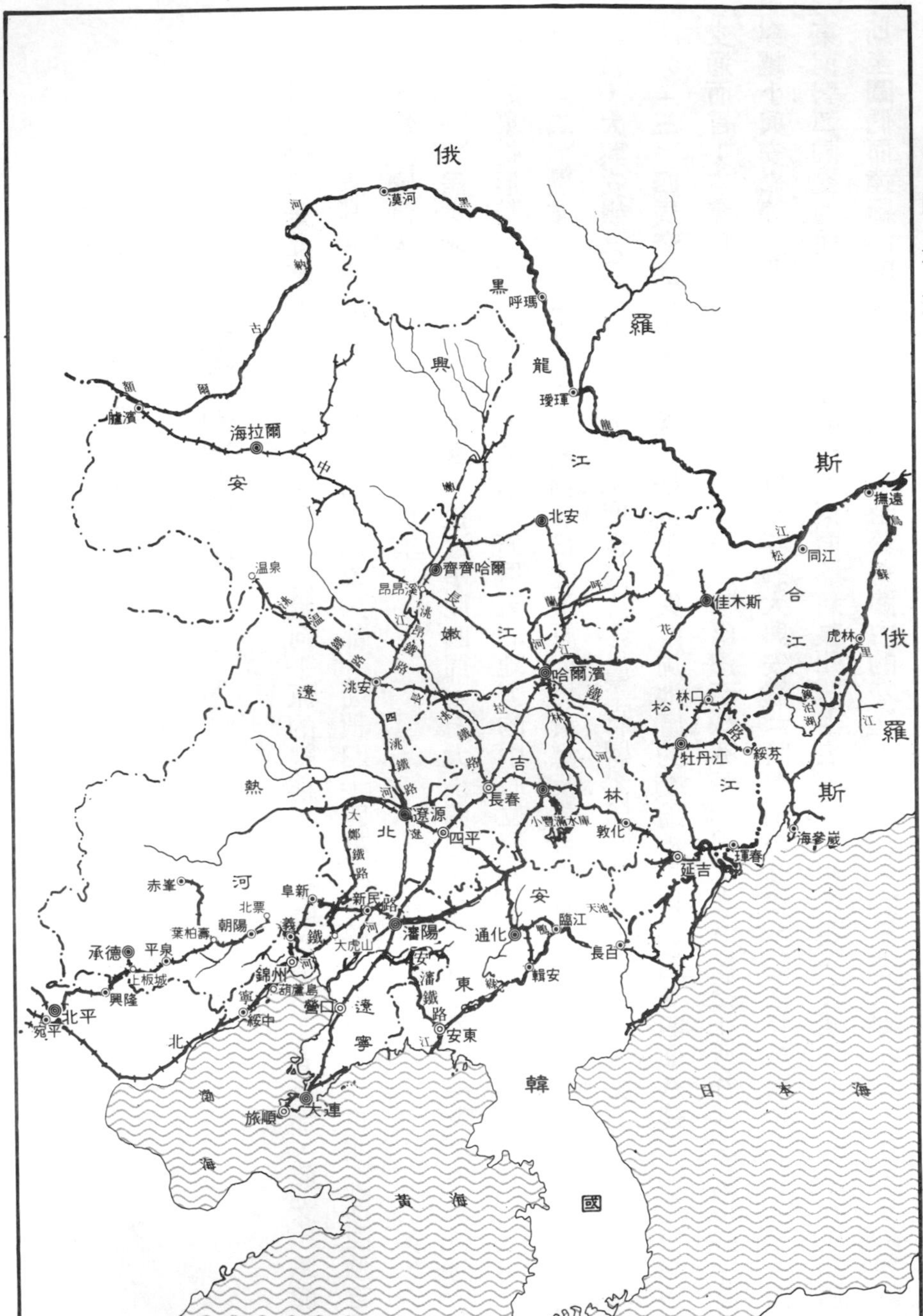

第八十三圖　松遼平原主要通路輻輳圖

——山海關——北平）及錦承線（錦州——承德——古北口），還有通遼至林西的大道，故本區對俄、韓兩鄰國，以及對關內和蒙古，交通均很便利，惟對外交通過去常為日俄侵凌的線路。

松遼平原的地形

松遼平原地形上，可分下列：

（一）遼西走廊 這是遼河以西的海岸地帶，又位在山海關通路上，故以走廊名之，區內北側為醫巫閭山及松山的南麓，大小淩河南流入遼東灣，背山面海、沿海三角洲，連綿不絕，形成帶狀海岸平原，與冀東地形極相類似。

（二）松遼臺地 松遼平原與四週丘陵山地間，有一過渡性的地形，高度不大，而面積分布頗廣，即通稱松遼臺地，也屬松遼平原範圍之內，許多重要城鎮，分布於臺地邊緣，如西側有布西、甘南、景星、洮安、洮南、通遼等城。東側則有依安、明水、蘭西、阿城、五常、德惠、長春、開原等城。此一臺地因河谷寬廣、坡度平緩、農業發達，今日東北的主要農耕地帶，大部集中於東側的臺地上。

（三）松遼分水嶺 是松遼二水系的分水嶺，東南起公主嶺附近，西北至洮南以西突泉，再西至大興安嶺東麓，高度僅二百五十公尺，為一丘陵性臺地，分水嶺上大部為草原，在分水嶺北，嫩江水系南流注入松花江而後東流。分水嶺南側，則為遼河水系，南流注入遼東灣。嫩江水系原為遼河上游，後因此分水嶺隆起，致將水系中斷而轉向，終為松花江水系所襲奪。

（四）松花江平原 這是長白丘陵、大小興安嶺及松遼分水嶺間的平原地區，包括松花江及其支流嫩江、拉林河、呼蘭河等河流所沖積而成的平原，其間除四週的臺地外，高度均在一百五十公尺以下。嫩江源於伊勒呼里山南麓，集合大小興安嶺斜坡諸水，而成爲流域甚廣的水系，整個松花江平原，除了一部分是松花江、拉林河、呼蘭河流域外，均爲嫩江流域，面積達二十四萬四千餘方公里。嫩江下游平原，多呈半沙漠狀態，中多沙丘及窪地，雨季常成鹽湖，乾時則成鹽原，如龍江城東呼裕爾鹽原最著名，洮兒河附近亦多鹽湖，此外平原上，又多天然鹼，俗稱鹼甸子，湖泊則稱鹼泡子。松花江則源於長白山的天池，沿長白丘陵斜坡北流，在樺甸納輝發河，至吉林附近始入平原，再納伊通河至三岔河北而與嫩江相會，折而東北流。

（五）遼河平原　這是松遼分水嶺，熱河、長白兩丘陵及遼東灣間的平原地區，由遼河本支流沖積而成，彰武——鐵嶺以北，高度不足二百公尺，以南則在五十公尺以下。遼河上有三源，主源稱西遼河，源於熱河西部山地，東流會老哈河，又東至遼源，與另一源於熱河北部山地的新遼河相會，水量乃大，折而南流至三江口，與東遼河會，三源會合，始稱遼河，至鐵嶺西北，曲折西南流，又有源於長白丘陵的渾河、太子河等來會，至營口注入遼東灣。松花江平原面積廣大，有三十九萬方公里，遼河平原面積祇有五萬餘方公里。

（六）合江準平原　這是佳木斯以下的三江流域，即松花江、黑龍江、烏蘇里江中間地區，俗稱北大荒，爲一望無際的草原，高度概在五十公尺以下，地形上係低位置準平原，三江流域河岸，是天然堤防，地勢反較高，一至雨季，江水外溢，遂成低隰地帶。

松遼平原的氣候

本區多嚴寒、夏暑熱，多夏溫差很大，一月氣溫的分布，視緯度及地勢的高低而有不同，例如哈爾濱為攝氏零下二十四度，瀋陽為零下十二點四度，可見愈北愈寒，七月高溫，南北相差不大。雨量在西部為四百公厘左右，東部則為六百公厘上下，大部降於夏季六、七、八三個月。

松遼平原的物產與天然資源

松遼平原因自然環境及人文條件的影響，故有農業發達地區，以及有待開發地區，也有半農半牧地區，及完全是牧地者，大致農偏於東，牧重於西，有待開發地，則多在北部。平原上物產以農為主，而高粱、小麥、大豆、玉米、小米，為區內五大農作物❶。經濟作物，

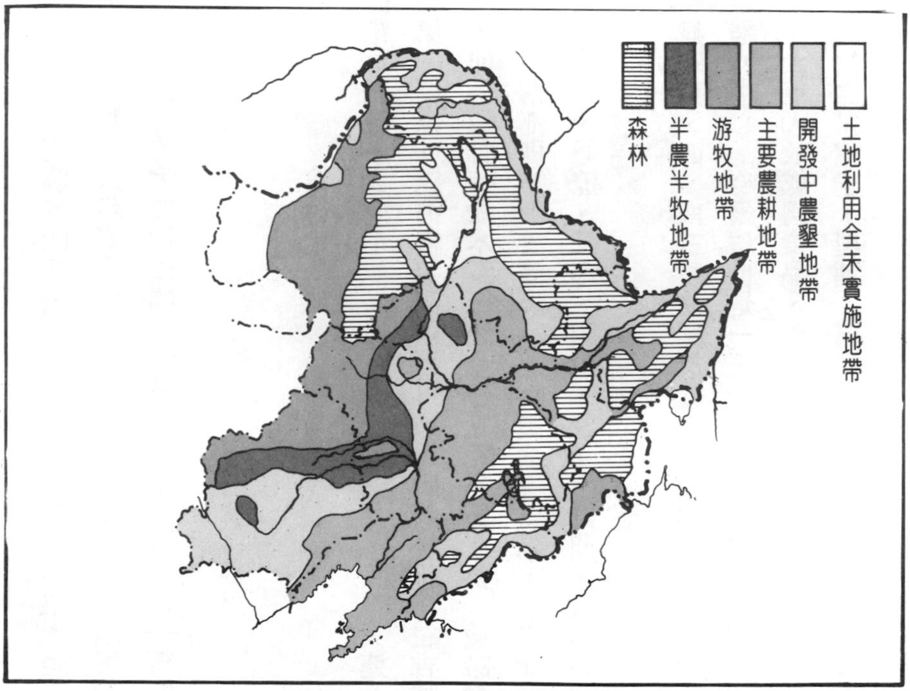

第八十四圖　東北的土地利用圖

則以棉花爲重要，多產於遼河中下游，甜菜次之產於松花江流域，此外遼西走廊盛產白梨、鴨梨，是東北重要水果產地。平原西側因多畜羊，故羊皮、羊毛生產頗豐。天然資源則以黑龍江、松花江合流地帶的砂金，完達山及佳木斯附近的森林，哈爾濱西北濱洲鐵路線上的大慶油田的石油❷，遼東灣及渤海一帶的漁鹽，均爲本區重要資源❸。

松遼平原的交通與都市

本區遼河口的營口港，原爲東北重要海港，因港口淤淺，大船不能進出，加以冰期長，故爲大連及葫蘆島所代替。葫蘆島因終年不凍，而成爲遼東灣中第一要港。遼河自遼源以下可通民船，松花江在吉林以下可通小輪，哈爾濱以下可通千噸江輪，封凍期間，即不通行。故本區交通，仍以陸運爲重要，鐵路❹、公路縱橫交織，四通八達，大概北部多集中於哈爾濱，南部則集中於瀋陽，故哈爾濱與瀋陽，爲東北兩大都市。而龍江（齊齊哈爾）、綏化、佳木斯、洮安、遼源、通遼、長春、四平、遼陽、錦州、吉林等主要城市，均分布在鐵路、公路、水運的交通要道上。

㈠哈爾濱市　一名濱江，位松花江南岸，中長鐵路東、西、南三段交集於此，而拉濱、濱黑、濱綏、濱北、濱洲等鐵路亦以此爲中心❺，又成東北公路網的中心。哈爾濱也是一座十里江堤，白楊綠柳，花木扶疏，風光美麗的城市。附近平原盛產小麥、高粱、大豆，故成爲食品、製革、鋸木等業的中心，皮毛集散很有名，其他各種工商業，如石油、機電、化工、紡織、電子、製糖、醫藥、航空及旅遊事業也頗發達❻。

第八十五圖　哈爾濱市形勢圖

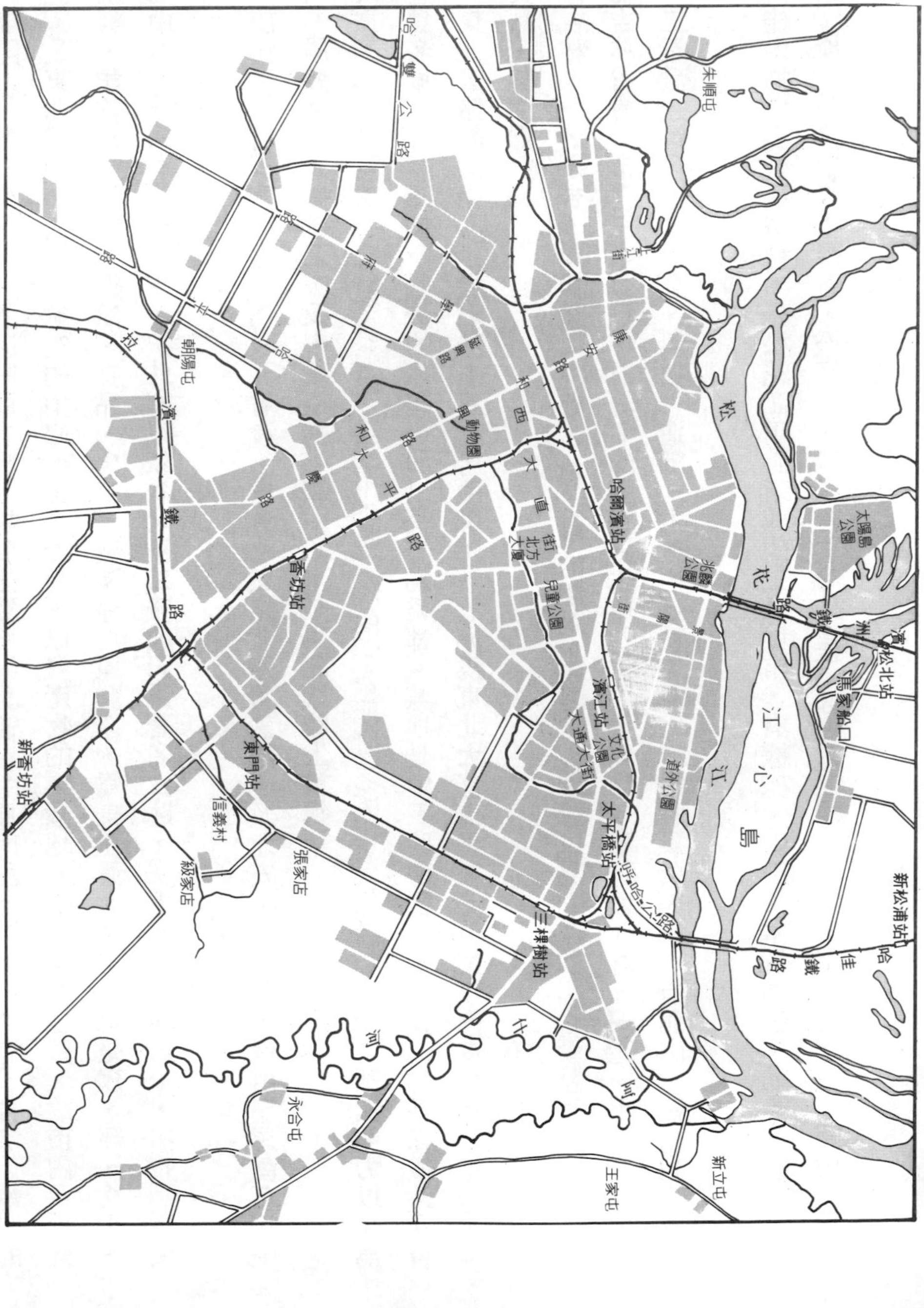

㈡瀋陽市　瀕渾河北岸，渾河原稱瀋水，故名瀋陽。位北寧、中長南段、安瀋、瀋海、吉瀋等鐵路的交點上，是東北鐵路、公路、航空的中心，也是遼河平原農產物的集散地。附近煤鐵極豐，故市內及近郊輕重工業，如紡織、煉油、鋼鐵、食品、化工、製藥等均極發達，為東北最大都市，也是政、經、文化、交通的中心。城內有清故宮❼，城外有東陵和北陵二陵❽同為著名古跡，在東北政治地理上，有特別重要的地位，今為院轄市。

㈢龍江　土名齊齊哈爾，為嫩江省會，有齊北鐵路北通霍龍門，及北安——瑷琿，南由昂昂溪可接中長路及洮昂鐵路，為機械工業及車輛製造工業中心，是東北國防上重鎮。

㈣長春　土名寬城子，瀕伊通河，為南宋時金國的「黃龍府」所在。日俄戰役後，兩國勢力以此為界，遂為名城，日據時期所製造的偽滿，即以長春為偽都。其地是中長路南段，及洮長、吉長二鐵路交會點上，東北公路網的中心，從形勢上看，居中御外，故亦為東北大都市之一。工業以汽車製造、電器、橡膠、食品、製藥為主。

㈤吉林　一名永吉，瀕松花江中游，為小輪的起點，吉長、瀋吉、吉圖等鐵路交集於此，公路也四通，為吉林省會，市南三十公里，有著名的小豐滿水庫及水力發電廠。附近農、林、礦產、水力資源均很豐富，工業發達以化工、冶金、製糖、造紙、木材、麵粉等為盛。吉林風景秀麗，有北山、松花湖等遊覽區。

㈥佳木斯　為合江省會，是松花江下游新興的工業城市，有機械、造紙、木材加工、紡織、製糖等工業，農牧名產有松蘑、猴蘑、松籽、人參、鹿茸等。佳木斯交通四通八達，不僅是圖佳（圖們—佳木

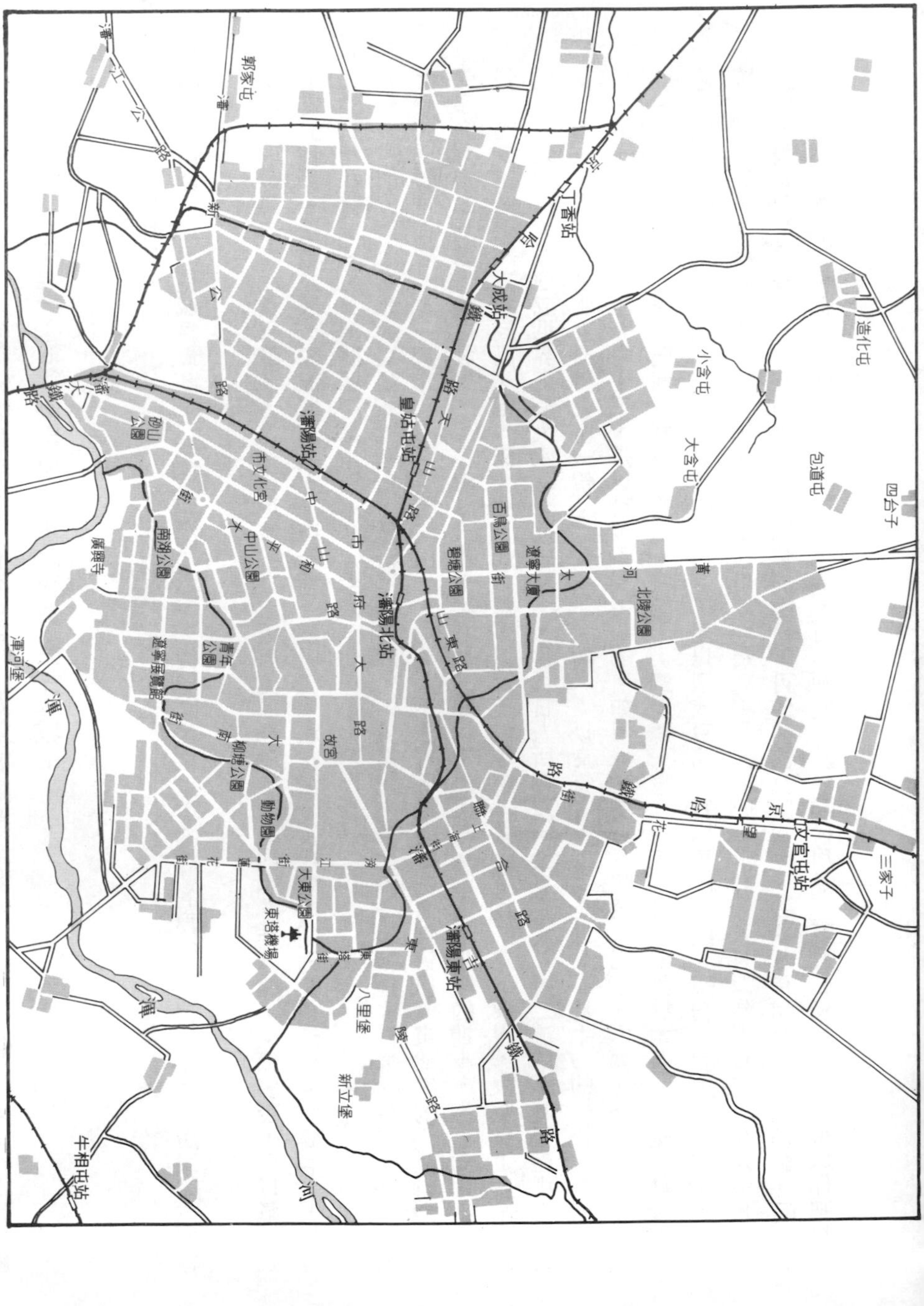

第八十六圖　瀋陽市形勢圖

斯）、綏佳（綏芬—佳木斯）兩鐵路的起點，還有往雙鴨山及鶴崗鐵路支線。雙鴨山及鶴崗兩地均以煤礦蘊藏豐富，生產量多聞名於世，而逐漸發展成東北新興的工業城市。

❶ 松遼平原五大農作物：

1. **高粱**：以產於遼河流域爲最多，松花江流域次之，從省區言，則以遼寧省爲主產地，是東北居民的主要糧食。

2. **小麥**：以嫩江流域產量爲最多，松花江流域次之，遼河流域爲最少，區內因冬季冰凍，主爲春麥，又以氣候及土質的關係，松嫩二域，較遼域爲適宜，豐產地一爲嫩江、松花江、及呼蘭河間的三角地帶。二爲吉林、扶餘間的松花江流域和拉林河間的平原地帶。

3. **大豆**：亦稱黃豆，東北大豆發展的歷史，是清道光年間，山東農民來東北漸多，耕地亦漸廣。甲午戰後，始有大豆、豆餅向日輸出，一八九八年向美國輸出，大爲英人所讚賞，遂向歐洲各國輸出。東北區的大豆耕地，因受了商業上的刺激，年有發展，但當時歐人僅把牠當做油類代用品，其後因應用化學的進步，大豆的用途益擴張，遂成工業上的重要商品，德、法、荷、比、意，以及美俄等國，視大豆爲工業上要料，故販路更廣，產地更大，東北區大豆遂成世界上最大產地，九一八後，曾爲日人所獨占。大豆產於松遼二流域，其豐產中心地帶有三：一、爲遼寧東北東遼河上游一帶，如西豐、北豐，以良質著。二、是以長春爲中心的懷德、梨樹、四平、伊通、農安、德惠等縣。三、是以哈爾濱爲中心的，如阿城、雙城、呼蘭、巴彥、木蘭、鐵驪、東興、慶城、綏化、青岡、安達、蘭西、肇東、肇源、扶餘、大賚等縣。東北大豆產量大部集於本區，占全國總量三分之一以上，營養價值甚高，因含有豐富的蛋白質，用以製成豆腐、豆腐干、豆酪、豆粉、豆腐皮、醬油、豆瓣醬、豆芽等，作爲直接間接的食用品，加工後可以作爲工業用品如㈠製成甘油，可以作醫藥用、化妝品用、印泥用、繪具用、爆發物人造無煙火藥用。㈡製成塗粉，可作油漆及防水劑。㈢樹膠代用品。㈣脂肪酸，可作人造石油、人造牛油、肥皂原料等應用。㈤硬化油，可作硬脂，及牛油代用品。至於廢棄的豆餅，可以作肥料，亦可爲飼料。

4. **玉米**：是區內重要雜糧，以遼西走廊一帶爲最多，錦縣、興城的丘陵地，是豐產區，葉作飼料，稈作燃料，用途頗廣。其他玉米產地，則多在平原的四週土質磽薄的丘陵性地方，如永吉、舒蘭、長春、九臺、懷德等地是。

5. **小米**：是區內主要雜糧，分布地廣大，和高粱相仿，豐產地區凡六：㈠爲遼河下游左岸一帶，㈡爲東遼河流域，㈢爲遼北省北部各縣，㈣爲松花江南側各縣，㈤爲嫩江下游，㈥爲呼蘭河流域。年有餘額可供輸出。

❷ 大慶油田位在黑龍江安達縣西之薩爾圖一帶，是大陸最大油田，於民國四十八年發現，因油源豐富，故石油工業發展迅速，年產油量始終保持在五千萬噸以上，近年雖稍有衰退跡象，但在其周圍地區，又陸續找到二十多個中小油田，故此油田範圍仍在擴大中，新的石油地質儲量也有四·四二億噸。

❸ 遼東灣漁鹽二業：遼東灣濱海各縣，大都爲砂岸，易成鹽田，春秋二季多晴天，西北風又強，蒸發力旺盛，空氣復乾燥，是理想曬鹽地區，故興城、錦西、錦州、盤山、營口等地，均爲主要產鹽區。遼東灣沿岸的菊花島，係本區著名漁場，魚類以黃魚爲主，營口係漁業活動上主要基地。

❹ 松遼平原主要的鐵路：

1. 中長路：全名是中國長春鐵路，原係中蘇友好同盟條約所定的名稱，現已廢棄，這條鐵路由俄境赤塔入境，橫斷東北而達海參威，其軌道與西伯利亞同。在中國境內是由臚濱至綏芬河間，全長二·四三九公里，分爲三線，西線爲臚濱、濱江（哈爾濱）間長九三五公里，東線爲濱江至綏芬河間長五四九公里，南線爲濱江至大連長九三九公里。其間哈爾濱至長春爲二三八公里。
2. 北寧路：由北平經錦西、錦州、新民而至瀋陽，全長四二九公里。
3. 大鄭路：由北寧路上大虎山站起，北經黑山、彰武而至通遼，然後折而東行至遼源（鄭家屯）爲止，全長三六七公里。
4. 四洮路：由中長南線上四平市起，西北行經遼源，然後北至洮南，全長三一二公里。

5.洮昂路：由洮南起，北經洮安、鎭東、泰來，而至中長西線上昂昂溪站爲止，全長二三四公里。

6.洮溫路：由洮南起，西北經索倫，穿過大興安嶺而至溫泉爲止。全長三三六公里。

7.長洮路：由長春北經農安，西北行經大賚，然後西行至洮安。全長三三三公里。

8.錦承路：由錦州起，北經義縣入熱河而至承德。全長四三七公里。

9.平梅路：由四平起，經北豐至海龍的梅河口，全長一五五公里。

⑤拉濱鐵路：哈爾濱市—拉林、吉林。濱黑鐵路：哈爾濱—黑龍江。濱綏鐵路：哈爾濱—綏芬河。濱北鐵路：哈爾濱—北安。濱洲鐵路：哈爾濱—滿洲里。哈大鐵路：哈爾濱—大連。

⑥哈爾濱每年冬季均有冰雕、雪塑特展，與日本北海道的雪祭同樣聞名，展品大都是玲瓏剔透的冰宮、冰橋、冰塔……等，在夜晚的彩色燈光照耀下，可謂琳瑯滿目，光燦耀眼。

⑦清故宮：瀋陽在滿清時代稱爲盛京，城周九里餘，係天命十年（西元一六三一年）所築，康熙期間，增築外郭，周三十二里，設八個城門。故宮築於清太宗崇德二年，宮殿分四重，卽大清門、崇政殿、鳳凰樓、清寧宮。文溯閣卽在崇政殿之西，是乾隆四十八年所建。故宮占地六萬四千平方公尺，內有大型宮殿七十多座，爲紫禁城而外全國規模最大，保存最好的古代木構建築羣。

⑧東陵和北陵：東陵亦稱福陵，在瀋陽東郊天柱山，是清太祖努爾哈赤的陵寢所在。北陵亦稱昭陵，在瀋陽市西隆業山，周圍約六百餘丈，爲清太宗皇太極的陵寢。二陵都是松柏陰森，境新景幽，而紅牆碧瓦，規制宏大。

作業

一、說明松遼平原地理位置上的重要性。

二、松遼平原的地形情況如何？

三、松遼平原的氣候情形怎樣？

四、試概述松遼平原的物產與天然資源。

五、松遼平原的交通如何？

六、說明下列各城市的重要性：

1. 瀋陽、2. 哈爾濱、3. 龍江、4. 長春、5. 吉林、6. 佳木斯。

第六章　熱河丘陵

熱河丘陵的地理位置

這是大興安嶺東南角的熱河省與遼北省的西部地區，位於蒙古高原、桑乾盆地、與黃淮、松遼兩平原間，面積二十四萬四千餘方公里。其地理位置可稱述者有三：

（一）爲蒙古高原與松遼平原間的過渡地帶　熱河丘陵中部的昭烏達盟，南部的卓索圖盟、遼北省的哲里木盟、與察哈爾省北部的錫林郭勒盟，合稱東四盟❶，哲里木盟尚有一部在嫩江及吉林二省境，可象徵熱河丘陵是蒙古高原與松遼平原的過渡地帶，蒙胞來往活動的要區。

（二）是河北平原北上的要衝地帶　古北口及喜峯口是長城的要隘，位於冀熱二省邊境，清代通往蒙古，呼倫的官馬大道❷，即經由承德、再經多倫北上，或經平泉，再經赤峯、開魯而北上，今日平承鐵路、平通鐵路及平承公路，以及灤縣至平泉公路，即沿此二口而進。

（三）是葫蘆島港口的腹地　葫蘆島港終年不凍，爲遼東灣內的良港，自阜新、承德、赤峯等地鐵路通車，加以各地公路的連絡，因之熱河丘陵貨物的出入，均以葫蘆島爲其吞吐地。

熱河丘陵的地形

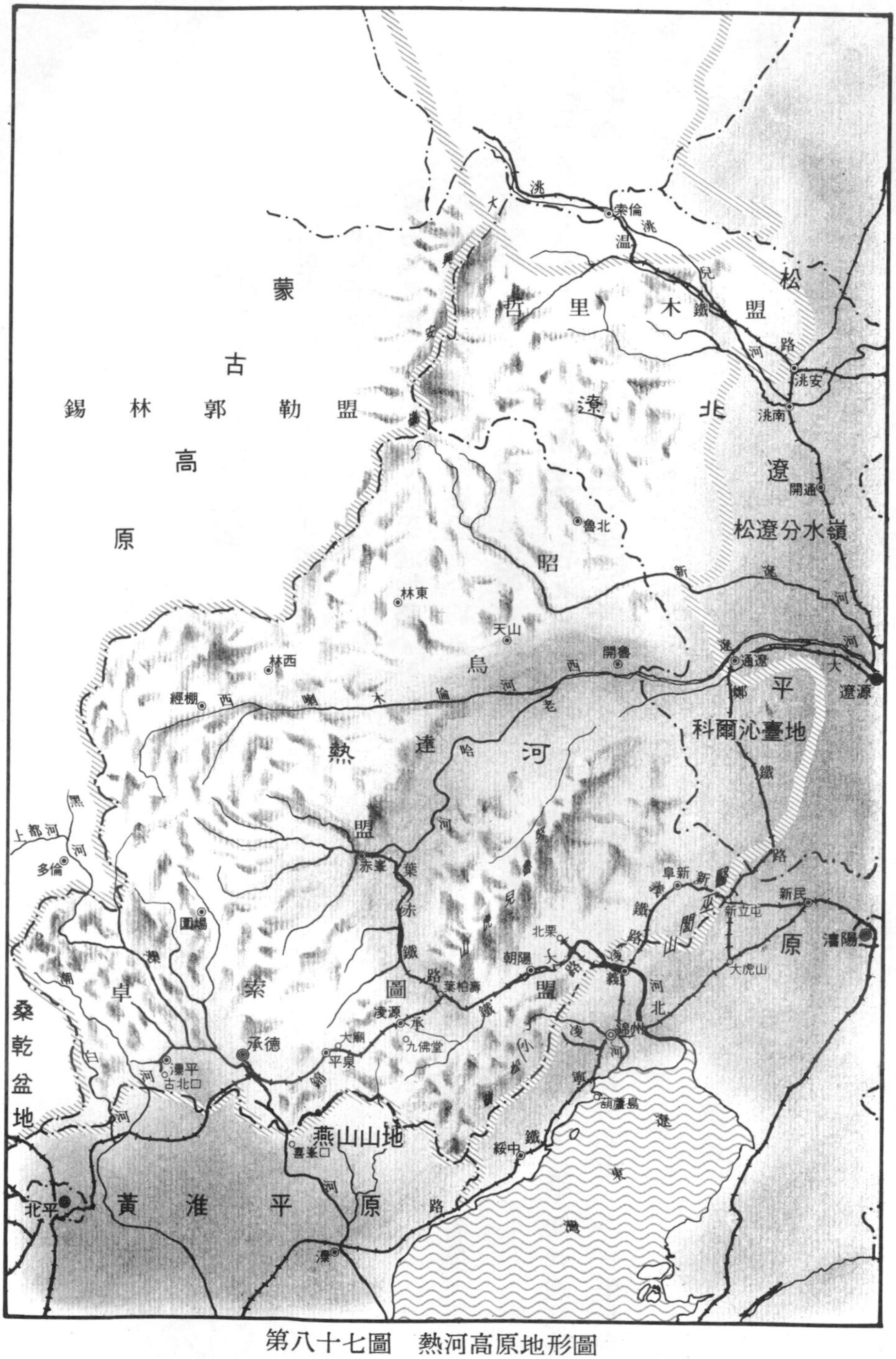

第八十七圖　熱河高原地形圖

熱河丘陵，是大興安嶺東南麓的一大降落地帶，這個降落帶或階級狀下降，東南邊緣上均有斷層崖存在。熱河丘陵的寬度，較大興安嶺寬約二倍，在地勢上講，則西高東低，故河川多東南流、東流、或東北流。全區地形可分下列三區：

（一）灤河流域 這是熱河西南部，灤河、潮、白等河均屬之。以灤河為主，灤河源於察境多倫附近，稱上都河，成環流，多倫以下曲折東南流，至承德納熱河，經長城喜峯口，而入冀境。灤河流域上游地，高度在千公尺以上者，至為廣大，因此灤河本支流縱橫切割，造成河谷深切，鮮有平原。

（二）大小凌河流域 本區在熱河丘陵的東南部，努魯兒虎山在其西北，南側為熱遼交界的松嶺，大凌河源於凌源縣南，東北流經朝陽，至金嶺寺東北，折而東南，至錦州附近東注遼東灣，全域大部在三百至五百公尺，地塹成東北向西南，高度則不足一百公尺，全區黃土層甚厚，可達十餘公尺。小凌河則源於松嶺，亦東南注入遼東灣。

（三）遼河流域 遼河上游西遼河，源於大興安嶺東麓，東流至開魯附近，會南來的老哈河，老哈河支流很多，均源於熱河丘陵中部廣大的山中。西遼河以北更有新遼河，亦平行東流，成為遼河上游一大水系。本區西部為一千公尺以上的山地，中部則為一千至四百公尺的高原，東部則為二百公尺的臺地，全區黃土層均很深厚。

熱河丘陵的氣候

因地當遼東灣及蒙古高原間，在緯度上是由北緯四十度，至同緯四十六度，南北緯度相差達六度，故氣候上南北有顯著的不同，形成溫帶季風與沙漠草原兩類型，構成交相錯綜的氣候。

（一）南部受東南季風影響　夏季高溫濕潤大陸性型，灤河及大小凌河均屬之。冬季氣溫在攝氏零下，平均三個月，在零度左右也有二個月，故多溫特長，夏季高溫在攝氏二十度以上，同時也是雨季，對於農作很有影響，熱境的農耕地帶，多半在此，年雨量在五六百公厘間。

（二）北部沙漠草原型　努魯兒虎嶺以北地帶均屬之。冬季寒冷時間更長，可達半年，較南部溫度更低，但夏季高溫時間（在攝氏二十度以上）縮短，祇有一個月至二個月，雨季則集中於七八兩個月，雨量則在四百公厘以下，西遼河以北，降至二百公厘左右，成為半沙漠地區，因之，熱河丘陵不論在地形上、氣候上、生活習慣上，過渡性質特別顯明。

熱河丘陵的物產

本區自然環境，對於農業的影響極大，第一在一百公尺以下的平原及谷地的太少，第二氣候上太乾燥，而寒冷時期又長，祇有中南部的一部分土地，尚可農耕，中部則成半耕半牧地區，北部為純牧地帶。因此農業集中於南部灤河及大小凌河兩流域，農作物以小米、高粱、玉米、大豆、小麥等為主，是年僅一穫地域，經營農業的全是漢人。老哈河及西遼河一帶，則成半農半牧現象，居民則漢、蒙雜處，農耕多限於河谷附近，有水灌溉之地，成為半牧的農牧生活。西遼河以北地區，雨量太少，成純牧區，居民是蒙胞，山羊是主要畜產品，綿羊及牛、馬、駱駝等次之。

熱河丘陵的天然資源

（一）煤　以北票及阜新兩煤田最著名，北票煤礦在朝陽縣東北，北寧鐵路自錦州築有支線直至礦區，故運輸稱便，久已著名，年產煤三百萬公噸以上，儲量二．五億公噸。阜新煤礦在醫巫閭山西側山麓地帶上，儲量估計達四十億至五十億公噸，年產煤一千五百萬公噸，是本區最大煤田。

（二）石油與油頁岩　阜新縣境東西一百公里以內，有大油田發現，民國二十九年鑿井採油。油頁岩則以凌源縣東南的九佛堂最著，赤峯的大廟，承德西北的豐寧縣境，亦有發現。

（三）鐵礦　朝陽、灤平等縣境，已有發現，儲量尚未確知。

（四）金礦　分布頗爲普遍，承德的碾子溝、駱駝溝、廠子溝等地較著，其他如平泉、隆化、建平、赤峯、圍場等縣亦有金。

（五）水力　本區南部灤河流域，谷深、坡陡、流急，已往曾勘測築壩地點，並有開發三十五萬瓩的水電計畫。他如潮河在大閣鎮，亦有豐富的水力，可資利用，大小凌河也有陡坡急流，西遼河及老哈河的上游，也有利用水力發電的計畫，惟不及灤河豐富。

熱河丘陵的交通

本區交通，舊時以官馬大道及隊商路爲主，今已改爲鐵路與公路，較之往昔方便得多。鐵路以錦承鐵路爲骨幹，橫斷本區南部，即由承德起，再東經平原、凌源、朝陽、東南入遼省，經義縣，而止於錦州。

此路與北寧鐵路平行，這一條路線也是往時的官馬大道。由錦承鐵路上葉柏壽起，穿過努魯兒虎山，西北至本區中心赤峯，也築有一條鐵路，是爲葉赤鐵路。此外新（立屯）義鐵路則通過本區阜新煤田，本區北部有洮安通至溫泉的洮溫鐵路，均偏於東南及東北兩部地帶上。公路尚稱發達，以承德、赤峯、開魯、朝陽等地爲中心，可與東北及察哈爾、遼西走廊、河北平原相連絡，對本區經濟的開發，極爲重要。

熱河丘陵的都市

㈠承德　是熱河省會，位於灤河支流熱河❸的西岸，因清初曾於此建行宮，稱爲避暑山莊❹，遂成政治中心。市無城郭，依山築屋，傍河設市。今有平承、錦承二鐵路在此交會，爲熱河商業經濟中心。市西有普寧寺❺及殊象寺❻規模宏大，也是著名古跡。

㈡赤峯　蒙名烏蘭哈達，意譯赤峯，地居熱河丘陵中央，老哈河上游三支流（錫伯河、西路嘎河、卓索河）在此相會，並爲葉赤鐵路的終點，公路四通八達，故工商均頗發達。而赤峯對於松遼平原及河北平原，頗有左提右携的形勝。

㈢朝陽　是熱河丘陵東南部要城，地當遼西走廊進出大凌河谷的要衝，錦承鐵路上大城，公路密集，歷史上曾爲前燕首邑，號稱龍城。東北四十公里有北票鎭，是以煤礦開發而著名，現以石油化工業著稱。

㈣阜新　是熱河丘陵中東南新興的城市，因煤和石油的開發，人口增加，市區一再擴充，在本區各都市中別具一格，且爲新義鐵路上大城，可東通新立屯，西南至義縣、錦州可達葫蘆島，是煤和石油輸出的通途。

❶東四盟：蒙古的行政組織，以旗爲行政單位，旗上爲盟或部，都是同族集合的名稱，每盟有盟長副盟長各一人，旗的首領，則爲扎薩克，即執政之意，都是有土地的世襲王公做的，臺吉是王公家族，也是世襲的，各旗的高級官員，幾乎都是臺吉佔有，從來所屬部旗，大致如下表所列，茲附東四盟舊地和現在縣名：

盟	旗		縣
昭烏達盟	克什克騰旗		經棚縣
	翁牛特左右二旗		赤峯縣
	阿魯科爾沁旗、扎魯特左右二旗		魯北縣
	巴林	左旗	林東縣
		右旗	林西縣
	喀爾喀左翼旗、奈曼旗		綏東縣
	敖罕旗		建平縣
卓索圖盟	喀喇沁	中旗	建平縣
		左翼旗	凌源縣
		右翼旗	平泉縣
	土默特	左翼旗	阜新縣
		右翼旗	朝陽縣

哲里木盟
- 科爾沁部
  - 左翼
    - 前旗（寶圖郡王地）……………法庫縣
    - 中旗（達爾罕親王地）…懷德、梨樹、遼源、康平、通遼各縣
    - 後旗（博多勒噶圖親王地）………昌圖縣
  - 右翼
    - 後旗（鎮國公地）………安廣、鎮東二縣
    - 中旗（圖什業圖親王地）…………突泉縣
    - 前旗（扎什克圖王郡王地）……開通、瞻榆、洮南、洮安等縣
- 郭爾魯斯部
  - 前旗……乾安、扶餘、長春、德惠、雙城等縣
  - 後旗……肇源、肇州、肇東
- 杜爾伯特部一旗………安達、明水、林甸等縣
- 扎賚特部一旗…………大賚、泰來二縣

錫林郭勒盟（全部未設縣）
- 烏珠穆沁部有左右二翼旗
- 浩濟特部分東左、西右二翼旗
- 阿巴噶部也分左右二翼旗
- 阿巴哈納部分左右二翼旗
- 蘇尼特部分左右二翼旗

❷ 官馬大道：清代官馬大路在本區中有五：

1. 由北平出古北口，經承德，西通多倫，北至蒙古。

2.由北平出喜峯口，沿北大道上的平泉，北經赤峯、洮南，而達龍江。

3.由多倫，經赤峯、開魯，而達遼源。

4.由承德，東經平泉、朝陽，而達錦州。

5.由瀋陽，經法庫、遼源，而達洮南。

③ 熱河原指溫泉而言，由溫泉而成市鎮的名稱，城西之河稱武烈河，溫泉在武烈河旁，經冬不冰，其水流入武烈河，故有熱河的名稱。

④ 避暑山莊：清康熙四十二年於溫泉附近，築離宮，乾隆時又續建，稱避暑山莊，周圍環以石壁，高五公尺，長約九里，石壁沿山而築，上有雉堞，宮內有雄偉的殿閣，並有瀑布、林木、花草、池沼等天然和人工育成的美景，此外還有鹿園及各種禽獸等動物園，珠元寺極華麗，天經閣也宏敞，而萬樹園尤寧靜清新。

⑤ 普寧寺：俗稱大喇嘛廟，乾隆五年建，一稱扎什倫布廟，因仿後藏扎什倫布寺而建。又稱須彌福壽廟，廟內有佛像，塑工頗精。

⑥ 殊象寺：一稱普陀宗乘廟，是乾隆八年所建，因仿西藏布達拉宮而建，故又有寺廟布達拉宮之稱，規模宏大，廟內有十八羅漢和大佛立像，塑造精細，引人入勝。

作業

一、試述熱河丘陵的地理位置。

二、熱河丘陵的地形情形怎樣？

三、熱河丘陵的氣候狀況如何？

四、熱河丘陵的物產與氣候有何關係？

五、熱河丘陵的天然資源如何？

六、熱河丘陵的交通狀況怎樣？

七、說明：1.承德、2.赤峯、3.朝陽、4.阜新各地的重要性。

第七篇　塞北地方

第一章　塞北地方概論

塞北地方是指長城以北的地方，包括察南，晉北的桑乾盆地，綏遠、寧夏兩省的河套地域，烏梁海盆地，以及大興安嶺以西的蒙古高原。在行政上，包有察哈爾、綏遠、寧夏三省的全部、蒙古地方，以及興安省的大部，山西省的北部。全域面積得二百六十三萬方公里，占全國總面積百分之二十三．六，在全國六大地方中，僅次於西部地方，而居第二位。全域人口稀少，不足一千五百萬人，各區人口密度差異也大，最密的是接近河北平原的桑乾盆地，其次則爲河套地域。關於本區人口特別少，最重要的原因，是由於距海遠，地形高，海洋氣流不能進入，成爲乾燥氣候區。

塞北地方的地理位置

塞北地方，位於我國正北方，其地理位置特色有三：

（一）**是北部、東北、西部三地方的屏障地域**　塞北地方南以長城與黃土高原及河北平原接連，歷史上塞北的游牧民族，均經此而南下，長城之築實防備萬一。西與新疆相鄰，東與松遼平原，亦僅一嶺之隔，且以居高臨下之勢。北爲強俄，壤地相接，幾達二千五百公里，大部均非天然界線，故隨時有壓境形勢，俄之處心積慮於此地帶已非一日，故本區在國防上特別重要。

(二) 是我國高緯地區　塞北地方，南始北緯三十八度（寧夏省南境），北至同緯五十三度五十七分（蒙古、薩彥嶺），全域緯度皆高，故多溫特低，我國高緯地區，以本區最大。

(三) 是乾燥寒冷中心　塞北地方因距海遠，高原面積廣大，四週復有高山屏障，海洋氣流不能吹入，緯度又高，因此成爲高氣壓發育所在，而成亞洲多季乾燥及寒冷的中心。

塞北地方的地形

塞北地方爲高原地形，又可分爲塞北高原和蒙古高原，高度大約在一千至一千五百公尺間，高原上有山嶺蟠集，如蒙古高原西北側的阿爾泰山、薩彥嶺、唐努烏拉山、杭愛山、肯特山等，其高度至少在二千公尺左右，有些山可至三四千公尺以上，這些山嶺所圍成的地區，稱爲盆地，如烏梁海盆地，科布多盆地，桑乾盆地。塞北高原北側亦有山嶺，以賀蘭山及陰山爲主，高度也在二千公尺以上，在蒙古高原和塞北高原二大高原間，則爲大戈壁，號稱瀚海，通稱大漠，其地勢特低者，蒙胞稱爲塔拉，由東向西，有達賴、以林、居延三個塔拉❶，這種大漠對於南北交通，頗有阻礙。因此漠南北之分，以及內外蒙之分，而塞北高原和蒙古高原之分，均由此而來。

塞北高原的氣候

瀚海是氣候乾燥的核心地帶，終年幾乎無雨，在其週圍外側雨量漸多，草類成長，由疏而密，至北緯四十二度以南，農墾頗爲發達，因雨量由二百五十公厘，增至四百公厘左右，雨量均降於夏季。本區除以乾燥著名於世外，另一特點爲寒冷特長，冬溫均在攝氏零下二十度左右，月平均溫在攝氏零下者，可達半年，冬長則達九個月，庫倫、科布多、烏里雅蘇臺三地可爲代表，春秋季節僅有數日，故俗稱無春秋，夏則酷熱，因此溫度的較差極大，可達攝氏四十度。氣溫的日較差也大，所謂「早穿皮裘午穿紗」，一日之間溫度變化，可達攝氏二十度以上。本區夏季晴朗時，沙漠中常有蜃氣現象，亭臺樓閣，倒現空中，成爲奇景。

塞北地方的物產與資源

塞北地方因地勢高，氣候變化太大，雨量又少，故農作物的生長，大受限制。北緯四十二度以南的地方，因雨量在三四百公厘，察南、晉北的桑乾盆地，西套、後套，因利用黃河之水灌溉，故均成爲農墾區，春麥與雜糧，是主要作物。至於漠北的色楞格河及其支流鄂爾渾河，土拉河一帶，水源尙便，故有一部份土地，也可農耕，農作物以稞麥及春麥爲主。其他廣大地域，則爲蒙胞游牧地帶，水草豐富的山地，以及湖泊沿岸的草原，牛羊得以飽食，呈一片興旺氣象，故凡蒙古包與牛羊羣密集的地區，也是蒙胞社交活動場所，惟一至秋風起，水涸草枯，畜食漸少，蒙胞又自散居於避寒的地方，如遇特寒之年，牛羊常大批死亡，故秦漢以來，歷史上胡人南下牧馬，實由於氣候嚴寒所迫，因塞北地方，面積雖廣，但生產稀少，人民生活，極爲困苦。

塞北地方農業生產雖少，但天然資源則有煤、鐵、金及池鹽等，物資尙稱豐富，玆分述如下：

（一）礦產　以阿爾泰山產金最著名，有金山之稱，他如唐努烏拉山及杭愛山麓的拜達里克河上游，尤爲有名。煤礦以庫倫附近及興安省的扎賚諾爾爲主，扎賚諾爾煤儲量近四十億公噸，爲我國著名的大礦之一。漠南的煤礦，則以晉北的大同盆地最富，儲量達七百億公噸以上，大同煤礦不僅產量多而且品質良好。鐵礦則以察南的宣化盆地蘊藏最富，綏省百靈廟附近的白雲鄂博鐵儲量亦豐，其地錇礦之富，則更居全國之冠，亦世所少見。

（二）池鹽　區內多內陸流及鹽湖，因此天然鹽很富，有取不盡，用不竭之感，以察省北部烏珠穆沁旗所產的烏鹽，以及寧夏吉蘭泰池所產的吉鹽，最爲著名，其他各湖泊均產鹽，將來如能利用這些鹽鹼物質爲原料，可發展化學工業用。

（三）森林　本區森林極爲貧乏，但烏梁海盆地周圍山地，有豐富的天然針葉林，林材多爲雲杉、冷杉、及落葉松等爲主，尙未開發，林區內有灰鼠、黑貂、黑狐、熊、鹿等野獸，其毛皮頗爲名貴，是林區內重要的特產品。

（四）水力　河套地區，黃河水流頗急，如能分段築壩，可得百萬瓩的水電，可資利用發展工業。而漠北的色楞格河及其支流上游，以及烏梁海境內的烏魯克河，亦可攔水築壩，不僅可增加飲水，灌溉之需，亦可發展工業。

塞北地方的交通與都市

本區舊時交通以隊商路爲主，現在則以鐵路及公路爲重要，玆分別說明如下：
鐵路在漠南者，則有平綏、同蒲及包西、包神❷等鐵路，漠北則有中長鐵路及庫倫、克魯倫至俄境的三鐵路，而溝通大漠南北的庫集鐵路，則起自平綏鐵路的集寧站而至於蒙古的庫倫，爲強俄勢力伸入華北的先鋒，對我國防威脅特別嚴重。公路以張庫公路建設爲最早，綏新公路是通西部地方的要道。其在漠北者則以庫倫、克魯倫、賽音商德，烏里雅蘇臺南邊的察干烏倫爲公路交通的中心。其在漠南者，則以萬全、大同、多倫、歸綏、包頭、銀川、百靈廟等地是公路交通的中心。至於本區都市的分布，多在鐵路、公路交匯的地方，如萬全、多倫、大同、歸綏、包頭、銀川、克魯倫、海拉爾、庫倫等。

❶ 塔拉：蒙古語意爲盆地，達賴塔拉，是在興安省，以呼倫池附近一帶爲其中心。以林塔拉，則在察哈爾省西北部，以林湖一帶是其中心。噶順塔拉，在寧夏省西部，以居延海附近爲其中心，這三個塔拉，高度均不足千公尺。

❷ 包西鐵路：由包頭起而至於西安。包神鐵路：由包頭起而至於神木，長一七二公里，此線將再延長至山西朔縣。

作業

一、塞北地方包括那些地方？
二、塞北地方的地理位置，有何特色？
三、塞北地方的地形是怎樣的？

四、塞北地方的氣候有何特點？
五、塞北地方有那些天然資源？
六、塞北地方的交通如何？

第二章　塞北高原

第一節　桑乾盆地

桑乾盆地的範圍

這是晉、察二省內外長城的地方，大部分在桑乾河流域內，盆地的南方，是山西高原及河北平原，而以太行山及軍都山爲界，西爲河套平原，北爲蒙古高原，東爲馬尼圖山，這個盆地也是一個高原性的盆地。

桑乾盆地的地理位置

(一) 地當漠南交通的要衝　本區位在蒙古高原東南隅的降落帶上，盆地、高原、山地，錯綜相間，地勢高低之差雖大，交通尚稱便利，由南口、居庸關、青龍橋、八達嶺、宣化、經張垣市北上，可通庫倫及呼倫二條官馬大路，今日的張庫公路，卽沿昔日官道，平綏鐵路通車後，張垣市仍爲隊商起訖要點，故本區是漠南交通的要衝。

(二) 拱衛華北的要區　晉北與山西高原，交通頗便，大同自古卽爲晉北重鎭，察南一帶，地勢雖較蒙古高原爲低，但較華北平原要高得多，本區在明代是九邊重鎮之一，可見其與華北關係的密切。

（三）自然上和人文上的過渡要區　本區介於蒙古高原及河北平原間，除地形上是一過渡地帶，而產業上亦呈農牧兼營的過渡要地，卽在工商業上，亦呈過渡色彩。

桑乾盆地的地形

桑乾盆地以桑乾河流域而得名，桑乾河源於山西寧武附近，東北流，左爲管涔山，右有恒山，經朔縣、懷仁、大同，而進入察哈爾省，經涿鹿，納洋河，注爲官廳水庫，出水庫後，始稱永定河。桑乾河在晉北所形成的狹長谷地，稱爲大同盆地，在察南形成的盆地，則稱宣化盆地。大同盆地，長約一百五十公里，廣凡三十公里，係東北、西南向斷層盆地，大同東南，有舊金山、狼窩山、黑山、簸箕山，昊天寺山等十一座火山錐，爲塞北有名的火山區域。渾河爲桑乾河一支流，源於恒山北麓，在應縣西北注入桑乾河，桑乾河又稱渾河，卽因此而得名。宣化盆地，實際上是一盆地羣，計包有懷來、涿鹿、陽原、蔚縣、宣化、懷安及天鎭等七個盆地，這些盆地都是由斷層陷落而形成的，高度則由西部的一千公尺，至東部則降爲五百公尺不等，因盆地內平地多，人口密，故每一盆地，均發展爲一縣治。

桑乾盆地的氣候

本區位於三十九度至同緯四十一度間，而高度在五百公尺至一千公尺左右，冬季嚴寒，在攝氏零度下的月份，可達五個月。夏季在攝氏二十度以上的月份，晉北爲三個月，察南四個月。春秋時間極短，年雨

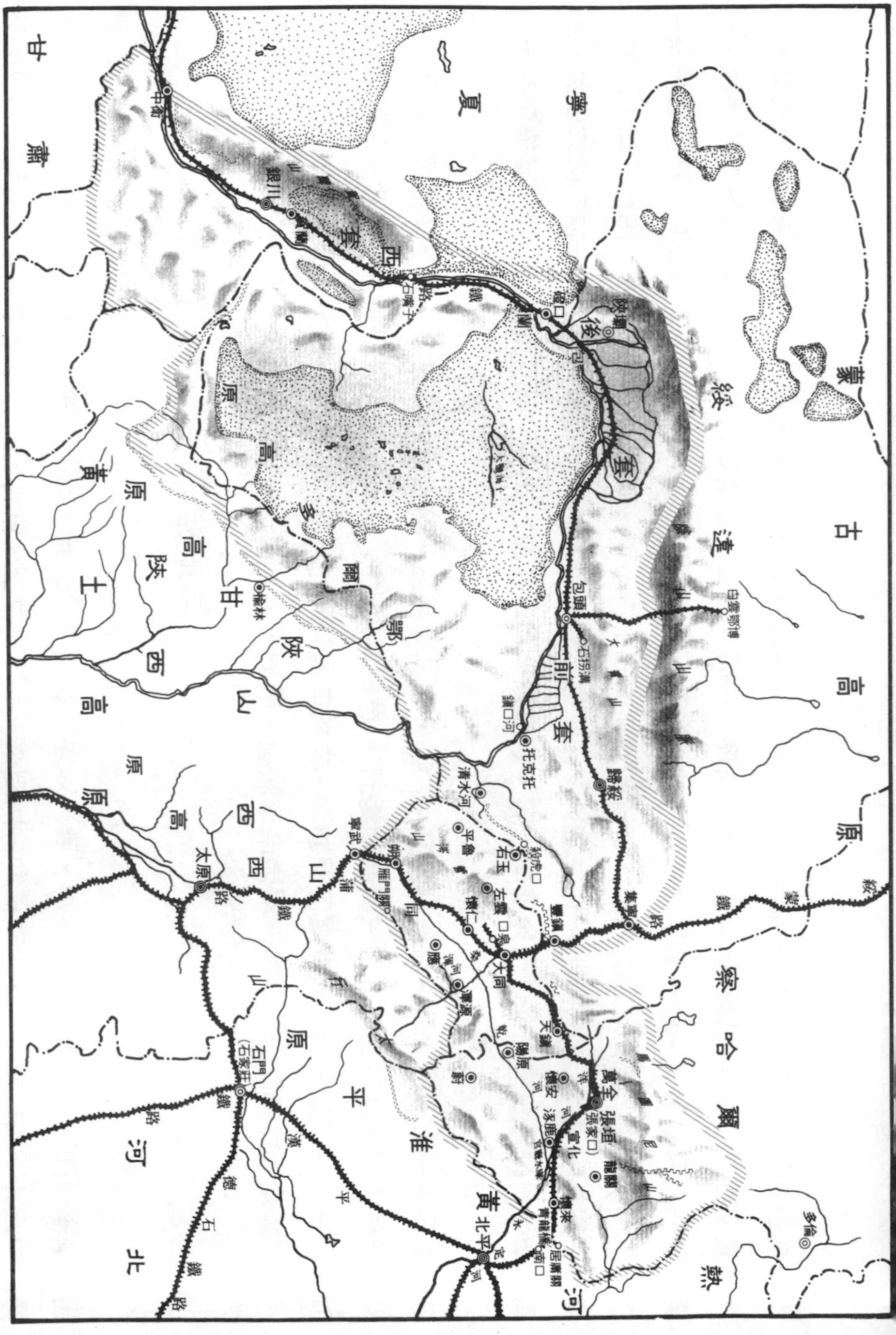

第八十八圖　塞北高原形勢圖

量在二百五十公厘至四百公厘間，雨量下降時間，多在七月及八月，也是高溫時期，正是農作物生長需要雨水的時候，故本區農作物也是一次的收穫。雨量的分布，察南宣化盆地較多，得四百公厘，大同盆地較少，祇有三百六十公厘。本區在每年三月，常有狂風帶沙，吹及人面，難於忍耐，故居民房屋常築高厚的防風牆，此爲本區一特色。

桑乾盆地的物產及天然資源

本區農作物，以高粱、小米、燕麥、小麥、玉米爲主。燕麥俗稱莜麥，是區內主要糧食，營養甚豐。宣化盆地產葡萄極著名，天津市場上優良的葡萄，均來自宣化，故爲區內特產。蘑菇集散於張垣市，稱爲口蘑，是蔬菜中的珍品，爲國內外所知名，是一種特產物。胡麻及亞麻，則爲經濟作物，麻纖維可製衣料。本區是農牧並重地區，牧業也相當發達，因此張垣市、宣化、大同等地方，都是羊毛、羊皮的集散中心。

本區煤鐵儲量豐富，均已開採，煤以大同煤田儲量爲最多，達七百億公噸。察南煤田次之，亦得五億公噸，其中以陽原爲中心的陽原煤田的儲量則在四億公噸以上。大同煤田，北始大同西南，而南止於朔縣，長達一百十公里，幅廣平均十七公里，高度在一千三百公尺左右，地跨大同、左雲、右玉、懷仁、朔縣、平魯等六縣，煤層厚度在一至五公尺，品質極佳，開採亦便，口泉是採煤中心，年產量在三千萬公噸以上，是塞北最大的煤礦。本區鐵礦以察南、龍關、宣化、懷來等縣，爲其主要分布地，中以龍關縣東五公里處龐家堡，與宣化城北十公里煙筒山兩鐵礦爲最著名，合稱龍煙鐵礦，實際上懷來縣的馬積口也有鐵礦，合成一區，距離很近，儲量五億公噸，含鐵成份在百分之五十二，是我國重要鐵礦之一，平綏鐵路經過礦區，故運輸極便，北平西郊的石景山煉鐵廠的原料，就是來自龍煙鐵礦，產量年有一百餘萬公噸。

桑乾盆地的交通

本區交通以平綏鐵路爲主幹，由北平、南口進入本區軍都山，此段工程偉大，是我國早期工程師詹天佑所設計建設而成❶。此路可直達河套，西延可通寧夏、甘肅，爲塞北交通幹道。宣化、張垣市、大同，是區內重要大城。在大同並有南達晉南的同蒲鐵路，可與黃河流域各地溝通。公路則以張垣市及大同爲中心。張庫公路則自張垣北上經張北、德化、二連等地而直止於庫倫，爲通蒙古高原之要道。

桑乾盆地的都市

以宣化、張垣市、大同三都市爲主。

㈠宣化　居庸關的外衞，地當內外長城的中間，也是明代的九邊重鎭之一，有宣府之稱，爲軍事要地，今則爲平綏鐵路上大城，公路則東通赤城，東南通北平，南達涿鹿、蔚縣，西北至張垣市，附近煤、鐵豐富，將來工業發展，當爲重工業中心。

㈡張垣市　又名萬全，俗稱張家口，是察哈爾省的省會，洋河貫通市區，北倚長城，兩旁有山夾峙，形勢險要，是漢蒙貿易的要地，漠南北及甘、寧、新的土產，向天津輸出時，均經過此地，故商圈極大，新興工業有紡織、製革、食品、機械等。交通方面，有平綏鐵路通過，公路可北通庫倫，東通多倫，東南通平津，西南可達大同，爲塞上最大城市。海拔是七百六十公尺。

㈢大同　居內外長城中心，是晉北重鎭，平綏與同蒲二鐵路交集於此，公路東通察南有三條（蔚、陽原、懷安），東南至渾源，南通雁門關，西南可通朔縣、寧武，西由左雲、右玉而出殺虎口以通綏遠，北至豐鎭、集寧，可謂四達，故自古以來，卽爲我國北方要城，如北魏時曾爲拓跋珪的首都❷，明代九邊重鎭之一，與宣化並稱宣大，而城西十五公里的雲岡石窟佛像❸，與敦煌齊名於世，也是我國佛教藝術寶庫之一。工業以煤炭、機械見稱，西南的口泉鎭則爲境內最大的煤礦區❹。

❶ 詹天佑：廣東人，是我國早期留美學生之一，平綏鐵路於西元一九〇五年建設，工程師卽爲詹氏，南口以上路線，工程非常艱巨，外人視爲困難，而詹氏毅然完成，今居庸關外八達嶺，青龍橋上有詹氏銅像，紀念其傑出能力，而永受國民欽敬。

❷ 拓跋珪的首都：一稱代都，在今大同城東三公里。

❸ 雲岡石窟佛像：俗稱石佛寺，寺就石窟而建，有四層樓三座，其西又有五大窟，相距約里許，窟中佛像，盈千累萬，大者有六七丈，小者有數寸，四壁大小佛像不可勝計，佛像石質均爲花岡岩，神態各異，法像莊嚴，雕琢極精細，有於洞頂雕刻天女散花者，諸天女露體披帶，飄揚美妙。當時卽有雕飾奇偉，冠於一世的語句，其藝術地位極高，爲我國的國寶之一。佛像雕刻於北魏時代，主持者是沙門曇曜。

❹ 大同煤礦區：煤區廣大，位大同西郊，綿延有大同、懷仁、左雲、右玉、平魯、朔縣等六縣，總面積二千平方公里，煤儲量約七百億公噸，爲大陸最大煤炭基地，年產量在三千萬噸以上。

作業

一、說明桑乾盆地的範圍及其地理位置。
二、桑乾盆地的地形特色如何?
三、桑乾盆地的氣候情況怎樣?
四、說明桑乾盆地的物產及天然資源。
五、桑乾盆地的交通如何?
六、宣化、張垣市、大同三地，各有何重要性?

第二節　河　套

河套的範圍

桑乾盆地以西，綏遠省陰山以南，陝甘黃土高原以北，寧夏省賀蘭山以東的區域，稱爲河套。這是黃河大彎曲的地區，黃河由隴西高原東北行流入本區，至綏遠省境，改作西向東行，在托克托縣附近，又折而南流，這種半環狀的大彎曲，包括前套、後套、西套及鄂爾多斯高原。在蒙旗政制上，本區則爲伊克昭盟❶。

河套的地理位置

(一) 地當蒙新交通要衝　綏蒙鐵路(由平綏鐵路集寧起，北往察哈爾省西部，而至蒙古庫倫爲止，長一千二百公里)是通蒙古的大道。綏新公路(由歸綏起，北越陰山，經百靈廟西行，入寧夏北境，而終於新省廸化爲止，長二千公里）是連絡寧夏北部、甘肅西北部及新疆的大道。

（二）是人地關係上過渡要區　除西套外，往昔長城以北，多爲牧區，明代九邊重鎮，大部在本區周圍，各置重兵，以資鎭守。淸初，歸綏一帶卽已開墾，而後套則由晉陝各省人民前往開墾，今日本區凡灌溉便利的黃河本支流地區，均已田疇相接，村落相望，祇有鄂爾多斯高原，因缺少水源，仍爲牧區。故本區是人地關係上過渡地帶，至爲明顯。

河套的地形

本區地形可分爲山地、盆地及高原三種：

（一）山地　以賀蘭山及陰山爲主，賀蘭山南起中衞、北至磴口，長凡二百八十公里，高峯達三千五百公尺以上，遠望似馬騰空，賀蘭蒙語爲駿馬，東麓則爲壁立千仞的斷層崖，西側爲緩坡地帶。綏遠境內的陰山，包括包頭以北的大青山，西北的烏拉山，後套北方的狼山，這些山嶺，從河套平原上看，均十分雄偉壯濶，相對高度達千公尺以上，陰山以北，則成緩斜地區，與蒙古高原連續。南側斷層則陷落爲河套平原，與黃河北岸相接。

（二）盆地　三套，均爲陷落盆地，是由沖積而成，河渠交錯，土質肥沃，氣候較暖，農產豐足，是區內精華地帶，俗稱「黃河百害，惟富一套」，又有塞外江南之稱。大致分爲三部份，在寧夏銀川一帶稱西套，在綏遠陝壩與包頭間者稱後套，歸綏以東者稱前套，或套東。

（三）高原　稱鄂爾多斯高原，黃河三面圍繞，中部地勢較高，可達一千七百公尺，接近黃河處，則在千公尺左右，祇有少數河流源於高原，而注入黃河，其他均爲內陸河及鹽湖，高原上多爲砂磧地，有水草處則爲蒙胞遊牧所在。

（四）黃河　是區內主要河川，自中衛北流，經青銅山峽，始入西套，河寬三、四公里。石嘴子至磴口，河寬僅三四百公尺，出磴口後，河向東行，河寬數公里，北依陰山，有五加河繞之，沿河築渠，稱爲後套，東西長達二百公里，寬七八十公里。黃河東流至包頭，更東南流，至托克托的河口鎭，然後折而南行，復入山峽。

河套的氣候

本區距海較遠，緯度也高，故多溫很低，在冰點以下的月份，約爲三——五個月，夏季高溫在攝氏二十度以上者，有三個月。雨量在二百五十公厘至四百公厘左右，高原則不足二百公厘，故全域皆呈乾燥草原型及溫帶沙漠型氣候，七八兩月爲雨季，春秋並不顯著，冬季則有暴風雪。

河套水利與物產

河套本屬乾燥地區，農業發展，完全依賴灌溉，茲分別說明如下：

（一）西套方面　可分中衛、河東、河西三區，中衛區內有美利、七星二渠，灌田三十三萬餘畝，河東區有秦、漢、天水三渠❷，灌田二十四萬畝。河西區有唐❸、大清、漢延❹、惠農❺等八渠，灌田八十二萬畝。上述各渠均爲主渠，並有無數支渠，秦、漢等渠，規模都很大。

（二）**後套方面**　計有民復、塔布、長濟、通濟、義和、沙河、豐濟、剛濟、永濟、黃土拉亥、楊家河等十一渠，其間支渠極多，所開各渠，均自西南流向東北。灌田一百七十萬畝。

（三）**套東方面**　以民生渠最爲重要，他如歸綏以南的民豐渠　，以及民生渠南方的公義、民利等渠，灌田亦各有十萬畝至二三十萬畝。

本區農產品，有稻米、小麥、大麥、豌豆、高粱、胡麻、甜菜、大豆等作物，均賴灌溉爲主，若能勤修水利，擴大黃河灌溉的範圍，尚可開發耕地四五百萬公頃，可供移民數百萬人，故本區農業潛力仍大，農作物均爲一穫。本區畜牧業則以牛、馬、山羊、綿羊、駱駝爲主，也是我國重要的羊毛、駝毛產區，包頭則是毛、皮的集散中心。水果則以賀蘭山一

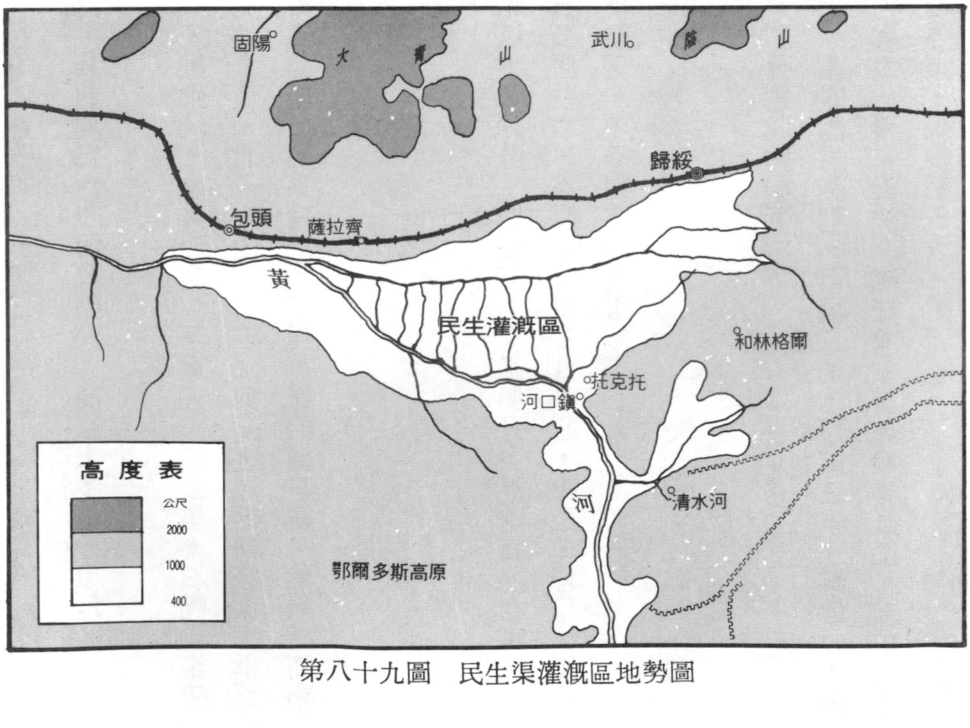

第八十九圖　民生渠灌溉區地勢圖

帶的櫻桃、杏子、胡桃爲著。

河套地區的天然資源

以水力、煤、鍗土、鹽、鐵等爲主。

(一)水力　黃河在托克托以下的清水河口附近，幅寬二百公尺，永深二公尺，每秒流量得五百立方公尺，如在該處建築一百二十公尺的高壩，壩後水庫容量，可達二千億立方公尺，可發電一百萬瓩，對於河套地區工業的發展，關係很大。西部南部的青銅峽，亦可築壩蓄水，可供灌溉及發電用。

(二)煤　陰山南麓及賀蘭山東麓，煤儲極豐，現在已開發的有霍林河煤田、札賚諾爾煤田，而以固陽的石拐溝煤礦，即俗稱大青山煤田帶，距包頭很近，爲一大礦，與陰山北麓白雲鄂博（蒙古語「富山」之意）的鐵配合，可成一工業區，鄂爾多斯煤儲亦豐。

(三)鍗土　鍗土礦爲發展超導高科技重要資源，在包頭北約一百五十公里的白雲鄂博山，向西延伸一帶有世界最大的鍗土礦存在，而其年產量在五千萬噸以上，儲量則達三千六百萬公噸。

(四)鹽　本區氣候乾燥，鹽池分布很廣，盛產鹽、碱等化工原料，寧夏東南花馬池所產者稱花鹽，鄂爾多斯高原上大鹽海子所產者稱鄂鹽，其他各湖泊皆有鹽，如倭波池、濫泥池、惠安池等。

(五)鐵　白雲鄂博一帶鐵礦儲量估計在九億噸以上，而寧夏的中衛、賀蘭山東麓一帶，也有豐富的鐵礦與石油。

河套地區的交通

本區交通，往昔以黃河爲幹道，可通皮筏，今則自中衛以下，以青銅峽水利樞紐爲界，可分段通航小輪。陸路舊時則以隊商路爲主，今則鐵路、公路暢通，情況已有改變，鐵路以平綏鐵路爲主，以北平爲起點，經察哈爾、山西而入本區，以包頭爲終點，並延長至銀川及蘭州，此路是華北通塞北的交通孔道。另有包白鐵路自包頭越陰山至白雲鄂博，集庫鐵路由集寧北上至蒙古庫倫，都是本區經濟發展的動脈。公路以歸綏、包頭、銀川等地爲中心，如綏新、綏寧甘、綏蒙、綏陝等公路，均是對外的重要道路，也是往昔隊商所走的路線。

河套的都市

本區的主要都市有：

㈠歸綏　是綏遠省會，歸綏蒙語又稱之爲呼和浩特，乃青色城市之意。有新舊二城，新城綏遠，舊城歸化，兩城間爲商業區，是漢蒙貿易中心，有紡織、機械、鋼鐵、食品、製革、製糖等工業興起，也是我國有名的毛紡織工業中心之一。城南大黑河濱，有昭君墓，史稱青塚，爲歸綏郊區的著名古蹟❻。此外城東的白塔寺及舊城內的五塔寺也都是南勝蹟❼。

㈡包頭　位黃河北岸，地扼黃河水運及平綏、包蘭、包西、包神等鐵路陸運交通的要衝，舊時驛運所達，如新、青、甘、寧等省以及蒙古的皮毛，天山南路的葡萄乾、杏乾、棉花、漠南北的畜產品，加以附近復有煤鐵，故工商業均頗發達，而以鋼鐵、水泥、治金、紡織、製糖等爲主，現爲漠南地區最大鋼鐵中心。市西北陰山南麓，有戰國時趙國長城遺址。

㈢銀川市　爲寧夏省會，東臨黃河，西倚賀蘭山，是西套平原中心，附近水渠縱橫，田疇相望，也是西北產稻最多的地區，頗有江南意味。城周三十公里，北宋時（西元一〇三八年）曾爲西夏都城，是歷史上名城，平綏路延長至蘭州後，則爲包蘭鐵路上的大站，工商業頗發達，有機械、紡織、化工、製革、地毯等工業。居民漢蒙均有，而以信仰回教爲最多。市內名勝則有海寶塔❽，玉皇閣及青銅峽等❾。

㈣石嘴山　爲寧夏省新興的工業城，因有豐富的煤礦而得名，其地東起石嘴山，西至汝箕溝，面積二百平方公里，爲石嘴、石炭井、汝箕溝、葫蘆司太四個煤田所組成，除煤炭工業發達外，尚有鋼鐵、輕工業等興起。

❶ 伊克昭盟：分鄂爾多斯左翼三旗，及右翼四旗。

鄂爾多斯左翼
- 前旗（準噶爾旗）：在托克托西南。
- 後旗（達拉特旗）：在包頭南、近黃河。
- 中旗（郡王旗）：在東勝縣南。

鄂爾多斯右翼
- 前旗（烏審旗）：在扎薩克旗西南。
- 中旗（鄂托克旗）：在東經一〇八度北緯三九度附近。
- 後旗（杭錦旗）：在東經一〇九度北緯四〇度附近。
- 前末旗（扎薩克旗）：在郡王旗南。

❷ 秦、漢、天水三渠：秦渠在靈武、金積二縣境內，長一百五十里，有支渠十二，灌田十一萬畝。漢渠在金積縣，長一百里左右，與秦渠平行，灌田十二萬，建有二孔水閘，作爲調節之用，稱爲漢閘。天水渠，在靈武縣境西側。

❸ 唐渠：亦稱唐徠渠，渠口在青銅峽，終點則在寧朔縣，灌溉賀蘭、銀川等縣，長凡三百二十里，支渠二十有一，灌田二十四萬畝。

❹ 漢延渠：在唐渠之東，長二百里，灌田十二萬餘畝，灌域有平羅、賀蘭、銀川、永寧等縣。

❺ 惠農渠：在漢延渠之東，黃河西側，由葉堡起至平羅尾閘堡之間，長二百六十里，支渠二十六，灌田四十一萬畝。

❻ 青塚：卽昭君墓，在歸綏市南九公里。昭君姓王名嬙，漢元帝時選入宮，南匈奴呼韓邪單于來朝，求賜美人爲「閼氏」（卽皇后意義），帝以王嬙賜之，隨單于出塞，俗稱昭君和番，死後葬於此，塚高三十三公尺，上爲平臺，寬達五六丈，有碑高峙，有磴可上。其所以稱爲青塚者，乃因大黑河下注黃河，附近爲一片沖積平野，春時麥隴連雲，一片青色。

❼ 白塔寺：爲一八角形七層樓閣式磚塔，高四十三公尺，寺正門兩側有金剛力士雕塑，側門兩旁有菩薩，造型極爲生動，爲我國遼、金時期珍貴古蹟。

五塔寺爲清雍正年間所修，又名金剛座舍利寶塔，基塔爲長方形磚石結構，四周刻有千佛及經文，基上更有五塔，當中爲七層，四方各爲五層，塔的表面全以琉璃磚築成，上刻有菩提樹和佛像，塔北照壁上有稀見的蒙文「天文圖」石刻。

❽ 海寶塔：又稱赫連勃勃塔，因地處銀川北部，故又稱北塔，傳稱此塔爲西夏王赫連勃勃所修，清乾隆年間因地震毀壞又再重建，全塔九層十一級，高五十九公尺半。此外在銀川西郊賀蘭山下更有西夏陵墓八十餘座，陵園長達十公里，而近年發掘的八號陵墓則被認爲西夏第八代皇帝李遵頊的墓葬。

❾ 青銅峽：位銀川以南，是黃河上游最後一個峽口，峽長六公里，水深流激，地勢險要，自古爲兵家必爭之地，故有「青銅峽裡韋州路，十去從軍九不回」之詠，在此水庫內可乘遊艇欣賞黃河兩岸風光，及一百零八喇嘛塔奇景。

作　業

一、說明河套所包括的範圍。
二、河套的地理位置如何？
三、河套的地形可分爲那幾種？
四、河套的氣候情形怎樣？
五、試簡述河套的水利狀況。
六、河套的天然資源有幾？
七、河套的交通若何？
八、歸綏、包頭、銀川市、石嘴山各有何特色？

第三章　蒙古高原

第一節　蒙古高原的自然環境

蒙古高原的範圍

蒙古高原在地理上講，包有大興安嶺及熱河丘陵以西，陰山、大青山、狼山、賀蘭山及甘肅北山（龍首、合黎、馬鬃各山）以北，阿爾泰山的東北，以及中俄邊境薩彥嶺一帶，及其以東的中俄北界以南的廣大地區。在行政上則包括興安省、熱河省的西部，察哈爾、綏遠、寧夏三省的北部，以及蒙古地方❶。這個高原是一乾燥性的地區，南部成盆地狀，爲一片廣漠無垠，浩瀚似海之地，故有瀚海之稱，歷史上常稱爲大漠，滿語呼爲戈壁，蒙語謂之額倫，俗稱爲沙漠。高原的高度，平均在一千五百公尺左右，南部和東部較低，四周則爲高山所包圍。

蒙古高原的地理位置

（一）東鄰東北　僅隔一大興安嶺，通道很多，故往來便利，因此蒙古高原和東北平原間，在人地關係上至爲密切。

（二）西接新疆　西與新疆準噶爾盆地，亦僅隔一阿爾泰山，雖有崇嶺相阻，但西南側多出入駝道，故蒙、新間關係亦至爲密切。

（三）北連俄境　蒙古高原與蘇俄西伯利亞的貝加爾區連接，而貝加爾則居西伯利亞的中央位置，是俄國對我東北及蒙古高原侵略的基地，蒙古高原首當其衝，實爲我國北方國土的屏障。今蒙古地方已於民國三十四年由蘇俄製造傀儡政權❷，而烏梁海更於民國三十三年，俄人乘我對日抗戰，未經我國同意，竟爲宣布合併❸，我們在光復大陸後，必須將其收回，使國土金甌無缺。

（四）緯度特高　蒙古高原，南起北緯三十八度，北至同緯五十三度多，四周又有山脈，深居內陸，海洋氣流，不能進入，形成乾燥中心，多季則成爲亞洲高氣壓發育所在地。

蒙古高原的地形

蒙古高原上，西北部多山岳及盆地，東南部多平坦狀臺地，前者平均高度得一千五百公尺，後者約一千公尺。

（一）蒙古山岳地帶　蒙古西部有三條高大山地，一爲薩彥嶺，是中俄國境上的界山，高度在二千公尺以上，略呈環狀，因多山口，尚可通過。二爲唐努山，係東西走向的山脈，長達五百公里，高度在二千五百公尺左右，高峯則在三千公尺以上。三爲杭愛山，是唐努山東南方的一個大山塊，高度在二千一百至三千公尺間，以烏里雅蘇臺東方八十公里處的鄂特洪騰格里峰爲最高，得四千零三十一公尺，上有冰川，也是內陸流和外流的分水嶺。

（Ⅰ）阿爾泰山地　是蒙古高原和新疆的交界處，向東南延長，到綏蒙邊境的呼爾呼山，長達一千七百公里，其中以蒙新交界處爲最高，高峯有達四千五百公尺者，其他山峯多在三千公尺上下，愈向東南愈低，綏蒙附近，已在二千公尺左右。

（三）烏梁海盆地　這是薩彥嶺和唐努山間的盆地，爲斷層作用而成的盆地，有烏魯克穆河及克穆池克河，會流後，北入俄境，而成葉尼塞河。盆地內盡爲烏魯克穆河本支流環繞分割，由肯木畢齊爾至出國境的河谷地帶，高度且不足一千公尺。

（四）科布多盆地　這是唐努山，杭愛山及阿爾泰山間的地帶，也是斷層盆地，因四周高山，有雪水下流，在區內積水成湖，西人稱本區爲湖盆區。區內湖泊特多，這些湖盆的高度不等，大致由南向北低降，例如南部的慈母湖，高一一四〇公尺，其東側喀拉湖，則高九七〇公尺。中部的奇爾吉茲湖，高八二三公尺。北部的烏布沙泊，祇有七四三公尺。慈母湖是科布多河所流注，奇爾吉茲湖則爲匝盆河及坤桂河所下注，烏布沙泊則有帖斯河流入。

（五）色楞格河流域　是由肯特山、杭愛山、唐努山等環繞的地區，色楞格河本流及其支流的源流所在。全域呈南高北低，色楞格河上游稱倭帖爾河，是源於塔爾巴戞臺（杭愛山的一支脈）山北麓及唐努山南麓，由西南向東北流，至買賣城北入俄境，注入貝加爾湖，色楞格河長有九百三十公里。鄂爾渾河源於杭愛山北麓西庫倫附近，土拉河則源於肯特山，流經庫倫，這是色楞格河兩條重要支流，水量均頗豐富，對於農牧均極有利用價值，成爲蒙古高原中的精華地帶。

（六）克魯倫河流域　這是蒙古高原東部的重要河流，源於肯特山東麓，東流經車臣汗及克魯倫，然後則注入呼倫池。流域所經，水草豐美，上游出產錫、鎢礦，下游出產黃金和寶石，戈壁地區並有油頁岩。呼倫池高出海面，僅有五百四十三公尺，其南有貝爾湖，高八百三十公尺，中有呼倫河可以溝通。

（七）蒙古臺地　本區界於內外蒙古之間，大部爲千公尺左右的臺地，亦稱蒙古高原，其間亦有較低的內陸盆地。這一片廣大的臺地，有些是草原，爲蒙胞放牧所在，也有廣大的石礫沙漠，這就是著名的瀚海沙漠地帶，其地勢較臺地爲低，通常不足千公尺，如察哈爾省錫林郭勒盟的以林湖附近，以及寧夏省居延海一帶。此種低地，蒙胞稱爲「塔拉」，塔拉以內，常有湖泊，水草豐美，極宜放牧。茲略述之如下：

⑴居延海塔拉　這是位於北緯四十二度以北至同緯四十三度間，東經一百零一度附近地帶，居寧夏省西北，近接蒙古地方，東有索果湖，西爲居延海，此二湖在古代爲一大湖，東西長達八十五公里，後因湖面縮小，而成東西兩湖，兩湖海拔在八百五十公尺，是由甘肅境內的弱水（額濟納）北流，一至寧夏境內分流至兩湖。居延海塔拉，因有大量淡水，經由弱水流入，故對於農墾發展上，頗具重要價值，黑水城古跡及居延漢簡的發現，是漢唐時代屯墾的實例。

⑵以林塔拉　位於瀚海盆地的中央，最低處在以林湖附近，海拔八百八十八公尺，地在東經一百二十二度以東，北緯四十三度半以北，是華北通蒙古的交通大道，庫集鐵路及張庫汽車路，均通過此區，故在交通地位上極爲重要。

蒙古高原的氣候

本區緯度既高，復處內陸，海洋氣流不能進入，故雨量稀少，多者三百公厘，少者不足百公厘，二百五十公厘是牧草生長地，農業幾乎不可能成長，僅恃灌溉，始能收穫。年雨量的變化很大，有時可至一倍以上。至於溫度，冬季嚴寒而長，可達半年之久，其絕對低溫，可降至攝氏零下四、五十度，故冬季每成爲亞洲大陸的高壓中心，如庫倫在零下四十八度。而夏季高溫，祇有六至八月三個月，但一日之間，溫度變化極大，晝夜溫差往往可達五十度以上，故俗有「早穿皮裘午穿紗，晚抱火爐吃西瓜」之諺。本區冬季多大風雪，人畜遭遇，十死八九，春末夏初，則常起旋風，風起時，黃塵萬丈，不見天日，且嘯聲極大，有時人畜遇之，亦能捲入空中。蒙古高原春季通常自五月開始，八月卽開始下霜，九月起卽下雪，所謂「胡天八月尚飛雪」是也。

❶ 蒙古地方：蒙古地方是一政治區域，包有喀爾喀四部、科布多、烏梁海，而蒙古高原則較此政治區的蒙古範圍爲大。關於蒙古地方的行政，舊時的部（相當於盟）旗略述如下：

1. 喀爾喀

喀爾喀	車臣汗部	二十三旗
	土謝圖汗部	二十旗
	三音諾顏汗部	二十四旗
	扎薩克圖汗部	十九旗

2. 科布多

科布多	杜爾伯特部	十六旗
	扎克沁部（一稱扎哈沁）	一旗
	明阿特部	一旗
	額魯特部	一旗

3. 烏梁海

烏梁海	托錦部	一旗
	薩爾吉格部	一旗
	庫布蘇庫諸爾部	一旗
	陶吉部	一旗
	肯木畢齊爾部	一旗

❷ 蒙古傀儡政權：蒙古地方因密邇俄境；自西伯利亞鐵路完成後，俄人侵略蒙古益極，民國元年，蒙胞受俄人指使，乘機宣告獨立，俄國革命時，因無暇東顧，而俄國白黨意圖侵入，蒙胞乃於民國八年自動取銷自治，政府派徐樹錚爲西北籌邊使，駐軍庫倫，及民國十年，俄國紅軍侵犯，並於民國十三年製造「僞蒙古人民共和國」，合車臣汗、土謝圖汗、三音諾顏汗、扎薩克圖汗及科布多。民國三十四年，俄國更利用雅爾達協定，迫我簽訂中蘇友好同盟條約，承認蒙古獨立，現該約及附件已於民國四十二年二月十六日由總統宣布明令廢止。

❸ 烏梁海：亦稱唐努烏梁海，向爲蒙古地方的一部，清代歸烏里雅蘇臺將軍管轄，其地東西北三面與俄境西伯利亞接壤，土質肥沃，俄人久已覬覦，民國十三年，俄人竊佔該地，並成立僞唐努拓拔共和國，民國三十三年，更公然將其併入蘇俄版圖，劃入西伯利亞地區，我國未予承認，光復大陸後，收回烏梁海，是我們重要職責。

作業

一、說明蒙古高原的範圍。
二、蒙古高原的地理位置如何？
三、蒙古的山岳地帶地形狀況怎樣？
四、說明烏梁海，及科布多兩盆地的地形。
五、色楞格流域分布在何處，地形若何？
六、居延海塔拉的地形如何？
七、以林塔拉位於何處，有何重要？
八、蒙古高原的氣候，爲何特別乾寒？

第二節　蒙古高原的人文狀況

蒙古高原的產業

蒙古高原產業的經營，因地勢、緯度、以及氣候的差異，而有所不同。但主要仍以游牧爲主，農業則成散布狀態，茲分述如下：

(一) 畜牧　大致以北緯四十二度以北，是蒙胞的游牧地帶，高原上除眞正的沙漠外，大部是草原，而河谷地帶及搭拉中，又有諸爾散布，牛、羊、馬、駝是其主要牲畜，這些牲畜，是蒙古的經濟基礎，牲畜在春夏時期，自有新鮮草料可食，也有充分的水可飲，生長良好，所謂「秋高馬肥」，但一至深秋初冬，則水涸草黃，氣溫降低，蒙胞又各驅其牲畜，散居山麓的向陽地帶，以避風寒，而這些牲畜，多露宿於外，又因飼料不足，致牲畜越多困難，以致常有大批凍餓而死者，此外尚有野生動物的競食牧草，以及疾病和狼害的損失。牲畜中緜羊最多，約佔蒙古牲畜的六〇%，山羊亦不少，是蒙胞生活的富源，所謂食其肉而飲其乳酪，衣其皮毛，蒙古包及帳幕，則以牛、羊皮製成。至於山岳盆地內，大約在夏季，山地在二千公尺左右，也是茂草如茵，蒙胞游牧登山，大致沿河谷而上，秋季則沿河而下，實有山牧季移性質，杭愛山、肯特山、唐努山、阿爾泰山等，均具有此種景觀。

（二）**農業**　北緯四十二度以南，是農耕地帶，多爲冀、晉兩省移民，作物以莜麥爲主，小麥、馬鈴薯次之，小米與蕎麥又次之，豆類亦有不少。但仍可見到大羣羊、馬、牛、駝等的大羣放牧，是農牧並重地區。至於漠北的色楞格河流域，蒙胞因傳統關係，很少從事農耕，祇有少數漢人，自淸代以來，從事農墾，生產小麥、大麥、小米、豆類及甜菜等，但產量少，近年蒙古地方雖有農場的建立和農業機械的協助，然以生長季太短及雨水不足、空氣乾燥，故產量仍不足自給。但興安嶺西側，額爾古納河東側的三河地帶近年(哈馬勒河、吉爾布勒河、根河)，均爲農耕地帶，周圍丘陵起伏，夏季牧草茂盛，適於放牧，故亦爲農牧並重之區，農產品以小麥、燕麥、大麥、蕎麥、甜菜、馬鈴薯等爲主，大麻、亞麻出產亦不少。

蒙古高原的天然資源

可分礦產及池鹽二大類：

（一）**礦產**　蒙古高原面積廣大而荒涼，礦產資源調查未週，約有煤、鐵、金、銅、鎢、錫、石油等多種，主要則有下列五項：

(1)煤　1.以興安嶺西側，中長鐵路札賚諾爾站附近，是著名的煤田地域，面積得十二方公里，煤層厚度得十六至二十二尺，儲量達四十億公噸，淸末（光緒二十九年）卽已開採，品質優良，年產量在三十萬噸左右。在其西北尚有察罕敖拉煤礦，亦於清末開採，此二煤礦專供中長鐵路西段各地應用。2.庫倫東南三十三公里，有一大煤田，即納賴哈煤礦，年產煤約三十萬公噸左右，對於氣候嚴寒而燃料缺乏的漠北，有極大的幫助，但儲量未見公布。3.阿爾泰山麓及薩彥嶺一帶，傳有大煤田，因緊鄰西伯利亞明努新斯克（年產三千八百萬公噸煤），蘊藏量不詳。此外如肯特、喬巴山、東戈壁、科布多、烏布沙來等地也有煤礦開採，傳年產量約共八十萬公噸。

(2)鐵礦　以綏省的烏蘭察布盟，即在陰山北麓的白雲鄂博鐵礦爲著名，儲量達六千萬公噸，有包白鐵路及公路可通包頭，與河套的大青山煤礦配合，遂使包頭成爲重工業中心。此外五原、狼山一帶也有礦藏。

(3)金礦　本區是我國重要產金地，大致可分成下述四區1.呼倫貝爾：凡額爾古納河右岸，以迄大興安嶺西側各河川，都是沙金產地，故室韋、奇乾，曾設金礦局，室韋產地在吉拉林河，奇乾產地，則以奇乾河及溫河一帶爲其中心，金層厚度，約在二三公尺左右。2.蒙古色楞格河的東南各支流上，中以伊羅河流域爲著名。3.杭愛山南麓拜達里克河及翁金河的上流，都是著名的產金地帶。4.阿爾泰山原意爲金山，山中有金礦脈，唐努山亦有金礦脈，未作大規模開採，但產金著名已久。

(4)銅礦　在蒙古的艾爾得涅（Endent）銅鉬礦，每年可生產銅和鉬礦砂八百萬噸，爲亞洲最大的銅產地。

(5)石油　札賚諾爾附近產煤，並有油頁岩發現，爲本區中石油的惟一地帶，但儲量未詳。

(6)鹽　蒙古高原，由於氣候乾燥，鹽池頗多，如察省北部烏珠穆沁旗大布蘇湖的烏鹽，蘇尼特旗所產稱蘇鹽，綏遠鄂爾多斯所產者稱鄂鹽，寧夏吉蘭泰池的吉鹽，是漠南的四大鹽區，其中烏鹽產量最豐。本區鹽產純由天然結晶而成，大致秋冬時期產量最多。

（二）森林　此區域的森林地帶，多在兩側山地，大致可分成四部：

⑴大興安嶺西側森林帶，呼倫縣有二萬方公里，奇乾縣有七千方公里，室韋縣有三千方公里，換言之，本區有三萬方公里的森林地，以落葉松為主，白樺、白楊、榆樹等次之，是蒙古高原東側興安省最重要的富源。

⑵烏梁海兩側山地，松柏類的林木也極繁茂，是一有望的林產地域，但尚未開採。

⑶杭愛山山地的森林，在二千公尺以上的山地，遍山松林，並有樺木及其他雜木，採伐頗盛，惜多為薪炭之用。

⑷陰山山地的林木，以白楊、樺、柳、和矮小的槲類為主，惟缺少高大林木，多為蒙胞取作薪炭材用。

蒙古高原的交通

高原上的交通，舊時以隊商路為主，即蒙胞成羣結隊，以駱駝為運輸交通工具，這是本區交通上的一大特色，不過現在的蒙古高原，也有鐵路和公路，比較過去，進步很大，玆分述如下：

（一）鐵路　本區東部中長路通過，是由臚濱入境，經海拉爾河而上，穿過大興安嶺，入松遼平原，這條路是十九世紀末所建的。在抗日戰爭期中，俄人又建築一鐵路，起於臚濱西北波爾察（Borzya）斜向西南，經克魯倫（又名桑貝子），折而東南至塔穆察克泉，全長約六百公里，是俄人侵略本區的第二條鐵路。中共控制大陸初期，俄人又建築中俄蒙鐵路，以西伯利亞鐵路的烏蘭烏德爲起點，經恰克圖西側沿色楞格河及其支流哈拉河南行，經庫倫再東南經叨南、南越、瀚海賽音商德，進入察省，然後南至綏省平綏鐵路上集寧爲止，在本區內長一千二百公里，這是俄人侵略本區第三條鐵路。

（二）**公路**　本區公路以張庫公路爲最早，即由張家口至庫倫。綏新公路，則可連接綏、寧、甘、新四省，爲一重要交通，呼倫、克魯倫、庫倫、科布多是蒙古高原北部的公路交通中心，從地圖上分布看，已略成網狀，但實爲俄人侵略我國的基地，至爲明顯。

蒙古高原上的都市

㈠庫倫　蒙古地方的首邑❶，位於色楞格河支流土拉河之北，俄人控制蒙古後，改名烏蘭巴托和特（Ulr Bator Khoto）意爲赤色英雄城，張庫（張家口——庫倫）、恰庫（恰克圖——庫倫）二公路，在此相會。庫倫公路四達，不僅爲中俄蒙鐵路上重鎮，且工商繁盛，現有電力、建材、食品、畜產加工等工業興起，實蒙古地方政經、交通、工業中心。其南慶寧寺，建於雍正五年，規模宏大，金壁輝煌，爲喇嘛教聖地之一。

㈡烏里雅蘇臺　昔時曾爲蒙境首邑，屬三音諾顏汗部，位杭愛山最高峯鄂特洪騰格里山（高四千零三十一公尺）的西麓，因雪水下注，而成匝盆河的上游，地多楊柳，蒙語稱烏里雅蘇臺，其地山環水抱，中間低平，北控烏梁海，西挾科布多、阿爾泰，東接土謝圖汗，軍臺相接，形極重要，光緒七年中俄伊犂條約下曾開爲商埠。

㈢科布多　位於慈母湖西南，當蒙新交通孔道，與烏里雅蘇臺成犄角形勢，是蒙境西部要城，也是光緒七年闢為商埠，科布多海拔一千三百公尺。

㈣肯木畢其爾　是烏梁海的首城，位於烏魯克穆河及貝克穆河相會處，有公路南通烏里雅蘇臺，北達俄境明奴新斯克，肯城海拔六百七十五公尺。由肯城沿烏魯克穆河可下航至葉尼塞河，與俄境來往反較內陸為便。

㈤克魯倫　位克魯倫河北岸，是蒙古地方東部鐵路及公路交通的中心，並有二條公路北通俄境，一至波爾察，是鐵路公路平行，另一則直通赤塔，為國防上重鎮。

㈥呼倫　一稱海拉爾，是興安省會，除中長路通過外，並為興安省公路交通中心。其西北的臚濱，俗稱滿州里，則為國防上第一道門戶。西南一百餘公里，有甘珠廟❷是蒙胞活動中心。

㈦多倫　位灤河上游的上都河旁，一稱喇嘛廟，為熱、察兩省來往衝途，市西北有彙宗寺（康熙時所建）、善因寺（雍正時所建），昔年常駐僧侶五、六千人，每年陰曆六月十三日後的三日間為進香期，廟會極盛，商業因之而繁榮，其地西北附近，曾為元代陪都，稱為開平❸，元代宮殿尚殘存於荒野間。

㈧百靈廟　是綏省烏蘭察布盟行政中心，也是公路及隊商交通的中心，漢、蒙交易之地，歸綏及包頭的外衞要城，以有百靈廟而得名，廟的規模宏大。

㈨居延　一名威遠營，在寧夏省西境，東經一百零一度，北緯四十二度二十分，瀕居延海南岸，綏新公路經其北，並有公路南達酒泉，北至蒙古地方，是瀚海盆地西側的重鎮。

❶ 僞蒙古於民國十四年廢除四大汗部的行政區域，將全「國」劃爲十三個相當於省的「艾瑪克」。民國三十一年，再重劃爲十八個艾瑪克和「首都」烏蘭巴托市，艾瑪克之下爲「蘇木」，相當於縣，全「國」共有三二三個蘇木。各級政權機關統稱爲「呼拉爾」（Khurol），由人民直接選舉產生，類似蘇俄的蘇維埃。

僞蒙省份一覽表

省份名稱	面積（千方公里）	蘇木數	省會
巴顏烏列蓋省	46	13	烏列蓋
科布多省	73	11	科布多（昔爾加蘭圖）
烏布沙省	72	16	烏蘭固木
札布汗省	90	23	烏里雅蘇臺（哲布哈蘭圖）
戈壁阿爾泰省	126	18	尤松布拉克
巴顏洪果爾省	116	20	巴顏洪果爾
庫蘇古爾省	102	23	穆稜
北杭愛省	47	23	察察爾米格
南杭愛省	69	23	阿爾巴海雷
南戈壁省	156	12	達蘭札達加特
中戈壁省	79	18	滿達爾戈壁
東戈壁省	101	17	賽音尚達
布爾干省	48	17	布爾干
中央省	78	23	宗莫特
色楞格省	48	10	阿爾丹布拉克
肯特省	89	21	翁都爾汗
喬巴山省	120	17	喬巴山
蘇赫巴托爾省	71	15	巴尼烏爾特

❷甘珠廟：一稱壽寧寺，是乾隆四十八年時所建，每年陰曆八月，蒙胞在此舉行市集廟會，燕、晉商人及俄人紛紛至此貿易，日用品及畜產品是其主要貿易品。

❸開平：元世祖定大興爲大都，大都卽北平，而以開平爲上都，上都在多倫西北約三十公里，瀕上都河北岸。元初，每年四月草青時，駕幸上都，八月草枯時，則駕返大都。

作業

一、說明蒙古高原畜牧經營的情況。
二、蒙古高原的農業情形？
三、蒙古高原有那些礦產，其分布怎樣？
四、蒙古高原的森林，分布若何？
五、蒙古高原上有那三條鐵路，是何國爲侵略我國而建的？
六、庫倫、烏里雅蘇臺、克魯倫、呼倫、多倫、居延、上列各地，各有何重要性？分別說明之。

第八篇　西部地方

第一章　西部地方概論

西部地方的範圍

西部地方，是指新疆、西藏全部，西康、青海兩省的大部分，以及甘肅、四川、雲南三省的一部。因其在我國領土的西部，故稱為西部地方，全部面積得四百零九萬方公里，占全國總面積百分之三十六，為全國六大地方之冠，除南北疆綠洲區，藏南縱谷及青、康、滇三省河谷地區人口較密，其他廣大地區人口密度均稀，是全國最荒涼的地方。

西部地方的地理位置

(一)我國西部的屏障地域　青康藏高原，高度特大，為太平、印度兩洋諸大河源流地帶，實居高屋建瓴形勢，而山岳縱橫，為我國西南地區的天然屏障。新疆古稱西域，往昔為匈奴與漢族爭奪之區，故有「匈奴右臂」之稱，今則為我西北地區的屏障。

(二)歐亞大陸中心地域　塔里木盆地，是整個歐亞大陸腹部的中心，此種地理位置，對自然上及人文上均有影響：(1)在自然上的影響，是距海太遠，海洋氣流不能深入大陸內部，而成氣候上的乾燥中心。

(2)在人文上的影響，是各方距離相等，而成爲歐亞交通上的捷徑，如歷史上所稱的「絲路」，可爲明證。現代空運發達，由我國至歐洲的近途，曾爲歐亞、中國兩航空公司所經營，後因中德絕交，中俄交惡而中輟，但其空運位置上的天然形勢，依然未變。

(三) 外患多的邊陲地域　帕米爾高原以北過去與蘇俄中亞爲鄰，以南及西藏西康南境，分別與阿富汗、巴基斯坦、尼泊爾、不丹、印度、孟加拉、緬甸等國接壤。近代以來，西藏與新疆常多外患，即由於本區鄰接中亞及印度半島的邊陲關係。

西部地方的地形

西部地方的地形，大致可分爲五區：

(一) 帕米爾高原　位於我國最西端，是亞洲褶曲山系的會合地區，平均高度在五千五百公尺，地形上是一分割高原，高原上河流均注入噴赤河，是我國的西界。

(二) 青康藏大高原　包有西藏全部及青海、西康兩省大部，面積有二百五十萬方公里，一般高度在四千公尺以上，山地高度在六千公尺以上，高峯更可至七八千公尺以上。區內最低的柴達木盆地，也有二千七百公尺，故爲全世界最大及最高的高原。這一片廣大的高原，又可分爲下列五區：

(1)藏北湖泊高原

(2)藏南雅魯藏布江縱谷

(3)青康滇高山縱谷

(4)青海柴達木盆地

(5)四川松潘高原

（三）天山山脈 這是南北疆的界山，高度由西而東逐漸減低，西側騰格里山，高達七千二百公尺，是天山最高峯，上多長大冰川，東側博格多山主峯，高達五千四百四十五公尺，中部天山則由五條山脈所成，山脈與山脈間，均有縱谷低地，相差達二千五百公尺至三千公尺，則爲斷層作用而成，大小河谷、湖盆、窪地等錯綜分布。

（四）準噶爾盆地 這是天山、阿爾泰山及塔爾巴哈臺山間的盆地，通稱北疆，盆地形狀略成三角形，地勢是東部高而西部低，故河川均西流或西北流。

（五）塔里木盆地 這是天山、葱嶺、帕米爾、崑崙山與阿爾金山間大盆地，成橢圓形，亦稱南疆，盆地面積達九十一萬七千方公里，是我國內陸最大的盆地，中部有大沙漠，維語稱塔克拉馬干（Taklamakan desert）沙漠，面積有三十七萬方公里。

西部地方的氣候

青康藏高原，緯度上在北緯二十八度至三十八度間，此種緯度位置，相當於長江和黃河兩流域，應該是最適宜人類活動的地域，但因地勢太高，氣溫很低，而成爲十分惡劣的寒漠氣候，加以青康藏高原上的高山高度太大，阻礙了印度洋夏季季風的北上，而使南疆成爲廣大的沙漠，故寒冷、乾燥、寒暑變化大以及強風，實爲本區氣候的特色。

西部地方的物產及天然資源

（一）農業　西部地方因地形及氣候的關係，農作物的生長，祇限於河谷低地及雪水融化灌注的地方，故其分布情形，顯與東部不同，即成帶狀或點狀，以西康的安寧河谷、大渡河及青衣江河谷、西藏的雅魯藏布江河谷、新疆的伊犂河谷，以及南疆的南北山麓綠洲。農產品有稻米、麥類、豆類、棉花及瓜果等，惟產量不多，僅足自給。

（二）畜牧　西部地方大部以遊牧爲主，以羊、牛、馬、駱駝爲主。綿羊頭數之多，爲全國六大地方冠，新、青兩省並以我國羊毛產地著名，纖維細柔，富彈力，光澤美，洗染均易，適於機械紡織，是我國外銷要品。犛牛產於青康藏高原，馬和駱駝則以準噶爾、塔里木、柴達木三盆地爲主，是重要交通工具。

（三）天然資源　以礦產、水力、森林、鹽四項爲主：

(1)礦產　金、銀、銅、鐵、錫、鉛、鎢、鈾、煤、石油、鹽、玉石等俱全，新省的塔城、承化，以及康省的金沙江，久以產金著名。但現爲世人注目的礦產有二：（甲）煤：新省煤田分布南北二疆，儲量估計不下於晉、陝二省❶。（乙）石油：分佈於天山南北麓及葱嶺東側、祁連山南側。青海油田，粗略估計，在一億二千萬公噸左右，烏蘇油田已大量開發，另在準噶爾盆地西北部的克拉瑪依油田產量更豐，這是本區中最重要的富源。至於鐵礦則分布在天山南北麓，而以北疆的廸化、庫車、伊寧、額敏、南疆的英吉沙等地爲著。

⑵水力　青康滇高原上各河谷地區，降雨量頗爲豐富，且坡陡流急，落差很大，是我國水力資源最多的地區。值得大量發展，使能源可以充分利用。

⑶森林　青康滇縱谷地帶，天然林面積甚廣，材積甚豐，惜因交通不便，尚未開發。

⑷鹽　全域池鹽分布頗廣，而康省鹽源、鹽邊、又富井鹽，故鹽亦爲本區重要資源之一。

西部地方的交通及都市

西部地方，既多高山，又有沙漠。交通方面，常限於氣候多變，以及地形上的困難，高原上以馱運爲主，犛牛是主要馱獸。新、青二省盆地，雖有鐵路及公路建設，但廣大地區仍以駝、馬爲重要交通工具。隊商路線，步行跋涉，至爲困難。往往由一地至另一地，需兼旬累月，才能抵達。近年公路修築，多沿昔時隊商路線，飛機場增建亦多❷，交通情況已較往日有進展。

西部地方都市的分布，主要分布於公路線（隊商路線）上；其性質與其他地方有所不同，茲分述如下：

（一）由綠洲而成的都市　概爲隊商旅途中的入口都市，多分布於南北疆山麓地帶，都市四周盡爲綠色農田，農田外爲牧區，牧地外則爲沙漠。

（二）具宗教性質的都市　拉薩、日喀則等重要城市，富宗教色彩，城市內喇嘛廟建築頗多，住民除喇嘛僧侶外，更多信徒，又因其地特高，故成爲世界著名高地都市。

（三）邊境都市　如塔城、伊寧、疏勒、噶大克、亞東等城市，因地處邊陲，故常有鄰國及少數民族雜居其間，市況常雜有異國情調，甚至有「人種博覽會」之稱，爲其特徵。

❶據七十八年十月三十日中央社電引述「新疆煤田地質勘探公司」的最新勘測數據，指出新疆煤炭預測儲量可達一萬六千零四十二億噸，進入二十一世紀，將可能取代山西省的「煤海」稱號。

❷青康藏高原大陸已建成之飛機場，分別爲拉薩之當雄機場及日喀則、江孜、貢噶、亞東、黑河（那曲）、工布、江達、邦達、怒日附日（和平機場）、昌都、噶大克、羅多克及普蘭機場等，其中除日喀則及貢噶機場爲軍民兩用，其他皆爲軍用機場。主要航線則有北平拉薩線、成都拉薩線、噶爾穆拉薩線、蘭州拉薩線等四航線。

作業

一、西部地方包括那些地區？
二、西部地方是歐亞大陸的中心，在自然上及人文上有何影響？
三、西部地方的地形，可以分爲那五區？
四、西部地方的氣候有何特色？
五、西部地方的農業，分布在那些地區？
六、西部地方的礦產以那二種最值得世人注目，試說明之。
七、西部地方的交通情況若何？
八、西部地方都市的分布有那些特徵？

第二章　準噶爾盆地

準噶爾盆地的範圍

準噶爾原爲蒙古的部落名稱❶，淸初曾雄據天山北路，因之而得名，又名北疆，這個盆地大致成三角形，東北面以阿爾泰山、北塔山與蒙古高原相連，山中多駝道往來。西北有塔爾巴哈臺山及阿拉套山，而與俄屬西伯利亞及哈薩克（Kazakh. S. S. R.）吉爾吉斯（Kirghiz. S S. R.）兩國相毗鄰，南則爲天山山脈，中間則成準噶爾盆地，地多沙漠，極爲荒凉。

準噶爾盆地的地理位置

其地理位置特點有四：

（一）**國境西北的要區**　新疆省僻居西北，地勢又西傾，復鄰強俄，俄人屢思染指，民國十九年土西鐵路（Turksib Railway）築成後❷，環繞西境，其間孔道又多，故北疆俄患特多。國防上所受的威脅，極爲嚴重，如何鞏固邊防，實爲我全國人民的天責。

（二）**東南由吐魯番窪地與河西走廊相通**　這是甘新公路及蘭新鐵路的主要交通路線，也是北疆對內地的主要孔道。

（三）**南接南疆**　天山是南北疆的天然屛障，故兩者的隔離性極大，其在自然上及人文上，均有顯著的不同。

（四）**東與蒙古高原相接**　北疆青河、富蘊、布爾津、福海、烏蘇等縣，每多蒙胞分布，可見新、蒙關係至爲密切。

準噶爾盆地的地形

從地形區分，可分成阿爾泰山、天山及盆地三部份來說明：

（一）**阿爾泰山**　阿爾泰山在地質構造上，是一斷層隆起的地壘，其兩側陷落的地塹，東北爲科布多盆地，西南爲準噶爾盆地，主峯在中俄邊界的達本博格多山，位北緯四十九度東經八十七度，高達四千三百七十四公尺，由此東南高度逐漸減低，但高峯連嶺，仍綿延不絕，長達八百公里以上，是蒙、新間的天然界山。

（二）**天山山脈**　天山從中亞入境，自西向東，橫亙新省中部，主峯新騰格里山，在溫宿縣北，位北緯四十二度，東經八十度，高七千四百三十九公尺，山上冰川成羣[3]。天山高峯所在，均有冰川，冰川下高約在三千公尺左右，則爲由天山導流的河川，均是冰雪融化而成。天山的平均高度，約爲四千公尺。

天山可分三段，達坂城以東爲東段，天山在此分爲三支：北側是博格多山，中爲覺羅山，南爲庫魯克山，博格多山主峯，高達五千四百四十餘公尺，其南則有吐魯番窪地，爲我國境內唯一低於海平面之下的低地，其最低處在海面下二百八十三公尺。山腰的天池，湖長約三千四百公尺，湖水清澈，景色宜人，爲

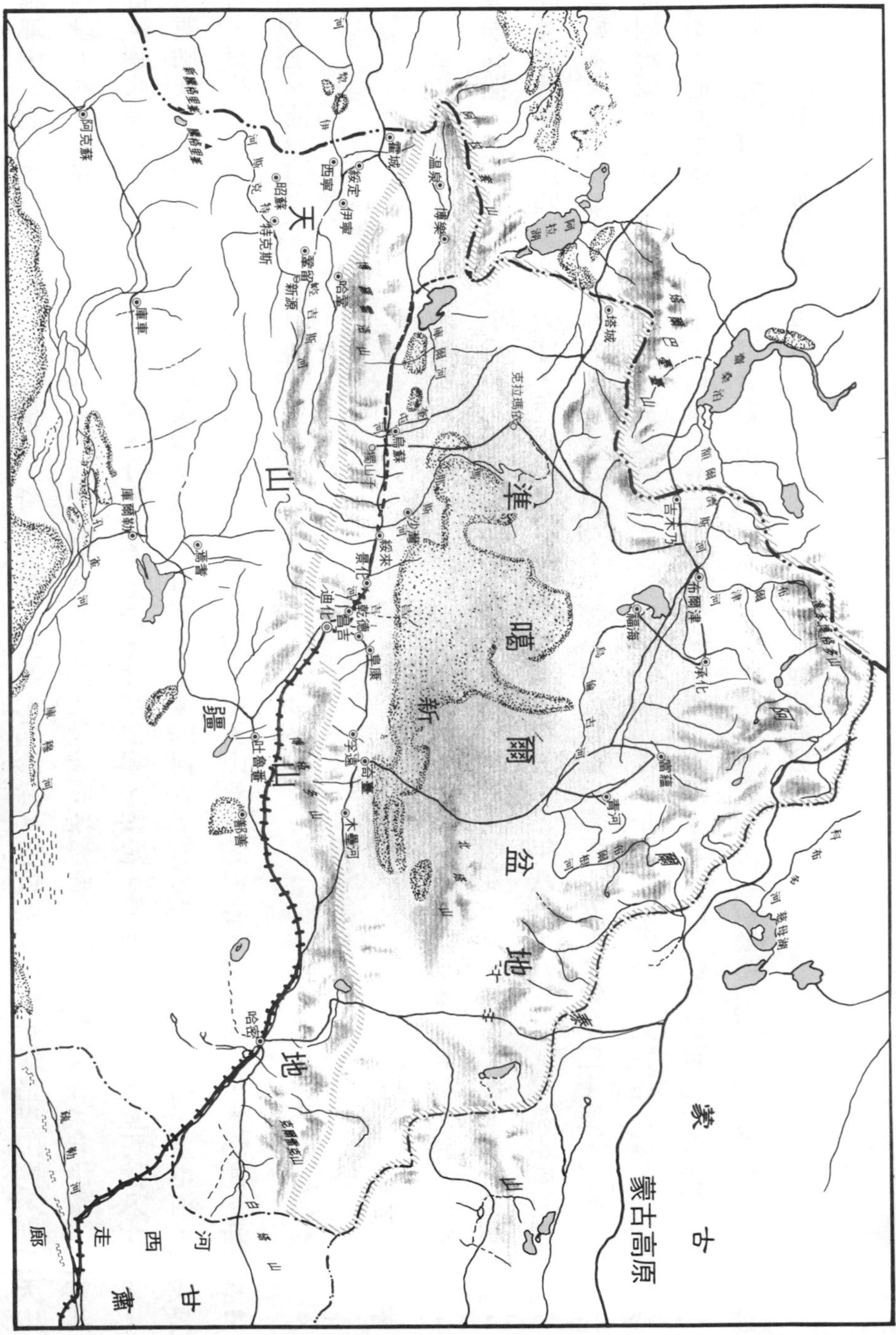

第九十一圖　準噶爾盆地地形圖

旅遊勝地。博格多山上多積雪，夏季積雪融化，形成細流，造成山麓無數水草田的分布。博格多山以南的馬耶山，高六千公尺，山上終年積雪，所產雪鷄、雪蓮尤爲珍稀。達坂城以西至新騰格里山間，則爲天山中段，內有五條山脈，平行排列，山脈間隔以縱谷，其北最廣而地勢低平者爲伊犂縱谷，有伊犂河流貫其間。過去整個伊犂河流域盡屬我國，今則祇有上游，然在伊寧、綏定、寧西等縣，南北寬可達八十公里，土質肥沃，極利農牧，爲天山中段精華地區。由天山北流的河谷，有昌吉河、瑪那斯河、奎屯河，構成昌吉、景化、綏來、烏蘇等縣，是天山北麓的精華地帶。由天山南流的河谷，則多向塔里木傾注。新騰格里山以西，是天山西段，其山幅亦甚寬廣，悉屬吉爾吉斯共和國。

準噶爾盆地的氣候

本區氣候，除因地形的高低而有不同，復受距離海洋太遠，故除山地外，均爲乾燥地區，從溫度言，夏季高溫，吐魯番的七月平均溫，爲攝氏三十三度半，廸化爲二十四度，塔城二十二度。至於絕對高溫，吐魯番曾得攝氏四十九・六度，廸化得攝氏四十四度（民國二十二年八月十八日）。可見本區夏溫特高。至於冬溫在攝氏零下的月份，則長達五個月，北疆平均溫爲攝氏零下十五度至零下二十度，富蘊縣可可托海則曾低達攝氏零下五十二度，故夏酷暑，多祁寒，日夜溫差大是本區氣溫上一大特色。雨量方面僅限於夏季，而雨量奇少，吐魯番年雨量祇有三十公厘，廸化得二百二十九公厘，伊犂二百七十八公厘，承化一百四十九公厘，塔里木盆地則普遍不足八十公厘，此種雨量實無法供給農業需要，故主要還靠河川的灌溉，山地中雨量較豐，可得四百公厘，因此森林、草地都有分布。

準噶爾盆地的農牧業

農業在本區中，僅限於局部，如天山北麓的十二個縣❹，其次爲伊犂河流域的十一個縣❺以及吐魯番窪地，這是天山下注的雪水與坎井發達的地區，也就是綠洲（水草田）分布的地方，坎井以吐魯番窪地最爲發達，其法是用山麓的豐富地下水，鑿池蓄水，再利用斜坡，引水進入不透水層，再在此不透水層，築一隧渠，不露地表，減少蒸發，再利用直井汲水及明渠來灌田，此種明溝、明渠、暗渠及直井，是本區灌溉系統中一大特色。區內農產有稻米、玉米、小麥、棉花、大麥、高粱、豆類、蔬菜、瓜果等，尤以吐魯番窪地所產的哈密瓜及無子葡萄，庫爾勒的香梨、阿克蘇的薄皮核桃、庫車白杏等最稱名貴，至於蘋果、石榴、桃、梨、杏、沙棗等亦爲名產。

準噶爾盆地牧業最稱發達，飼養家畜有牛、馬、羊、驢等。其經營方式有二：

(一) 游牧　主要分布在盆地，以哈薩克人爲主，蒙胞次之，哈薩克人逐水草而居與蒙胞同，但蒙胞有固定的喇嘛廟，此爲不同，哈薩克人則遷徙不定，其生活習慣近乎蒙胞，而宗教語言，則近乎維胞，游牧按季分別牧放，分爲多、夏、春、秋窩子，依時遷動，不過多窩子的牧草，總難充份供應牛羊食用，故每屆多令，常有大批牛羊餓斃的事發生。

(二) 山牧季移　阿爾泰山及天山北坡，畜羣在春季沿河谷上山，吃食山坡嫩草，高山草地，爲其牧場，秋季草黃天寒，牧人驅牛羊下山以渡寒多，形成山牧季移的方式。

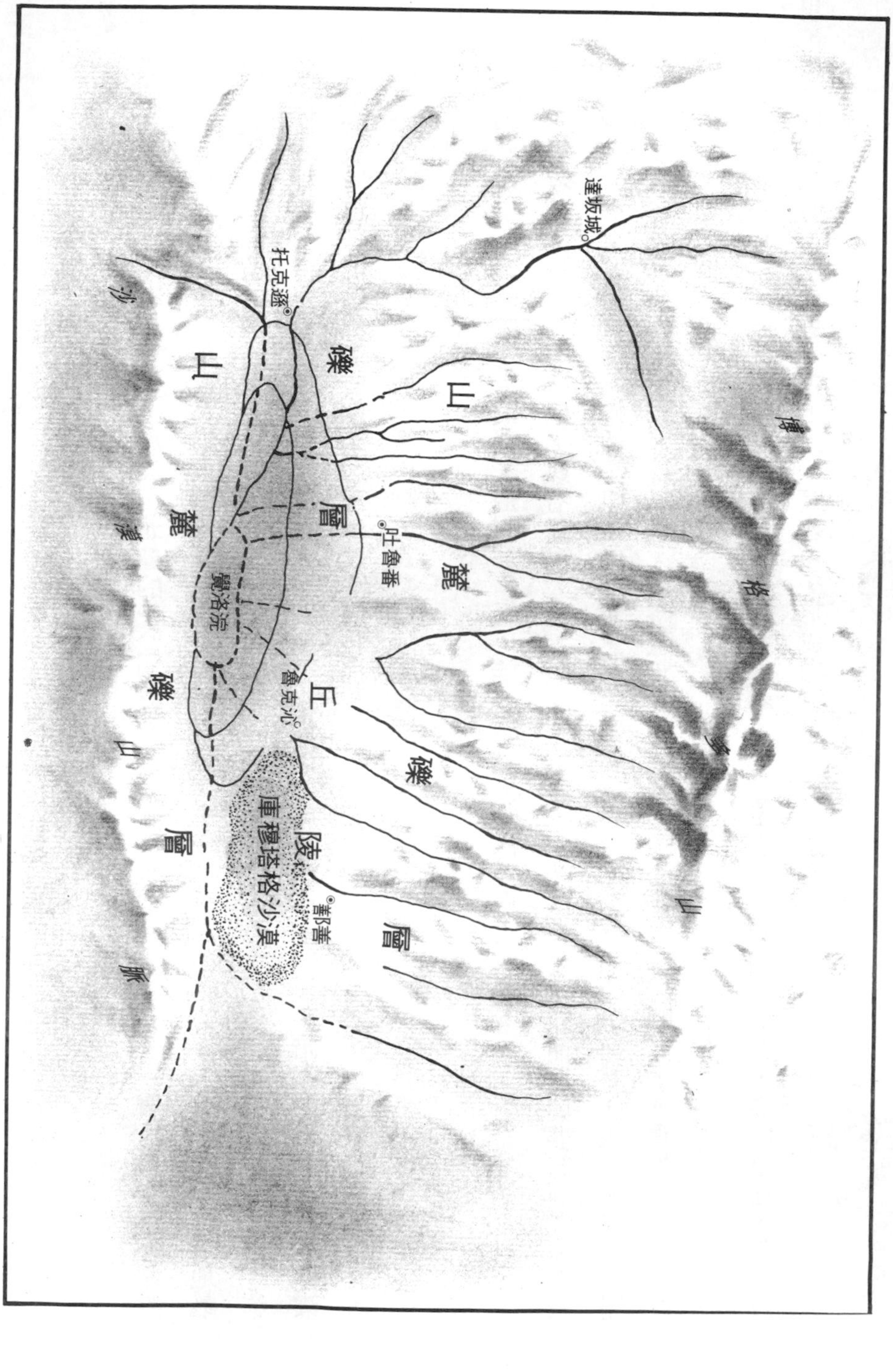

第九十二圖　吐魯番盆地圖

準噶爾盆地的天然資源

準噶爾盆地的天然資源有：

（一）森林　阿爾泰山西北部及天山北坡因受到北冰洋冷濕氣流的影響，較爲濕潤，空氣濕度也大，降水量可達七百厘米，爲森林形成之有利條件，是我國西北的主要林區，林材以雲杉、樺、柏、檜及落葉松爲主，雲杉森林帶分布尤廣，多在三千公尺的高處，因交通不便、調查未便，故無從估計，但爲本區重要資源之一。在茂密的山林中和草原間，並有雪豹、紫貂、馬鹿、羚羊、松鷄、天鵝等稀有野生動物；和當歸、甘草等珍貴藥草。

（二）礦產　本區礦產豐富，有金、煤、石油、鐵、鎢、鈾等。

(1)金　阿爾泰山本以產金及其他多種有色金屬著名，承化是其主要產地，砂金、脈金俱有，產金面積達二千七百五十方公里，年產黃金萬兩。

(2)煤　天山北麓、伊犂河谷、吐魯番窪地，以及塔城等處，均富煤藏，而以沙爾湖煤田最豐，儲量約三百億公噸，實爲新省最大的煤田❻。而塔城煤田爲次多，儲量得一百四十四億公噸。

(3)石油　天山北麓油田帶，主要分布在迪化、綏來、沙灣、烏蘇、塔城等縣市，其中瑪那斯河流域、齊爾山南麓克拉瑪依大油田已經開發，年產量已達五百五十萬噸，儲量之豐，可以想見。抗戰期中，俄人曾非法開採烏蘇獨山子油礦，後始被迫撤離，亦可見北疆油田的重要。

(4)鐵礦　以伊犂河谷爲主要，如鞏哈的鐵木里克，伊寧的鐵廠溝，均係磁鐵，鐵質最佳，儲量一百二十萬噸，他如廸化的硫黃溝，額敏的鐵廠以及孚遠、昌吉等縣，均富鐵礦。

(5)鎢礦　阿拉套山以南、溫泉縣北的奇克、胡里及居里坤三處，均有鎢礦，儲量達八千公噸，阿爾泰山西側承化及富蘊二縣，亦發現蘊藏豐富質量最佳的鎢礦。

準噶爾盆地的交通

舊時以𫘝商道路爲主，今已發展爲鐵、公路，主要鐵路以蘭新鐵路及南、北疆鐵路爲重要。蘭新鐵路自蘭州西來，經哈密、鄯善、吐魯番諸城而達廸化（全長一、八九二公里），係與隴海、包蘭兩鐵路相接，爲區內主要經濟動脈。南疆鐵路則起自吐魯番，經焉耆而至庫爾勒。北疆鐵路起自廸化，沿天山北麓向西延伸，經昌吉、石河子、沙灣等城市，而止於烏蘇（全長二三九・六公里）其與建中的最後一段則止於中哈邊境的阿拉山口（長二二四公里），完成後卽與隴海、蘭新鐵路貫通，貨物可由連雲港直達哈薩克境內，與土西鐵路相接，北上俄羅斯於新西伯利亞城再與西北利亞大鐵路相接，而將歐亞大陸連成一線。至本區公路交通亦以廸化爲中心，沿天山北麓可通綏定、霍城而至哈境，其在烏蘇分岐，可至塔城，也可通哈境。如由廸化東行，經阜康、孚遠、奇臺，然後北經布爾津，西經吉木乃，亦可通哈境。向南越天山經喀什而可至西藏的噶大克。其由吐魯番，可西南通焉耆，至南疆各地。另有喀喇崑崙公路則通巴基斯坦。

準噶爾盆地的都市

(一)廸化　舊名烏魯木齊⑦，是新疆全省政治、經濟、文化、交通、工業中心，唐代的北庭都護府亦曾設

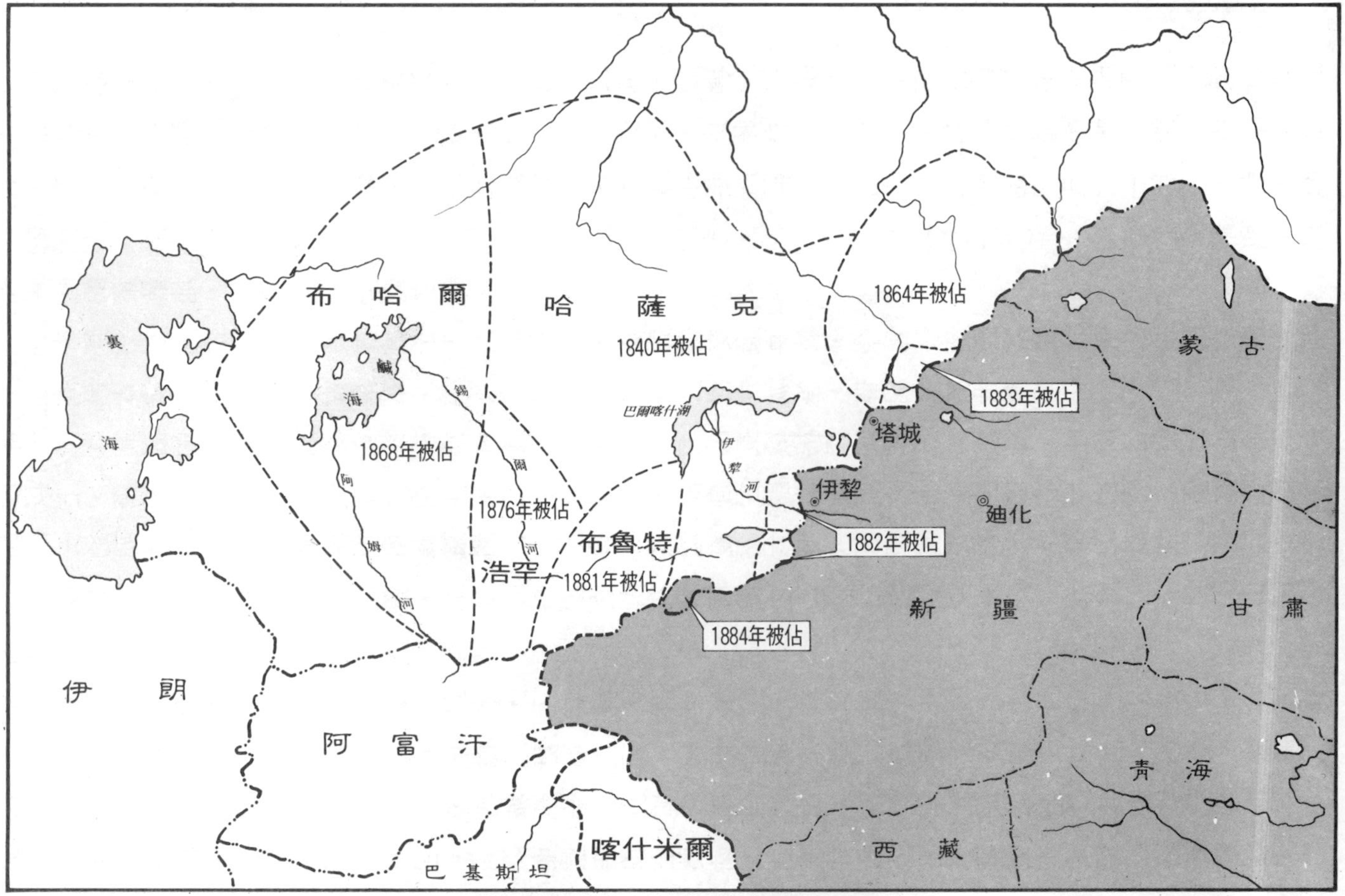

第九十三圖 我國西北對俄失地圖

於此，地據天山北麓，附近水草豐美，農業興盛，礦產資源亦豐，有煤、鐵、石膏及鹽等，目前有煤炭、鋼鐵、水泥、石化、紡織等工業興起。是歐亞航空線上要站，並有甘新公路至蘭州，綏新公路至歸綏。中蘇公路由此西行至烏蘇分兩支，北部經塔城至哈薩克境塞爾角波爾，南路經霍城亦至哈薩克境伊犁斯克。蘭新及南、北疆鐵路相繼完成後，其地位遂更形重要。廸化新興工業以鋼鐵、煤炭、石油、冶金、機械、化工、紡織爲主。新疆漢人以此處爲最多，入其境，耳目所接，無異置身關內。其西十三公里有新興城市石河子，以棉花、瓜果聞名❽。

㈡吐魯番　位吐魯番盆地北麓，本古高昌國之所在，唐滅之，於此置西州，設安西都督府，爲天山南、北路的交通要衝，今蘭新鐵路與南疆鐵路在此相會。其地夏季六至八月極爲炎熱，年平均溫常在攝氏三十八度以上，攝氏四十度的酷熱日也往往在四十天以上，故自古卽有火州之稱。但因有天山雪水爲暗渠的坎井灌溉，和高溫的日照，以是農業極爲發達，是我國著名的長絨棉產區和瓜果之鄉。吐魯番附近的古蹟甚多，如高昌古城、阿斯達那古墓羣、柏孜克里克石窟及交河古城等，皆聞名於世❾。

㈢奇臺　在廸化東，舊名古城子，其地爲對內及對蒙交通要城，今爲綏新公路及甘新公路的交點，關內外貨物的集散地，故俗有金奇臺之稱。

㈣伊寧　爲伊犁九城之一。瀕伊犁河北岸，土名金頂寺，俄名固爾札（Kuljw），向外有公路與阿拉木圖相通，向內有公路可達廸化，城外有商埠，係咸豐元年所闢，同治十年（西元一八七一年），新疆回亂，帝俄曾一度強佔，後經交涉，始得退還，西北國防，以此爲最重要。伊犁河可通小輪，能達伊犁斯克（土西鐵路上一站）。伊寧除畜牧業外，毛紡、皮革、玻璃、造紙、水泥等新興工業也頗興盛，爲伊犁谷地的工業中心和物資集散地。

㈤塔城　土名克恰克（Chuguchak），北倚塔爾巴哈臺山，地接蘇境僅四十華里，爲邊防重鎭，也是咸豐元年（西元一八五一年）所開的商埠，廸化、哈密、焉耆一帶的出入貨物皆集中此地。住民極雜，漢、蒙、回、俄人均全，有公路南通烏蘇、廸化，西北有俄營公路可通阿雅哥斯（原名賽頡普(Sergiopol)），此城是土西鐵路的一站），因此中、蘇貿易頗盛，市街除漢滿二城外，中間曾劃有「中俄貿易圈租地」，洋宇林立，道路寬敞，俗稱洋八柵。

㈥承化　其地有喇嘛廟名承化寺，因而得名。北倚阿爾泰山，南繞額爾齊斯河，西控中、俄邊界，東當蒙、新交通要衝，在國防上和軍事上，均爲要鎭，有公路西通布爾津。

㈦焉耆　位新疆的中心點，濱開都河，地當天山南麓的山口，爲連絡南、北疆的要道，南疆鐵路自吐魯番穿越天山而來。焉耆的畜牧業極盛，以「焉耆馬」而聞名，縣南有博斯騰湖，面積一、〇一九平方公里，爲新疆最大淡水湖，魚類極多。

㈧克拉瑪依　位準噶爾盆地西北部，爲民國四十五年發現大油田後興起的石油工業城市，以採油、煉油爲主，油田東西寬約三——四公里，南北長達一百三十公里。近年產原油多在五百五十萬噸以上。克城街道廣濶，建築整潔，有戈壁明珠之稱❿。

❶ 準噶爾部在新疆舊屬部旗如下：

舊阿山道	新和碩特部	一旗	
	新土爾扈特部	二旗	
	阿爾泰烏梁海部	七旗	
舊塔城道	東北土爾扈特部	五旗	
	額魯特部	一旗	
	察哈爾部	一旗	
	哈薩克	一旗	回族
舊伊犂道	西土爾扈特部	一旗	
	伊犂和碩特部	三旗	
	察哈爾部	八旗	
	額魯特部	八旗	
	錫伯部	一旗	——滿族
舊焉耆道	——南土爾扈特部	四旗	

❷土西鐵路（Turksib Railway）：是蘇聯西伯利亞和土耳其斯坦(Turkistan)聯絡的鐵路，這是蘇聯第一次五年計畫中最重要的工程，於民國十六年動工，十九年五月一日竣工，全長凡一、四四五公里，從蘇聯講，這是中亞棉花栽培地帶和西伯利亞穀物地帶的重要運輸線。但是從中國方面看，這個影響太大了，自西伯利亞鐵路完成後（西元一九〇二年），中國的北部和東北部，已成包圍狀態，而西境自此路完成（西元一九三〇年）後，整個被

其包圍。從軍事上言，彼則朝發夕至，我則軍行數月，始能到達邊地，形成主客倒移。從經濟上言，我國新疆和中亞貿易本盛，自此路完成，由阿雅哥斯到塔城，由阿拉木圖到伊寧，由阿克托蓋，經準噶爾門至精河，不要一天（均有公路可通）即可到達，且此路與新省西境平行者，有一、一二六公里，故新疆全省均將爲其商圈所及。

❸ 天山冰川成羣：天山主峯騰格里山四周，冰川成羣，如美尼爾其克冰川，長六十五公里。考卡夫冰川，長有五十五公里。莫克托夫冰川，長四十五公里。其他尚有塞卡爾及卡拉考等冰川，約六千八百條以上，爲世界冰川最多最長地帶之一。

❹ 天山北麓十二縣，是以廸化行政區爲中心，包有廸化、奇臺、昌吉、孚遠、阜康、乾德、景化、綏來、沙灣及木壘河等，耕地面積一百三十餘萬畝，都賴天山下流的雪水以爲灌溉。

❺ 伊犂河流域的十一個縣：是鞏哈、鞏留、特克斯、昭蘇、伊寧、寧西、綏定、霍城、溫泉、博樂及新源等，耕地面積有一百六十萬畝，水利以通惠大渠最著名。

❻ 沙爾湖煤田在廸化西南七百五十公里處，此煤田係於民國七十四年新發現，煤層厚達一百四十七公尺，爲大陸各煤田之冠，面積約一千四百平方公里。

❼ 烏魯木齊爲蒙古語，即優美牧場之意。清高宗乾隆三十年（西元一七六五年）於此築城定名爲廸化，大陸淪陷後，中共乃將廸化更名爲烏魯木齊，以迎合邊疆民族。廸化附近盛產小麥、青稞、小米、豆、棉、瓜果和水稻，故農業也很發達。

❽ 石河子在瑪納斯城（即綏來）西，原是一座八千平方公里的戈壁沙灘，經於民國三十九年開始挖河修渠，引雪水灌溉農墾後，經三十年之努力，遂使原爲荒漠之區的窮鄉，成爲具有八十萬人口的農牧並盛，瓜果飄香，棉花遍野的綠洲。

❾ 1. 高昌古城遺址在吐魯番以東約四十公里處，主要爲麴氏高昌時代（約北魏——唐初）王城的城牆和房屋廢墟，其形制則仿長安城，城周約五公里，外牆厚十二公尺，高六尺，城內外遺跡多已風化成爲一堆堆的黃土，但總面積則廣達二百萬平方公尺，實爲絲路上規模最大的古城遺址。

2. 阿斯達那古墓羣在高昌古城北約三公里處，爲西晉初年至唐代中期的葬所，有古墓五百餘座，因氣候乾燥，故葬物保存完好，考古學家前後在此發掘十三次，出土古文物極多，除大量吐魯番文書（包括漢文、回紇文、龜茲文等）外，並有珍貴絲織品、器皿、人馬俑、壁畫等，堪稱爲一座舉世稱奇的博物館。

3. 柏孜克里克石窟在吐魯番東北火焰山的北麓，爲南北朝麴氏高昌時代以迄元朝的佛教石窟寺院羣，雖窟中文物已蕩然無存，但存世的五十七個石窟中的佛教壁畫卻極爲豐富可觀，也充分反映了不同時代、地域的風格和特色。

4. 交河古城在吐魯番西南十公里丘陵地上，本漢車師國都城所在，七世紀時唐滅高昌後，於此置安西都護府，今存古城遺址東西寬約三百公尺，南北長約一千公尺，城內有唐時官衙、佛寺、民居、井、灶等遺跡，雖屬斷垣殘壁，而當時繁榮景象，不難想像，其遺跡保存情況則較高昌爲佳。

⑩ 克拉瑪依：是維吾爾語，卽「黑油城」之意，是大陸開發較早油田。

作業

一、簡述準噶爾盆地的範圍。

二、準噶爾盆地的地理位置有何特點？

三、說明天山山脈的地形。

四、準噶爾盆地的氣候情況如何？

五、坎井分布在何處，有何特色、試簡述之。

六、游牧和山牧季移，有何不同？

七、準噶爾盆地中以那些天然資源最爲重要？

八、準噶爾盆地的交通情形怎樣？

九、說明下列各城市的重要性。

1. 廸化、2. 伊寧、3. 塔城、4. 承化、5. 克拉瑪依、6. 吐魯番。

第三章　塔里木盆地

塔里木盆地的範圍

本區位於新疆省天山以南，亦稱南疆，西以帕米爾高原與塔吉克及阿富汗爲鄰，西南以喀喇崑崙山與巴基斯坦、喀什米爾爲界，南以崑崙山和西藏高原接壤，東南以阿爾金山和青海毗連，這是一個眞正的封閉性盆地，也是我國最大的盆地，面積達九十二萬方公里，比臺灣省要大二十五倍以上。

塔里木盆地的地理位置

（一）**是歐亞大陸交通上樞紐地帶**　在古代由河西走廊、玉門關（漢代）、陽關（唐代）至中亞或印度，必須經過天山南麓或是崑崙山北麓，然後由疏勒越過帕米爾高原，以通中亞各地，外人常以絲道（Silk way）名之。今雖有空道、海運，但其在歐亞大陸交通上的樞紐地位，則依然未變，如由南疆仍可經陸道通往中亞、阿富汗、巴基斯坦及喀什米爾等地。

（二）**是乾燥的中心地帶**　本區因在歐亞大陸的中心，西距大西洋，東至太平洋，南至印度洋，北抵北極海，均在一二千公里以上，而四周又有高山環抱，海洋氣流，無從深入，故雨量極稀，形成乾燥中心。

塔里木盆地的地形

盆地四周均爲高大山地，盆地則成橢圓形，東西長達一千四百公里，南北寬度亦有五百五十公里，地勢大致西南高，而東北偏低，故塔里木流域，偏於盆地北側，全長二千七百五十公里，是我國最大的內陸流域。其上有南北對稱的二源：南源葉爾羌河，亦稱葱嶺南河，導源於喀喇崑崙山的利木冰川（Rimu glacier）（在北緯三十六度，東經七十七至七十八度間），源地高達五千六百餘公尺，曲折北流，至北緯三十八度，始進入盆地，東北流經澤普、莎車等地，至阿瓦提東南，與阿克蘇河會（東經八十一度，北緯四十度半處）。北源喀什噶爾河，又名葱嶺北河，導源於帕米爾高原，東經烏恰、疏勒、巴楚，東北流和葉爾羌河相會，續會阿克蘇河，水量增大，以東乃稱塔里木河。

阿克蘇河亦有二源，均源於天山高處，東稱昆阿立克河，西爲托什干河，流經阿合奇、烏什至阿克蘇，兩河在此相會乃稱阿克蘇河，南流與葉爾羌河合，東行與和闐河會。和闐河上游，亦有二源，西源爲喀喇哈什河，東源爲玉龍哈什河，均源於崑崙山北麓，會合後稱和闐河，在山麓地帶上，有流水貫注，構成墨玉及和闐二綠洲，此河因須橫斷大戈壁三百公里，而水量不大，故常年成爲乾河涸谷，除非夏季水量大時，才有河谷出現。塔里木河東流至東經八十七度附近，又會孔雀河，經庫穆河注入羅布泊。崑崙山北麓，河川百餘，大都以水量不足，而沒於沙漠中，如于闐北的克里雅河是，至於流經且末東行的車爾成河，則注入臺特馬湖中。羅布泊，漢書地理志稱爲鹽澤，又名蒲昌海，南北長約六十公里，東西寬約三十公里，面積二千四百方公里，湖水深度約一公尺左右，湖水含鹽分極多，故經冬不冰，羅布泊曾有遷移現

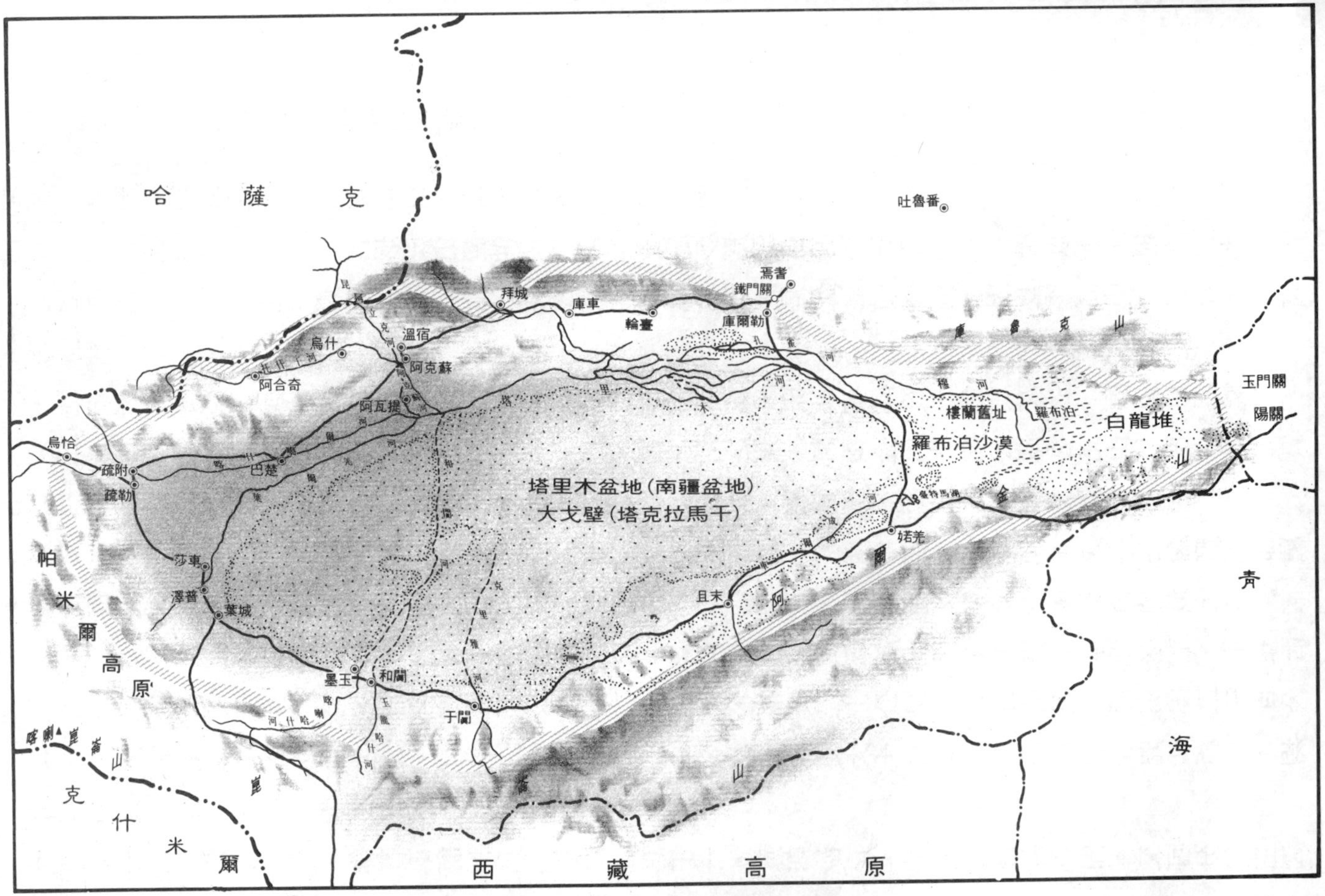

第九十四圖　塔里木盆地地形圖

象❶，湖西北有漢代樓蘭舊址❷。

盆地中間是一片大沙漠，維吾爾語稱爲「塔克拉馬干」，意卽沙丘，依其情形的不同，又可分爲三大區，自西向東：

（一）**大戈壁**　本區面積之大，可達三十七萬方公里，比臺灣要大十倍以上，其內沙丘起伏極多，均依盛行風的方向，而平行排列，通常高十五公尺至二十公尺，幅廣五十公尺至五百公尺，而高達二三百公尺者亦有，滿目黃沙，滴水全無，橫斷須時很長，途中常可遇見狂風驟起，捲沙走石，遠近迷茫，不知西東，人畜每因斷水，而陷斃其間不知凡幾，故大戈壁內，一片荒涼，人煙斷絕，實爲我國境內的最大沙漠。

（二）**羅布泊沙漠**　位於北緯三十九度至四十一度，東經八十八度半至九十度間，成一三角形，卽羅布泊以西，臺特馬湖以北，庫穆河以南的地域，其範圍遠較大戈壁爲小，沙丘亦較大戈壁爲小。

（三）**白龍堆沙漠**❸　亦稱庫穆塔格沙漠，位於羅布泊之東，阿爾金山之北，庫魯克山以南，是石質沙漠，地上滿佈石礫，低處則有沙磧、粘土，是風蝕作用而成，因地多碱質，色成灰白，頗似白龍蜿蜒，故名白龍堆。

盆地外側地帶：盆地四周爲高大山地，其邊際的山麓地帶，是盆地的外側，因夏季高山積雪溶化所成的河流，卽經此流入盆地內，常形成山麓沖積扇，其上層多爲廣濶的礫石帶，礫石帶以下，則爲引水灌溉的地區，是卽綠洲所在，亦稱水草田，爲本區主要農業地帶。

塔里木盆地的氣候

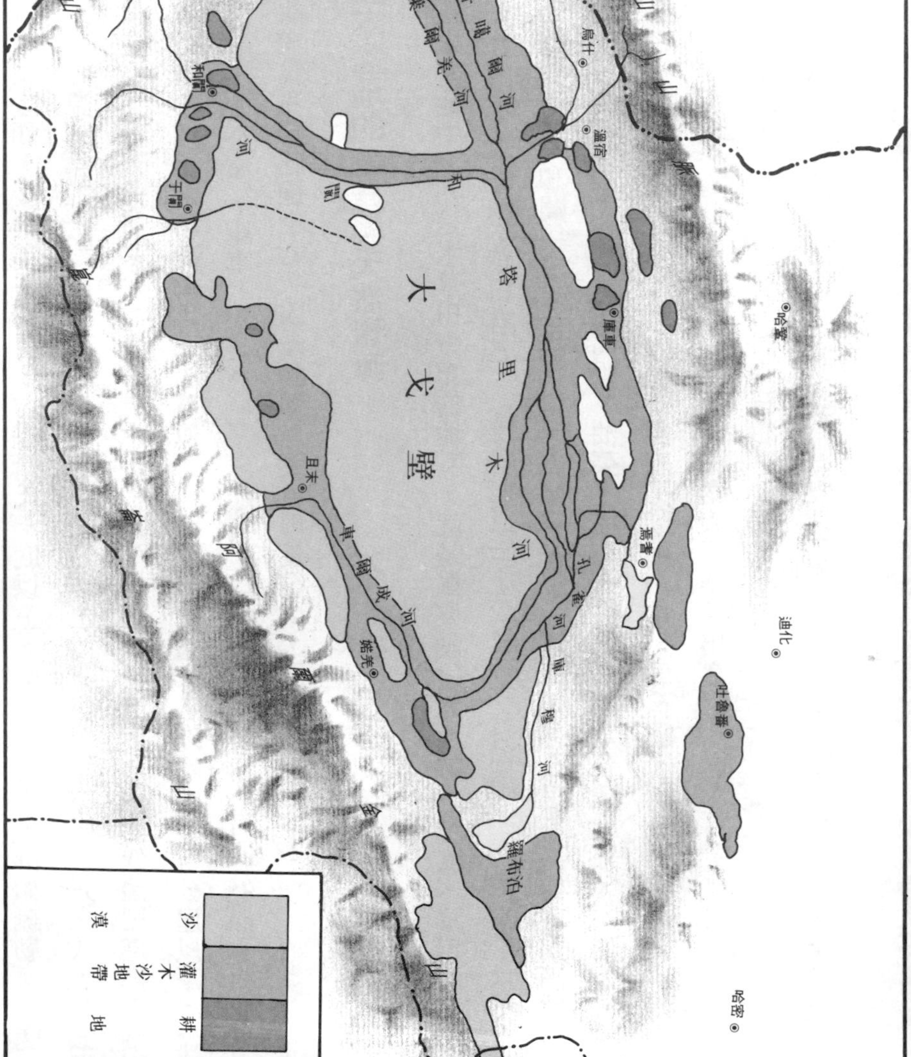

第九十五圖　塔里木盆地綠洲分布圖

塔里木盆地距海既遠，四周又有高山圍繞，與海洋來的水氣，完全斷絕，因之氣候極為乾燥。本區緯度位於北緯三十五度至四十二度間，故其年平均溫，均在攝氏十度以上。但夏季炎熱，例如疏勒（高度在一千三百公尺），七月的平均溫，為二十六度七，其在攝氏二十度以上的月份，竟有五個月之久，而其絕對高溫可高至攝氏四十度左右，故夏熱特甚。而冬季酷寒，一月平均溫為負五度，絕對低溫則達攝氏零下二十四度，故酷寒異常，各地年較差，均在攝氏三十度以上。至於年雨量，各地均在一百公厘以下，盆地西端雨量稍多，如疏勒有七十四公厘、庫車七十六公厘、和闐二十五公厘、婼羌祇有四公厘，大戈壁一帶，全年為無雨地區，故成為我國乾燥中心，因此和闐以東，雨量很少，而廢墟特多了。

塔里木盆地的物產與天然資源

(一) 農牧業　塔里木盆地中，凡是水草田分布的地區，就是農業發達的地方，全區水草田的面積，有一萬四千六百方公里，其中比較大的水草田有五：即疏勒有二千六百五十方公里，莎車二千六百方公里，阿克蘇一千六百五十方公里，和闐一千六百方公里，庫車一千一百七十方公里，其他成點滴散布狀態。農產品以小麥為最重要，次為玉米、稻米、高粱、油菜、棉花、蠶絲，以及各種瓜果，如葡萄、梨、杏、桃、核桃、沙棗、哈密瓜等，均極有名。區內牧業為副，以牛、羊、馬、驢、騾、駝等為主，四周山地，是山牧季移的地域，羊的頭數特多，而以細毛羊及阿爾泰大尾羊為出名。

(二) 天然資源　以礦產為主，其中以玉、煤、石油為重要：

(1)玉　和闐產玉，自漢以來，即聞名於世，和闐河上游的玉龍哈什河及哈喇哈什河，每年春夏洪汛時，山中玉石被沖而流下於河床上，秋冬水落，人民沿河床採掘，揀尋玉塊，所產之玉，以光澤良好的翠玉，最爲名貴，其次則爲白玉，我國國璽卽由和闐玉鐫製。除和闐外，于闐、莎車、葉城附近的山區，亦有玉石的出產。

⑵煤　盆地南北兩側山麓，均有煤田分布，以天山南麓，由溫宿、輪臺、焉耆這一帶最豐，總儲量達九十七億公噸，爲本區中最重要的動力能源。

⑶石油　葱嶺東麓及天山南麓，均有豐富的石油儲藏，如庫車的銅廠，溫宿城北七十公里的塔克拉瑪依，烏恰城西的紅溝及東南的安久安，莎車西的上窩舖，及疏附的赫子爾坡等地，均有油苗露頭出現，其中以塔克拉瑪依油田最爲豐沛，而整個塔里木盆地的石油儲量估計則更達百億噸左右。

塔里木盆地的交通

舊時以隊商路爲主，今則已闢爲公路，如沿天山南麓者稱北道，卽由焉耆、鐵門關、輪臺、庫車、拜城、溫宿、巴楚而至疏勒的一線。其沿崑崙山北麓而行者稱南道，卽由陽關、婼羌、且末、于闐、和闐、葉城、莎車而止於疏勒，與北道會合，南北二道，皆賴雪水供給的城鎭、爲其聯絡線，今除南北二道均有公路外，尚有自婼羌北至庫爾勒、鐵門關線，此線是橫斷大戈壁主要交通線，長約三百五十公里。此外自疏勒至中亞，及自葉城至西藏噶大克，均有公路相通。鐵路則有蘭新鐵路支線，自吐魯番西南行經焉耆至庫爾勒，爲溝通南、北兩疆的要道。

塔里木盆地的都市

塔里木盆地的居民，多爲維吾爾同胞，維胞信仰回教，頭上常纏布，故又稱纏回，均集居於水草田帶內，有一定居所，以農爲主，故南疆縣治較多，但有一特點，即一地常有漢、回兩城，回城以清眞寺爲主要建築物，漢城則爲行政官署所在，因此以雙子城著名於世。茲將重要都市分述如下：

㈠疏勒與疏附　舊名喀什噶爾，乃維吾爾語玉市之意。疏勒是漢城，疏附爲回城，喀什噶爾河環繞市郊，糧穀旣豐，棉蠶也饒，瓜果、牛羊也多，是南、北大道的中心，距吉爾吉斯與塔吉克旣近，離阿富汗不遠，與巴基斯坦均有公路相通❹，爲天山南路對外貿易的中心。喀什的商業繁榮，而以紡織、化工、皮革爲其主要出口商品，手工藝也發達，附近山區並產煤、鐵、玉石及雲母等，是南疆第一大城市，也是國防上要鎭。疏附的名勝有新疆最大的回教寺院——艾提朶清眞寺和香妃墓❺。

㈡莎車　是漢代莎車國，清之莎車府，位葉爾羌河西岸，回城名葉爾羌，在河東岸，此市南通西藏、印度、巴基斯坦、行經蒲犂，越帕米爾高原可通阿富汗，故市況繁盛僅次於疏勒，居民習伎巧、尙宴會，婦女善歌舞，與疏附同。莎車的物產以棉花、蠶絲爲大宗，礦產則有石油。市南一百十五公里處的密爾岱山，遍山皆玉，爲我國玉礦最大的產地。

㈢和闐　爲漢于闐國，土名伊里齊，位於玉龍哈什河畔❻，所產各色玉石，極爲知名，附近田野平衍，故富庶冠於南疆，居民長於雕玉、紡織、織氈等事，極爲精巧，所產棉花和桑紙也極著名，是南疆的名城和絲綢工業中心，古跡也多。東晉時，高僧法顯曾經此南行；攀越喀喇崑崙山口至印度求佛法❼。

㈣阿克蘇　是漢之姑墨國所在，瀕阿克蘇河（維語阿克蘇爲「白水」之意）東岸，地多沃壤，產米之盛，爲全疆冠，有阿克蘇香稻之譽。回城爲溫宿，近年棉花產量亦多，爲新省南疆大城，工商業均盛。

㈤庫車　本漢代的龜茲國，唐置安西都護府於此，亦有漢回二城，爲南疆交通要衝，也是佛教鳩摩羅什大師的出生地❽。居民信仰佛教甚早，信奉回教則爲明代以後的事，附近因有庫車、渭干二河的灌溉，故農業甚盛，作物有小麥、稻米、棉花等。特產以白杏及黑羔爲最著名，礦產有銅、鐵和硫磺等。古蹟則以克孜爾石窟聞名於世❾。

㈥哈密　是新疆東部最大城市和交通中心，有新、舊、回三城，新城、舊城爲漢城，蘭新鐵路及公路的樞紐。境內物產除哈密瓜聞名於世外，煤炭工業尤稱發達。

㈦庫爾勒　位塔里木盆地北緣孔雀河畔，是北疆進入南疆的要道。南疆鐵路自吐魯番穿越天山來此，全長四五五公里。境內水菓以石榴、香梨和馬奶葡萄等聞名。

❶ 羅布泊：卽漢代的蒲昌海，二千年前，塔里木河東流注入今之羅布泊。東晉時，羅布泊水源中斷，另在婼羌北，今之臺特馬湖附近，成一新湖，塔里木河南移。瑞典地理學家斯文海定氏：在西元一九〇〇至一九〇一年間，至其地考察時，庫魯克河業已乾涸，塔里木河南流，注入臺特馬湖中，東流至喀喇庫勳（Kasa-Koshun）附近而成一新湖，至一九二一年（民國十年），塔里木河流路又變，復經庫魯克河床而東流，注入今羅布泊。

❷ 樓蘭舊址：漢代西域三十六國，樓蘭爲其中之一，是我國由敦煌、玉門關，西通西域必經之途。東晉時，羅布泊水源中斷，樓蘭因水源缺乏，居民他徙，戸址乃成廢墟，廢址在羅布泊西北。

❸白龍堆：漢書：「樓蘭最在東垂，近漢，當白龍堆，乏水草」的白龍堆，即今日羅布泊東北隅分布最廣的沙堆地形。

❹中巴公路起於喀什止於紅其拉甫山口，全長四一五公里。

❺艾提朵清眞寺：傳建於清嘉慶三年（西元一七九八）爲我國現存規模最大的回教寺院，由入口門樓、講經室和可容千人的禮拜堂三部份建築組成，景象雄偉而華麗。香妃墓一稱阿帕和卓墓，是新疆現存最大回教式墓築羣，規模亦大計有墓園、墓室、經堂等，占地四十餘畝，因香妃爲喀什人，又是乾隆寵妃，實際香妃係葬於河北東陵，此處乃香妃高祖父馬木提．玉素甫及其子孫五代家族之墓。

❻玉龍哈什河發源於崑崙山，維吾爾語卽「白玉河」之意。

❼法顯爲東晉高僧，俗姓龔，於姚秦弘治元年（西元三九九年）與僧慧景、道整等五人同發長安，西渡流沙，經鄯善、和闐等地，六年到中印度停住六年，學戒律梵語，得摩訶僧祇律，大般泥洹經等，後經師子國（今斯里蘭卡）又居停二年，再由海道還中國，法顯去國時年已六十五歲，及還年且八十，與顯當時前後同行者九人，不畏艱險終至於成者，顯一人而已！顯在外漂泊跋涉者十四年，對中印文化交流貢獻極巨，實爲我國古代偉大之旅行家，法顯除譯出大般泥洹等六部佛經外，並著有佛國記一書，凡九千五百字，爲研究西元四、五世紀，時古代西域各國與佛教印度間之交往重要史地資料。

❽鳩摩羅什：晉高僧，其父本天竺僧，母乃龜茲王妹，後秦時始入關中，當時奉爲國師，所譯金剛經、法華經、維摩經等凡三百餘卷，皆極信達流暢，流傳於今，實爲我國佛經翻譯大師之一。

❾庫車西北的克孜爾石窟，在拜城縣境的渭干河畔斷崖上，此一佛教石窟羣現存二三六窟，都是東漢末年到唐朝的作品。其壁畫題材豐富，藝術價值實不亞於敦煌的莫高窟。

作業

一、塔里木盆地的地理位置怎樣？

二、塔里木河的水源及其下游的歸宿如何？

三、塔里木盆地中的三大沙漠，是如何分布？
四、塔里木盆地的氣候有何特色？
五、說明塔里木盆地中比較大的五個水草田（綠洲）。
六、塔里木盆地中以那些天然資源最重要？
七、說明下列各城市的重要性及其特色：
1. 疏勒及疏附、2. 莎車、3. 和闐、4. 阿克蘇、5. 庫車、6. 哈密、7. 庫爾勒。

第四章　青康藏高原

第一節　青康藏高原的自然環境

青康藏高原的範圍

本區位在我國西南部，地勢高聳，平均高度在四五千公尺，有世界屋脊之稱，面積有二百五十萬方公里，是世界上最高大的一個高原。在行政上，這個高原包有西藏全部，青海、西康二省的大部，甘肅、四川、雲南三省的一部，至於帕米爾高原雖不在其範圍內，但因其與山脈的分布有關，故亦併入本章敍述。

青康藏高原的地理位置

青康藏高原和帕米爾高原，在緯度上的分布，是位於北緯二十五度至同緯四十度間，其面積既大，而地勢又高，其地理位置對內對外各毗鄰地區，都很錯綜複雜：

（一）對內的毗連位置　青康藏高原西北以崑崙山、阿爾金山與塔里木盆地爲界，北以祁連山與河西走廊接連，東北與隴西高原接壤，東與秦嶺漢水區及四川盆地相連，東南毗連雲南高原及滇西縱谷，其毗連地區之多，爲全國各區之冠。

（二）對外的邊陲位置　青康藏高原及帕米爾高原，是我國西南邊陲地區，其鄰接國家之多，亦冠於他區，除帕米爾鄰接塔吉克、阿富汗外，復與巴基斯坦、印度、尼泊爾、不丹等國爲鄰，過去由於英、俄的侵略，因此邊境時有糾紛發生，此乃由於交通困難所致。

青康藏高原的地形

本區面積廣大，地形極爲複雜，帕米爾高原是亞洲中部山系會合地區，由此分布青康藏高原的山脈如下：

（一）崑崙山脈　崑崙山脈爲一高大褶曲山脈，是青康藏高原與塔里木盆地的分水嶺，由東經七十八度至九十一度，其間高峯連嶺，在雪線以上甚多，如東經八十度，北緯三十六度的穆斯塔格山，即高達七千二百八十一公尺。又東經八十七度半，北緯三十六度半的烏魯格穆斯山，更高達七千七百二十三公尺。平均高度在五千公尺以上。北部經阿爾金山，東延而成祁連山，是青康藏高原和河西走廊的分野，祁連山也是一高大山脈，高度也有五千公尺，南部由東經八十六度，分支岐出，可分北、中、南三支，北支由新入青，成布爾汗布達山，東南與積石山相連續。中支亦由新入青，成可可稀立山，東南延而成巴顏喀喇山，以黃河與長江的分水嶺而著稱於世。南支由新入藏，向東延展，成唐古喇山，爲怒江與瀾滄江的分水嶺。

（二）喀喇崑崙山脈　由帕米爾東延，在新疆與西藏西境界上，奧斯騰峯高八六一一公尺，爲世界第二高峯，附近雪山遍佈，冰川成羣❶。

（三）岡底斯山脈　亦稱斯文海定山脈，居藏北高原南側，作西北，東南走向，東延至西康省雅魯藏布江北岸，爲青康藏高原印度洋水系，和內陸流域的分水嶺，高峯在七千公尺以上，平均高度也在五千五百公尺左右，這是新褶曲山脈。

（四）喜馬拉雅山脈　由東經七十四度起，至九十五度止，長二千四百公里，寬凡三百公里，平均高度在六千公尺，是中國與印度半島天然分界線，山上終年積雪，稱「萬年雪山」，聖母峯高達八八八二公尺，爲世界第一高峯❷。

（五）康滇山谷　舊名橫斷山脈。這是上述四大山脈以東的山地和河谷相間的地方，大都成南北走向，高度也很大。

本區除上述山系外，更因高度的不同，地形亦有差異，茲從地形上分爲下列各區以說明之：

（一）東北盆地縱谷區　又可分爲青海湖盆、柴達木盆地及黃河源流區三部分：

⑴青海湖盆區　青海是一斷層作用而成的湖盆，面積五九四〇方公里，是我國第一大湖，湖面拔海三二二八公尺，湖中有島稱海心山，周圍四五里，島上有寺院居民，湖水青綠，冬夏不枯不溢，以此得名，西北兩岸，內陸河流特多，布哈河水草豐美，利於畜牧，青海盆地素負產馬盛名，而以本區所產爲最著，東岸多草原，南岸係帶狀湖濱，多孤丘及溪谷起伏不平的地形，日月山在其南。

⑵柴達木盆地　這是位於青海省北部的盆地，北有祁連山，西北爲阿爾金山，南有布喀里克山及布爾汗布達山，東以庫庫諾爾嶺和青海湖盆相鄰，此盆地西從東經九十一度起，東至東經九十九度止，北由北

緯三十九度起至北緯三十六度間，故東西長達八度，而南北寬祇有三度，盆地內地勢則西北高而東南低，平均高度在二千七百公尺，是青康藏高原中，地勢最低的地理單位，西北部鹽湖廣，沙丘頗多，東南較低，大河水注，無從宣洩，成沮洳地帶，因之湖沼頗多。

(3)黃河源流區　黃河源流區係一縱谷地形，分布在巴顏喀喇山北，噶達素齊老峯，源處高度是四千五百五十公尺，位於東經九十六度，北緯三十五度處，因泉池散布，狀如列星，通稱星宿海，東行下降至四千二百公尺處，有扎陵、鄂陵二湖（東經九十八度附近），然後迂廻曲折東南流，在東經一百零二度，北緯三十三度二十分，即積石山東南，邛崍山西北，突然曲折北流，橫斷積石山，造成大峽谷，西北流至北緯三十六度以北，乃改向東流進入隴西高原。

(二)東南縱谷區　可分青康滇縱谷區及藏南縱谷區：

(甲)青康滇高原縱谷區　這是青海省巴顏喀喇山以南，大渡河以西，包有西康省及雲南省西部，這個高原因受河谷切蝕，而成南北走向的縱谷，一山一水，排列井然，山嶺高度可達五六千公尺，河谷低至一二千公尺，高差很大，是區內地形上的一大特色。高山上多冰川，以貢噶山為最著名❸，唐古喇冰川亦多。縱谷區內的河川及分水嶺，自東而西分述如下：

(1)大渡河　上游為大小金川，東為邛崍山，西有大雪山，大致在北緯二十九度以北，至北緯三十三度，東經一百零二度的附近。在瀘定南六十公里，始折向東南流入四川。

(2)雅礱江　源於西康石渠縣（東經九十八度，北緯三十三度附近，東南流經甘孜（東經百度，北緯三十一度四十分）、雅江（北緯三十度、東經一百零一度），至三角崖（北緯二十八度北）忽折而東北行，至緬寧西，再折而南行，南止於金江（北緯二十六度半）注入金沙江。其東則爲大雪山，西爲沙魯里山。

(3)金沙江　爲長江主源，源於巴顏喀喇山以南，上游稱通天河，至青海省南玉樹附近，始名金沙江，東南流於康境，東爲沙魯里山，西有寧靜山，再南流至雲南石鼓，乃折而東北流，被公認是河流遭受襲奪而改道的地方❹。

(4)瀾滄江　源於唐古喇山東北，東南縱走於寧靜山及怒山間，在雲南省境，則縱走於雲嶺與怒山間，岸高流急，此江南流至中南半島，則稱湄公河。

(5)怒江　源於青康藏邊境，東南縱走於唐古喇山、念青唐古喇山及伯舒拉嶺與怒山間，山陡水急，下游南流入緬境稱薩爾溫江。

(6)恩梅開江及邁立開江　恩梅開江上游稱毒龍河，源於西康省南境，至滇省東爲高黎貢山，兩江間爲江心坡，在成西合流（北緯二十五度四十分，東經九十七度半），南流入緬甸稱爲伊洛瓦底江。

（乙）藏南縱谷區　這是岡底斯山與喜馬拉雅山間的地帶，雅魯藏布江東流，印度河西流，而以公珠湖及瑪那薩羅沃池之間爲分水嶺，成一狹長形的低地，其平均高度則在三千五百公尺左右，河谷寬度二十公里至五十公里，是世界上最高的通航河道。雅魯藏布江上源稱馬泉河，東流至拉薩有拉薩河來會，再東行至東經九十五度，折而南行，橫斷喜馬拉雅山，入印度稱布拉馬普特拉河（Bvolmerputla River），會恒河而注入孟加拉灣。印度河上源有象泉河及獅泉河，在札錫岡會合後乃稱印度河，西北流入喀什米爾區，另一支流源於瑪那薩羅沃池的狼楚河，在橫斷喜馬拉雅山脈後，稱薩特里日河，是印度河主要河流。

（三）西北高原區　可分下述二區來說明：

（甲）**藏北高原**　這是崑崙山脈及岡底斯山脈間的高原，高度在五千公尺以上，山峯高度則在六千公尺左右，下爲寬谷，高度也在四千五百公尺以上，相對高度不大，谷底多冰蝕湖，其中最大的是天湖，一稱騰格里湖或納木錯湖，此湖海拔高度達四七一八公尺，是世界上最高的湖泊，面積爲一九六一方公里，也是青康藏高原上僅次於青海湖的第二大湖。藏北高原的西側，是西藏地勢最高的部分，一片白茫茫的雪山、雪田、冰川、景色最爲荒涼。高原上尚有他處少見的野犛牛、野驢、羚羊、雪豹、野兔等野生動物。

（乙）**帕米爾高原**　爲亞洲中部褶曲山系的總彙，地勢極高，有世界屋脊之稱，平均高度在五千公尺以上，高峯在七千公尺以上者，如達司托蓋勒山高七七八五公尺，公格爾山高七七一九公尺，穆斯塔格阿特山高七五四六公

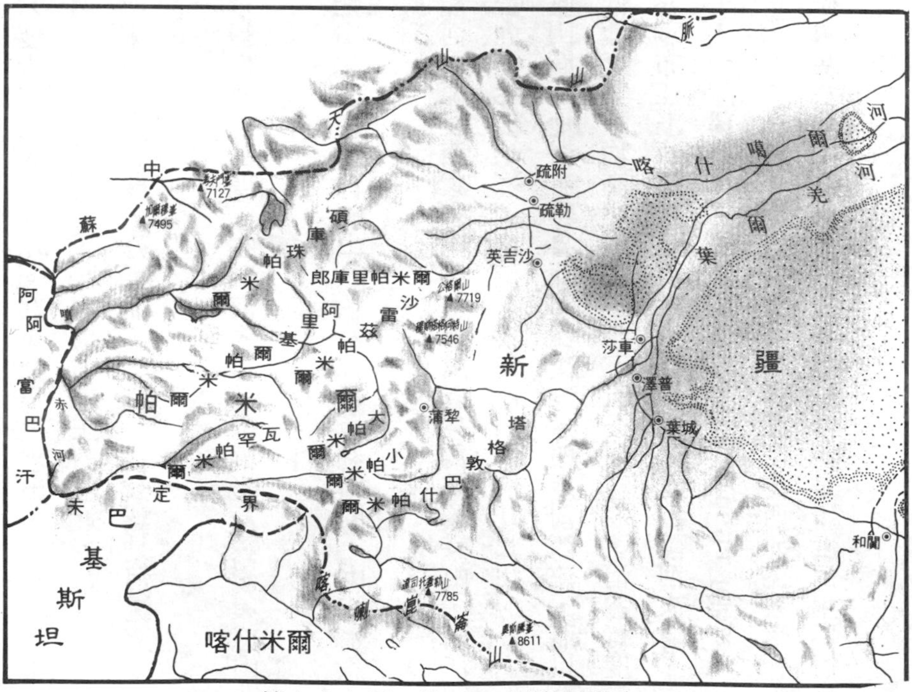

第九十七圖　帕米爾高原地形圖

尺，加爾穆峯高七四九五公尺，考夫門峯高七一二七公尺。其下則爲冰蝕構成的深谷，計分爲八個帕米爾，若由東南至西北列舉，則爲塔格敦巴什帕米爾、小帕米爾、大帕米爾、瓦罕帕米爾、沙雷茲帕米爾、阿里基爾帕米爾、郎庫里帕米爾、和碩庫珠帕米爾，高原上地勢西傾，故八帕諸川均匯於噴赤河，此河是我國土的西界。

❶ 大冰川：奧斯騰峯附近，有世界最長大的冰川；如西霞卿冰川，長七十五公里，巴爾拖落冰川長六十六公里，碧亞佛及希士巴兩冰川，各長五十九公里，乍格隆格馬冰川長五十五公里，利木冰川亦長三十八公里，這些都是奧斯騰峯附近的大冰川，如連大小冰川合計有四百四十九條。

❷ 聖母峯：西名埃佛勒斯（Mt. Everest），土名珠穆朗瑪峯。藏語喜馬拉雅爲雪，故喜馬拉雅山卽雪山之義。

❸ 貢噶山：在康定西南四十公里，海拔七千五百九十公尺，上有七峯，山嶺終年積雪，故多冰川、瀑布，土語稱爲玉筍。貢噶意義亦爲雪山。

❹ 石鼓襲奪灣：石鼓襲奪灣在北緯二十七度，東經一百度附近，金沙江由青海源處東南流，縱貫西康省境，至雲南麗江縣石鼓，始折而東北流。按金沙江原爲元江上游，因長江自西向東橫截襲奪而去，以石鼓爲其中心，故稱此襲奪灣最初由明代徐宏祖（字霞客，江蘇江陰人）所發現。徐氏名著有徐霞客遊記。

作業

一、說明青康藏高原的範圍。
二、青康藏高原的地理位置如何？
三、青康藏高原有那五條大山脈？

四、青康滇縱谷一山一水，試舉出各河川及分水嶺的名稱？
五、藏南縱谷區的地形是怎樣的？

第二節　青康藏高原的氣候及人文環境

青康藏高原的氣候

本區在緯度上，南起北緯二十五度，北迄北緯四十度，相當於長江及黃河兩流域，實爲一中緯位置，若地勢不高，則爲一溫帶氣候，可以容納多量人口，但本區高度，平均在四五千公尺左右，不僅使本區成爲寒漠地方，且連帶使甘、新等省，亦成乾燥地區。本區氣候深受地形的影響，故高山及高原，是一片荒漠，多積雪及冰河，空氣稀薄，草木不生，人跡罕至。青康滇及藏南兩縱谷區，因地勢較低，約在三千公尺左右，印度洋來暖濕氣流，可沿河谷而上，因此氣溫較高，雨量亦多，例如拉薩，年雨量可得一八〇〇公厘。總之本區氣候因地形高低的關係，有極大的差異，所謂垂直分布❶，極爲顯著。

青康藏高原的物產

青康藏高原因地區廣大，加以漢、蒙、回、藏各族錯雜分布，故產業和生活上亦現差異，如康省巴安以東及青海盆地附近，漢人較多，自以農業爲其主要產業。西康的雅安及西昌察隅一帶，尚有稻米及茶葉的生產，小麥、玉米及青稞爲其重要產物，雅魯藏布江流域，陽光充足，地下水位高，樹木茂盛，農業發達，青稞則爲主要農作，其他的農作物則有小麥、油菜、馬鈴薯、豌豆等。青稞是大麥的一種，耐寒耐旱而又快熟，高原居民於其成熟時，收割後放置於平地晒乾，擊取其實，磨成粉末，抄熟，加以酥油調拌，將其捏成團而後食用，稱為糌粑❷，作為重要主食，藏胞的谷地農業，因未習深耕，缺乏施肥，故產量不多。

高原上居民，因地理環境的關係，放牧為其主要作業，可分山牧季移及平面遊牧二種，山牧季移是隨著季節而有變化，成垂直性的放牧，大部在青康滇縱谷區內，夏季驅牛羊上山，冬季則退居山陽地帶，牧人攜帳房❸而居，常有移動。盆地及高原，則多為平面放牧，柴達木盆地，則多蒙胞放牧活動，青海湖盆周圍，則為蒙、藏二胞游牧交接地區。藏胞多飼犛牛，為其生活上不可缺少的家畜，有高原之舟的稱呼。因其力能負重，不畏寒冷，擔任運輸工作，最為便宜，其乳及肉可食，毛皮可製衣飾，故犛牛是青康藏高原特有的家畜。緜羊及山羊，最為普遍，以青海盆地飼養最多，所產羊毛，多集中於西寧輸出。

青康藏高原的天然資源

本區因地勢太高，交通不便，天然資源的分布，尚無精確調查的資料，就今所知，大致以水力、森林、礦產及鹽為主要，惜多未開發。

㈠水力 青康藏高原，是黃河、長江、瀾滄江、怒江、雅魯藏布江、印度河等諸大河的源流地區，山高坡陡，不僅水勢湍急，而且流量亦豐，故本區所蘊藏的水電潛力，至為宏大，不僅在全國居第一位，也是全世界第一位，但因地高、氣寒、林密、人稀、加以交通不便，尚未開發。

㈡森林 青康藏高原的縱谷地帶，氣候溫暖濕潤，對於林木的生長，頗為適宜，故成為一大天然林區，尤以針葉樹為最多，以冷杉、雲杉、鐵杉、油松、樺木等為主，交通不便、開發困難，為其重要缺點。幸好森林多在一些大河上游，故對保持水土，涵養水源功能頗大。林內還有一些珍貴的動物如貓熊、飛鼬等，而西藏高原四千公尺左右向陽的濕潤山坡則爲多蟲夏草❹的主要產地，四千八百公尺以上的雪地則爲雪蓮❺的產區，都是珍貴的中藥材。

（三）金礦　本區礦產自古以來，即以產金而著名，由於藏胞需要以黃金獻於寺廟，故各地用土法採金者甚多。產金地區以西康省爲主，如大、小金川（大渡河上游）、金沙江及小金沙江（雅礱江），均以產沙金而著名。至於山金（自然金）則以康定東方的夾金山、金湯、丹巴、道孚、瞻化一帶的脈金爲有名，而鹽源城北二百公里的窪裏金礦，產量最豐，曾產金數十萬兩，礦中時見金塊，是一著名金礦區，他如康定、雅江、理化、昌都、碩督等，亦以產金而有名。青海省祁連山南麓的亹源縣，金礦蘊藏亦頗豐富，積石山麓的黃河兩岸，亦多產金地。金與銅常爲共生，故本區的會理、寧南、越嶲、冕寧、鹽源等縣，均產銅，而昌都地區的玉龍礦區儲銅量則達六百萬噸，故銅亦爲本區重要礦產。

（四）鉻鐵礦　鉻的熔點爲攝氏一八九〇度，在空氣中不生變化，其與鐵之合金稱爲鉻鋼，硬度極強，爲製造火箭及飛彈等不可或缺的金屬元素。在藏北和藏南雅魯藏布江東端的羅布莎、香卡山一帶，都蘊藏有豐富的鉻鐵礦，其儲量則佔全大陸第一位，爲大陸各鐵礦總儲量的五分之二❻。

（五）鈾礦　青康藏高原的鈾礦分布已知者有二處，即西藏的噶大克鈾礦和西康昌都附近的類烏鈾礦，產量不詳。

（六）石油　本區內的柴達木盆地不僅盛產鉀鹽、食鹽、煤、鐵、石棉及天然氣，石油蘊藏量更豐，如盆地西北部的冷湖、油沙山、油泉子油田，均已先後開發成爲我國西北重要產油區。

（七）鹽　青康藏高原產鹽的地區，在青海省以青海湖及達布遜湖爲主，均產池鹽，結晶大，味美色青，稱爲青鹽，運銷松潘高原（川省西北）、洮河流域（甘省西南）及青海省內。另有茶卡及柯柯、察爾汗鹽湖，後者的儲量之富，更爲全國最大鹽湖❼。西康省以鹽源、鹽邊及鹽井三縣，均產井鹽，產量亦多，運銷於康、滇二省。西藏地方，鹽湖頗多，所產鹽除自用外，尚可外銷尼泊爾、不丹及印度北部山地區域。

青康藏高原藏胞的特殊生活方式

本區居民以藏胞爲主，藏卽羌的轉呼音，詩經中卽有「自彼氐羌」，漢代稱爲西羌，晉至五胡亂華時稱禿髮，唐稱吐番，禿髮與吐番一音之轉，元代在本區設烏斯藏，崇信喇嘛教僧侶，清稱西藏。藏胞營定居生活，以石塊砌成樓房，稱爲碉樓，普通爲二至四層，下欄家畜，人居樓上，三樓爲佛堂，樓頂則爲晒穀場及飼養鷄犬等。山牧季移的藏胞，爲了移動方便，概用帳蓬，帳蓬是長方形，上覆犛牛毛所織成的毛毯，周圍用牛糞堆垣，以禦寒風，而牛糞及草則爲牧民主要燃料。藏胞飲食以羊肉爲主，青稞麥粉炒熟後，拌以牛乳製成的酥油，稱爲糌粑。藏胞嗜茶，把茶磚煮沸後，混以牛乳的酥油，再加鹽少許，卽可飲用，以助消化，故每人每日必飲茶，至少三五次以上。山牧者善獵，故寒冬中，所獵毛皮、羚羊角、鹿茸、麝香、野鹿、野狐等極多，狩獵收入，往往較山牧所得爲大。藏胞信仰喇嘛教，實行政教合一的制度，宗教領袖就是政治領袖，達賴喇嘛及班禪喇嘛爲其精神中心，喇嘛廟建築，宏偉壯觀，形如宮殿。青康藏高原喇嘛寺廟達二千餘處。但自中共進入西藏後，達賴已出走印度，喇嘛寺廟、人數亦均告大量銳減。藏胞男子多從事放牧，女子頗勤勞任事，毛織、裁縫、耕作、炊煮、修屋，均由女子主持。

青康藏高原的交通

本區由於山高谷深，地形崎嶇，除雅魯藏布江自日喀則以下，可行小船外，均以陸路爲主，陸路交通工具因地而異，如藏境多用犛牛，康境則多用馬、騾。青海境內除犛牛及馬、騾外，尚有駱駝。此等均屬馱運。黃河自循化以下，湟水自西寧以下，可通皮筏。而陸路以公路爲主，大部爲往日馱運路線所經。鐵路則僅有（一）**成昆鐵路**自昆明至龍街，經渡口北上，再經德昌、西昌、甘洛、峨嵋，以迄成都。（二）**青藏鐵路**自西寧經青海湖北岸至烏蘭，再西行折而南下至崑崙山麓的格爾穆，全長八一四公里。另有**寧大鐵路**（西寧——大通）、**柴達爾鐵路**（哈爾盖——柴達爾）及**茶卡鐵路**（察汗諾——茶卡）等三支線。對於促進高原上的交通頗有助益。公路的主要路線如下：

（一）**川康藏公路**　由成都起，經雅安、至康定，分南北兩路，南路經雅江、理化、巴安、察隅、至昌都與北路會合。北路經道孚、鑪霍、甘孜、德格、同普至昌都。南北兩路會合後，西南經太昭，而至拉薩爲止。自雅安至拉薩公路全長二千二百七十一公里。

（二）**青藏公路**　由西寧經玉樹、昌都至拉薩，全長二千一百公里。

（三）**青藏公路西線**　由噶爾穆，折向西南，然後越唐古拉山口，南經黑河（那曲）（北緯三十一度半，東經九十二度附近）西南行，經羊八井，而至拉薩爲止。全長八百十九公里。

（四）**新藏公路**　由新疆南部葉城起，南越崑崙山拉那克山口（是新藏分界處，北緯三十四度二十分，東經七十九度半），南經羅多克，至扎錫岡，分南北二路通拉薩。南路東南行，經噶大克、特拉多穆、薩噶、拉孜、日喀則而至拉薩，全長一千二百公里，這是藏南縱谷中主要交通路線，沿線人口較密。北路由扎錫岡東行，經扎倫、至黑河，與青藏公路相會，北路因在藏北高原上，地荒人稀。

（五）青新公路　由青海西岸茶卡起，分南北二路，南路與青藏公路同線，至噶爾穆始分，然後西北行，至甘森與北路會合，北路西經都蘭、馬愷，至甘森後，經芒涯、西北越阿爾金山入新、至婼羌爲止。

（六）藏印公路（拉亞公路）　由拉薩起，西南經日喀則，沿年楚河至江孜，南經康馬、喀拉沙、古魯、帕里、亞東，然後西經哲孟雄的首邑剛渡，而至印度的噶倫堡和大吉嶺，這是藏印間主要通路，也是西藏對外最重要的道路。此外至印度尙有次要道路兩條，東線由拉薩東南行，經澤當、大旺至印度澤普（布拉馬普德河岸的一城，有鐵路）爲止，或稱拉澤公路，全長一百八十五公里❽。西線由噶大克起，西沿薩特里日河什普奇山口，而至印度的西姆拉爲止。

（七）西藏與不丹間通路　有東西二線，東線由拉薩南經澤當、狄溝、達馬宗、拉岡宗入不丹。西線在藏印公路上帕里東南進入不丹境內，均爲山道馱運路線。

（八）藏尼公路　由日喀則西南行，經薩迦（東經八十八度，北緯二十九度）定日、聶拉木（東經八十六度，北緯二十八度北）而至尼泊爾首邑加德滿都，全長四百公里，原爲隊商大道，公路卽沿此道而行，爲藏尼間重要通路。

（九）黑噶公路　自黑河經加楚克至噶大克，全長一千三百公里。

（十）滇藏公路　由雲南下關經大理北上中甸、德欽等地，進入西康鹽井，終止於康境內的芒康。全長八百公里。

青康藏高原的都市

高原上主要城市分述如下：

㈠拉薩　是西藏首邑，爲川藏和青藏兩公路的終點，瀕雅魯藏布江支流的拉薩河，高三千六百五十公尺，但周圍的山地，更高千公尺以上，城西北有布達拉宮，因山築樓凡十三層，高達一百一十公尺，極爲宏偉雄壯，有房舍數千間，爲達賴喇嘛坐床處，（此寺建築費時達六十年），內城有大昭寺，是唐代所建，內祀文成公主，寺前有唐蕃會盟碑古蹟❾，寺周則爲商業區，城郊有色拉、哲蚌、及甘丹三寺❿，各有僧侶數千。從都市機能講，拉薩實爲一宗教都市。但近年來由於航空方面的發展，自拉薩附近的貢噶機場至北平、成都、西安及蘭州均已有航線可通。因而也促進了拉薩走向觀光的都市。

㈡日喀則　瀕年楚河和雅魯藏布江會合點的西南岸，高三千八百七十公尺，土地肥沃，交通方便，有羊日、拉日、日帕、日噶等公路經此⓫，故商業尙稱繁盛，爲西藏第二大城，西南郊有扎什倫布寺⓬，是班禪喇嘛坐床處。政治和宗教上的地位，僅次拉薩。

㈢江孜　位於日喀則東南年楚河東岸，地當藏印大道的要衝，故開爲商埠已有悠久歷史，以產藏毯著名，輸出物品以金沙、藏香、麝香、紅花爲大宗，是對印度貿易的中心，已有鐵路從印度通來，海拔四千零二十六公尺，爲一高地城市。

㈣噶大克　居印度河上游象泉河右岸（北緯三十一度四十分，東經八十度二十分），高四千六百十六公尺，是西藏和印度及克什米爾間的貿易要地，亦一商埠。噶城向東可至日喀則、拉薩，向西可達阿富

汗、伊朗，向南可通尼泊爾、印度，向北可到新疆，是我國西陲重鎭。

(五)黑河　藏名拉曲卡，位於東經九十度，北緯三十一度半，是藏北高原東部交通要鎭，有公路東北通青海，西南經羊八井可通拉薩及日喀則，西經布喀池南岸、奇林海北岸、扎倫，而至東經七十九度四十分的扎錫岡（此路是世界最高而長的公路，橫貫藏北高原，全長在一千二百公里以上）爲止。附近的班戈湖一帶以盛產硼砂聞名。

(六)林芝　位尼洋河南岸，有川藏公路經此，爲西藏新興工業城鎭，附近樹木茂密，土地肥沃，山巓白雪皚皚，河谷氣候溫和，盛產水果如蘋果、核桃、梨、桃等。工業有毛紡、造紙、木材、火柴及食品加工等逐漸興起，有「高原明珠」之稱。

(七)康定　又名打箭爐，瀕大渡河支流，高二千五百六十公尺，地當川藏公路交通要衝，今爲西康省會，市街沿河谷兩側而發達，住民以漢人爲最多，佔十分之六，康定在東經一百零二度，北緯三十度，貢噶山在其西南，終年有雪。

(八)巴安　卽巴塘，地居巴塘河入金沙江會口處附近，當川藏大道要衝，位於東經九十九度，北緯三十度，海拔二千七百四十公尺，但地暖土肥，頗有江南風光。

(九)昌都　卽察木多，位瀾滄江上游昂河與格爾吉河交會處，卽東經九十七度十分，北緯三十一度北，海拔三千公尺以上，當川藏公路要衝，並可北通青海玉樹，南至察隅，是瀾滄江上游最重要的城市。

(十)玉樹　昔名結古，在通天河支流的結古河旁，是青海南部的都市，高三千七百公尺，地當青康藏交通的要衝。

(十二)格爾穆　格爾穆（蒙語意爲河流眾多之地）地在柴達木盆地之南，爲青藏、青新、敦格（敦煌——格木爾）公路的交會點，有青藏鐵路與西寧相接，並有民航機場可飛西寧、蘭州、西安、拉薩。實爲盆地交通中心也是聯繫新疆、西藏的門戶。格城海拔二千八百公尺，是因交通發展而成的都會。現爲青海第二大城，有機械、煉鐵、皮革、製糖等工業興起，城北六十公里有察爾汗大鹽湖。

(十三)都蘭　在都蘭湖北岸，是柴達木盆地東部要城，地當青海省東西衝途，市區原以都蘭寺爲中心，今則遷至希里溝。

❶ 垂直分布：青康藏高原氣候成垂直分布，尤以青康滇縱谷區最爲顯著，約分爲五帶，雖然緯度有異，高度不同，但各帶天然植物分布層次大致相同。茲分別說明如下：

1. 副熱帶氣候：高度在一千五百公尺以下屬之，爲玉米、茶及稻米分布所在。
2. 溫帶氣候：高度在一千五百至三千公尺地帶屬之，是麥類、玉米、馬鈴薯分布，多濶針葉混合林。
3. 寒溫帶氣候：高度在三千公尺至三千九百公尺屬之，是稞麥及耐寒作物分布，針葉林限界線。
4. 寒帶氣候：高度在三千九百公尺至四千八百公尺地帶屬之，全部爲草原地。
5. 冰漠氣候：高度在四千八百公尺以上，草亦不能生長，溫度極低，多屬雪原及冰河所在。

❷ 酥油：係由牛、羊奶中提煉而成的奶油，營養價值甚高，提煉方法爲將稍經加溫的奶汁裝入高約一·三公尺，口徑約〇·三公尺的大木桶內，用力上下來回抽打，使油、水分離，然後再將浮在上面的一層黃色脂肪撈出，擠去水份，灌入羊肚子或皮口袋內，冷卻即成酥油，實爲藏人主要食品之一。

❸ 帳房：帳房與蒙古包有顯著的不同，帳房多爲黑色或棕黑色的毛所織成，爲一方形或長方形。蒙古包則爲圓形，多爲白色帳幕，均爲保暖禦寒佳物。

❹ 冬蟲夏草：簡稱蟲草，中醫稱其具有滋肺、腎，補精髓，止血化痰等功用，與人參、鹿茸並列爲三大補品。蟲草是由昆蟲和眞菌聯合而生，學名蟲草蝙蝠蛾，體長三—五公分，有二十—三十個環節，腹足八對，外形似蠶，夏草形如棒球棍狀，長四—十一公分，表面深褐色，折斷白色，一般稱之爲蟲草菌，冬季前寄生在蟲草蝙蝠蛾的幼蟲體內，吸收其養分而發展菌絲，等菌絲充滿蟲體，幼蟲卽僵死，僅留外殼，第二年夏天卽從幼蟲屍體頭頂長出形似小草的草菌座，故名夏草。

❺ 雪蓮：是菊科毛菊屬的草本植物，花爲紫紅色，乾後就似一朵白色的棉花球。對高寒、乾旱的適應能力特強，一般生長在海拔四千八百—五千八百公尺的高山流石坡以及雪線附近的碎石間。在西藏高原上分布很廣，在嚴寒的冰山雪地裡都盛產雪蓮，品種主要有喜馬拉雅雪蓮、三指雪蓮、綿頭雪蓮、小果雪蓮、錯那雪蓮、生雪蓮和水母雪蓮等七種。

❻ 藏北地區的「東風鉻礦」，民國六十一年所產外運礦石爲三萬噸，六十二年外運礦石產量爲五萬噸，七十年後外運數字仍在數萬噸間，顯示該礦產量雖逐年皆在增加，但仍未超過十萬噸以上。此外在東北附近的依拉山礦區也有鉻礦存在。

❼ 察爾汗鹽湖在柴達木盆地西南，卽格爾穆城北六十公里處，係修築甘青公路時所發現，鹽湖面積一千五百方公里，由於蒸發強烈，湖面形成極厚的鹽蓋，實際上已成爲一大鹽灘，據估計其儲量多達二十五億公噸，鹽湖上築有幾十公里的公路和鐵路以便開採，爲全國最大鹽湖之所在。鹽湖內還蘊藏有大量比黃金還貴重的鋰元素。

❽ 澤當——大旺——澤普：此線交通爲達賴喇嘛逃離西藏時所經，故極著名，當時沿途仍爲舊時驛運狀況，僅供人馬可行，其後此一公路於民國四十五年修建完成。

❾ 唐蕃會盟碑又稱舅甥會盟碑，高三・四二公尺，寬〇・八二公尺，厚〇・三五公尺，立於唐長慶三年（西元八二三年）經一千一百六十多年，碑身雖略有風化，但所刻漢、藏碑文尚能辨認，爲研究唐代吐蕃歷史重要文物。

❿ 色拉、哲蚌、甘丹三寺：色拉寺在拉薩城北七公里處，哲蚌寺則在城西十公里左右，甘丹寺則在城東四十公里。

以上三寺合稱爲拉薩三大寺。其盛時哲蚌有僧眾八千人，色拉有僧眾五千人，甘丹有僧眾四千人，今三寺均已改爲博物館，甘丹寺則幾成廢墟。

⑪羊日公路：自羊八井經巴當至日喀則，全長二百五十三公里。

拉日公路：自拉薩至日喀則，全長二百五十公里。

日帕公路：自日喀則經江孜至帕里，全長二百五十三公里。

⑫札什倫布寺：在日喀則西南尼瑪捣山南坡上，總面積逾二十萬平方公尺，於明正統十二年（西元一四四七年），由黃教祖師宗喀巴的大弟子根敦珠巴創建。全寺可分爲班禪拉讓（宮殿）、勘布會議廳、班禪靈塔殿、經學院四部分。在札什倫布寺眾多佛殿中，以強巴佛（彌勒佛）大殿最特出，大殿面積八百六十二平方公尺，高三十公尺，分蓮座、腰、胸、面、冠五層，殿內供奉一尊二十六點二公尺高的銅鑄強巴佛坐像。寺內收藏的文物有清帝敕封的金玉册印、貝葉經卷、法器、元、明織錦等。

作業

一、說明青康藏高原的氣候。
二、青康藏高原的天然資源如何？
三、青康藏高原有何重要的鐵路和公路？
四、拉薩、日喀則、噶大克、里河各有何重要性？
五、林芝、巴安各有何特色？
六、說明康定、昌都、玉樹、格爾穆的重要性。

附錄一　中國大陸內陸航線圖

中國大陸國內航空線路眾多，若干主要城市則分別爲各區航線之中心點，如東北方面的哈爾濱和瀋陽，華北方面的北平、濟南、鄭州，華中方面的上海、南京、杭州、武漢、長沙，華南方面的廣州、桂林、廈門，西北方面的西安、蘭州、迪化，西南方面的重慶、成都、昆明。全部航線，約如第九十九圖：

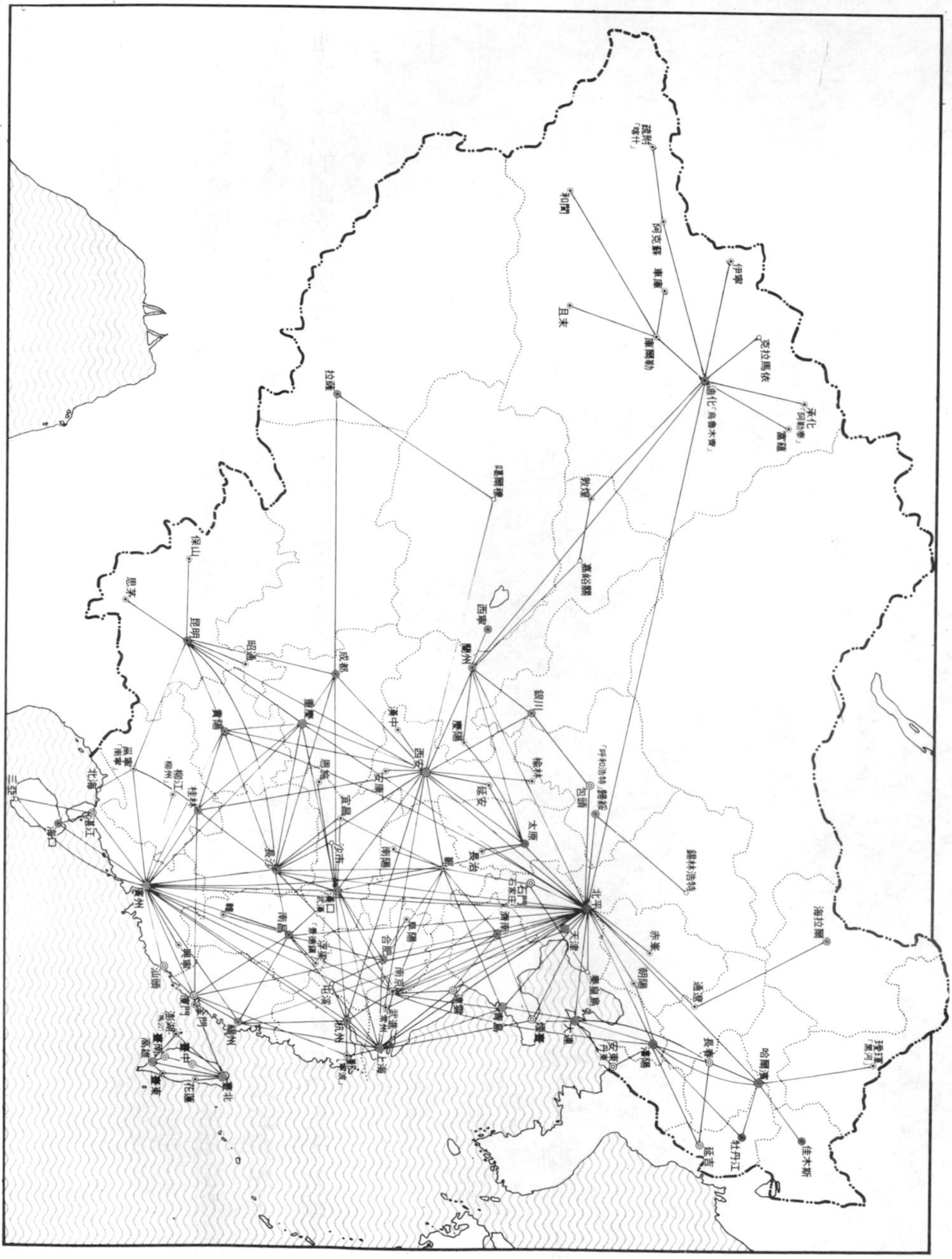

第九十九圖　中國大陸內陸航線圖

附錄二　我國重要古蹟名勝一覽表

我國因歷史悠久，土地廣大，故分布於全國各地之古蹟名勝特多，今略舉其若干重要者於後，藉供讀者參考。

類別	名稱	時代	地點
一、石窟寺	雲岡石窟	北魏	山西、大同
	莫高窟	北魏至元	甘肅、敦煌
	楡林窟	北魏至元	甘肅、安西
	龍門石窟	北魏至唐	河南、洛陽
	麥積山石窟	北魏至明	甘肅、天水
	炳龍寺石窟	北魏至明	甘肅、永靖
	響堂山石窟	東魏、北齊至元	河北、邯鄲
	克孜爾千佛洞	唐至宋	新疆、拜城
	庫木吐喇千佛洞	唐至宋	新疆、庫車
	皇澤寺摩崖造像	唐	四川、廣元

二、古建築及歷史紀念建築物

廣元千佛崖摩崖造像	唐、宋	四川、廣元
北山摩崖造像	唐、宋	四川、大足
寶頂山摩崖造像	宋	四川、大足
石神山石窟	南詔、大理	雲南、劍川
鞏縣石窟	北魏至宋	河南、鞏縣
須彌山石窟	北朝至唐	寧夏、固原
樂山大佛	唐	四川、樂山
柏孜克里克千佛洞	唐至元	新疆、吐魯番
飛來峰造像	五代至元	浙江、杭州
太室闕	東漢	河南、登封
少室闕	東漢	河南、登封
呂母闕	東漢	河南、登封
馮煥闕	東漢	四川、渠縣
平陽府君闕	東漢	四川、綿陽
沈府君闕	東漢	四川、渠縣
孝堂山郭氏墓石祠	東漢	山東、長清
嘉祥武氏墓羣石刻	東漢	山東、嘉祥

高頤墓祠及石刻	東漢	四川、雅安
褒斜道石門及其摩崖石刻	漢至宋	陝西、漢中
安濟橋（大石橋）	隋	河北、趙縣
安平橋（五里橋）	南宋	福建、晉江
水通橋（小石橋）	金	河北、趙縣
盧溝橋	金至清	河北、宛平
嵩岳寺塔	北魏	河南、登封
四門塔	東魏	山東、歷城
大雁塔	唐	陝西、西安
小雁塔	唐	陝西、西安
崇聖寺三塔	唐、五代	雲南、大理
房山雲居寺塔及石經	隋、唐、遼、金	河北、房山
興教寺塔	唐	陝西、長安
蘇州雲岩寺塔	五代	江蘇、蘇州
祐國寺塔（鐵塔）	北宋	河南、開封
開元寺塔	北宋	河北、定州
應縣木塔	遼	山西、應縣

六和塔	南宋	浙江、杭州
廣慈寺華塔	金	河北、正定
妙應寺白塔	元	北平市
其覺寺金剛寶座(五塔寺塔)	明	北平市
海寶寺		寧夏、銀川
義慈惠石柱	北齊	河北、定興
趙州陀羅尼經幢	北宋	河北、趙縣
南禪寺大殿	唐	山西、五臺
佛光寺	唐至清	山西、五臺
大昭寺	唐至清	西藏、拉薩
昌珠寺		西藏、乃東
光禪寺	五代至明	廣東、廣州
獨樂市	遼	河北、薊縣
晉祠	宋	山西、太原
奉圓寺	遼	遼寧、義縣
清淨寺	宋	福建、泉州
善化寺	遼、金	山西、大同

隆興寺	宋	河北、正定
保圓寺	北宋	浙江、寧波
華嚴寺	遼、金、清	山西、大同
白馬寺	金至清	河南、洛陽
永樂宮	元	山西、芮城
武當山金殿	元、明	湖北、老河口
薩迦寺	元	西藏、薩迦
廣勝寺	元、明	山西、洪洞
觀星臺	元	河南、登封
居庸關雲臺	元	河北、昌平
曲阜孔廟及孔府	金至清	山東、曲阜
故宮	明、清	北平市
萬里長城——八達嶺	明	河北、延慶
萬里長城——山海關	明	河北、秦皇島
萬里長城——嘉峪關	明	甘肅
西安城牆	明	陝西、西安
天壇	明	北平市

北海及團城	明、清	北平市
布達拉宮	明至民國	西藏、拉薩
甘丹寺	明初至清	西藏、達孜
扎什倫布寺	明初至清	西藏、日喀則
智化寺	明	北平市
塔爾寺	明	青海、西寧
瀋陽故宮	清	遼寧、瀋陽
國子監	清	北平市
雍和宮	清	北平市
普寧寺	清	熱河、承德
普樂寺	清	熱河、承德
普陀宗乘之廟	清	熱河、承德
須彌福壽之廟	清	熱河、承德
修定寺塔	唐	河南、安陽
玉農寺及鐵塔	宋	湖北、當陽
萬部華嚴經塔	遼	綏遠、歸綏
華林寺大殿	宋	福建、福州

武侯祠	清	四川、成都
杜甫草堂	清	四川、成都
拙政園	明、清	江蘇、蘇州
頤和園	清	北平市
開元寺	宋至清	福建、泉州
靈岩寺	唐至清	山東、長清
玄妙觀三清殿	宋	江蘇、蘇州
岩山寺	金	山西、繁峙
北岳廟	元	河北、曲陽
紫霄宮	明	湖北、丹江口
顯通寺	明至清	山西、五臺
哲蚌寺	明	西藏、拉薩
色拉寺	明	西藏、拉薩
懸空寺	明	山西、渾源
天一閣	明至清	浙江、寧波
古觀象臺	明至清	北平市
經略臺眞武閣	明	廣西、容縣
北平城東南角樓	明	北平市
都江堰	秦至清	四川、灌縣
靈渠（興安運河）	秦	廣西、興安
蓬萊水城及蓬萊閣	明	山東、蓬萊
武侯寺	清	四川、成都

杜甫草堂	清	四川、成都
拙政園	明、清	江蘇、蘇州
頤和園	清	北平市
避暑山莊	清	江蘇、蘇州
留園	清	熱河、承德
恭王府及花園	清	北平市
網師園	清	江蘇、蘇州
豫園	明至清	上海市
拉卜楞寺	清	甘肅、夏河

三、石刻及其他

西安碑林	漢至近代	陝西、西安
爨寶子碑	東晉（西元四〇五年）	雲南、曲靖
爨龍顏碑	南朝（西元四五八年）	雲南、陸良
藥王山石刻	隋至明	陝西、銅川
段氏與三十七部會盟碑	大理（西元九三七—一〇九四）	雲南
重修護國寺感應塔碑（西夏碑）	西夏（西元一〇三二—一二二七年）	甘肅
蘇州文廟內宋代石刻	南宋	江蘇、蘇州

峨眉山聖壽萬年寺銅鐵佛像	宋至明	四川、峨眉
滄州鐵獅子	周	河北、滄州
保聖寺羅漢塑像	北宋	江蘇、吳縣
常德鐵幢	宋	湖南、常德
地藏寺經幢	大理	雲南、昆明
四、古遺址		
周口店遺址	舊石器時代	河北、房山
丁村遺址	舊石器時代	山西、襄汾
仰韶村遺址	新石器時代	河南、澠池
半坡遺址	新石器時代	陝西、西安
城子崖遺址	新石器時代	山東、章丘
元謀猿人遺址	舊石器時代	雲南、元謀
藍田猿人遺址	舊石器時代	陝西、藍田
大汶口遺址	新石器時代	山東、泰安
河姆渡遺址	新石器時代	浙江、餘姚
殷墟	殷	河南、安陽
鄭州商代遺址	商	河南、鄭州
周原遺址	西周	陝西、扶風、岐山

豐鎬遺址	周	陝西、西安
臨淄齊國故城	周	山東、淄博
曲阜魯國故城	周至漢	山東、曲阜
侯馬晉國遺址	東周	山西、侯馬
楚紀南故城	東周	河北、江陵
鄭韓故園	東周	河南、鄭縣
趙邯鄲故城	戰國	河北、邯鄲
燕下都遺址	戰國	河北、易縣
阿房宮遺址	秦	陝西、西安
漢長安城遺址	西漢	陝西、西安
漢魏洛陽故城	東漢至北魏	河南、洛陽
高昌故城	高昌（西元五〇〇—六四〇年）	新疆、吐魯番
交河故城	高昌（西元五〇〇—六四〇年）	新疆、吐魯番
大明宮遺址	唐	陝西、西安
太和城遺址	南詔（西元六四九—九〇二年）	雲南、大理
渤海國上京龍泉府遺址	渤海（西元六九八—九二六年）	吉林、寧安
遼上京遺址	遼	熱河、林東

遼中京遺址	遼	熱河、平泉
古格王國遺址		西藏、札達
丸都山故城	高句麗	安東、輯安
湖田古瓷窰址	五代至明	江西、景德鎮
金上京會寧府遺址	金	黑龍江、阿城
明中都皇故城及皇陵石刻	明	安徽、鳳陽
五、陵　墓		
黃帝陵		陝西、黃陵
孔林	東周	山東、曲阜
秦始皇陵	秦	陝西、臨潼
茂陵	西漢	陝西、興平
霍去病墓	西漢	陝西、興平
遼陽漢壁畫墓羣	漢、魏、晉	遼寧、遼陽
封氏墓羣	北魏至隋	河北、景縣
昭陵	唐	陝西、禮泉
乾陵	唐	陝西、乾縣
順陵	唐	陝西、咸陽
六頂山古墓羣	渤海（西元六九八—九二六年）	吉林、敦化

藏王墓	西公元七世紀	西藏、瓊結
王建墓	五代前蜀	四川、成都
岳飛墓	南宋	浙江、杭州
明孝陵	明	江蘇、南京
十三陵	明	河北、昌平
清東陵	清	河北、遵化
清西陵	清	河北、易縣
司馬遷墓和祠	西漢至宋	陝西、韓城
宋陵	北宋	河南、鞏縣
李時珍墓	明	湖北、蘄春
鄭成功墓	清	福建、南安
清昭陵	清	遼寧、瀋陽
成吉思汗墓	民國四十三年遷建	綏遠、東勝
黃花崗七十二烈士墓	西元一九一一年	廣東、廣州
中山陵	民國十八年	江蘇、南京

六、名山勝水

泰山		山東省
華山		山西省

衡山		湖南省
恒山		山西省
嵩山		河南省
廬山		江西省
鍾山		南京市
普陀山		浙江省
雁蕩山		浙江省
峨眉山		四川省
黃山	（奇峯特多）	安徽省
九華山		安徽省
武當山		湖北省
武夷山		福建省
羅浮山		廣東省
驪山		陝西省
天山		新疆省
喜馬拉雅山		西藏地方
祁連山		寧夏省

天龍山		陝西省
北邙山		河南省
五臺山		山西省
千山		遼寧省
長白山		吉林東南
賀蘭山		寧夏省
屏山		福建省
棲霞山		南京市
金山		江蘇省
焦山		江蘇省
莫干山		浙江省
天目山		浙江省
點蒼山		雲南省
玉山		臺灣省
阿里山		臺灣省
太魯峽谷		臺灣省
長江	(三峽最奇)	長江流域

黃河		黃河流域
秦淮河		南京市
漓江		廣西桂林陽朔一帶
嘉陵江		四川省
汨羅江		湖南省
淮河		淮河流域
錢塘江	（錢江觀潮）	浙江省
汾河		山西省
涇水		陝西省
渭水		陝西省
金沙江		雲南省
瀾滄江		雲南省
怒江		雲南省
漢江		湖北省
青海		青海省
洞庭湖		湖南省
太湖		江蘇省

	鄱陽湖		江西省
	巢湖		安徽省
	鏡泊湖		松江省
	居延海		寧夏省
	西湖		浙江省
	玄武湖		南京市
	莫愁湖		南京市
	昆明湖		北平市
	南湖		江蘇省
	大明湖		山東省
	趵突泉		山東省
	滇池		雲南省
	洱海		雲南省
	天池		新疆省
	羅布泊		新疆省
	日月潭		臺灣省